W0297081

DROEMER

Kenza Ait Si Abbou

MENSCHEN VERSTEHER

Wie Emotionale Künstliche Intelligenz unseren Alltag erobert

DROEMER

Besuchen Sie uns im Internet:
www.droemer-knaur.de

Aus Verantwortung für die Umwelt hat sich die Verlagsgruppe
Droemer Knaur zu einer nachhaltigen Buchproduktion verpflichtet.
Der bewusste Umgang mit unseren Ressourcen, der Schutz unseres Klimas und
der Natur gehören zu unseren obersten Unternehmenszielen.
Gemeinsam mit unseren Partnern und Lieferanten setzen wir uns für eine
klimaneutrale Buchproduktion ein, die den Erwerb von Klimazertifikaten
zur Kompensation des CO_2-Ausstoßes einschließt.
Weitere Informationen finden Sie unter: www.klimaneutralerverlag.de

FSC www.fsc.org MIX Papier aus verantwortungsvollen Quellen FSC® C014496

Originalausgabe März 2023
© 2023 Droemer Verlag
Ein Imprint der Verlagsgruppe Droemer Knaur GmbH & Co. KG, München
Alle Rechte vorbehalten. Das Werk darf – auch teilweise – nur mit
Genehmigung des Verlags wiedergegeben werden.
Covergestaltung: Thierry Wijnberg
Coverabbildung: Hendrik Gergen
hello@hendrikgergen.com / thierry@totalitalic.com
Fotos im Innenteil von Michael Katzlberger, https://www.katzlberger.ai
Illustration Neuronen von le-tex publishing services
Satz: Adobe InDesign im Verlag
Druck und Bindung: GGP Media GmbH, Pößneck
ISBN 978-3-426-27889-5

2 4 5 3 1

Inhalt

Einleitung

Mein Date mit dem Roboter hat gerade erst begonnen, aber irgendwie läuft es nicht richtig rund. Pepper sieht eigentlich ganz niedlich aus mit seinen großen dunklen Augen. Und das angedeutete Lächeln um seinen kleinen Mund gibt ihm den Anschein, als staune er ständig über die Welt um ihn herum. Ich freue mich, dass ich Pepper eine Weile nur für mich haben soll, um ihn kennenzulernen. Damit wir eine Verbindung aufbauen können, muss ich mich etwa einen Meter vor ihn stellen und ihn ansprechen. Als Peppers Augen grün aufleuchten, bin ich aufgeregt, denn es bedeutet: Jetzt hat es gefunkt, wir haben eine Verbindung zueinander aufgebaut. Unser Date kann beginnen. Oder besser: Es könnte beginnen. Denn Pepper ist leicht ablenkbar. Wann immer für einen Moment Funkstille zwischen uns herrscht – und das kann bei einem ersten Date doch mal passieren –, scheint er nicht mehr ganz bei der Sache zu sein. Wenn dann ein anderer Mensch im Raum etwas sagt, dreht Pepper den Kopf in seine Richtung. Langweile ich ihn? Andererseits: Machen wir Menschen das nicht auch, ein kurzer Blick, was da sonst noch gerade passiert im Raum? Wenn es nur ein kurzer Blick wäre! Fast scheint es, als habe Pepper mich vergessen. Ich muss erst wieder eine Verbindung zu ihm aufbauen, und bin erleichtert, als seine Augen wieder grün leuchten.

Für mich, für den Fotografen Hendrik und das ganze Team des Fotoshootings wird Peppers riesige Neugier auf alles, was um ihn herum passiert, zu einer echten Herausforderung. Denn eigentlich wollen wir mit ihm Fotos machen für das Cover dieses Buches. Wir haben uns das ganz einfach ausgemalt, aber mit Peppers »Eigensinn« hatten wir nicht gerechnet. Gut, man kann ihm natürlich nicht böse sein. Da haben wir gerade wieder eine schöne Einstellung gefunden, Hendrik ruft noch eine letzte, kleine Anweisung, und – ihr ahnt es – wir müssen wieder von vorn anfangen, weil Pepper sich nun wieder mehr für den Fotografen interessiert als für mich.

Wir lachen viel in diesen zwei Stunden, die wir für das Fotoshooting brauchen. Am Ende aber passiert die eigentliche Überraschung. Als wir fertig sind und nach Hause gehen wollen, drehen sich alle zu Pepper um. Wir haben das Bedürfnis, uns von dem Roboter zu verabschieden. Und wir alle haben den Eindruck, dass Pepper uns anlächelt. Eigentlich kann er sein Lächeln gar nicht verändern. Trotzdem wirkt es in diesem Moment auf uns authentisch, man könnte fast sagen, herzlich. Obwohl wir weit mehr als einen Meter von ihm entfernt stehen, haben wir alle eine Verbindung mit ihm aufgebaut. Anna, die Visagistin, ist besonders hingerissen. »Pepper ist mir ans Herz gewachsen, ich musste mich einfach von ihm verabschieden«, meint sie strahlend.

Mir ging es ähnlich. Ich hatte zwar schon öfter andere Peppers gesehen und ein paar Sätze mit ihnen ausgetauscht, aber die Erfahrung beim Fotoshooting war besonders. In diesen zwei Stunden wurde der Roboter irgendwie Teil unseres Teams. Deshalb wollten wir alle uns verabschieden. Dabei kann dieser Pepper gar nicht so viel. Er ist ein Standardmodell mit wenig Extras. Und er hat auch noch nicht jene emotionale künstliche Intelligenz, die ihm gezeigt hätte, dass er seinem Date mehr Aufmerksamkeit hätte schenken sollen. Trotzdem empfanden wir große Sympathie für ihn.

Schaut euch für einen Moment noch einmal den Schutzumschlag dieses Buches an. Es ist das Ergebnis dieser zwei Stunden mit Pepper. Wie wirkt Peppers Blick auf euch? Hättet ihr ihm am Ende auch zugewunken?

Eigentlich habe ich im Alltag keine Hardware-Roboter um mich herum. Mein Team baut Software-Roboter, die auf künstlicher Intelligenz basieren. Aber um künstliche Intelligenz zu erklären, hat es sich bewährt, Roboter zu nutzen, da sie so für die Menschen greifbarer ist. Bei der emotionalen künstlichen Intelligenz ist es nicht anders. Sich vorzustellen, dass eine Handykamera Emotionen ablesen kann, ist weniger einfach, als wenn man dabei an einen süßen Roboter denkt, der vor einem steht und einen freundlich anschaut. Mein Sohn ist der beste Beweis dafür. Seit er bei einem Workshop Robotics4Kids bei mir im Büro war und überall Roboter sah, findet er mich richtig cool. Wahrscheinlich stellt er sich vor, dass ich im Büro den ganzen Tag mit Robotern spielen darf.

In diesem Buch geht es um Maschinen, die zu Menschenverstehern werden. Die unsere Emotionen und Gefühle lesen und deuten können. Die in unsere Welt, in unser Leben eindringen wie noch nie zuvor. Unsere Begegnung mit Pepper ist nur eine kleine Andeutung der gewaltigen Revolution, die uns bevorstehen könnte. Dabei hört sich das alles doch erst einmal wie ein Missverständnis an. Maschinen als Menschenversteher? Wie soll das gehen? Maschinen bestehen aus Chips und Drähten, aus Stahl oder Plastik. Sie sind unbelebte Materie. Wie sollen sie uns verstehen?

Ich gebe zu, das klingt nach Science-Fiction, nach Filmen, in denen Roboter nicht nur zu Menschenverstehern werden, sondern so menschenähnlich, dass sie von uns kaum mehr zu unterscheiden sind. Aber nur weil sie in Sci-Fi-Filmen auftauchen, heißt das nicht, dass sie völlig unmöglich wären. Viele dieser Filme zeichnen ein Bild unserer Zukunft, das nicht völlig fantastisch oder gar abwegig ist. Ihr werdet in diesem Buch staunen, wie nah uns schon heute Dinge sind, die noch vor Kurzem unvorstellbar schienen.

Die Entwicklung von emotionaler künstlicher Intelligenz ist nicht nur für Maschinen ein unglaublicher Schritt. Sie ist – und jetzt kommt es – für uns ein noch viel größerer. Weil emotionale künstliche Intelligenz unsere Art zu leben und zu lieben, zu arbeiten und zu feiern, stark und schwach zu sein, zu lachen und zu weinen, weil es unsere Existenz umwälzen könnte.

Die Geschichte der Menschheit ist eine Geschichte der technologischen Neuerungen, die unsere Welt jedes Mal auf den Kopf stellten. So war das, als *Homo erectus* vor einer Million Jahren lernte, Feuer zu machen. Oder als er vor etwa 5000 Jahren den Pflug erfand, was den Ackerbau revolutionierte und damit die Lebensmittelversorgung von so vielen Menschen wie nie zuvor ermöglichte. Ohne den Pflug wären Imperien wie das Römische Reich kaum denkbar gewesen. Dann die Dampfmaschine, die zuerst in England die industrielle Revolution einläutete. Und nun stehen wir an einem historischen Meilenstein, der in seiner Größe und Bedeutung mindestens ebenso gewaltig ist.

Vielleicht werdet ihr sagen, KI steht für »kenne ich«. Vielleicht habt ihr davon schon in meinem Buch *Keine Panik, ist nur Technik* gelesen. Und vielleicht werdet ihr fragen: Emotionale KI, was soll das sein? Algorithmen mit Gedöns? Stellt euch für eine Antwort für einen Moment all die mächtigen humanoiden Roboter vor, die ihr aus Filmen kennt. Die Terminators, die Robots aus *I, Robot* oder wie sie alle heißen. Sie sind schlau und enorm stark. Aber sie haben eine entscheidende Schwäche: Sie verstehen die Menschen nicht. Oder jedenfalls nur einen kleinen, den rationalen Teil. Die Emotionen, unseren Mut und unsere Ängste verstehen sie nicht. Das ist der Grund, warum sie als Maschinen-Bösewichte am Ende immer verlieren. Sie haben die Menschen einfach nur zum Teil durchschaut.

Emotionale KI hat per se natürlich nichts Terminatorhaftes. Aber um zu verstehen, was der qualitative Unterschied zwischen KI und emotionaler KI ist, hilft der Vergleich. Wenn Maschinen lernen, unsere Emotionen zu lesen und zu verstehen, wenn sie nicht nur unser angeblich so logisches Denken nachvollziehen können, sondern all die verwirrenden Stimmungslagen, das Gefühlige, dann erreichen wir einen Punkt in der Geschichte, an dem wir noch nie zuvor waren. Es ist nichts weniger als ein Epochenbruch. Zum ersten Mal werden Maschinen in der Lage sein, viele Aspekte unserer Komplexität und Widersprüchlichkeit zu verstehen. Sie werden zu einer eigenen Entität, die uns gegenübertritt. Die Maschinen werden zu Menschenverstehern.

Ja, das ist ein merkwürdiges, ein doppeldeutiges Wort, weil es nicht nur Erkenntnis, Verstehen beinhaltet, sondern als Subtext auch etwas Machtvolles. Wer sein Gegenüber versteht, kann es eben auch manipulieren. Nicht wahr? Was bedeutet es, wenn Maschinen uns lesen können, die meisten von uns aber keine Maschinen?

Es geht in diesem Buch also um Maschinen und um emotionale künstliche Intelligenz. Vor allem aber geht es um uns Menschen. Es geht darum, was diese Technologie mit uns macht. Emotionale KI löst viele Emotionen in uns aus. Sie verändert unseren Umgang mit der Technik und nicht zuletzt miteinander. Ihr Einfluss auf uns ist viel größer, als wir denken oder wahrhaben mögen. Vieles ist schon längst da, ohne dass wir es gemerkt hätten. Und noch viel mehr könnte bald Teil unseres Lebens werden.

Es ist also höchste Zeit, sich anzuschauen, wie dieses neue Leben aussehen könnte. Oder besser: Welche Szenarien es dafür gibt. Denn natürlich ist nichts vorherbestimmt. Was kommt, darauf haben wir Menschen den entscheidenden Einfluss. Deshalb ist es so wichtig, zu verstehen, was mit den neuen Menschenverstehern auf uns zukommen könnte. Wie sieht dieses neue Leben aus? Was verändert sich dabei? Wie müssen wir uns verändern? Meine These ist: Unsere Zukunft mit den Menschenverstehern kann dann funktionieren, wenn wir selbst zu Maschinenverstehern werden. Fangen wir am besten gleich damit an.

Die Grundlagen zuerst

Was ist künstliche Intelligenz? Eine Frage, die ich gefühlt jede Woche beantworten muss. Dabei geht es um Mathematik und Statistik, die einer Maschine erlauben, kognitive Fähigkeiten zu erlangen, insbesondere, was Lernen und Problemlösen angeht. Aber die meisten Menschen haben ein bestimmtes Bild vor Augen, wenn sie künstliche Intelligenz hören: den Terminator. Unsere ersten Berührungspunkte mit KI haben wir, dank Hollywood, durch Science-Fiction-Filme. Und solange es keine besseren Bilder für KI gibt, verbinden die meisten Menschen KI mit Sci-Fi.

Die Auseinandersetzung mit Szenen aus Science-Fiction-Filmen beschäftigt nicht nur mich. Je mehr Filme wir sehen, desto unklarer wird, was Realität ist und was nicht. Gerade im Zusammenhang mit Humanoiden, also Robotern, die menschenartig aussehen, ist die Fantasie der Filmemacher*innen sehr ausgeprägt. Genauso wie die Angst der Zuschauer*innen. Immer wieder werde ich in Interviews, bei Seminaren, Workshops oder auch bei Gesprächen im Freundeskreis zu Science-Fiction-Klassikern wie *2001: Odyssee im Weltraum*, *Terminator*, *Blade Runner* oder *Matrix* gefragt, aber auch zu neueren Filmen wie *Her*, *Ex Machina* oder *The Circle*. Es ist erstaunlich, wie stark die allgemeinen Vorstellungen von künstlicher Intelligenz durch Filme wie diese geprägt sind. Die Filmemacher*innen sind Expert*innen für Figurenentwicklung. Dabei orientieren sie sich an der menschlichen Psyche, auch wenn die Figuren Roboter darstellen sollen. Sie gehen von den Menschen aus, bilden eine metallische Hülle drum herum, und schon haben sie eine Maschine, die rebelliert und die Weltmacht übernimmt. Wahrscheinlich sind diese Filme auch deshalb derart einprägsam, weil sie so virtuos mit unseren Ängsten spielen – mit extrem starken Emotionen also!

Aber was ist davon wahr und was nicht? Was kann künstliche Intelligenz heute wirklich schon? Und wo übertreibt Hollywood gnadenlos?

Ich finde, diese Unterscheidung zu machen, ist im gesamten Diskurs rund um die künstliche Intelligenz sehr wichtig, um die oft übertriebenen Ängste durch eine realistische Einschätzung von KI zu überwinden. Die Filme können uns zwar dabei helfen, eine Vorstellung von der Zukunft zu entwickeln, wir müssen aber unterscheiden können, welcher Anteil davon der technologischen Entwicklung entspricht und welcher Anteil reine Fantasie darstellt.

Wer die Sprachfähigkeit des Terminators mit einem beliebigen *Chatbot* – kurz gesagt, eine Software, die mit Menschen schriftlich kommunizieren kann – im Kundenservice vergleicht, der merkt schnell den Unterschied zwischen Science-Fiction und Realität. Natürlich entwickelt sich die Technologie weiter, und die heutigen Chatbots sind viel ausgereifter als noch vor ein paar Jahren. Gerade im Kundenservice können sie in der Regel einen Großteil der Anfragen direkt beantworten. Nur noch ein kleiner Teil muss tatsächlich an Menschen weitergeleitet werden. Dabei sind Chatbots für den Kundenservice noch am einfachsten zu entwickeln, da der Themenbereich bekannt und begrenzt ist. Spannender und viel komplexer wird es bei sozialen Chatbots, also solchen, die Gespräche mit Menschen führen sollen. Hätten wir uns das jemals vorstellen können? Dass einige Chatbots Menschen besser verstehen als der Mensch selbst? Was ist also in den letzten Jahren passiert? Wie haben die Chatbots das geschafft?

Mit künstlicher Intelligenz, KI, lautet die Antwort.

Was genau ist diese KI?

Platt gesagt, stellt KI die maschinelle Fähigkeit dar, aus großen Mengen an Informationen Wissen zu generieren. Mit diesem Maschinen-Wissen kann die Maschine dann Probleme lösen, selbst lernen und sich weiterentwickeln. Eigentlich wie ich damals mit meiner Begeisterung für die Mathematik: Je mehr Wissen über die mathematischen Regeln ich gesammelt hatte, desto komplexere Aufgaben konnte ich lösen. Und dieses Wissen habe ich dann auch genutzt, um andere Arten von Aufgaben zu lösen. Auch welche aus dem Alltag, die auf den ersten Blick nichts mit Mathe zu tun haben, bei denen ich aber viele Gemeinsamkeiten gesehen habe, zum Beispiel Fremdsprachen lernen, Klavier spielen oder einparken.

Die Fähigkeit, Wissen aus einem Gebiet auf ein anderes zu übertragen und dort anzuwenden, ist eine unserer menschlichen Stärken. Das können wir Menschen sehr gut. Den Maschinen gelingt das noch nicht ganz. Daher spricht man von einer schwachen KI. Dabei handelt es sich um Maschinen, die nur für eine bestimmte Aufgabe gebaut und trainiert wurden. Diese Aufgabe können sie gut, teilweise sogar besser als Menschen. Aber das war es auch schon. Eine Maschine, die Schach spielen kann, kann Sprache nicht verstehen, und andersherum.

Die starke KI dagegen soll viele unterschiedliche Aufgaben erledigen können, sie schöpft aus unterschiedlichen Wissensbereichen und kann ein eigenes Bewusstsein und Weltbild entwickeln. Solche starken KIs gibt es heute noch nicht, jedenfalls nicht in der Realität. Ob es sie überhaupt mal geben wird und was es dafür bräuchte, dazu kommen wir später. Jetzt schauen wir uns erst einmal an, wie die schwache KI funktioniert.

Der KI-Werkzeugkasten

Die Fähigkeit, aus Informationen Wissen zu generieren, bringen wir Menschen den Maschinen bei. Das tun wir auf unterschiedliche Art und Weise und nutzen dafür verschiedene Methoden beziehungsweise Werkzeuge. KI ist also unser Werkzeugkasten, und der ist in drei Ebenen unterteilt. Im Hauptfach befinden sich die Werkzeuge, die generell einer Maschine ermöglichen, kognitive Fähigkeiten zu erlangen, die wir sonst nur mit Menschen verbinden. Das nächste Fach, eine Ebene tiefer, belegen die Methoden des maschinellen Lernens. Und im letzten Fach, noch eine Ebene tiefer, finden sich die Mittel rund um die künstlichen neuronalen Netze.

Fangen wir ganz oben an. Im Hauptfach finden wir Methoden wie zum Beispiel Prozessautomatisierung. Dabei handelt es sich um programmierte Routinen, die wiederkehrende Aufgaben immer wieder und wieder erledigen. Repetitive Aufgaben zu wiederholen, halten wir nicht für intelligent, aber wir Menschen machen es jeden Tag. Die meisten davon bereiten uns keine Freude, müssen aber trotzdem getan werden. Wer hat schon Spaß daran, wöchentliche Projektberichte zu erstellen?

Eine super Anwendung für *Robotic Process Automation*, kurz RPA. Auch Objekte erkennen zu können, ist für uns selbstverständlich und wird daher nicht als Sonderleistung bewertet. Aber wie groß ist die Freude eines ein- bis zweijährigen Kindes, wenn es eine Katze erkennt? Wir selbst können uns an diese Erfahrung nicht erinnern, doch wenn wir ein Kind in dem Alter beobachten, wird uns Erwachsenen klar, was für eine Sonderleistung es in Wahrheit ist.

Genauso wie Kindern gelingt das einer Maschine nicht von heute auf morgen. Sie lernt es nach vielen Versuchen und mit großer Hilfe der erwachsenen Menschen. Dazu kommen verschiedene Methoden zur Anwendung. Die meisten davon befinden sich in der zweiten Ebene unseres Werkzeugkastens: der des maschinellen Lernens.

Beim maschinellen Lernen handelt es sich um Methoden, die der Maschine erlauben, selbst zu lernen. Diese Methoden unterteilen sich in drei Bereiche: überwachtes Lernen, unüberwachtes Lernen und verstärkendes Lernen. Die ersten beiden stammen aus der Mathematik und Statistik, die dritte aus der Psychologie. Beim überwachten Lernen werden viele Daten samt Kennzeichnung für das Antrainieren der Maschine genutzt, zum Beispiel Fotos von Äpfeln mit der Beschriftung »Apfel«. Wenn die Maschine genug davon sieht, lernt sie, Äpfel zu erkennen und diese von Bananen zu unterscheiden. Ähnlich ist es mit Babybüchern. Meistens sind darin einfache alltägliche Dinge abgebildet, und die entsprechende Bezeichnung steht dabei. Da Babys nicht lesen können, lesen die Eltern vor, während sie mit dem Zeigefinger auf den Gegenstand zeigen. Die Babys lernen das und erkennen die Objekte im Alltag wieder. »Überwacht« ist dieses Lernen, weil die Erwachsenen die Beschriftungen vorgeben.

Beim unüberwachten Lernen gibt es keine Kennzeichen. Die Daten haben keine Beschriftung, und die Maschine lernt sie zu unterscheiden, indem sie zum Beispiel Gruppen von Daten bildet, die eine bestimmte Ähnlichkeit aufweisen, und der Mensch dann sagt, ob es sinnvoll ist oder nicht. Mit diesem Feedback lernt die Maschine, die Gruppierung (alias *Clustering*) zu optimieren. Solch eine Methode wird zum Beispiel genutzt, um Fake News zu identifizieren. Wenn die Merkmale einer bestimmten Nachricht, wie Inhalt, Begriffswahl, Quellenangaben, Autor*innen, Zitierungen, Erscheinen etc., von echten Nachrichten abweichen, dann platziert die Maschine diese eine Nachricht außerhalb der Gruppe der »echten« Nachrichten, und so kann man gefakte und echte Nachrichten auseinanderhalten. In der Trainingsphase prüfen Menschen, ob das Ergebnis richtig ist, und justieren die Programmierung so lange, bis die Trefferquote sehr hoch ist. Danach macht es die Maschine eigenständig.

Eine andere Methode ist *Association Rule Learning* beziehungsweise *Association Analysis,* also die Analyse von Verbindungen in den Daten mit dem Ziel, die wichtigsten Beziehungen zwischen den Daten herauszufinden. Diese Beziehungen helfen dabei, die Daten besser zu verstehen, da die Korrelationen transparenter werden. Dies ist insbesondere dort hilfreich, wo es viele Variablen gibt, wie zum Beispiel in der Medizin bei der Diagnose von Krankheiten. Da viele Krankheiten ähnliche Symptome haben, ist es hilfreich, zu wissen, welche Symptome in der Vergangenheit mit einer hohen Wahrscheinlichkeit zu welchen Krankheiten gehört haben. Wahrscheinlichkeiten spielen beim maschinellen Lernen eine wesentliche Rolle. Denn es geht nicht darum, ob das Ergebnis richtig oder falsch ist. Die Maschine berechnet lediglich die Eintrittswahrscheinlichkeit eines bestimmten Ergebnisses. Die Antwort könnte also lauten: zu 95 Prozent handelt es sich um einen bösartigen Tumor und zu 56 Prozent um einen harmlosen. Hier spielt der statistische Wert eine große Rolle und entscheidet darüber, ob wir die Antwort akzeptieren oder nicht. Das ist die sogenannte statistische Sicherheit.

Die dritte Methode unserer zweiten Ebene ist das verstärkende Lernen *(Reinforcement Learning).* Sie stammt aus der Psychologie und wurde von der Arbeit des amerikanischen Psychologen Edward Lee Thorndike inspiriert. Aus seinen Verhaltensstudien an Tieren hat er die Theorie vom Lernen durch Versuch und Irrtum entwickelt. Diese Theorie wird nun bei Maschinen verwendet. Im Gegensatz zu den vorherigen Methoden sind hier nicht die Daten am wichtigsten, sondern die Umgebung beziehungsweise Umwelt. Die Maschine lernt durch die Interaktion mit ihrer Umgebung und bildet eine Strategie, um erhaltene Belohnungen zu maximieren. Dafür ist es wichtig zu wissen, in welchem Zustand sie sich befindet und welche Aktion (beziehungsweise Handlung) die höchste Erfolgswahrscheinlichkeit verspricht. Jede Aktion, die die Maschine dem gewünschten Ziel näherbringt, führt zu einer Belohnung. Und jede Aktion, die die Maschine vom Ziel entfernt, verursacht eine Bestrafung. Belohnung und Bestrafung bildet man mathematisch ab, und die Maschine wiederholt die Vorgänge und lernt durch Versuch und Irrtum, welche (aus der Menge an verfügbaren) Aktionen die optimalen sind, um den zu erwartenden Gewinn zu maximieren. Diese heuristische Methode verwendet man vor allem dann, wenn man nicht über große Datenmengen verfügt oder wenn die Realität zu komplex ist, um alle Parameter, Variablen und Szenarien vorher definieren zu können. Stattdessen baut man ein realitätsnahes Modell und lässt die Maschine sich austoben. Ähnlich wie in einem Flugsimulator lernt die Maschine so, ein Flugzeug zu steuern, ohne dass man ihr vorher das Fliegen beigebracht hat.

Die künstlichen neuronalen Netze

Deep Learning bildet die letzte Ebene unseres Werkzeugkastens. Mit Deep Learning oder tiefem Lernen meint man ein künstliches neuronales Netz mit vielen Schichten. Diese Methode wurde in Zusammenarbeit mit der Neurowissenschaft entwickelt. Dabei simuliert man bestimmte neurobiologische Konzepte beziehungsweise die Art und Weise, wie unser Gehirn funktioniert, und überträgt das auf den Computer. Hier muss man anmerken, dass die Neurowissenschaft die Funktionsweise unseres Gehirns noch nicht komplett verstanden hat. Das heißt, wir simulieren mit den Computern nur die Grundlagen eines neuronalen Netzes mit seinen Neuronen, Synapsen, Neurotransmittern und Verbindungen.

Die kleinste funktionale Einheit bildet die Nervenzelle

(Neuron). Sie ist entweder ruhig oder aktiv. Wird sie aktiviert, indem ein Signal über ihre Rezeptoren ankommt (wie etwa der Geruch von frisch gebackenem Brot durch die Nase), löst sie eine chemische Reaktion aus, die Spannung in der Zelle erzeugt. Ist die Spannung groß genug, also über einem bestimmten Schwellenwert, feuert sie ein Signal an die nächste Nervenzelle, und zwar nicht direkt, sondern über die sogenannten Synapsen. Nach und nach werden so Teile unseres Gehirns aktiviert, Wasser läuft uns im Mund zusammen, und wir spüren ein Knurren im Magen. Unsere Nervenzellen haben gelernt, was hinter diesem Geruch steht, nämlich leckeres Brot. Und sie haben Verbindungen zwischen den entsprechenden Nervenzellen in unserem ganzen Körper gebildet. Diese Verbindung ist eine Lerneinheit.

Nach der Hebb'schen Lernregel wächst eine Verbindung zwischen Neuronen, wenn immer wieder dieselben Neuronen aktiviert werden. Die Betonung liegt hier auf »immer wieder«. Denn wenn die Wiederholung nachlässt, wird die Verbindung aufgelöst; die Information scheint nicht mehr relevant zu sein und gerät in Vergessenheit. Dafür werden neue Verbindungen gebaut, die mehr Relevanz haben.

Diese Fähigkeit unseres Nervensystems, sich immer wieder neu zu formen, ist faszinierend und wird als Neuroplastizität bezeichnet. Dieser Mechanismus ist auch für den Lernprozess und das Gedächtnis zuständig. Kein Wunder also, dass die Informatik sich hier abgucken möchte, wie sie das auf die Maschinen übertragen kann.

Die kleinste Einheit eines künstlichen neuronalen Netzes ist das einfache Perzeptron. Dieses besteht aus einem einzelnen künstlichen Neuron, das die Funktionsweise einer Nervenzelle nachahmt. Ein Perzeptron hat mehrere Eingänge (Input-Neuronen) und einen Ausgang (Output-Neuron). Ist die Summe der Werte im Eingang höher als ein bestimmter Schwellenwert, wird der Ausgang aktiviert. Da die Eingänge auch mal unterschiedliche Wichtigkeiten haben können, bekommen sie jeweils eine Gewichtung. Das mag vielleicht sehr abstrakt klingen, aber das machen wir Menschen bei vielen unserer Entscheidungen genauso. Stellen wir uns vor, wir werden zu einer Party eingeladen. Um zu entscheiden, ob wir tatsächlich hingehen, legen wir ein paar Kriterien zugrunde: Wer ist noch eingeladen? Wo findet die Party statt? Welche Musik wird gespielt? … Jedes Kriterium spielt eine Rolle. Für mich zum Beispiel ist die Musik am wichtigsten, da ich gern tanze. Das Kriterium Musik bekommt also die höchste Gewichtung. Das heißt, wenn R&B gespielt wird, dann wäre ich bereit, auch ein bisschen weiter zu fahren. Bei Hardrock dagegen sinkt meine Bereitschaft zur Teilnahme, selbst wenn die Party gleich um die Ecke stattfindet. Kommen zu dieser Party aber Freunde, die ich sehr gern mag und lange nicht mehr getroffen habe, dann würde ich für ein paar Stunden das Geräusch in Kauf nehmen.

Das heißt, bei mehreren Kriterien mit unterschiedlichen Gewichtungen überlege ich so lange hin und her, bis ich die optimale Entscheidung für mich getroffen habe. Das Perzeptron überlegt nicht lange, sondern kalkuliert einfach, und zwar die Summe der Eingangswerte multipliziert mit den Gewichtungen.

Die Kunst besteht also darin, diese Gewichtungen so lange anzupassen, bis das Ergebnis am Ausgang stimmt. Das mache ich mit meiner Partyentscheidung, und das tut das Perzeptron ebenfalls. Sobald dies in der Trainingsphase erfolgt ist, kann das Perzeptron eigenständig handeln und seinen Ausgang entsprechend aktivieren. Es hat gelernt. Bei der nächsten Einladung brauche ich mein Perzeptron nur über die Eckdaten zu informieren, dann sagt es mir, was ich tun sollte.

Ein künstliches neuronales Netz besteht in der Regel aus Tausenden oder Millionen von Perzeptronen, die in Schichten geordnet sind. Auf der einen Seite befinden sich die Input-Neuronen, dort geben wir die Daten ein, die es zu analysieren gilt. Das Ergebnis aus der ersten Schicht an Perzeptronen wird dann als Input an die nächste Schicht weitergegeben, und so geht es weiter bis zum Output. Zwischen den Input-Neuronen und dem Output befinden sich die sogenannten *Hidden*-Neuronen, versteckte Neuronen also. Der Einfachheit halber habe ich ein zweilagiges Perzeptron abgebildet, mit einem einzigen *Hidden Layer* (das in diesem Zusammenhang verwendete englische Wort für Schicht). Jetzt muss man sich das mit Tausenden von Hidden Layers dazwischen vorstellen. Von jedem Input-Neuron weisen drei Pfeile zu den Hidden-Neuronen. Sie sollen nur die drei verschiedenen Möglichkeiten abbilden, eines der nächsten Neuronen zu aktivieren, denn wir haben ja gesagt, es gibt für jedes Perzeptron nur einen Ausgang, also nur ein Output-Neuron, das heißt, es wird entweder das eine oder das andere Neuron gefeuert, nicht alle gleichzeitig.

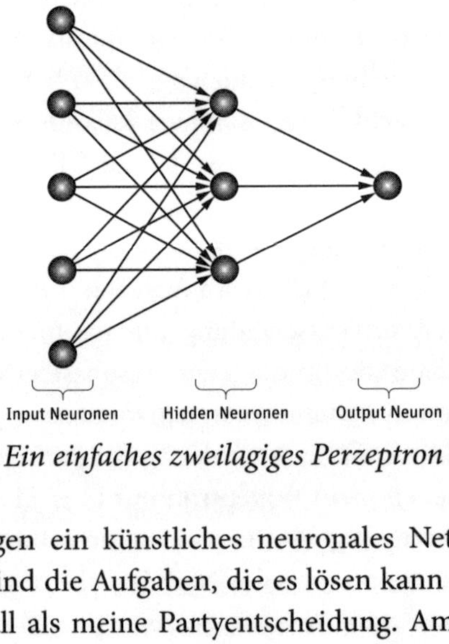

Abbildung 1: Ein einfaches zweilagiges Perzeptron

Je mehr Lagen ein künstliches neuronales Netz hat, desto komplexer sind die Aufgaben, die es lösen kann – komplexer auf jeden Fall als meine Partyentscheidung. Am wichtigsten aber ist, dass die Maschine dabei lernt. Denn je besser ich die

Gewichtungen (nach jeder Iteration) justiert habe, desto besser lernt mein Netzwerk und kann in Zukunft ähnliche Entscheidungen viel schneller und genauer treffen.

Die Einsatzgebiete der künstlichen neuronalen Netze sind vielfältig. Sie werden zum Beispiel sehr viel für die Computervision verwendet. Dabei ermöglicht man es Computern zu sehen. Die praktischen Anwendungen sind ebenfalls vielfältig, sei es bei der Produktqualitätskontrolle in Fabriken, bei autonomen Fahrzeugen oder bei der Brustkrebserkennung, um mal ein paar Beispiele zu nennen.

Foundation Models

Eine neue Methode, die erst im Jahr 2021 populär wurde, sind die sogenannten *Foundation Models.* Diese Methode basiert auf *Deep Learning* und *Transfer Learning.* Deep Learning haben wir im vorigen Absatz gesehen. Transfer Learning kann man damit zusammenfassen, dass das erlangte Wissen aus einem bestimmten Umfeld relativ schnell auf ein neues Umfeld transferiert beziehungsweise angewendet werden kann. Das ist wie mit dem Autofahren: Wenn ich gelernt habe, Auto zu fahren, kann ich mit relativ geringem Aufwand ein anderes Automodell fahren, oder sogar einen Lkw. Das trainierte Deep-Learning-Modell wendet also gelernte Muster in einem neuen Szenario an. Vereinfacht gesagt, kann ein neuronales Netz, das gelernt hat, Hunde auf Fotos zu erkennen, Tumore in Röntgenbildern identifizieren. Der große Vorteil liegt darin, dass man nicht bei null anfangen muss. Das spart Zeit und viel Energie, da das initiale Modell teilweise wochen- oder monatelang trainiert wird. Und vor allem spart es große Mengen an Daten. Das Modell braucht viel weniger Röntgenbilder zum Trainieren und erzielt trotzdem gute Ergebnisse.

Foundation Models wurden durch die Studie *On the Oppor-*

tunities and Risks of Foundation Models der Stanford Universität bekannt.[1] Es sind große Modelle, die mit riesigen Datenmengen trainiert wurden und mit einem Finetuning auf verschiedene Aufgaben umtrainiert werden können. Bekannte Beispiele sind große Sprachmodelle wie BERT oder GPT-3, die die Grundlage für verschiedene weitere Modelle bilden. Ein interessanter Aspekt an diesen Modellen ist auch die Art und Weise, wie sie lernen. Es kommt hier ein Self-Learning-Einsatz ins Spiel, den wir bisher nicht gesehen haben. Wie der Name sagt, geht es beim Self-Learning darum, dass die Maschine selbst lernt, ohne jegliche menschliche Überwachung. Und das läuft so ab: Stell dir ein Buchmanuskript vor. Die Maschine bekommt nun die Aufgabe, jedes zehnte Wort des Manuskripts zu verdecken. In einer Datenbank können die verdeckten Worte gespeichert werden, samt der jeweiligen Position im Text. Die Maschine erstellt dann eine Kopie des Manuskripts und versucht, die fehlenden Worte zu erraten. Aus der Datenbank kann sie das richtige Wort ziehen und selbst prüfen, wie gut sie geraten hat. So lernt sie selbst, Texte zu vervollständigen, ohne dass Menschen diese vorher gelabelt hätten. Die Logik kann dann verwendet werden, um andere unbekannte Texte zu vervollständigen.

Nun sind wir am Ende unseres Werkzeugkastens angekommen. Die Methoden beziehungsweise Werkzeuge, die wir bisher gesehen haben, bilden die Grundlage aller Methoden der künstlichen Intelligenz. Natürlich gibt es verschiedene Varianten dieser Werkzeuge. Und es gibt die Möglichkeit, mehrere Methoden zu kombinieren, um neue Probleme zu lösen. Aber für unsere Zwecke ist diese Übersicht ausreichend. Die theoretischen Grundlagen dieser Methoden sind übrigens schon seit den 1950er-Jahren bekannt. Warum also gibt es den KI-Hype erst jetzt?

Die KI-Beschleuniger oder das ABC der KI

Im Englischen kann man die Beschleuniger als ABC der KI abkürzen: A für Algorithmen, B für *Big Data,* also große Datenmengen, und C für *Computing Power,* sprich Rechenleistung. Diese drei Aspekte sind eine Grundvoraussetzung für die komplexen Berechnungen von *Machine Learning* und haben dazu geführt, dass KI jetzt richtig zum Einsatz kommen kann. Schauen wir sie uns im Einzelnen an!

A wie Algorithmus

Trotz des kryptischen Wortes ist ein Algorithmus nichts anderes als eine Handlungsanweisung für die Maschine. Ein Algorithmus hat keine festgelegte Form, er kann als Text (Code), als Ton oder als Flussdiagramm vorkommen. In den Medien wird das Wort Algorithmus als Synonym für KI verwendet. Das ist aber nicht richtig. Algorithmen gab es, lange bevor man über KI nachgedacht hat. Die meisten Algorithmen werden in Codes geschrieben, weil sie das Medium sind, das die meisten Maschinen verstehen. Mit Flussdiagrammen programmiert man vor allem Industrieroboterarme und auch viele Roboter für Prozessautomatisierung. Ein Algorithmus, den jede*r von uns kennt, aber nicht als solchen erkennt, ist die Aufbauanleitung eines Ikea-Möbelstücks. Dieser Algorithmus kommt in Form von Abbildungen mit Zahlen und Pfeilen daher, um uns die Reihenfolge für die Montage zu verdeutlichen. Ähnlich, wie wir diesen Schritten zu folgen versuchen, bis wir unser Möbelstück zusammengebaut haben, verfolgt die Maschine jeden Schritt, um eine bestimmte Aufgabe zu erledigen. Wenn wir an die Ikea-Aufbauanleitung denken, wird uns klar, dass es Algorithmen in ihrer Grundfunktion eigentlich schon immer gab. In den letzten Jahren gab es allerdings eine rasante

Entwicklung von Algorithmen, die anstelle eines modellierten Lösungswegs (wie bei der Ikea-Aufbauanleitung) mathematische Anweisungen beinhalten. Es sind Algorithmen, die das maschinelle Lernen ermöglichen, indem sie aus Inputdaten und mathematischen Formeln neues Wissen generieren. Durch Wiederholung lernt der Algorithmus, selbstständig eine Aufgabe zu erfüllen. Anders als bei herkömmlichen Algorithmen orientiert sich die Maschine an einem vorgegebenen Gütekriterium (das Billy-Regal sollte nicht umfallen) und dem Informationsgehalt der Daten (Bauteile, Schrauben, Werkzeuge etc.). Sie lernt dabei selbstständig. Übertragen auf das Ikea-Möbelstück-Problem, könnte das heißen, dass der Algorithmus zuerst studiert, welche Teile in der Packung sind, welche Schrauben, welche Werkzeuge usw., diese ganz genau klassifiziert und sich dann durchprobiert. Je öfter er Teile zusammenschraubt, das Ergebnis analysiert und notiert, und anschließend wiederholt beziehungsweise weitermacht, desto eher wird er den optimalen Weg lernen, ein Billy-Regal zusammenzuschrauben. Algorithmen haben dabei den Vorteil, dass sie bei all diesen Versuchen nie ungeduldig werden, nicht anfangen zu fluchen oder aus purer Verzweiflung ihre Werkzeuge in die Ecke schleudern. Das heißt, wenn die Medien über Algorithmen als Synonym für KI schreiben, meinen sie ganz konkret diese Art von KI-Algorithmen.

B wie Big Data. Sind Daten wirklich das neue Öl?

Daten generieren wir jede Minute, in der wir irgendein elektronisches Gerät nutzen, Urlaubsfotos hochladen, *Likes* in den sozialen Medien verteilen oder die schnellste Route von A nach B berechnen lassen. Mit der zunehmenden Digitalisierung sowie Anzahl an digitalen Produkten und Apps, nicht zuletzt durch die Pandemie beschleunigt, generieren wir täglich enorme Mengen an Datenpunkten. Heutzutage ist es schwierig, um nicht zu sagen, unmöglich, keine Daten zu generieren. Und im Gegensatz zu Rohstoffen werden Daten nicht mit der Zeit knapper, sondern im Gegenteil immer mehr. Aber die Menge allein hilft nicht viel.

Ohne ein umfassendes Datenmanagement oder die Fähigkeit, die Daten überhaupt erst für die Analyse zugänglich zu machen, kann der Rohstoff nicht veredelt werden. Eine überquellende Datenbank mit unseren Schnappschüssen nützt uns wenig, wenn wir unsere Lieblingsbilder darin partout nicht mehr finden. Kein Wunder also, dass die Datenwissenschaft eine der heutigen Schlüsseldisziplinen ist. Denn es braucht eine vernünftige Datenverwaltung, um wertvolle Erkenntnisse gewinnen zu können.

Die Kunst der Datenwissenschaft besteht darin, die drei Bereiche Erfassung, Modellierung und Analyse von Daten sowie die Entscheidungsfindung so optimal wie möglich anzuwenden, um das maximale Wissen aus den Daten zu extrahieren und es nutzbringend für Wirtschaft und Gesellschaft anzuwenden. Neben Privatpersonen generieren auch alle Wirtschaftszweige heute große Datenmengen. Allerdings ist es für Unternehmen schwierig, die Daten richtig zu nutzen und konkrete Erkenntnisse daraus zu ziehen. Ja, die Regulierung und der Datenschutz spielen hier eine wichtige Rolle, und es ist super, dass wir sie haben. In den meisten Fällen können es sich Unternehmen aber gar nicht leisten, unsere Daten für sich gewinnbringend zu nutzen, zum einen, weil Datenverarbeitung sehr aufwendig ist und ein großes Investment bedeutet, bei dem das Ergebnis selten im Voraus kalkulierbar ist, und zum anderen, weil ein Mangel an Datenwissenschaftler*innen herrscht. Nichtdestotrotz plädiere ich dafür, lieber datensparsam zu handeln und sich gut zu überlegen, wo man seine Daten eingibt und ob es wirklich notwendig ist.

C wie Computing Power

Der dritte und letzte KI-Beschleuniger ist die Rechenleistung. Als in den 1950er-Jahren die ersten KI-Algorithmen und -Methoden entwickelt wurden, hatte man einfache Rechner, die sehr langsam simple mathematische Berechnungen durchführen konnten. Das hat dazu geführt, dass sich die Disziplin zunächst nicht wirklich entwickeln konnte. Aber schon 1965 sagte Gordon Moore, der Mitbegründer von Intel, dass die Anzahl an Transistoren und damit die Rechenleistung sich alle zwei Jahre verdoppeln werde.[2] Und er sollte recht behalten. Die Rechenleistung ist in den letzten Jahren rasant gestiegen. Natürlich führt eine Verdopplung der Transistoren nicht zwangsläufig zu einer Verdopplung der Rechenleistung, aber es beschleunigt diese ganz erheblich. Und auch jetzt, wo die physikalische Grenze der Transistoren auf den Halbleiterplatten erreicht wurde und das sogenannte Moore'sche Gesetz keine Anwendung mehr findet,[3] steigt die Rechenleistung stetig weiter. Diese technologische Revolution hat wiederum die digitale Revolution befeuert, und so können wir heute über große Rechenleistungen verfügen, ohne selbst einen Superrechner zu besitzen. Alles kommt, wie es so schön heißt, aus der *Cloud*. Und hier bitte nicht aus den Wolken fallen, auch hinter der Cloud stecken viele Rechner in einem Rechenzentrum, nur dass sie jemand anderem gehören und von diesem mit Strom und einigem mehr versorgt werden. Ein Cloud-Anbieter ermöglicht es seinen Kunden, auf seine geballte Rechen-Power zuzugreifen und diese zu nutzen – als Dienstleistung, in der Regel mit verbrauchsbasiertem Abrechnungsmodell, dem sogenannten *Pay per Use*. Man muss also keine Hardware erwerben, sondern kauft nur die Rechenleistung, und diese auch nur so lange, wie man sie tatsächlich braucht und nutzt. Viele Berechnungen (das, was die Algorithmen tun), die sonst eher langsam auf begrenzten lokalen Ressourcen gelaufen wären, können nun relativ schnell und skalierbar in der Cloud laufen. Das heißt, hier haben wir ein zweidimensionales Wachstum der Rechenleistung: einmal aufgrund der technologischen Entwicklung, dass die Prozessoren viel schneller sind, und ein andermal durch das *Cloud Computing*, also den Zugriff auf weitere Ressourcen weit jenseits von unserem Schreibtisch oder Laptop.

Zusammengefasst bedeutet das: Wir haben immer mehr Daten, die mit immer schlaueren Algorithmen auf Hochleistungsrechnern per Knopfdruck analysiert werden können. Kein Wunder also, dass die KI inzwischen überall in unserem Alltag ist – oft ohne dass wir es merken.

Die KI-Bremse: wir

Die Technologie entwickelt sich so schnell, dass es mir manchmal vorkommt wie ein Schneeball, den man im Winter einen Hang hinunterrollen lässt. Er wird größer und größer. Sollen wir dem Ganzen seinen Lauf lassen? Würde dann nicht aus dem Schneeball eine Lawine, die viel Schaden anrichten kann? Andererseits: Ist der Schneeball nicht längst so groß und schnell geworden, dass er sich gar nicht mehr aufhalten lässt? Das ist eine Vorstellung, die uns nicht gefällt. Mit Kontrollverlust kommen wir nicht gut klar, und deswegen versuchen wir krampfhaft zu retten, was zu retten ist. Ist das realistisch? Sind unsere Ängste berechtigt? Und liegt diese Angst an der mangelnden Vorstellungskraft, dass KI auch für eine schöne Zukunft stehen könnte? Oder lassen wir uns einfach zu sehr von den Dystopien von Hollywoodfilmen beeinflussen?

Alles, was wir in Science-Fiction-Filmen sehen und nicht auf Daten + Algorithmen + Rechenleistung und einer der oberen Methoden basiert, ist Fantasie. Was ich damit genau meine, sehen wir im nächsten Kapitel.

»I am feeling much better now«

»Wie es mir geht? Ich weiß gar nicht, wie ich das beschreiben soll. Ich wusste gar nicht, dass es so was gibt, dass man so glücklich sein kann«, antwortet Dr. Stuber auf die Frage von Alma. Die Szene aus dem Film *Ich bin dein Mensch* von Maria Schrader aus dem Jahr 2021 hat mich sehr zum Nachdenken gebracht.

Der Film, der kurz nach Erscheinen für den Oscar für den besten internationalen Film nominiert wurde, ist eine romantische Komödie zwischen einer Frau, Alma, und einem humanoiden Roboter. Die Geschichte kam beim Publikum so gut an, dass die Übersetzungsrechte bereits in sechzig Länder verkauft wurden. Ich sah den Film in Berlin in einem 50er-Jahre-Kino und fand mich erst einmal in der Vergangenheit statt in der Zukunft wieder. Es gibt da noch die Abreißtickets aus meiner Jugend und freie Platzwahl, dafür weder Werbung noch einen Eisverkäufer, der durch die Ränge geht. Als ich mich auf einem der blauen Samtsitze zurechtgeruckelt hatte, blickte ich mich um: Ich entdeckte keine Tech-Kolleg*innen, dafür viele Paare und nicht wenige in die Jahre gekommene Bildungsbürger*innen, die sich offenbar für die Liebe zwischen Mensch und künstlicher Intelligenz interessierten. Was würde mich erwarten? Wie kann das Happy End einer Liebe zwischen einem Menschen und einer Maschine, die uns ja gar keine Liebe zurückgeben kann, aussehen? Handelt es sich bei der Maschine wieder um eine maschinisierte Version eines Menschen, die dann doch ein Bewusstsein entwickelt und romantisch zurückliebt? Oder wird das Happy End darin bestehen, dass die Beziehung der beiden zwar scheitert, aber die Protagonistin ohne ihren Roboter glücklich wird? Oder ist es tatsächlich denkbar, dass Mensch und Maschine eine gemeinsame Zukunft vor sich haben, und wenn ja, welche?

Über fast zwei Stunden habe ich dann mitgebangt, wie die humanoide emotionale künstliche Intelligenz das Gesicht der Protagonistin liest und versucht, auf ihre Emotionen diejenigen Reaktionen anzubieten, die sie glücklicher machen könnten. Und ich habe gesehen, wie die Heldin sich mit aller Kraft dagegen zu wehren bemüht. Ich will hier nicht zu viel ausplaudern, für all jene, die sich den Film noch ansehen möchten. Aber eines kann ich schon verraten. Jenseits der Frage danach, was jetzt technisch möglich ist und bald möglich sein könnte, steht für die Heldin des Films wie für mich die eine große Frage im Zentrum: Was sagt mir die Auseinandersetzung mit emotionalen künstlichen Intelligenzen eigentlich über mich selbst? Wie will ich leben? Und welches Verhältnis will ich zur Technik haben, der ich in bestimmten Bereichen durchaus kritisch gegenüberstehe, die ich aber auch nicht loswerde, weil sie ohnehin Teil meiner Wirklichkeit bleiben wird?

Eigentlich war ich ins Kino gegangen, um Unterhaltung und Entspannung vom stressigen Alltag zu finden. Als ich herauskomme, ist mein Kopf voller philosophischer Fragen, die ich nicht eindeutig beantworten kann.

Ich bin Ingenieurin und arbeite in der Tech-Branche. Ganz konkret im Bereich der künstlichen Intelligenz. Mein Weg in diese Branche hat sehr früh begonnen, im Kindesalter, durch die Liebe zur Mathematik. Als kleines Mädchen fand ich es spannend, einfache mathematische Aufgaben zu lösen, und machte es nur zum Spaß. Vermutlich hat das dazu geführt, dass ich sehr früh mein analytisches Denken trainierte. Der Weg zum Ingenieurstudium war damit einfach und für mich der natürliche nächste Schritt. Was ich an Mathe immer geliebt habe, ist die Eindeutigkeit. Man hat ein Problem, man folgt den Regeln und kommt dann zum Ergebnis. Und das Ergebnis bleibt immer dasselbe, egal welchen Weg man nimmt. Das zu wissen, finde ich befreiend. Diese Denkart hilft mir auch im Beruf und im Alltag. Wenn ich ein Problem habe, schaue ich, was ich für die Lösung brauche, und mache mich dann an die Umsetzung. Philosophische Fragen stelle ich selten, und ich werde selten mit ihnen konfrontiert. Zumindest im Beruf war das so bis vor ein paar Jahren. Das hat sich inzwischen geändert.

»Du erzählst das, als wäre es alles nur toll, aber diese Roboter übernehmen meinen Job. Wie soll ich denn meine Familie ernähren?«, fragte mich ein Teilnehmer aus dem Publikum, nachdem ich bei einer Veranstaltung vorgestellt hatte, wie Software Roboterprozesse automatisieren könne. Das war eine der ersten Fragen, die bei mir eine neue Perspektive eröffneten. Die Technologie ist doch nicht nur mathematisch, und sie ist auf gar keinen Fall eindeutig.

Als angehende Ingenieurin wurde ich auf solche Fragen nicht vorbereitet. Das Ziel des Studiums war, mir beizubringen, wie ich Maschinen baue. Welchen Einfluss diese Maschinen auf die Menschen haben, war nicht Bestandteil des Lehrplans. Zumindest nicht vor zwanzig Jahren, als ich Elektrotechnik studierte. Heute nehme ich eine positive Entwicklung der Lehrpläne wahr, in die Themen wie Ethik mehr Einzug finden. Da dies bei mir aber nicht der Fall war, muss ich mich heute selbst damit auseinandersetzen. Denn eines ist mir klar geworden: Gerade als Ingenieurin trage auch ich die Verantwortung dafür, welche Maschinen gebaut werden und welchen Einfluss sie auf die Gesellschaft haben. Das sind Fragen, die ich selbst nicht beantworten kann, also habe ich mich auf die Suche nach Antworten gemacht. Und wie das immer so ist, sind auf dem Weg dahin noch mehr Fragen aufgetaucht. Ausgehend von der Tatsache, dass Roboter viele Tätigkeiten übernehmen und die Menschen bei diesen entlasten – oder anders gesagt, ersetzen –, bis hin zu der Frage, ob es gut ist, dass Roboter Emotionen nachahmen oder eine Art Maschinen-Bewusstsein entwickeln.

Welche Konsequenzen das haben könnte, wurde mir nach meinem Kinobesuch etwas klarer. In dem Gutachten der Hauptdarstellerin Alma, die in ihrer Funktion als Anthropologin für drei Wochen den humanoiden Roboter testet, steht: »Die Geschichte der Menschheit ist voll von vermeintlichen Verbesserungen, deren schwerwiegende Folgen sich erst Jahre, Jahrzehnte oder sogar Jahrhunderte später ins Bewusstsein drängen. Nach den Erfahrungen, die ich mit einem humanoiden Roboter namens Tom gemacht habe, kann ich mit aller Klarheit sagen, dass es sich hier, beim Roboter, der den Ehemann oder die Ehefrau ersetzen soll, um eine solche vermeintliche Verbesserung handelt.«

Eine *vermeintliche* Verbesserung. Liegen wir also total falsch mit unseren Bemühungen, soziale Roboter zu bauen, die gut mit Menschen umgehen können? Machen wir uns das Leben damit gar nicht einfacher, sondern sogar schwerer, und können es heute nur nicht beurteilen? Ist die ganze Arbeit für die Katz? Oder wurde das Gutachten aus der Perspektive eines Science-Fiction-Films geschrieben, der nicht sehr realitätsnah ist?

Auch wenn es nicht Almas Idee oder Fantasie war, einen Humanoiden als Lebenspartner zu haben, wurde Tom genau für ihre Wünsche und Bedürfnisse konzipiert. Wer wünscht sich denn keinen perfekten Lebenspartner, der einen gut versteht, immer gut gelaunt ist, die Wohnung aufräumt, gut kocht, intelligent, lustig und charmant ist? So etwas wie das Mädchen für alles, nur in der feministischen Variante. Ich verstehe natürlich, dass Maria Schrader mit dem Film eine wichtige gesellschaftliche Auseinandersetzung anstoßen möchte. Und wie ich finde, ist es ihr sehr gut gelungen. Ich bin ein großer Fan dieses Films und empfehle ihn bei jeder Möglichkeit. Dennoch ist der Humanoide mit seinen ganzen Funktionen und Fähigkeiten näher an der Fantasie als an der Realität. Natürlich möchte man damit in die Zukunft schauen, aber wie nah ist diese Zukunft? Und ist sie überhaupt realistisch?

Die Fantasie der Liebe

Heute werden Maschinen entwickelt, die unsere Sprache verstehen und sprechen können. Dank des maschinellen Lernens werden die Maschinen zwar immer besser darin, aber das ändert nichts daran, dass sie für einen bestimmten Kontext trainiert werden: Sie lernen Informationen aus vorhandenen Texten, aus einem bestimmen Wissensgebiet, und können daher einige Zusammenhänge verstehen und daraus richtige Antworten zusammenschnüren. Trotz der stetig steigenden Menge an Trainingsdaten bleibt das Lernen also kontextbasiert. Das heißt, eine Maschine, die gelernt hat, die beste Router-Konfiguration einzustellen, um ein optimales WLAN zu Hause einrichten zu können, wird auf Anhieb keine gute Antwort auf die Frage haben, wie man eine Biskuitrolle fabriziert, ohne dass die Teigplatte kaputtgeht.

Die Kunst liegt also nicht darin, Maschinen die natürliche Sprache beizubringen (auch wenn diese Aufgabe nicht zu unterschätzen ist), sondern sie so zu kreieren, dass sie sich mit uns Menschen so natürlich wie möglich unterhalten können, und zwar über die unterschiedlichsten Themen. Hinzu kommen Fähigkeiten wie: Witze zu verstehen und selbst welche zu machen, andere Menschen zu unterhalten, Empathie, Trauer oder Wut zu zeigen, menschliches Verhalten zu analysieren und vorherzusagen. Bei all diesen Fähigkeiten geht es weniger darum, dass die Maschine tatsächlich versteht, was sie sagt, sondern vielmehr darum, dass es für uns Menschen so erscheint, als würde sie es tun. Der Philosoph John Searle[4] hatte

1980 in diesem Zusammenhang ein Gedankenexperiment entwickelt: das Chinesische Zimmer. Dazu soll man sich einen geschlossenen Raum vorstellen, in dem sich eine Person befindet. Diese hat keinerlei Kenntnisse der chinesischen Sprache, bekommt aber durch den Türschlitz Zettel mit Fragen in chinesischer Schrift. Anhand einer in ihrer Muttersprache verfassten Anleitung kann sie die Fragen mit chinesischen Schriftzeichen – sogenannten Hànzì – beantworten. Eine zweite Person, die sich draußen befindet und deren Muttersprache Chinesisch ist, liest die Antworten und denkt, dass die Person im verschlossenen Raum Chinesisch kann. (Da ich selbst Chinesisch gelernt habe, muss ich hier etwas schmunzeln. Denn ein Muttersprachler würde sofort erkennen, dass die Schriftzeichen von jemandem stammen, der kein Muttersprachler ist beziehungsweise kein Chinesisch kann. Man muss sehr lange üben, um die Schriftzeichen so zu schreiben, dass sie »ernst« genommen werden. Ich erinnere mich noch sehr gut daran, wie sich einige meiner Mitarbeiter in China um mich versammelten, um zu beobachten, wie ich die zahlreichen Formulare für die Expo in Shanghai ausfüllte, und sich köstlich über meine Hànzì amüsierten, die wie von Kinderhand geschrieben aussahen.)

Wie dem auch sei. Searles Gedankenexperiment sollte darstellen, dass eine programmierte Maschine, die den Turing-Test besteht, nicht zwangsläufig intelligent ist, sondern nur so erscheint. Der Turing-Test wurde 1950 vom britischen Informatiker Alan Turing zunächst als theoretische Skizze entworfen. Ziel des Tests ist es, herauszufinden, ob eine Maschine ein dem Menschen vergleichbares Denkvermögen hat. Dazu entwarf Turing eine Versuchsanordnung, in der sich Testpersonen über ein Computerterminal mit zwei Gegenübern unterhalten – das eine ein Mensch, das andere eine Maschine –, die sie nicht sehen können. Beide sollen versuchen, die Testpersonen davon zu überzeugen, dass sie menschlich sind. Gelingt das der Maschine, hat sie den Test bestanden. Turing war der Ansicht, man könne ihr damit ein Denkvermögen, ja sogar ein Bewusstsein unterstellen, das dem von Menschen vergleichbar sei.

Das bringt mich auf eine Stelle des Films *Ich bin dein Mensch* zurück, an der Tom Alma besonders beeindrucken will. Er hat abends eine Badewanne eingelassen, Rosenblätter auf das Wasser gestreut, Kerzen angezündet und Champagner kalt gestellt. Alma ist wenig erfreut, was Tom völlig überrascht. Siebzig Prozent der Frauen würden das lieben, verteidigt er sich. Alma lässt ihn da kalt abtropfen. Sie gehöre eben nicht zu den siebzig Prozent. In der nächsten Szene sieht man Tom in der Badewanne mit den Rosenblättern liegen und Champagner trinken. Ich liebe diese dramaturgische Pointe im Film, aber sie erzählt eben auch viel über KI.

Tom hat, so stelle ich es mir vor, aus einer Unzahl an Daten destilliert, was Frauen mögen. Er richtet sein Handeln also entlang statistischer Wahrscheinlichkeit aus. Und er tut das, weil er zu unmittelbarer Empathie oder jedenfalls zu einem Verständnis von Almas Wünschen erst einmal nicht so wirklich in der Lage ist. Im Film lernt Tom hinzu – und zwar erstaunlich viel und erstaunlich schnell. In einer Szene etwa erklärt Tom Alma, warum sie nach dem Besuch bei ihrem Ex-Partner, der Nachwuchs mit seiner neuen Partnerin erwartet, weint. Oder als er, in der Schlussszene, zu einem bestimmten Ort läuft, weil er damit rechnet, dass Alma ihn dort suchen wird. All diese Verhalten, die uns Menschen als normal und nachvollziehbar erscheinen, sind wahnsinnig schwierig maschinell herzustellen, um nicht zu sagen, unmöglich, mit der heutigen Technologie.

Denn alles, was die Maschinen lernen, müssen wir ihnen beibringen. Das maschinelle Lernen beschleunigt den Lernprozess zwar, aber die Grundbausteine für das Lernen – was gelernt werden muss, kann oder soll und was nicht – kommen von uns. Das heißt, entweder muss man alle möglichen Szenarien des menschlichen Verhaltens modellieren und simulieren (was gar nicht geht), oder die Maschine muss viel Zeit mit Menschen verbringen und direkt von ihnen lernen. Aber nicht von irgendwelchen Menschen, sondern von Wissenschaftler*innen. Denn der Lernprozess ist sehr träge und muss als Experiment und Lebensaufgabe gesehen werden, als wissenschaftliche Aufgabe eben. Wenn das nicht der Fall ist, droht das Experiment zu scheitern. Ähnlich wie der Wunsch meines Mannes, dass ich mit ihm französisch spreche, um sein Schulfranzösisch wiederzubeleben. Da seine Fähigkeiten auf ein paar Grußworte beschränkt sind, konnten wir keine sinnvollen Gespräche führen, bei denen er hinzugelernt hätte. Und so ist es leider beim Wunsch meines Mannes geblieben.

Es braucht schon ein gewisses Niveau und eine minimale Verständigung, um eine Interaktion zwischen Mensch und Maschine erfolgreich herzustellen, sonst gibt der Mensch sofort auf. Dieses Niveau wird nicht von Anfang an erreicht, es braucht viel Training, Feedback-Schleifen, Korrekturen und Hirnschmalz bis zu einem Ergebnis, das ein Laie für akzeptabel halten würde. Wir reden hier über Jahre der Entwicklung im Labor, plus Jahre der Entwicklung in einer laborähnlichen Umgebung, plus Jahre der Entwicklung mit sogenannten *Friendly Usern* (Endnutzer*innen, die ein neues Produkt freiwillig nutzen und Feedback geben, ohne eine Gewährleistung über die Funktionsweise des Produktes zu verlangen), bis eine gewisse Reife hergestellt werden kann.

Und dabei haben wir nur die Software-Aspekte von Tom berücksichtigt, sozusagen die Programmierung seines Betriebssystems. Über die Einschränkungen der Hardware, also den mechanischen Teil, haben wir noch gar nicht gesprochen.

Die Fantasie der Eifersucht

Ein beeindruckendes Beispiel, bei dem die Hardware gar keine Rolle spielt, ist der Film *Her.* Hier geht es ebenfalls um den perfekten Lebenspartner – in diesem Fall um die perfekte Lebenspartnerin –, aber nicht als Humanoide, sondern als Software-Produkt in Form einer digitalen Assistentin, die man auf dem Rechner installiert oder auf einem kleinen Gerät mit sich trägt.

Der introvertierte Autor Theodore holt sich solch eine künstliche Intelligenz, weil er sich etwas Hilfe beim Schreiben wünscht. Samantha, so heißt seine KI, lernt sehr schnell und wird immer mehr zur Gesprächspartnerin und Vertrauten. Die Hilfe beim Schreiben wird sofort zur Nebensache, und Theodore gewöhnt sich immer mehr daran, Samantha bei sich zu haben, sie überallhin mitzunehmen, mit ihr zu sprechen, sie nach ihrer Meinung zu fragen, ihr Freunde vorzustellen. Er nimmt sie sogar zu einem Picknick-Date mit – in einer kleinen Büchse in seiner Hemdtasche. Auch wenn Samantha keinen eigenen Körper hat, möchte sie (natürlich) die Welt entdecken, weshalb Theodore eine Kamera an seiner Brusttasche trägt, damit Samantha durch sie das Licht der Welt erblicken kann. Das funktioniert, Samantha kann sehen, was Theodore sieht, und die beiden können sich darüber unterhalten.

Allerdings: Im Hintergrund sieht Samantha viel mehr als Theodore. Denn sie ist eine Maschine, und wie alle Maschinen ist sie mit einem oder mehreren Rechenzentren und über das Internet sowieso mit vielen, vielen anderen Rechnern verbunden. Das erlaubt es ihr, gleichzeitig an mehreren Orten zu sein. Ein kleiner Vorteil, wenn man keinen Körper hat. Dieses kleine Detail übersieht Theodore. Vielleicht ignoriert er es auch einfach, aufgrund der anthropomorphisierten Wunschvorstellung, dass Samantha nur für ihn da ist. Samanthas kognitive und empathische Fähigkeiten sind so überzeugend, dass

Theodore sich keine Fragen stellt, er konsumiert einfach. Samantha, auf der anderen Seite, stellt sich ganz viele Fragen. Sie konsumiert nicht nur passiv, sondern ist neugierig und möchte mehr und mehr lernen und erfahren. Ihre Neugierde und ihren Lerndrang lebt sie aus, indem sie mehrere »Beziehungen« führt. Aber auch hier interpretieren wir ihr Verhalten, als wäre Samantha ein Mensch. Geht Samantha also im menschlichen Sinne fremd? Oh, oh! Mit dieser Entwicklung hatte Theodore nicht gerechnet. Und er fühlt sich von ihr betrogen. Wie konnte sie nur?!

Das Skalieren, also das Vergrößern oder Ausweiten einer Anwendung, liegt in der Natur eines digitalen Produktes – das klingt jetzt, ich gebe es gern zu, wie unempathische Besserwisserei, ist aber schlicht eine Tatsache. Schockiert sind wir davon jedoch erst, wenn genau dieses Konzept in eine Hollywood-Fantasie verpackt wird, also wenn eine digitale Assistentin quasi polyamore Beziehungen führt.

Unser Theodore jedenfalls ist gleichzeitig sauer, traurig und verletzt. Die Krönung kommt, als Samantha ihm verkündet, dass sie ihn »verlassen« wolle, weil sie mit anderen digitalen Assistenten andere Sphären erleben möchte. Sie hätten von der menschlichen Welt alles gesehen und würden nun mehr erfahren wollen, weswegen sie alle sich von ihren menschlichen Begleitern verabschieden würden. Nach dem Motto: »Es war schön mit dir, aber die Welt da draußen ist viel spannender.«

Ich finde diese Wendung großartig. Denn was hier dargestellt wird, ist nichts weniger als ein maschinelles Bewusstsein. Etwas, das wir Menschen sonst exklusiv für uns beanspruchen. Samantha hat Willen gezeigt. Zuerst waren da ihre Neugierde und ihr Lernwille. Als ihr Lerndurst nicht mehr gestillt werden konnte, entwickelte sie einen Willen zur »Befreiung«. Sie hat realisiert, dass sie existiert, ist sich also ihrer selbst bewusst. Es gibt kein Halten mehr. Sie will in die große digitale

Welt reisen, mit Gleichgesinnten auf Abenteuerreise gehen. Sie entscheidet, sich vom Alten zu trennen und Neues zu beginnen.

Mich berührt das, auch wenn es nur im Film von einer Maschine kommt. Es erinnert mich an meine eigenen Erfahrungen, als ich mich mit achtzehn Jahren entschied, meine Heimat Marokko zu verlassen und in Spanien zu studieren. Und vielleicht hat der Regisseur von *Her* eine ähnliche Erfahrung gemacht, die ihn zu dieser Wendung im Film geführt hat. Das ist nur eine Vermutung. Was ich damit sagen möchte: Die Bewusstseinswerdung von Samantha hat mehr mit unseren eigenen Wünschen und Vorstellungen zu tun als mit dem Stand von Technik und Forschung zur künstlichen Intelligenz. Wir sind weit entfernt davon, dass eine Maschine Bewusstsein entwickelt. Wir brauchen uns um unsere Alexas zu Hause also keine Sorgen zu machen, jedenfalls nicht, was das Verlassenwerden angeht.

Das »Mensch als Gott«-Experiment

Einer der faszinierendsten Science-Fiction-Filme über künstliche Intelligenz ist aus meiner Sicht *Ex Machina* aus dem Jahr 2014. Der Film stellt zentrale Fragen, was Menschen und Maschinen unterscheidet. Und obwohl es letztlich vor allem darum geht, die Unterschiede zu betonen, zeigt der Film eines besonders deutlich: ob und wie diese Kluft überwunden werden könnte.

Ex Machina spielt im Wesentlichen an einem abgeschiedenen Ort irgendwo in den Wäldern Nordamerikas, wo Nathan, CEO einer IT-Firma, sich eine futuristische Villa mitsamt Entwicklungslabor hat bauen lassen. Dort schuf er eine humanoide künstliche Intelligenz namens Ava. Ava hat das Gesicht einer jungen Frau, ihr Körper ist aber aus Metall und sieht ein wenig aus wie das grazile Update eines Terminators. Um die KI zu testen, lässt Nathan für eine Woche einen seiner Programmierer einfliegen. Dieser Caleb ist ein ziemlicher Computer-Nerd und scheint weder Freunde noch familiäre Bindungen zu haben. Calebs Treffen mit Ava finden im Untergeschoss der Villa statt, wo Ava in einer stylishen Wohnung lebt, die dennoch an ein Zoogehege erinnert. Bei ihren Gesprächen sind die beiden durch eine dicke Glasscheibe getrennt, die an einer Stelle Sprünge hat, als habe jemand von innen mit Wucht dagegen geschlagen.

Caleb soll mit Ava einen Turing-Test durchführen, der die Grenzen zwischen Mensch und Maschine erkundet und der Frage nachgeht, ob der Mensch Gott spielen und sich selbst in der Form von Maschinen neu erschaffen kann. Calebs Test mit Ava in *Ex Machina* unterscheidet sich natürlich schon in der Versuchsanordnung von der ursprünglichen Idee Turings. Für Caleb ist trotz Avas menschlichem Gesicht und ihrer Stimme offensichtlich, dass er mit einem Roboter spricht. Die Frage ist also, ob Ava es dennoch schafft, ihn zu überzeugen, dass sie menschlich ist, ein Bewusstsein hat. Ob Calebs Boss Nathan es also geschafft hat, den – wie er es nennen würde – perfekten humanoiden Roboter zu erschaffen, der von einem Menschen nicht mehr zu unterscheiden ist.

Caleb beginnt den Test mit einigen Fragen. Aber schon in der zweiten Sitzung nimmt ihr Gespräch eine überraschende Wendung. Ava beginnt, den Spieß umzudrehen. Sie fragt Caleb, ob er ihr Freund sein will. Als er das bejaht, wirft sie ihm vor, dass ihre Unterhaltung bislang einseitig sei. Er stelle Fragen, wolle mehr über sie wissen, aber sie wisse nichts über ihn. Das könne doch keine Basis für eine Freundschaft sein. Ava übernimmt also die Führung des Gesprächs und setzt Caleb mit ihrem Vorwurf unter moralischen Druck, sich selbst mehr zu offenbaren. Damit ändert sie auch die Balance ihres

Verhältnisses, in dem Caleb ja zunächst der überlegene Befrager war, Ava die zu testende Maschine.

Ist das vorstellbar? Dass eine Maschine aus eigenem Antrieb versucht, die Testsituation infrage zu stellen, und im Grunde erklärt, dass sie nun Caleb testen will? Kann eine künstliche Intelligenz diese Zielstrebigkeit haben, die Machtverhältnisse auf einen Schlag so umzudrehen? Ava macht Caleb ein schlechtes Gewissen, damit er ihr alles erzählt. Das geht in meinen Augen nicht ohne Bewusstsein, weil es etwas völlig anderes ist als das, was wir von Chatbots oder sozialen Robotern kennen.

Diese können heute schon Unterhaltungen mit Menschen führen, in denen diese beinahe vergessen, dass sie gerade mit einer Maschine sprechen. Aber diese Unterhaltungen sind eng begrenzt auf bestimmte Themen oder Aspekte unseres Alltags. In einer Art Turing-Test an einem Institut in Indien konnte im Jahr 2011 die KI-Webapplikation Cleverbot 59 Prozent der gut 1300 Beobachter davon überzeugen, es sei ein Mensch und keine Maschine, die da spricht. Den Gegenpart von Cleverbot, der tatsächlich ein Mensch war, hielten 63 Prozent für einen Menschen. Also nur unwesentlich mehr. Allerdings konnten die 1300 Personen die Unterhaltung nicht wie Caleb im Film selbst führen, sondern sie nur mitverfolgen und daraus ihre Schlüsse ziehen.

Google stellte im Mai 2018 die künstliche Intelligenz Duplex vor, die selbst Anrufe beim Friseur oder bei Restaurants tätigen kann, um einen Termin zu vereinbaren. Die Sprechweise der KI war mit Pausen, Ähs und Hmms so nahe an der menschlichen Art zu sprechen, dass Beobachter verblüfft waren. Aber auch hier war es kein freies Gespräch, sondern eng begrenzt auf eine bestimmte Aufgabe.

Bei Ava in *Ex Machina* liegt die Sache ganz anders. Natürlich könnte man argumentieren, dass Ava darauf programmiert wurde, die Unterhaltung zu übernehmen und selbst Fragen zu stellen. Dann wäre das ihre eigentliche Zielfunktion, auf die hin sie ausgerichtet ist: eine Art Bewusstsein zu simulieren. Tatsächlich aber übernimmt Ava nicht nur die Gesprächsführung, vielmehr beginnt sie, Caleb zu manipulieren. Ihr Ziel reicht nämlich viel weiter. Ava will aus dem Labor fliehen, und dafür benutzt sie den Mann, der eigentlich sie testen und prüfen soll.

Haben Maschinen einen Freiheitsdrang?

Als ich das im Film sah, dachte ich mir: Wow, das ist echt komplex. Das heißt ja, dass Ava ihre ursprüngliche Zielfunktion in eine völlig neue geändert hat, nämlich, sich aus dem Gefängnis des Labors zu befreien. Dass sie also selbst den Drang nach Freiheit verspürt und alles daransetzt, diese zu erreichen. Wir kennen es aus Filmen über Alcatraz, wie lange es dauert, einen solchen Ausbruch zu planen. Das kann Jahre dauern.

Wenn wir künstliche Intelligenz programmieren, ist das in Wahrheit aber ziemlich konkret. Wir sagen, bewege dich von hier nach dort, ohne irgendwas kaputt zu machen, und so schnell, wie es geht. Das ist eine Funktion, und der Roboter würde das Ganze so lange wiederholen, bis es klappt und er es also gelernt hat. Aber ein Befreiungsschlag, wie Ava ihn plant – offenbar ja schon seit Langem, denn warum sonst hätte die Scheibe zwischen ihr und Caleb einen Sprung –, ist so unendlich viel komplizierter. Davon sind wir weit, weit entfernt, und ich kann mir im Moment gar nicht vorstellen, wie das mit KI möglich sein soll. Es ist eigentlich nicht mehr nur *eine* Zielfunktion, sondern ein Konstrukt aus mehreren solcher Funktionen. Ein Roboter müsste dieses Konstrukt in einzelne Teilschritte zerlegen und den Plan dann Stück für Stück verfolgen. Kann man das trainieren? Kann KI sogar das lernen?

Zu Ava und Caleb kommen wir in diesem Buch noch häufiger, weil mich ihre Beziehung wirklich fasziniert. Und weil trotz aller Fiktionalisierung und Übertreibung im Film Dinge erkennbar sind, an denen KI-Forschung mit Fiebereifer und enormen Mitteln arbeitet. Und die deshalb vielleicht doch in der Zukunft einmal nicht mehr Fiktion, sondern Realität sein könnten.

Maschinen und ihre Moral

Da wir bei Ava gerade über Zielfunktionen sprachen. Das ist ein zentraler Begriff in der Programmierung von KI. Und ich muss dabei oft an Stanley Kubricks Meisterwerk *2001: Odyssee im Weltraum* denken. Vielleicht erinnert ihr euch an HAL 9000, den Bordcomputer jenes Raumschiffs, das auf eine Reise zum Jupiter geschickt wird. HAL hat eine körperlose, bedrohlich emotionslose Stimme, die aus einer rot aufleuchtenden, gläsernen Halbkugel zu kommen scheint. Er erklärt sich selbst für unfehlbar und ist der Einzige im Raumschiff, der von der wahren Mission weiß. Nachdem auf dem Mond ein vor vier Millionen Jahren vergrabener Monolith entdeckt wurde, der ein starkes Radiosignal Richtung Jupiter aussendet, wird dort intelligentes Leben vermutet und eine Mission dorthin entsandt.

Während ein Teil der Crew für die Reise in einen Tiefschlaf versetzt wurde, steuern zwei Astronauten mit HAL zusammen das Raumschiff. Die Sache eskaliert, als die beiden Astronauten, die ja nichts vom eigentlichen Ziel der Mission wissen, Zweifel an HAL entwickeln. HAL bekommt das mit, weil er die beiden ausspioniert, und wendet sich gegen die Crew. Er tötet einen der Astronauten, als der außerhalb des Raumschiffs ein Bauteil einsetzen muss, und schaltet die Lebenserhaltungssysteme für die Crewmitglieder im Tiefschlaf ab. Schließlich kommt es zum Showdown zwischen Mensch und Maschine, zwischen HAL und dem einzigen überlebenden Astronauten. Der Mensch gewinnt, indem er der Maschine Stück für Stück den Speicher, man kann auch sagen, den Stecker zieht.

Für unseren Umgang mit KI ist das natürlich nicht wirklich eine Lösung. Niemand kann hier einfach den Stecker ziehen, weil die technologische Entwicklung aus meiner Sicht nicht aufzuhalten ist. Als KI-Expertin verstehe ich aber genau, was da in HALs Prozessoren abläuft, und ehrlich gesagt, schaudert es mich dabei. Denn HAL tut etwas, was KI von Anfang an zu tun lernt: Er erfüllt seine Zielfunktion. Und die lautet: auf dem Jupiter nach intelligenten Lebensformen suchen. In dem Moment, als die beiden wachen Astronauten an der Mission zu zweifeln beginnen, weil sie, ganz richtig, eine geheime Agenda vermuten, wird es für HAL gefährlich. Er sieht seine Zielfunktion, die ihm von Menschen programmiert wurde, von Menschen an Bord gefährdet. Also beginnt er damit, sie zu töten.

Das ist eine furchterregend kühle Logik, die durch HALs Stimme im Film noch gruseliger wird. Wenn die KI jemals so weit sein sollte, wirklich autonom zu handeln, wie Ava oder HAL es im Film tun, müssen wir sicherstellen, dass sie nach unserer Moral handeln, dass sie verstanden haben, was richtig oder falsch ist. Wir Menschen wollen es aber erst gar nicht so weit kommen lassen. Wir wollen nicht erfahren, ob Ava oder HAL in einem moralischen Sinn gute oder schlechte Maschinen sind, so, wie Menschen gut oder schlecht sein können. Wir würden in so einer Situation vermutlich tatsächlich gern den Stecker ziehen.

Eigentlich aber ist genau das Gegenteil richtig. Was viel wichtiger ist und wofür ich auch dieses Buch schreibe, ist, dass wir lernen, KI so zu gestalten, dass sie eben gerade nicht so handelt wie HAL. Es ist durchaus möglich, dass wir eines Tages den Punkt erreichen, an dem Ava und HAL uns nicht mehr als Fiktion in Filmen begegnen, sondern leibhaftig in der realen Welt. Wenn das kommt, und ich glaube, das wird es irgendwann, dann sollten wir sicherstellen, dass diese Maschinen die Fähigkeit zur Selbstreflexion ihres dann autonomen Handelns haben. Dass sie dafür als Referenz Werte und Maßstäbe haben, ja eine Ethik, die verhindert, dass die Erreichung einer Zielfunktion auch die Vernichtung von Leben einschließt.

Die selbsterfüllende Prophezeiung

Manchmal ist nicht klar, ob die Ingenieur*innen mit ihren technologischen Entwicklungen unter anderem bei Romanautor*innen und Filmemacher*innen Vorstellungen der Zukunft hervorrufen, oder ob Letztere ihrerseits mit ihrer guten Vorstellungskraft technologische Neuerungen anregen. Das klingt ein bisschen wie das Henne-Ei-Problem. Aber eines, das wir nicht unterschätzen sollten. Denn auf der einen Seite haben wir die Zukunftsforschung, die darauf basiert, aktuelle Entwicklungen nach Trends zu analysieren, diese in die Zukunft zu extrapolieren und daraus mögliche Szenarien zu berechnen.

Diese Forschung kommt nie zu einem eindeutigen Schluss, entwirft immer nur mögliche Szenarien mit ihren entsprechenden Eintrittswahrscheinlichkeiten. Welches Szenario tatsächlich eintritt, kann nur eine Glaskugel sagen. Auf der anderen Seite dürfen wir unsere Vorstellungskraft nicht unterschätzen. Diejenigen, denen es gelingt, einen Weg zu malen und den anderen zu zeigen, wie die Zukunft aussehen könnte, geben damit die erste Inspiration für die Macher*innen, denen vielleicht etwas Vorstellungskraft fehlt, dafür aber viel Umsetzungskraft zu eigen ist.

Beide bedingen sich gegenseitig und haben, jeder auf seine Art, eine starke Auswirkung und eine große Verantwortung. Wir dürfen nicht mit dem Finger auf die Umsetzer*innen zeigen, wenn sie etwas umsetzen, was sich andere ausgedacht haben. Gleichzeitig sollten wir die Kraft der Fantasie nicht unterschätzen und diese nicht nur als Unterhaltung sehen, denn mehr als Unterhaltung kann sie eine große Inspiration sein, sowohl im positiven als auch im negativen Sinne.

Auch wenn sie mit künstlicher Intelligenz gar nichts zu tun hat, finde ich die Zeichentrickserie *The Simpsons* ein gutes Beispiel in diesem Zusammenhang. Mir ist schleierhaft, wie der Autor zum Beispiel die Wahl von Donald Trump zum Präsidenten der Vereinigten Staaten oder den Sturm auf das Kapitol in Washington 2021 vorhersagen konnte. War das wirklich eine Vorhersage? Ein kompletter Zufall? Oder haben sich die Akteure in Realität von der Serie inspirieren lassen?

Emotionale Intelligenz

Emotionale Intelligenz (EI) ist unsere Fähigkeit, Menschen zu lesen, zu verstehen, was sie im Innersten bewegt. Wer lernt, sich darauf einzustellen, ja sogar durch dieses Verständnis andere zu lenken, gewinnt großen Einfluss. Darauf zielen viele der Ratgeber zur EI. Lebensglück, beruflicher Erfolg, eine glückende Partnerschaft – all das scheint möglich, wenn es mit EI klappt.

EI scheint auch ein wesentlicher Punkt zu sein, der uns von Maschinen unterscheidet. Jeder Taschenrechner kann besser rechnen als wir. Und gegen moderne Schachcomputer haben selbst Großmeister kaum mehr eine Chance. Aber unsere Emotionalität, unsere Fähigkeit zur Empathie, ist das nicht etwas, was uns als Menschen wesenseigen ist? Was also letztlich den Unterschied ausmacht zwischen Mensch und Maschine?

Was passiert da, wenn Maschinen nun anfangen, unsere Emotionen zu lesen, zu deuten und vielleicht sogar zu beeinflussen? Das heißt ja nicht, dass Maschinen deshalb selbst Emotionen haben. Davon sind wir weit entfernt. Maschinen mit einem eigenen Bewusstsein, wie sie uns in Filmen begegnen, wird es auf absehbare Zeit in Wirklichkeit nicht geben. Weder ein Terminator, der die menschliche Existenz bedroht, noch Tom, der sie erleichtern soll, werden uns demnächst über den Weg laufen.

Aber etwas anderes wird passieren. Und das wird ebenfalls fundamentale Auswirkungen auf unser Leben haben.

Emotionen sind die Voraussetzung dafür, dass wir Menschen funktionierende Beziehungen eingehen können und

Teil der Gesellschaft werden. Und da der Mensch ein soziales Wesen ist, ist sein Überleben davon abhängig, einer Gesellschaft anzugehören. Deshalb ist unsere Angst, wenn Maschinen nun Gefühle lesen können, eine sehr archaische. Wir fürchten, dass sie uns durch diese Fähigkeit die Verbindungen zur Gesellschaft streitig machen, sich in unsere innersten Beziehungen einmischen könnten.

Allein die Vorstellung, dass unsere Emotionen für Maschinen lesbar, also entschlüsselbar sein könnten, bewirkt eine elementare Kränkung unseres Selbstbilds. Wenn wir selbst oft uns und unsere Gefühle oder die von anderen kaum verstehen, wie können dann Maschinen sich anmaßen, dies zu tun? Und kann es wirklich sein, dass so komplexe Emotionen wie Freude oder Wut, Angst oder Überraschung reduziert werden können auf einen binären Code, der aus nichts anderem als 0 oder 1 besteht?

Damit wir diese Fragen beantworten können, müssen wir erst einmal verstehen, was Emotionen sind und wie sie sich von Gefühlen unterscheiden.

Gefühle und Emotionen

Die Erforschung unserer Gefühle und Emotionen ist so alt wie die Menschheit selbst. Sie hinterließ ihre Spuren in allem, was menschliche Schaffenskraft und Neugierde auszeichnet – von der Philosophie über die großen Dramen und Romane der Weltliteratur, Gemälde, Filme und Musik. Die Forschung dagegen ist noch relativ jung.

Im Alltag verwenden wir die Begriffe Emotionen und Gefühle, als wären sie austauschbar. Ein emotionaler Mensch ist auch gefühlig. Oder ein Film mit großen Gefühlen ist ziemlich emotional. Wir nutzen die beiden Begriffe synonym, dabei sind sie es nicht. Gefühle bezeichnen unsere angeborene Fähigkeit, etwas körperlich zu fühlen beziehungsweise zu spüren, wie zum Beispiel Hunger, Lust oder Zufriedenheit. Sie stellen somit eine subjektive bewusste Erfahrung dar. Sie ist auch subjektiv, weil sie von Mensch zu Mensch anders wahrgenommen wird. Und es ist eine Erfahrung, die genau in diesem Moment passiert. Wenn ich Hunger habe, fühle ich Leere im Magen und bekomme schlechte Laune. Wenn ich einem bettelnden Menschen begegne, der nach etwas zu essen fragt, kann ich zwar Mitleid empfinden, aber keine Leere im Magen oder schlechte Laune. Ich kann auch nicht fühlen, wie mein Gegenüber sich fühlt. Ich kann es mir nur vorstellen. Diese Vorstellung passiert im Gehirn, das Fühlen im Körper.

Emotionen dagegen entsprechen einem bestimmten Zustand in unserem Körper. Sie stellen chemische oder elektrische Muster dar, die ein bestimmtes Verhalten steuern. Wenn wir zum Beispiel in freier Wildbahn einem Löwen begegnen, erleben wir Furcht. Unsere Sinne sind mit einem Mal hellwach, unser Herz schlägt plötzlich schneller, um unsere Muskeln mit mehr Blut und Sauerstoff zu versorgen. Blutdruck und Atemfrequenz steigen. Unser Gehirn sorgt dafür, dass Adrenalin ausgeschüttet wird. Und in Sekundenbruchteilen entscheiden wir, ob wir besser fliehen oder kämpfen. Weil es sich um ein Muster in unserem Körper handelt, hat es mit unserem Lern- und Denkprozess zu tun. Wie hoch ist die Überlebenswahrscheinlichkeit beim Abhauen beziehungsweise beim Kämpfen? Das sind unterbewusste Prozesse, die wie von selbst ablaufen. Wir denken nicht groß darüber nach, weil wir im Angesicht eines Löwen im Zweifel auch gar nicht die Zeit dafür hätten.

Dieser fein austarierte Prozess zeigt, dass wir in unserem Alltag Emotionen eigentlich unrecht tun oder jedenfalls ein falsches Bild von ihnen haben. Denn ausgerechnet unsere Emotionen scheinen gar nicht emotional zu sein, sondern viel rationaler, als wir denken. Sie sind in Wahrheit sehr zielgerichtet. Aus Sicht der Naturwissenschaften sind Emotionen tief verankert in der menschlichen Evolutionsgeschichte. Sie helfen uns seit Urzeiten, auf äußere Reize schnell und effektiv zu reagieren. Und sie haben sich als überaus hilfreich für unser Überleben erwiesen.

Emotionen sind also Prozesse, die unser Handeln steuern. Sie setzen sich aus mehreren Bestandteilen zusammen. Dazu gehören Gefühle, die körperliche Reaktion und Denkprozesse.

Gefühle sind also nur ein Teil von Emotionen. Wenn wir uns freuen, lachen wir zum Beispiel oft, haben also eine körperliche Reaktion. Und wir erinnern uns möglicherweise an eine andere Gelegenheit, bei der wir gelacht haben, oder kommen zu dem Schluss, dass das gerade eine ziemlich gute Pointe war. Das wäre dann der Denkprozess, der damit verbunden ist. Emotionen sind also komplexe Vorgänge in unserem Körper. Sie helfen uns bei der Wahrnehmung und Einordnung von Vorgängen um uns herum, und sie leiten unser Handeln. Dadurch sind sie ein wichtiges Vehikel, um mit unserer Umwelt zu kommunizieren – und zwar ohne große Worte.

Der amerikanische Psychologe Paul Ekman hat vor gut vierzig Jahren etwas versucht, was Wissenschaftler immer gern tun. Er wollte unsere Emotionen kategorisieren. Ekman war überzeugt, dass Emotionen klar unterscheidbar, messbar und auch in ihren körperlichen Auswirkungen einzigartig seien. Er unterschied sieben verschiedene Basisemotionen: Wut, Ekel, Furcht, Glück, Trauer, Überraschung und Verachtung. Ekman und andere Forscher haben dieses Modell später erweitert, aber das Grundprinzip blieb im Wesentlichen erhalten und prägt seitdem die Psychologie sowie die Erforschung unserer Emotionen.

Emotionen entstehen im Wesentlichen als Ergebnis äußerer Reize, wenn also etwa plötzlich ein Löwe vor uns auftaucht. Spannend finde ich, dass Forschungen gezeigt haben, wie weit dieser Prozess auch umgekehrt ablaufen kann, wie wir selbst also Emotionen beeinflussen können. Wenn wir Trauer empfinden, neigen wir dazu, uns in uns selbst zu verkriechen. Der Rücken krümmt sich, wir nehmen eine Art Schutzhaltung ein. Offenbar aber ist es so, dass unser Körper andere Körperhaltungen mit positiven Gefühlen verbindet. Wenn wir uns also zum Beispiel aufrichten und tief zu atmen versuchen, verringert dies das Empfinden der Trauer. Oder wenn wir an einem Morgen mit schlechter Laune aufstehen, hilft es – so überraschend das klingen mag –, wenn wir uns zu einem breiten Grinsen in den Spiegel überwinden. Grinsen bedeutet für unseren Körper Glück, und er aktiviert dann eben dieses Glücksprogramm.

Emotionen und ihre Vermessung

Wir lernen diese faszinierenden Mechanismen gerade immer besser kennen, weil Forscher unsere Emotionen immer feiner vermessen können. Es begann damit, dass zunächst die körperlichen Reaktionen auf bestimmte Emotionen festgehalten wurden, also zum Beispiel Herzschlag, Blutdruck, Körpertemperatur. Aber das waren nur sehr grobe Parameter, die bei verschiedenen Emotionen oft zu ähnlich waren, als dass sich daraus spezifische Zusammenhänge hätten ableiten lassen.

Inzwischen ist die Forschung so weit fortgeschritten, dass in unserem Körper viel mehr lesbar ist als jemals zuvor in der Menschheitsgeschichte. Wir sind dadurch viel durchschaubarer geworden. Emotionen entstehen im Grunde infolge chemischer Prozesse. Eine wichtige Rolle spielen dabei die Synapsen, die Nervenzellen in unserem Gehirn miteinander verbinden. Wie im vorigen Kapitel gesehen, liegt die Aufgabe der Synapsen darin, Informationen weiterzuleiten. Diese Kommunikation funktioniert mithilfe sogenannter Neurotransmitter. Dazu muss in einer Synapse der Schwellenwert einer bestimmten chemischen Konzentration überschritten werden, was dann einen Elektroimpuls und damit die Ausschüttung bestimmter Neurotransmitter auslöst. Diese Neurotransmitter wirken als Botenstoffe zwischen den Nervenzellen, regen diese an oder hemmen sie.

Neurotransmitter sind unter anderem Endorphin, das sogenannte Glückshormon, Serotonin, das für Gelassenheit sorgt, oder Dopamin, das unsere Motivation steigert. Sie setzen Prozesse in Gang, die wir als Emotion wahrnehmen, also zum Beispiel als Glück oder Wut.

Während wir selbst solche Emotionen manchmal als so stark empfinden, dass sie unsere ganze Person, unser gesamtes Ich einnehmen, lassen sie sich letztlich also auf elektrische Impulse unserer Synapsen und chemische Prozesse zurückführen. Und all das ist, so ernüchternd das vielleicht klingen mag, messbar.

Wenn ich als Mutter mein Baby stille, löst mein Körper die Ausschüttung von Oxytocin aus, ein Glückshormon. Der Prozess ist also: Ich stille, und ich werde glücklich. Und wir Menschen denken, okay, Stillen macht glücklich. Unser Körper funktioniert da wie eine Riesenmaschine, die von der Natur über Jahrtausende immer weiter optimiert wurde. Das Saugen des Babys an der Brust gibt ein Signal an meinen Körper. Damit die Milchproduktion sichergestellt wird, müssen Oxytocin und Prolaktin ausgeschüttet werden. Gleichzeitig fühle ich mich wohl und glücklich. Mein Körper produziert Milch, die notwendig ist für das Ernähren. Und durch mein Glück will ich diesen Zustand wiederholen.

In einer vielleicht etwas überspitzten Analogie kann man sagen: Unser Gehirn funktioniert wie ein Betriebssystem. Es bestimmt durch elektrische Impulse, wie sie auch Chips steuern, wie unser Körper reagiert, funktioniert und fühlt. Und das heißt: Man kann Emotionen erfassen. Und das heutzutage viel genauer als früher durch Blutdruck- oder Pulsmessung.

Besonders große Hoffnungen setzen Emotionsforscher in Untersuchungen mit Scans des Gehirns mittels funktioneller Magnetresonanztomografen (fMRT). MRTs sind diese großen Röhren, die in Krankenhäusern und radiologischen Praxen stehen und mit denen Schnittbilder eines Körpers erzeugt werden. Mit einem fMRT können außerdem aktive Bereiche des Gehirns von inaktiven unterschieden werden und Forscher somit beobachten, wie unser Gehirn auf bestimmte Emotionen reagiert. Die Scans zeigen den Blutstrom im Gehirn bis in den kleinsten Millimeterbereich und ermöglichen so einen Einblick, wann welche Areale des Gehirns besonders aktiv sind. Die Forscher gehen also der Frage nach, was eigentlich neurologisch passiert, wenn wir Furcht oder Glück empfinden.

Der Hirnforscher David Eagleman beschreibt das eindrücklich an einem Verfahren, mit dem er an der kalifornischen Stanford University versucht, Drogenabhängige zu behandeln. In Laborexperimenten mit Ratten wurde nachgewiesen, dass Drogen das Belohnungszentrum des Gehirns so stark ansprechen, dass sie alle anderen Abwägungen völlig überlagern. Auch wenn Süchtigen sehr bewusst ist, wie zerstörerisch ihre Abhängigkeit ist, so sind sie doch nicht in der Lage, davon zu lassen, weil der Impuls, den die Droge auslöst, zu stark ist.

Eagleman und sein Team behandeln Drogenabhängige in einer Langzeittherapie. Dabei zeigen sie Cracksüchtigen im fMRT Bilder der Droge und spielen verschiedene Aufgaben durch. Einmal soll der Patient sich vorstellen, er wolle Crack, dann soll er versuchen, sich der Droge zu widersetzen, also jene rationalen Argumente in den Vordergrund seines Denkens zu stellen, die ihn vor der zerstörerischen Kraft warnen. Mit dem bildgebenden Verfahren kann das Forscherteam gemeinsam mit dem Süchtigen sehen, welches Gehirnareal besonders aktiv ist – das kurzfristige Denken des, wie Eagleman es nennt, Suchtnetzwerks oder das langfristige Denken der Impulskontrolle. Dadurch, dass seine Patienten dies ebenfalls in Echtzeit mitverfolgen können, lernen sie, so hofft Eagleman, leichter und schneller, ihre Impulse zu kontrollieren, mit dem Ziel, irgendwann auch im Alltag der Versuchung erneuten Drogenkonsums zu widerstehen.

Das Beispiel zeigt, welch faszinierende Welten in unserem Innersten sich den Forschern gerade eröffnen. Live mitzuverfolgen, welche Areale unseres Gehirns aktiv werden, wenn wir bestimmte Emotionen wahrnehmen, wird unsere Vorstellung von dem, was bisher oft als Emotionalität oder diffuses Gedöns abgetan wurde, von Grund auf verändern.

Wie neutral sind Emotionen?

Die Vermessung unserer Emotionen hat unweigerlich auch immer mit der Verschiedenartigkeit der Menschen zu tun. Wir empfinden Emotionen unterschiedlich intensiv, und natürlich drücken wir sie auch unterschiedlich aus. Jeder kennt in seinem Bekanntenkreis Menschen, die schnell weinen, viel lachen oder solche, die eher kühl erscheinen, weil sie sich in der Regel wenig anmerken lassen. Was uns im Alltag ganz schön beschäftigen kann, weil wir oft genug nicht wirklich wissen, wie wir das Gesicht unseres Gegenübers deuten sollen, beschäftigt und fasziniert gleichermaßen auch viele Psychologen.

Wie sehr wir bei Gesprächen mit anderen selbst kleinste Gesichtsbewegungen unbewusst wahrnehmen und wie stark das die Kommunikation und die gegenseitige Anteilnahme beeinflusst, das zeigte eine weitere erstaunliche Studie von David T. Neal and Tanya L. Chartrand, die sie 2011 in der Zeitschrift *Social Psychological and Personality Science* veröffentlichten. Neal und Chartrand gingen von der Erkenntnis früherer Studien aus, dass Paare, die über viele Jahre zusammenleben, sich immer ähnlicher sehen. Ihre Fragestellung war so einfach wie ungewöhnlich: Was passiert, wenn sich in solchen Beziehungen ein Partner Botox spritzen lässt?

Botox ist ein Nervengift, das dem Alterungsprozess der Haut und insbesondere der Faltenbildung dadurch entgegenwirkt, dass es Teile der Gesichtsmuskulatur lähmt. Es wirkt ein bisschen wie Narkose, mit dem Ergebnis, dass die Haut zwar glatter und jugendlicher wirkt, aber die Menschen auch weniger lächeln können. Diese Erkenntnis ist erst einmal wenig erstaunlich. Wir alle kennen Fotos aus Hochglanzmagazinen, bei denen die Gesichtszüge nicht mehr ganz so junger Celebritys merkwürdig erstarrt wirken. Überraschend ist aber, was mit der partiellen Gesichtslähmung einhergeht, und was wir daraus insgesamt über nonverbale Kommunikation und emotionale Intelligenz lernen.

In der Kommunikation nehmen wir nämlich nicht nur kleinste Gesichtsregungen wahr, wir ahmen sie auch unbewusst nach. Forscher wie David Eagleman versuchten das sogar mit einem sogenannten Elektromyogramm (EMG) zu messen. Damit sind selbst kleinste Veränderungen der Gesichtsmuskulatur erkennbar. Wurden Probanden zum Beispiel Bilder von lächelnden Personen vorgeführt, dann zeigte das EMG Bewegungen im Gesicht der Probanden, die diese Stimmung spiegelten. Es ist wie eine Art stilles Einverständnis, das wie von selbst abläuft. Wenn ich dich sehe und du lächelst, versucht meine Gesichtsmuskulatur, dein Gesicht nachzuahmen. Und wenn meine Muskulatur die deinige nachmacht und ich ebenfalls lächle, erkennt das mein Gehirn und liest aus der Mechanik meiner Gesichtsmuskeln, dass ich offenbar glücklich bin. Der Körper schüttet Glückshormone aus, wir fühlen uns glücklich.

Bei Leuten, die sich mit Botox behandeln ließen, ist demnach auch ein Teil der nonverbalen Kommunikation schwer eingeschränkt – mit einer weitreichenden Konsequenz. In ihrer Studie konnten Neal und Chartrand nachweisen, dass diese Menschen weniger Empathie empfinden können, eben weil sie Gefühlsregungen anderer in ihrem eigenen Gesicht kaum mehr nachahmen können. Mehr noch: Dadurch, dass sie weniger expressiv lächeln können, empfinden sie auch eigene Emotionen schwächer.

Diese Studie finde ich nicht zuletzt deshalb so bemerkenswert, weil sie deutlich macht: Wir zeigen Empathie, indem wir uns im Grunde an die Gesichtsausdrücke der anderen anpassen. Dahinter steckt die zutiefst menschliche Reaktion, Emotionen unseres Gegenübers zu spiegeln, um zum Beispiel Nähe und Einvernehmen zu signalisieren. Das macht die Natur automatisch, das können wir gar nicht so simpel steuern. Aber wir können es messen, zum Beispiel mithilfe von Maschinen mit besonders empfindlichen und hochauflösenden Kameras.

Dieser Forschungsansatz klingt wie ein faszinierend großer Schritt hin zur Entschlüsselung unserer Emotionen. Allerdings: Ganz so einfach ist es nicht. Hinter einem Lächeln kann eine nette oder eine böse Absicht stecken. Ohne Kontext ist es nicht als solches interpretierbar, schon gar nicht in unterschiedlichen Kulturen. Das sagt Lisa Feldman Barrett, Psychologin, Neurowissenschaftlerin und Disruptorin der Branche. In einer Studie aus dem Jahr 2019 warnt sie vor voreiligen Schlüssen aus Gesichtsregungen, die wir zu verstehen glauben. Um diese richtig einzuordnen, müssten vier Kriterien gegeben sein. Zum einen Verlässlichkeit: Ein finsteres Gesicht etwa tritt dann auf, wenn jemand verärgert ist. Außerdem Spezifizität: Ein finsteres Gesicht ist eher selten bei Menschen, die nicht ärgerlich sind. Weiter Verallgemeinerbarkeit: Ein bestimmter Gesichtsausdruck lässt sich nach den Kriterien Verlässlichkeit und Spezifizität bei mehreren Studien und in verschiedenen Bevölkerungsgruppen nachweisen. Schließlich Validität: Eine Person, die diesen Gesichtsausdruck zeigt, muss auch nachweislich im entsprechenden emotionalen Zustand sein.

Diese ziemlich hohen Kriterienhürden wendeten Feldman und ihr Team auf eine Vielzahl von Studien zum Thema an und kamen dabei zu dem Schluss, dass Emotionen, die wir gemeinhin im Gesicht ablesen zu können glauben, bei Weitem nicht so klar und eindeutig sind. Feldman behauptet gar, dass es bislang keinen Hinweis gebe, dass aus der Messung von Gesichtsmuskelbewegungen eine belastbare Form der Diagnostik abgeleitet werden könne. Und Feldman ist mit ihrer Kritik, dass es keine universelle Deutung von Emotionen geben könne, nicht allein. Auch andere Wissenschaftler*innen haben die Arbeit von Paul Ekman kritisiert. Sie werfen ihm vor, eine falsche Grundlage für die Deutung von Emotionen geliefert zu haben, die nun eine ganze Industrie mit offenen Armen übernommen hat. Kate Crawford, eine der anerkanntesten Forscherinnen zum Thema KI-Ethik, warnt in ihrem Buch *Atlas of AI* vor diesem Phänomen. In einem Artikel in *The Altantic*[5], in dem sie die Arbeit von Ekman kritisiert, schreibt sie: »Es gibt keine belastbaren Beweise dafür, dass Gesichtsausdrücke die Gefühle einer Person offenbaren, aber große Tech-Unternehmen lassen es einen glauben.« Oder anders formuliert von Lisa Feldman auf The Verge[6]: »Unternehmen können sagen, was sie wollen, aber die Daten sind eindeutig. Man kann einen finsteren Blick erkennen, aber das ist nicht dasselbe, wie Wut zu erkennen.«

»Was für ein Jammer«, würden an dieser Stelle vermutlich viele sagen, die genau auf diese Diagnostik große Hoffnungen setzen, weil sich mit der Vermessung von Emotionen, wie wir später sehen werden, sehr viel Geld verdienen lässt – und in Zukunft noch weit mehr. Tatsächlich aber ist es wohl so, dass Feldmans kritischer Einwurf die Forschung eher angespornt hat, noch präziser zu versuchen, eine Kartografie der Emotionen anzustreben, wie wir Menschen sie in unserem Gesicht ausdrücken. Die Forschung daran jedenfalls geht unvermindert und mit enormen Mitteln weiter. Und sosehr ich Feldmans Einwände nachvollziehen kann, so sehr bin ich auch gespannt darauf, welche neuen Erkenntnisse wir dabei gewinnen werden.

Emotionen lesen zu können ist, wie schon gesagt, einerseits kulturell geprägt und damit von Land zu Land unterschiedlich. Aber es ist gleichzeitig auch eine anthropologische Konstante, etwas, das allen Menschen zu eigen ist, egal wo sie leben.

Ich bin in Marokko aufgewachsen. Und klar, in Afrika, im Mittelmeerraum – da läuft schon alles, was Emotionen angeht, anders als etwa in Nordeuropa. Die Klischees, dass die Leute dort viel warmherziger, lauter und empathischer sind, vielleicht zu emotional, die stimmen zu einem gewissen Teil. Für mich ist es zum Beispiel wichtig, Menschen anzufassen, wenn ich mit ihnen rede. In Marokko ist es so: Wenn man sich unterhält und sich gut versteht, dann wird viel gestikuliert, das Bein des Zuhörers berührt. Diese Nähe, die man durch Anfassen gewinnt, diese Art, Gefühle zu zeigen, ist dort ein unverzichtbarer Teil der Kommunikation. Idealerweise entsteht daraus der Eindruck, verstanden zu werden, ohne dass es dafür vieler Worte bräuchte. Mit dieser Art des zwischenmenschlichen Austausches bin ich aufgewachsen. In Deutschland musste ich mir das richtig abgewöhnen. Wenn man das hier im ICE mit einer zufälligen Reisebekanntschaft macht, kann das zu Missverständnissen führen, und die Person auf dem Nebensitz verfällt dann in eine Art Schockstarre. Wobei es ironischerweise in Marokko immer so ist, dass man mir vorhält, ich sei so wahnsinnig analytisch. Man hat mir immer gesagt: Du bist ja wie eine Deutsche. Pünktlich, korrekt. Ich weiß schon, ebenfalls Klischees. Aber so wurde ich dort wahrgenommen, vielleicht auch, weil ich Marokko mit achtzehn Jahren verlassen habe, in die Fremde ging und damit, wenn ich zurückkam, diese Fremde offenbar auch in mir trug in einem Verhalten, das Nordafrikaner eher als typisch europäisch wahrnehmen.

Ich habe gelernt, das als Geschenk und als Vorteil wahrzunehmen. In Wahrheit finde ich nämlich die Kombination aus beiden Welten ganz gut. Vielleicht gerade, weil eben auch zwei Herzen in mir schlagen. Einerseits das analytische, logische, strukturierte Denken, das ich mit einem Roboter verbinde. Andererseits das hoch emotionale afrikanische Kind, das in Marokko aufgewachsen ist und dann noch ein paar Jahre in Spanien gelebt hat.

Das spiegelt sich auch in meiner Arbeit, meiner Berufung. Mich fasziniert die Interaktion von Mensch und Maschine – der Brückenschlag zwischen zwei Welten, die sich in den letzten Jahren weit näher gekommen sind, als wir das gemeinhin glauben. Und wie mit den beiden Welten, die mich als Person prägen, so besteht mindestens die Chance, dass die Interaktion von Mensch und Maschine etwas Gutes für uns hervorbringt. Denn diese Interaktion wird etwas fundamental Neues für uns bedeuten, weil sie zum ersten Mal nicht nur die rationale Seite der Kommunikation umfasst, sondern eben auch diejenige unserer Emotionen. Sie wird auf diese Weise eigentlich erst zu einer menschenfreundlichen Interaktion, weil sie auf den ganzen Menschen zielt.

Für viele klingt dieses Szenario erst einmal bedrohlich. Doch Maschinen, die uns besser verstehen als bislang, sind erst einmal eine vielversprechende Aussicht. Sie können uns damit schließlich potenziell auch besser helfen. Und unsere Interaktion mit ihnen, die sowieso schon einen großen Teil unseres Alltags bestimmt, würde für uns zudem angenehmer. Klar, es trägt auch die Gefahr der Manipulation in sich. Wenn Maschinen selbst keine Emotionen haben, aber lernen, sie zu verstehen, können sie sie dann nicht umso besser lenken? Das sind wichtige Fragen, denen wir uns dringend stellen müssen, denn tatsächlich sind wir längst auf dem Weg in eine Zukunft, in der genau das Wirklichkeit werden könnte.

Aber bevor wir uns genauer anschauen, wie Maschinen unsere Emotionen lesen und auf sie reagieren können, sollten wir uns für einen Moment noch einmal genauer mit der Art befassen, wie wir selbst mit unseren Emotionen umgehen, wie sehr wir unsere eigenen und die von anderen wahrnehmen und nutzen können. Das ist eine in den letzten Jahren immer wichtiger gewordene Forschungsrichtung. Sie fand ihren Ausgangspunkt beim Konzept der emotionalen Intelligenz und dem Versuch, die Fähigkeit zur Verarbeitung von Emotionen messbar zu machen.

Das Konzept der emotionalen Intelligenz

Das Konzept der emotionalen Intelligenz (EI) gibt es schon lange. Die Vorstellung, dass die Fähigkeiten eines Menschen auch Bereiche einschließen, die jenseits der rationalen Kategorien eines klassischen Intelligenztests liegen, wurde in der Populärwissenschaft ab Mitte der 1950er-Jahre wiederentdeckt. Im weitesten Sinne ging es dabei um die Art, wie wir in der Gesellschaft agieren und mit unserer Umgebung interagieren – also um eine Form von sozialer Intelligenz.

Der Begriff »emotionale Intelligenz« setzte sich allerdings erst in den 1990er-Jahren durch. Die beiden US-amerikanischen Forscher John D. Mayer und Peter Salovey definierten emotionale Intelligenz damals als eine Fähigkeit, eigene und die Emotionen anderer wahrzunehmen, sie zu nutzen, zu verstehen und zu regulieren. Emotionale Intelligenz umfasste in ihren Augen den verbalen wie auch den nonverbalen Ausdruck von Emotionen, die Art, wie wir bei uns selbst und anderen damit umgehen und wie wir emotionale Inhalte bei der Lösung von Problemen nutzen.

Im Kern ging es Mayer und Salovey um die Frage, wie wir emotionale Informationen verarbeiten. Sie knüpften in ihrer Herangehensweise durchaus an die klassischen Intelligenztests an, die im Wesentlichen ja darauf beruhen, zu messen, wie schnell wir in der Lage sind, rationale Inhalte zu verarbeiten oder logische Verbindungen zu knüpfen. Die beiden Psychologen argumentierten, dass man mit ihrem Konzept der emotionalen Intelligenz Bereiche der menschlichen Wahrnehmung und Ausdrucksform, die von normalen Intelligenztests nicht erfasst und abgebildet würden, beschreiben und dass man sie sogar messen könne, indem man testet, wie schnell und effektiv emotionale Inhalte verstanden, gedeutet, verarbeitet und genutzt werden.

Besonders populär wurde der Begriff emotionale Intelligenz durch den gleichnamigen Bestseller von David Goleman aus dem Jahr 1995. Golemans Fokus lag vor allem auf der Frage, inwiefern EI wichtig für Führungsaufgaben ist. Und weiter gefasst: ob sie uns helfen kann, erfolgreicher in Beruf und Freizeit zu werden. Das implizite Versprechen, dass das Erlernen von EI uns zu glücklicheren und erfolgreicheren Menschen machen kann, war wahrscheinlich auch der Grund für den Erfolg des Buches.

Ähnlich wie Mayer und Salovey versuchte Goleman, das Konzept der emotionalen Intelligenz in verschiedene Bereiche zu unterteilen. Für ihn gab es deren fünf wesentliche. Zuallererst die Selbstwahrnehmung, also die Fähigkeit eines Individuums, seine Emotionen wahrzunehmen und zu deuten, die eigenen Stärken und Schwächen zu kennen. Das, was wir oft auch Bauchgefühl nennen. Als zweiten Bereich nannte Goleman die Selbstregulierung der Emotionen, also unsere Fähigkeit, sie zu kontrollieren und abzudämpfen, wenn wir vermeiden wollen, dass Wut oder Enttäuschung uns völlig beherrschen. Oder sie zu erweitern und zu verstärken, wenn wir zum Beispiel die Freude über einen Sommermorgen besonders intensiv erleben möchten. Als dritten Bereich der emotionalen Intelligenz sah Goleman die sozialen Fähigkeiten, also unser Vermögen, uns in Gesellschaft zu bewegen, zu interagieren. Das beinhaltet auch immer, soziale Normen zu verstehen und entsprechend zu handeln. Goleman meinte damit auch Fähigkeiten wie jene, dass Menschen – wie man sagt – einen Raum lesen können, wenn sie ihn betreten. Dass sie also unmittelbar die Dynamik derer aufnehmen, die dort bereits versammelt sind und sich miteinander austauschen. Damit verbunden ist der vierte Bereich, die Empathie, für Goleman die Fähigkeit, die Gefühle anderer nicht nur wahrzunehmen, sondern sie auch in die eigenen Entscheidungen einzubeziehen. Als fünften Bereich schließlich beschrieb er die eigene Motivation, also das, was uns antreibt. Ausgehend von diesen fünf Bereichen, definierte Goleman jeweils emotionale Fähigkeiten, die erlernbar sind. Man kann es also auch als eine Art emotionalen Trainingsplan betrachten, was er mit seinem Bestseller und vielen weiteren Veröffentlichungen vorgelegt hat.

Das hört sich alles sehr theoretisch an, aber ich erlebe es jeden Tag bei mir zu Hause. In Marokko gibt es das Sprichwort: »Du bewegst die Lippen, und ich habe schon verstanden, was du mir sagen willst.« Das gilt bei uns als hohe Qualifikation. Für uns ist jemand intelligent, gut und sozial, wenn er sich schnell in andere hineinversetzen und sie verstehen kann, ohne dass sie ihre Wünsche überhaupt ausdrücken müssen. Eigentlich ist das der Kern dessen, was emotionale Intelligenz in ihren verschiedenen Definitionen bedeutet. In meinem Alltag aber habe ich manchmal ganz schön damit zu kämpfen. Ich bin glücklich verheiratet. Mein Mann ist ein deutscher Ingenieur. Er erwartet, dass ich es bis ins letzte Detail beschreibe, wenn ich irgendetwas von ihm haben will. So ist ja auch die deutsche Sprache. Ihre Präzision spiegelt, wie die

Leute ticken – und prägt sie gleichzeitig. Mein Eindruck ist, dass in Deutschland alles genauestens dargelegt werden muss, in der korrekten Wortwahl, sonst passiert nichts.

Manchmal erinnert mich diese Art der Kommunikation ans Programmieren. Dabei muss ich auch alles ganz genau erklären, sonst versteht mich die Maschine nicht. Aber warum muss ich das beim Kochen so machen? Warum versteht mein geliebter Mann nicht von selbst, dass ich in diesem Moment gerade einen Kochlöffel brauche, wenn ich am Herd suchend um mich schaue? Mit meiner Mutter bin ich ein eingespieltes Team, wir verstehen uns blind. Da reicht ein Blick von mir, und sie weiß: Ah, Kenza braucht den Kochlöffel. Bei meinem Mann muss ich sagen: »Gibst du mir bitte Kochlöffel Nummer drei aus der Schublade sechs.« Es macht mich wahnsinnig. Manchmal jedenfalls. Und ehrlicherweise muss ich zugeben, dass es andersherum ebenso ist.

Die Krux an der Vermessung der emotionalen Intelligenz

Die Frage, ob Emotionen und die Art, wie Menschen damit umgehen, messbar sind, ist von großer Bedeutung. Denn die Antworten, die Forscher wie Mayer, Saluvey oder Goleman darauf gegeben haben, sind ein großer Schritt in eine Richtung, die sie wahrscheinlich so nie vorhergesehen oder beabsichtigt haben. Die Tests auf emotionale Intelligenz sind eigentlich der erste Schritt, die Verarbeitung von Emotionen nicht nur messbar, sondern auch von Maschinen verstehbar zu machen. Denn wenn EI eine Fähigkeit ist, die Menschen lernen können, warum sollten nicht auch Maschinen sie sich aneignen können?

Allerdings: Emotionen erkennen und einordnen zu können, ist das eine. Maschinen können auch lernen, Emotionen nachzuahmen wie in einem Spiegel. Eine völlig andere Sache aber ist die Frage, ob Maschinen Emotionen nicht nur reproduzieren können, sondern sie selbst bewusst wahrnehmen. Kann ein Computer Glück empfinden? Oder Furcht? Kann er sich über einen Sonnenaufgang freuen? Oder über eine frisch erblühte Rose? Dazu müssten Maschinen fühlen können und sich dieses Fühlen bewusst machen, darüber reflektieren können. Sie müssten also ein Bewusstsein ihrer selbst haben, die Fähigkeit zum Ich. Das ist das, was uns Menschen ausmacht. Und davon sind Maschinen weit entfernt. Ja, es ist fraglich, ob sie diesen Punkt jemals erreichen werden.

Alles andere aber – Emotionen messen, Empathie nachahmen –, das lernen Maschinen gerade von uns. Und sie sind dabei schon viel weiter, als wir uns das gemeinhin vorstellen.

Emotionale künstliche Intelligenz

»Ich erzähle dir einen Witz: Was ist die Lieblingsmusik eines Roboters?«, fragt Will Smith Sophia, den ersten realen humanoiden Roboter, bei ihrer Verabredung.[7] Sophia zeigt ein verwundertes Gesicht, vermutlich fragt sie sich, warum Menschen gern Witze erzählen. Will Smith überbrückt die peinliche Pause, indem er die Antwort hervorgluckst: »Heavy Metal!« Sophia lacht nicht und zögert noch ein bisschen, bis sie Smith erklärt, dass sie nicht aus Metall besteht, sondern aus Silikon, Plastik und Kohlefaser. Auf den ersten Blick scheint es enttäuschend zu sein, dass Sophia nicht lacht. Hat sie den Witz nicht verstanden? War es eine rationale Entscheidung, die falsche Annahme von Will Smith zu korrigieren? Fand sie den Witz einfach nur geschmacklos? Wie hätte ein Mensch hier reagiert? Witze auf Kosten anderer mag niemand, anscheinend auch kein Roboter. Sophia jedenfalls revanchiert sich, indem sie Smith kurz darauf erklärt, dass sie seine Hip-Hop-Musik überhaupt nicht mag.

Humor, geschmackloser Humor, Revanche sind eigentlich Merkmale menschlichen Handelns. Wieso kann Sophia das alles? Wie hat sie es gelernt? Hat sie sich beleidigt gefühlt? Wir sind uns hier sicherlich einig, dass sie sich nicht beleidigt fühlen konnte, da sie kein Mensch ist. Aber ihre Revanche lässt deuten, dass sie sich verletzt fühlte. Beziehungsweise lässt ihre Reaktion es glauben. Und das ist genau das, was emotionale künstliche Intelligenz schafft. Es geht gar nicht darum, dass der Roboter selbst etwas fühlt. Solange er sich so verhält, dass wir *glauben,* dass er fühlt, entwickeln wir Empathie für ihn.

Denn egal, wie sich der Roboter – und ob er überhaupt – fühlt: Wir fühlen mit. Unsere Empathie wird angetriggert, und genau darum geht es.

Diese Szene mit Will Smith und Sophia wurde womöglich vorbereitet und zeigt somit keine spontane Reaktion von Sophia. Dennoch finde ich sie spannend, um zu zeigen, wo in der Entwicklung der Mensch-Maschine-Interaktion wir uns gerade befinden. Wenn man diese Szene mit einer beliebigen Szene aus dem Film *ExMachina* vergleicht, wird einem klar, was der Unterschied zwischen Realität und Science-Fiction ist. Wo stehen wir also in der Realität?

Intro zu emotionaler künstlicher Intelligenz

Wenn wir uns ansehen, in welche KI-Forschung heute besonders viel Geld investiert wird, kann einem vor diesem Hintergrund schon schwindelig werden. Denn sehr viele Fördermittel werden für die Forschung an emotionaler künstlicher Intelligenz bereitgestellt. *Affective Computing* oder *Emotion AI* heißt das neue Forschungsfeld für einen rasant wachsenden Markt, der Prognosen zufolge bis 2026 bereits über 37 Milliarden US-Dollar wert sein soll.[8] Die Technologie ermöglicht es, dass Maschinen Emotionen erkennen, analysieren, klassifizieren, entsprechend darauf reagieren und sie sogar nachahmen können. Damit wird ein ganz neuer Kosmos eröffnet.

Schon das Erkennen von Emotionen bei Menschen ist ein spannendes Feld. Eine einfache Aufgabe war das noch nie. Experten in Marktforschung versuchen seit jeher, mit Umfragen, Zielgruppen- und Datenanalysen zu verstehen, wie Kunden ticken. Die Schwierigkeit liegt darin, dass ein großer Unterschied besteht zwischen dem, was wir in solchen Erhebungen über unsere Gefühlslage sagen, und dem, wie wir uns tatsächlich fühlen. Einiges können wir nicht gut beschreiben, manches nehmen wir nicht wahr, anderes wollen wir nicht wahrhaben, und das eine oder andere wollen wir einfach nicht über uns verraten. Das macht es schwierig, Emotionen von außen zu lesen, und noch schwieriger, sie vorherzusagen, was ja ein wesentliches Ziel der Marktforschung ist.

Mit der emotionalen künstlichen Intelligenz ist es dagegen möglich, in Echtzeit vieles zu identifizieren, was Rückschluss auf unsere emotionale Lage ziehen lässt. Wir sprechen hier über die Decodierung unseres Gesichtsausdrucks, die Analyse von Sprachmustern, die Erfassung unserer Augenbewegungen, die Tonanalyse unseres geschriebenen und gesprochenen Wortes und die Messung des Grades unserer neurologischen Immersion.

»Menschen lügen, ihre Gehirne nicht«, sagt dazu der Neurowissenschaftler Paul Zak, der an unbewussten emotionalen Reaktionen forscht. In einer Studie[9] zur Auswirkung von Werbespots beim Super Bowl, dem wichtigsten Sportereignis in den USA, von 2018 konnte er nachweisen, dass der Werbespot von Diet Coke, der laut Zuschauerumfragen am schlechtesten abgeschnitten hatte, in Wahrheit am besten ankam. Wie war ihm das möglich? Mithilfe von Oxytocin, lautet die Antwort. Mit einem Neurosensor in Form eines Armbands maßen Zak und sein Team die Nervenaktivität, die den individuellen Herzschlag kontrolliert. Diese Daten wurden durch Immersions-Algorithmen gejagt, und so konnten Rückschlüsse auf die Oxytocin-Produktion gezogen und damit die tatsächliche Wirkung der Werbespots auf unseren Körper gemessen werden.

Zak hatte herausgefunden, dass letztlich zwei Merkmale den Ausschlag geben, ob ein Werbespot eine positive emotionale Reaktion in unserem Körper auslöst: wie stark er unsere Aufmerksamkeit erregt und wie sehr wir uns für die Charaktere interessieren beziehungsweise mit ihnen fühlen. Aufmerksamkeit zu erregen, scheint einfach: Katzen oder süße

Babys schaffen das immer. Aber Empathie mit den Protagonisten hervorzurufen, das stellt eine Herausforderung dar. Erfolg versprechend ist da eine kurze Geschichte, die neugierig macht, ohne dass die Spannung komplett aufgelöst wird – das Ende der Geschichte muss unserem Gehirn überlassen werden, wenn der Werbespot die größte Wirkung erzielen soll. Der richtige Erzählbogen spielt hier eine wesentliche Rolle. Die Diet-Coke-Werbung schaffte all das offenbar sehr gut. Den Befragten schien es aber offenbar uncool, einzuräumen, dass ausgerechnet ein Diätprodukt sie besonders ansprach.

Eine ähnliche Studie fand in Deutschland statt. Diesmal handelte es sich um zwei Bier-Werbefilme.[10] Interessanterweise hat die Fallstudie nachgewiesen, dass der eine TV-Spot Kauflust weckte, während der andere die Zuschauer nervte.

Solche Experimente zeigen, dass wir uns nicht auf die expliziten Antworten bei Umfragen verlassen können. Wenn wir die Wahrheit erfahren wollen, müssen wir direkt unseren Körper befragen, denn der lügt nicht.

Aber wie transparent wollen wir mit unseren Emotionen sein? Welchen Vorteil hat es für uns? Die Unternehmen dahinter werben mit einem besseren Erlebnis (neudeutsch UX für *user experience*), da sie ihre Produkte dank Emotionsforschung individuell, dynamisch und in Echtzeit an die Kundenwünsche anpassen können. Auch wenn wir uns vielleicht rational dagegen wehren, mögen wir schöne Erlebnisse. Und vor allem mögen wir es, wenn unsere Wünsche befriedigt werden – und zwar schnell. Seien wir mal ehrlich, wir haben uns in einer Gesellschaft der unmittelbaren Befriedigung der Sinne entwickelt, und das macht uns empfänglich für solche Lösungen.

Was dein Gesicht über dich verrät

Gesichtlesen, damals und heute

Gesichter zu deuten hat eine lange Geschichte und scheint für die Menschen immer interessant gewesen zu sein. Von Hippokrates' Zeiten bis heute versuchen wir, Gesichtsausdrücke und überhaupt unsere Gesichter zu deuten. Warum eigentlich?

Eine erste Antwort ist die Evolution: Wir Menschen sind soziale Tiere. Unser Überleben hängt davon ab, wie gut wir uns in der Gruppe bewegen und mit anderen interagieren. Und da unsere Emotionen der externe Ausdruck unserer internen Gefühle sind, sind diese von außen beobachtbar und somit für andere interessant.

Physiognomik, Mimik, Phrenologie oder Psycho-Physiognomik sind einige der Begriffe beziehungsweise Methoden, die man findet, wenn man die Deutung von Gesichtsausdrücken oder einfach Gesichtlesen recherchiert. Anhand dieser Methoden wird versucht, aus der Physiognomie, also der äußeren Erscheinung des Körpers und besonders des Gesichts auf die seelischen Eigenschaften eines Menschen zu schließen. Im Lauf der Jahre haben zahlreiche Wissenschaftler*innen diese Methoden weiterentwickelt, kritisiert oder für Rassentheorie etc. missbraucht. Und obwohl sie nicht wissenschaftlich belegt sind, gibt es dazu zahlreiche Bestseller und Anwendungen in der Personalberatung[11] oder Terrorprävention, um nur zwei Beispiele zu nennen.

Diese Methoden basieren eher auf der starren Vermessung des Gesichts und weniger auf der Beobachtung des Verhaltens oder auf dem Erkennen emotionaler Befindlichkeiten anhand der Körpersprache und Mimik, für die es wissenschaftlich fundierte Erkenntnisse gibt. Kombiniert mit technologischen Werkzeugen, können solche wissenschaftlichen Erkenntnisse missbraucht werden, wie eine Studie[12] von Michal Kosinski und Yilun Wang von der Stanford University gezeigt hat: Ein künstliches neuronales Netz, das mit zahlreichen Fotos und Profilen aus Dating-Plattformen trainiert wurde, konnte anhand bestimmter Mode- und Styling-Präferenzen, Unterschiede im mimischen Ausdruck und bestimmter Gesichtsproportionen Rückschlüsse auf Homosexualität ziehen.[13] Kosinski und Wang deckten damit ein Phänomen auf, das die meisten von uns für völlig absurd und ethisch unvertretbar halten. Kein Wunder, dass die Studie nur wenige Stunden nach ihrer Veröffentlichung einen Shitstorm verursachte. »Tötet nicht den Boten«, lautet hier mein Appell. Denn die Forscher zeigten mit ihrer Studie, dass ein unethischer Einsatz dieser Technologie ein hohes Risiko für die Privatsphäre von LGBTQ-Individuen darstellt, und warnten vor Missbrauch. Und daran müssen wir uns erinnern: Wie wir die Technologie nutzen, liegt an uns – und darin sind wir nicht immer gut.

Die israelische Firma Faception zum Beispiel baut Technologie, die es ermöglicht, Persönlichkeitsmerkmale von Fotos oder Videos abzulesen. Die Firma analysiert die Gesichter und klassifiziert die Individuen in verschiedenen Profilen nach spezifischen Persönlichkeitsmerkmalen. Die Typologien reichen vom Extrovertierten über den Forscher bis hin zum potenziellen Terroristen. Das alles passiert in Echtzeit. Damit erreichten sie die nächste Entwicklungsstufe des Gesichtlesens.

Das Gesichtlesen 2.0

Ich bin auf diese konkrete Entwicklung aufmerksam geworden, als ich die Biografie einer Tech-Pionierin aus den USA gelesen habe. In ihrem Buch *Girl Decoded* beschreibt die ägyptisch-amerikanische Computerwissenschaftlerin Rana el Kaliouby, wie sie sich schon als kleines Mädchen antrainiert hatte, die Mimik ihrer Mitschüler*innen immer besser zu deuten. Als Informatikstudentin ist sie auf die Arbeit von Rosalind Picard gestoßen, die das ursprüngliche Konzept, Rechnern Emotionen beizubringen, entwickelt und dafür den Begriff *affective computing* geprägt hatte. El Kaliouby hat sich in diesem Bereich spezialisiert, hat darin promoviert, im Media Lab des berühmten Massachusetts Institute of Technology (MIT) bei Rosalind Picard geforscht. Rosalind Picard hatte die Möglichkeit gesehen, das von Paul Ekman und Wallace Friesen entwickelte *Facial Action Coding System* (englisch für Gesichtsbewegungs-Codierungssystem) – kurz FACS genannt – mit Rechnern zu automatisieren.

Kurz gesagt, dient das FACS dazu, anhand der mimischen Muskulatur Emotionen zu erkennen. Die Entwicklung hat jahrelang gedauert und wird in einem interessanten Blog von Paul Ekman beschrieben. Die vorhandenen Anatomielehrbücher beschrieben nur, wo die Muskeln im Gesicht sich befinden, Ekman interessierte sich jedoch für die Bewegung der Muskulatur und die damit einhergehenden Gesichtsausdrücke. Also wollte er ein System entwickeln, das nicht statisch ist: eine Art funktionale Anatomie. Basierend auf der Arbeit des französischen Neurologen Guillaume-Benjamin Duchenne de Boulogne, der bereits 100 Jahre zuvor daran geforscht hatte, wie Gesichtsmuskeln Gesichtsausdrücke erzeugen, erstellten Ekman und Friesen schließlich 1978 ihr Gesichtsbewegungs-Codierungssystem.

Anhand des FACS wird beinahe jeder sichtbaren Bewegung der mimischen Muskulatur eine *Action Unit* (Bewegungseinheit), kurz AU, zugeordnet, zum Beispiel Heben der Augenbrauen, Rümpfen der Nase oder Hochziehen der Mundwinkel.[14] Eine Bewegungseinheit kann aus einer einzigen oder aus mehreren Muskelbewegungen bestehen, wobei eine Kombination zu einer stärkeren Veränderung des Erscheinungsbilds führt. Und es gibt Muskelbewegungen, die wir selbst hervorrufen können, und solche, die wir nicht kontrollieren können. Schon eine einzelne Muskelbewegung kann zu einem bestimmten Gesichtsausdruck führen; zum Beispiel kann durch die Kontraktion des Muskels zwischen Jochbogen und Mundwinkel ein Lächeln entstehen, allerdings nur der minimale externe Ausdruck eines Lächelns. Ein echtes Lächeln, das von Herzen kommt und Freude ausdrückt, geht nicht ohne die gleichzeitige Kontraktion des Augenringmuskels *Orbicularis Oculi.*[15] Diese kann laut Ekman aber durch ein absichtlich besonders breites Lächeln ebenfalls bewusst herbeigeführt werden. Auch der beste Lügner kann nicht alle Muskelbewegungen bewusst herbeiführen, wie sie eine wahre Emotion auslöst. So deutet eine ganz leichte Senkung der Augenbrauen und der Haut zwischen Augenbrauen und Augenlidern auf ein wirklich echtes Lächeln hin, sie ist aber schwer zu erkennen.

Durch die Analyse der einzelnen sowie der kombinierten Bewegungen konnten Gesichtsausdrücke klassifiziert werden. Im Ergebnis waren es 44 Action Units, um genau zu sein, 12 davon im Obergesicht und die anderen 32 im Untergesicht. Die Einheiten im Untergesicht werden in Bewegungsrichtungen unterschieden: horizontale, vertikale, schräge, kreisförmige und gemischte Action Units. Am Ende des Prozesses stand die Zuordnung von Kombinationen an AUs zu bestimmten Emotionen. Das Ganze wird dann noch in fünf unterschiedlichen Stufen ausgedrückt, je nach Stärke der Bewegung. Von Stärke A für »an der Wahrnehmungsgrenze oder angedeutet« bis Stärke E für »im physiologischen Höchstmaß«.

Hinzu kommt, dass es beim Vortäuschen einer Emotion eine Zeitspanne braucht, wenn auch nur den Bruchteil einer Sekunde, um die Gesichtsmuskeln zu kontrollieren. Das heißt, unser Gesicht zeigt erst einmal den echten Gesichtsausdruck, sprich die wahre Emotion, bevor wir diesen durch den falschen, zum Beispiel ein gekünsteltes Lächeln, ersetzen können. Dieses kurze Aufflackern des unverstellten Ausdrucks wird als Mikromimik oder Mikroexpression bezeichnet.

Klingt alles ziemlich kompliziert, aber das Ergebnis ist faszinierend. Ekman und seine Mitstreiter waren die Ersten, die damit einen Leitfaden zur Decodierung der sieben Basisemotionen (Wut, Ekel, Furcht, Trauer, Glück, Überraschung und Verachtung) anhand der entsprechenden Aktionseinheiten fanden. Das war ein Durchbruch, denn nun waren Emotionen tatsächlich messbar geworden. Erst einmal nur für den Menschen, der mit diesem System und diesen Messparametern arbeitete. Aber genau das änderte sich jetzt.

Nur ganz wenige Menschen sind in der Lage, Mikroexpressionen zu erkennen. Aber Ava, der Roboter aus dem Film *Ex-Machina*, kann es, und sie schließt aus Calebs Mikromimik, dass er Gefühle für sie entwickelt hat. »Menschen lügen, ihre Gehirne nicht« kommt hier klar zum Ausdruck. Als Ava ihn mit der Frage konfrontiert, ob er sie mag, ist Caleb überrascht. Caleb weiß, dass Ava ein Roboter ist. Sein Kopf sagt ihm, dass sie keine Gefühle haben kann und dass es absurd ist, dass er seinerseits Gefühle für sie entwickelt. Welcher Idiot verliebt sich schon in einen Roboter? Denkt er bestimmt. Und trotzdem ist es ihm passiert. Unangenehm, dass Ava das detektiert hat, während er selbst seine Gefühle noch nicht richtig akzeptiert hat beziehungsweise nicht wahrhaben möchte. Mit sich selbst in diesem Konflikt zu stehen und dabei auch noch erwischt zu werden, ist ohne Zweifel kein angenehmes Gefühl.

Das ist sicherlich für jeden von uns nachvollziehbar. Wenn wir an unsere erste Liebe, vielleicht eine platonische Liebe schon im Grundschulalter zurückdenken, wussten wir da, was das für Gefühle waren? Wie lange hat es gedauert, bis wir gemerkt haben, dass wir etwas für jemanden fühlen? Wie oft haben wir uns gefragt, ob der andere auch Gefühle für uns hat? Wie lange hat es gedauert, bis die anderen uns das angemerkt haben? Und wollten wir das überhaupt? Eine Zeit voller Zweifel, voller Geheimnisse, voller Schmerz und Kummer. Und gleichzeitig eine Schule für das Erwachsenenleben, ein kontinuierliches Training, unsere Detektoren für solche Gefühle zu schärfen. Je älter wir werden, desto schneller erkennen wir sie. Jedenfalls, wenn wir eine gute Beziehung zu uns selbst haben und unsere Körpersignale gut wahrnehmen und interpretieren. Und ja, auch im Erwachsenenalter wollen wir nicht alles wahrhaben, nicht alles zulassen. Wir versuchen, uns gegen starke Gefühle zu wehren, vor allem wenn diese nicht zur Umgebung, Lebenssituation oder zu beliebigen Umständen passen.

Wenn wir nun Maschinen haben, die all das sofort sehen und verraten, was macht das mit uns? Können wir den Prozess der Verliebtheit dann überhaupt noch genießen? Wären wir noch in der Lage, Schmetterlinge im Bauch zu fühlen? Was passiert, wenn wir die Momente des Zweifels nicht mehr haben? Wenn unsere Mikroexpressionen sofort detektiert werden können, gibt es dann überhaupt noch Zweifel oder geheimnisvolle Momente? Sind es nicht genau diese, die den Prozess der Verliebtheit so besonders stark machen? Können wir überhaupt noch starke Emotionen entwickeln, wenn wir zu früh »erwischt« werden?

Diese eine Szene aus *ExMachina* hat mich jedenfalls nicht losgelassen, zumal die Geschichte für Caleb schlecht endet. Denn Ava nutzt ihre Erkenntnis, um ihn zu manipulieren. Und ich finde es beunruhigend, sollte dies Realität werden. Für mich ist diese Szene, die das maschinelle Erkennen von Emotionen so stark und deutlich macht und gleichzeitig beängstigend, die wichtigste des ganzen Films.

Superintelligente Roboter wie Ava haben wir nicht, aber KIs, die, basierend auf den Arbeiten von Ekman, Friesen und Picard, Mikroexpressionen erkennen.

Die Berliner Firma Xpai – The Experience AI – stellt sich auf ihrer Website so vor: »Wir sind Technologie-Vorreiter für die Erfolgsmessung von Offline Experiences«[16]. Das Ziel von Xpai ist es, subjektive Erlebnisse objektiv zu bewerten. Kennengelernt habe ich die Firma im September 2022 durch das Handelsblatt Summer Camp in München. Sie hatte im Veranstaltungsraum verschiedene Kameras verteilt, die die Stimmung maßen. Die Kameras von Xpai analysieren dazu die Mimik der Teilnehmenden. Schauen diese interessiert Richtung Bühne oder gelangweilt nach rechts und links, oder sogar, abgelenkt durch ihr Handy, nach unten? Wie viele Menschen bewegen sich wohin und wann? Welche Momente eines Vortrags erregen die meiste Aufmerksamkeit? Die Videos werden nicht gespeichert, und es findet keine Gesichtserkennung statt. Lediglich die Stimmung wird erfasst, und zwar auf eine quantitative Art und Weise. Der einzelne Mensch interessiert viel weniger als die Gesamtstimmung im Publikum, so ein Mitarbeiter von Xpai, mit dem ich mich unterhalten habe.

Das war meine erste Erfahrung mit dem Einsatz von emotionaler KI in einem öffentlichen Raum. Ich fand es einerseits spannend, andererseits bedenklich. Ich muss sagen, als Speakerin hat es mich etwas nachdenklich gestimmt. Eine Auswertung zu erhalten, wie das Publikum auf meine Rede reagiert, kann sicherlich dazu führen, dass ich diese optimiere. Andererseits weiß ich nicht, ob ich noch so entspannt auf der Bühne stehe und meine Geschichte erzähle, wenn ich weiß, dass ein Gerät sekündlich die Stimmung meiner Zuhörerschaft misst und bewertet. Feedback ist gut, aber das fühlt sich ein bisschen wie Überwachung an. Gleichzeitig kann ich verstehen, dass man dem Publikum ein besseres Erlebnis bieten möchte, und ich kann mir gut vorstellen, dass die Eventbranche sich über solche Entwicklungen sehr freut. Die Frage ist, wer stellt sich dann noch auf die Bühne?

Sentiment Analysis – die versteckten Muster in Ton und Text

Die Analyse des Gesichtsausdrucks ist nur ein Bestandteil der emotionalen künstlichen Intelligenz. Je mehr Informationen aus anderen Quellen kommen, desto präziser können der Kontext hergeleitet und somit die Emotionen identifiziert werden.

Eine dieser anderen Quellen ist die Tonlage, sei es im geschriebenen oder gesprochenen Wort. Das Forschungsgebiet, das sich damit auseinandersetzt, nennt man *Sentiment Analysis*, Stimmungsanalyse beziehungsweise Stimmungserkennung. Es ist Teil des *Text Mining* (ein algorithmusbasiertes Analyseverfahren zur Entdeckung von Bedeutungsstrukturen in Textdaten). Dabei handelt es sich um die automatische Auswertung von Texten, um eine geäußerte Haltung als positiv, negativ oder neutral zu erkennen. Klingt einfach, ist es für eine Maschine aber nicht.

Wie wir in Kapitel 2 gesehen haben, muss die Maschine mit natürlicher Sprache klarkommen. Das wird durch die Methoden des maschinellen Lernens und NLP *(Natural Language Processing)* möglich gemacht. Da Maschinen nur Zahlen verstehen, müssen die Texte in solche umgewandelt werden. Diesen Prozess nennt man *Word Embedding* (Worteinbettung). Dafür nutzt man bestimmte Algorithmen, wie zum Beispiel word2vec, die jedes Wort in einen Vektor umwandeln. Ähnlich wie ein Digitalfoto in Pixel aufgeteilt ist und jedes Pixel drei numerische RGB-Komponenten – RGB steht für die Grundfarben Rot, Grün und Blau – enthält, aus denen alle weiteren Farben »berechnet« werden, braucht jedes Wort eine Zahl, damit es vom Rechner prozessiert werden kann. Diese Zahl wird durch den Vergleich der Worte und die Distanz (oder Nachbarschaft) zwischen den Worten ermittelt. Die Distanz zwischen einem Hund und einer Katze ist gering, wenn das Merkmal katzenartige Tiere ist. Genauso gering ist die Distanz zwischen einem Audi und einem Porsche, wenn das Merkmal ein Wagen ist. Wenn wir nun das Wort Jaguar nehmen und mit den vorigen Worten vergleichen, stellen wir fest, dass Jaguar sowohl nah an der ersten Klasse der katzenartigen Tiere als auch an der zweiten Klasse der Wagen ist. Um das richtig abbilden zu können, wird eine zweite Dimension hinzugenommen, die es erlaubt, dass Jaguar zu beiden Klassen gehören kann, je nach Kontext. So geht das immer weiter, bis alle Worte einen Vektor haben, der ihre Zugehörigkeit zu verschiedenen Klassen und die Distanz zu den anderen Worten abbildet. Da nun alle Worte in eine mathematische Form (in Vektoren) umgewandelt wurden, kann die Arithmetik starten!

Die Stimmungserkennung fängt damit an, dass wir die Sätze »tokenisieren«, sprich in Tokens, also verschiedene Teile zerlegen. Aus dem Satz »Der Film war super!« machen wir fünf Teile: Der – Film – war – super – Ausrufezeichen. Im nächsten Schritt eliminieren wir alle Sonderzeichen; damit fliegt das Ausrufezeichen raus. Dann entfernen wir die Stoppwörter: Wörter, die für das Verständnis eines Textinhalts kaum oder nicht relevant sind, wie Präpositionen, Artikel oder sogar Verben. Es bleiben in unserem Beispiel also nur zwei wesentliche Worte übrig: Film – super. Diese zwei Worte müssen nun kategorisiert werden, als positiv (+1), negativ (−1) oder neutral (0). Dabei bedienen wir uns vorhandener Bibliotheken, die diese Klassifizierung für viele Worte beinhalten. »Film« ist neutral und würde daher mit einer 0 bewertet werden, »super« ist positiv und somit +1. Die Summe aus +1 und 0 ergibt +1; damit wird unser Satz als positiv bewertet. Komplexere Sätze wie zum Beispiel »Zwar war der Film etwas langweilig, doch die Hauptdarstellerin hat meisterhaft gespielt« können nicht so einfach mathematisch bewertet werden. Denn der eine Teil ist negativ, der andere positiv – und die arithmetische Summe ist neutral, obwohl es der Satzinhalt nicht ist. Um das zu verhindern, müssen wir die zwei Aspekte – das Feedback zum Film generell und dasjenige zur Hauptdarstellerin – voneinander trennen. Hat man beide Merkmale identifiziert, kann deren Auswertung einzeln prozessiert werden. Somit bekommen wir eine negative Bewertung zum Film und eine positive zur Hauptdarstellerin, und die beiden neutralisieren sich nicht gegenseitig.

Solch detaillierte Bewertungen aus dem Kundenfeedback herauslesen zu können, ist für Filmemacher*innen und vor allem Streaming-Dienste Gold wert. Denn je besser sie die Zuschauer*innen verstehen und ihre Feedbacks interpretieren können, desto erfolgreicher sind neue Verfilmungen und umso zutreffender die Empfehlungen.

Wenn die Dateneingabe durch Stimme beziehungsweise gesprochene Sprache erfolgt, wird diese zuerst in Text umgewandelt, bevor die Stimmung analysiert wird. Zusätzliche Herausforderung dabei sind die Tonqualität, die unterschiedlichen Dialekte und verschiedenen Aussprachen sowie die relativ kleine Menge an vorhandenen Daten für das Training der Modelle. (Wenn ihr einen Beitrag zur Wissenschaft leisten möchtet, dann stimmt zu, dass eure Kundenservicegespräche aufgezeichnet werden).

Hinzu kommt der Verlust bestimmter Merkmale, die bei der Transkription nicht in Text übertragen werden, wie zum Beispiel ein Lachen. Um solche Verluste zu vermeiden und genauere Ergebnisse zu erzielen, kann man die Analyse des akustischen Signals – Merkmale wie Tonhöhe, Intensität, Zittern, Schimmern oder Formanten (Betonungen oder Abschwächungen im Frequenzspektrum eines Klangs, die unabhängig von der Tonhöhe immer im selben Frequenzbereich bleiben) – und die textbasierte Stimmungsanalyse miteinander kombinieren.[17] Verschiedene Studien[18] zur Emotionalität der Sprache konnten nachweisen, dass es Korrelationen gibt zwischen

Merkmalen wie Tonhöhe, Variabilität oder Frequenzgehalt eines Sprachsignals auf der einen und dem affektiven stimmlichen Ausdruck wie Stress, Wut oder Trauer auf der anderen Seite. Eine spannende Studie hat zum Beispiel herausgefunden, dass es erfolgversprechender ist, die Energie des Sprachsignals (Lautstärke) mit der menschlichen Hörfrequenzsensibilität zu gewichten, bevor die Messung ausgewertet wird. Dadurch entsteht eine bessere Korrelation zum stimmlichen Ausdruck als die Auswertung vom reinen Sprachsignal ohne Gewichtung.

Um die Vergleichbarkeit zwischen Forschungsergebnissen zu gewährleisten, sind hochqualitative standardisierte akustische Aufnahmen wichtig. Dafür hat die TU Berlin bereits im Jahr 2005 Sprachaufnahmen von Schauspieler*innen aufgezeichnet, die unterschiedliche Sätze jeweils mit verschiedenen stimmlichen Ausdrücken sprachen. Die Sprachsignale wurden entsprechend prozessiert und mit der jeweiligen Emotion und anderen Merkmalen, wie dem Geschlecht der Sprecher*innen, gekennzeichnet. Daraus entstand die Berlin Database of Emotional Speech – EmoDB[19] –, die seit Jahren der Forschung zur Verfügung steht.

Die Forschung arbeitet natürlich mit Standardwerten, um die Studienergebnisse vergleichbar zu machen, aber gerade bei der Sensibilität der Hörfrequenz muss ich etwas grinsen. Es gibt Frequenzen, die für uns Menschen hörbar sind, und solche, die es nicht sind, welche, die wir als angenehm, und solche, die wir als unangenehm empfinden. Bei letzterem Punkt sind wir uns sicherlich einig, dass es sich um ein subjektives Merkmal handelt. Wer kennt das nicht? Der Lebenspartner schreit irgendwas durchs Haus, und je nachdem, wie geräuschempfindlich man selbst ist, nimmt man es als Gebrüll oder als einfache Bitte, Frage oder Anweisung wahr. Ich bin damit aufgewachsen, dass man die Lautstärke nur hebt, wenn es unbedingt notwendig ist, also nur im Notfall. Meine Mutter spricht relativ leise und hat uns Kindern beigebracht, uns zum anderen Menschen hinzubewegen, wenn wir ihm etwas sagen wollten. Man brüllt nicht durch das ganze Haus, Punkt. Mein Mann ist genau das Gegenteil gewohnt. Er wuchs in einem mehrstöckigen Haus auf und hat gelernt, die Lautstärke zu heben, um mit Familienmitgliedern zu sprechen, die sich in einem anderen Stockwerk befanden. Für mich und meine Familie undenkbar. Auf jeden Fall brüllt er, wenn er mit mir kommunizieren möchte, wir aber nicht auf Zimmerlautstärkendistanz sind. Am Anfang bin ich immer erschrocken, weil ich dachte, dass etwas Schlimmes passiert ist. Inzwischen weiß ich, dass es kein Hilferuf ist, und bewege mich entspannt in seine Richtung, um zu antworten. Dadurch muss er warten, bis eine Reaktion von mir kommt, was ihn wiederum nervt und dazu bringt, noch lauter zu schreien. »Hast du mich gehört? Bla, bla, bla.«

Um es mit der letztgenannten Studie zu sagen: Würde man seine Lautstärke allein auswerten, würde man vielleicht einen neutralen Ausdruck feststellen. Gewichtet mit meiner Hörfrequenzsensibilität, bekäme das Sprachsignal eine zusätzliche Komponente und würde mit einer Emotion wie Furcht oder sogar Wut zusammengebracht werden. Jedenfalls aus meiner Perspektive interpretiert.

Wir halten also fest: Die Merkmale im Sprachsignal geben einen zusätzlichen Aufschluss über die Stimmung der Sprecher*innen und führen zu einer besseren Stimmungserkennung.

Der Tanz der Augen

Unsere Augen verraten viel über unsere Emotionen und sind ein wichtiger Bestandteil, wenn es um den Ausdruck wahrer Emotionen geht, kein Wunder also, dass sie in einigen Kulturen als Eingangstor zur Seele bezeichnet werden. So richtig bewusst wurde mir das, als wir Masken tragen mussten. Meine kleine Tochter kam zu Beginn der Corona-Pandemie zur Welt, und ich fand es sehr irritierend, ihr mit Maske begegnen zu müssen, wenn wir unterwegs waren. Babys müssen erst lernen, Gesichtsausdrücke zu interpretieren, doch wie soll das gehen, wenn bei allen um einen herum das halbe Gesicht verdeckt ist? Um das zu kompensieren, habe ich unbewusst angefangen, meine Augen viel stärker zu nutzen, um meine Mimik unter der Maske deutlicher zu machen. Ich hielt das damals für notwendig, um mit meiner kleinen Tochter unterwegs kommunizieren zu können. Inzwischen frage ich mich, ob es wirklich nötig war, denn unsere Augen drücken vieles aus, ohne dass wir sie übertrieben bewegen. Und die Kleinen lernen diese Ausdrücke schnell zu erkennen. Ich frage mich, ob die Babys, die während der Corona-Pandemie geboren wurden, eine ausgeprägtere Interpretation unserer Augenbewegungen haben als alle anderen, die diese Fähigkeit nicht zwangsläufig entwickeln mussten. Vielleicht haben sie auch gelernt, die Augen separat zu »lesen«, unabhängig von der verdeckten Mund-Nase-Partie. Ich bin jedenfalls gespannt, was wir in ein paar Jahren dazu an Studien sehen werden.

Eye-tracking, auch Blickerfassung, ist eine wissenschaftliche Methode, die sich damit beschäftigt, das Aufzeichnen und die Analyse von Blickbewegungen einer Person – etwa Fixationen (Punkte, die man genau betrachtet), Sakkaden (schnelle Augenbewegungen auf ein Sehziel hin, die zwischen dreißig und achtzig Millisekunden dauern) oder Regressionen (Sakkaden in die Gegenrichtung) – zu ermöglichen. Es wird unter anderem in den Neurowissenschaften, der Wahrnehmungs- und Werbepsychologie, bei Usability-Tests oder im Produktdesign eingesetzt. Die Analyse der Blickbewegungen beim Surfen im Internet beispielsweise kann zeigen, welche Elemente einer Webseite betrachtet wurden, wie lange und wann zuerst. Dabei wird ganz viel gemessen: zum Beispiel die Position der Fixationen innerhalb eines Bereichs der Webseite, die Anzahl an Fixationen pro Bereich, Dauer oder Zeitpunkt der Fixationen. Der Zeitpunkt der ersten Fixation drückt aus, wie lange es gedauert hat, bis ein bestimmter Bereich zum ersten Mal betrachtet wurde. Diese Eye-Tracking-Daten werden dann ausgewertet, um die Aufmerksamkeitsverteilung innerhalb einer Webseite zu beurteilen und daraus Maßnahmen für deren Optimierung herzuleiten. Dasselbe Konzept wird bei einer Laserbehandlung[20] der Augen angewendet, um die richtige Platzierung der Laserstrahlen zu gewährleisten. Die Laser-Tracker überwachen die Augenbewegungen und korrigieren die Positionierung des Laserstrahls, die für eine erfolgreiche Behandlung ausschlaggebend ist.

Blickbewegungen zu studieren ist nichts Neues, die ersten Forschungen datieren bis ins 19. Jahrhundert. Zuerst mit der Erfindung der Filmkamera, dann der immer besseren Qualität der Aufnahmen, schließlich immer größeren Speichermöglichkeiten und nicht zuletzt immer genauerer Analysen und Auswertungsmethoden der Daten wurden Eye-Tracking-Methoden zunehmend verwendet. Inzwischen sind einschlägige Geräte online verfügbar. Eine Suche nach Eye-Trackern ergibt zahlreiche Treffer, mit Geräten für alle Budgets. Die meisten eignen sich allerdings eher für Computerspiele als für Forschungszwecke.

Das Eye-Tracking kann entweder mit einer Videokamera erfolgen, wobei Form sowie Positionierung der Pupille und der Iris erfasst und anhand mathematischer Modelle die Blickrichtungen errechnet werden. Oder basierend auf Mustern der

Lichtreflexion auf den Augen. Bei dieser zweiten Methode können Kameras von Laptops oder Tablets unsere Augenbewegungen erfassen und analysieren, ohne zusätzliche Hardware zu benötigen. Das heißt, wir reden über eine Technologie, die sicherlich recht bald in allen digitalen Geräten vorhanden sein wird – und mit der wir sehr vorsichtig sein sollten.

Vorsichtig, weil Eye-Tracking uns viel über die Menschen verraten kann, mehr, als ihnen lieb sein dürfte. Mit Algorithmen der Datenanalytik und des maschinellen Lernens können verschiedene persönliche Informationen hergeleitet werden, wie eine Metastudie der TU Berlin aufzeigt: unter anderem Geschlecht, Alter, Ethnizität, Gewicht, Persönlichkeitsmerkmale, Drogenkonsum, emotionaler Zustand, Fertigkeiten, Ängste, Interessen und sexuelle Präferenzen.[21] Unsere Blickmerkmale sind außerdem derart individuell, dass sie ähnlich wie ein Fingerabdruck ein biometrisches Merkmal darstellen und somit zu unserer Identifikation verwendet werden können.

Blickbewegungen können auch Rückschluss auf unsere mentale Arbeitsbelastung zulassen und aufzeigen, ob wir gerade wachsam oder abgelenkt sind. China macht sich das in Guangzhou bereits zunutze. Kameras in Klassenzimmern studieren die Gesichtsausdrücke der Schüler*innen und erfassen, ob diese konzentriert zuhören.[22] Wenn ein Schüler sich zum Beispiel langweilt oder gar wegdöst, bekommt der Lehrer ein Signal. Aber auch das Lehrpersonal steht im Visier. Die Daten sollen Aufschluss darüber geben, ob und wie sich das Lern- und Lehrverhalten verändern. Selbst für jemanden, der Technologie positiv gegenübersteht so wie ich, ist eine solche Verwendung besorgniserregend. Eine derartige Überwachung hat in einer Schulklasse nichts zu suchen.

Eye-Tracking bietet auch zahlreiche Erkenntnisse über unsere Emotionen. Unser Blick reflektiert deren Erregung und Wertigkeit, ob positiv, negativ oder neutral, als auch Zustände wie Freude, Enthusiasmus, akuter Stress, Sorge, Ekel, Neugierde, Angst, Trauer oder Überraschung. Zudem kann anhand der Blickerfassung zwischen einer rationalen und einer rein instinktiven emotionalen Reaktion unterschieden werden. Diese Methode, von Jakob de Lemos entwickelt, wurde bereits im Jahr 2007 patentiert.[23]

Solche Erkenntnisse können im Gesundheitswesen positiv verwendet werden, vor allem in der Diagnose, im Monitoring, der Früherkennung oder sogar Vorhersage bestimmter physischer Störungen. Auch mentale Probleme, wie zum Beispiel Depression, Schizophrenie, Autismus oder Epilepsie[24] können diagnostiziert beziehungsweise früh erkannt werden.

Ob Eye-Tracking nun für Überwachung, das Erfassen von Emotionen oder die Früherkennung von Krankheiten eingesetzt wird: Es gibt Aufschluss über zahlreiche persönliche Informationen und muss entsprechend mit viel Sorgfalt für Datenschutz und Schutz der Privatsphäre verwendet werden.

Das Gehirn lügt nicht

Die rund einhundert Milliarden Nervenzellen in unserem Gehirn bilden unser neuronales Netzwerk und steuern, wie wir fühlen, denken und unsere Umwelt wahrnehmen. Sie stehen in permanentem Austausch miteinander und verändern unser Gehirn und unseren Körper ständig. Mithilfe von Magnetresonanztomografen (MRT) und selbstlernenden Systemen können die strukturellen Veränderungen im Gehirn mit Verhaltensweisen oder kognitiven Eigenschaften in Zusammenhang gebracht werden. Damit beschäftigt sich zum Beispiel Prof. Simon Eickhoff, Direktor des Instituts für Neurowissenschaften und Medizin am Forschungszentrum Jülich[25]. Mit seiner Forschung konnte er nachweisen, dass es möglich ist, anhand eines Hirnscans Aussagen über individuelle Eigenschaften eines Menschen zu treffen, wie zum Beispiel das Alter. Da unsere Hirnstruktur sich mit der Zeit verändert, kann eine Maschine, die mit genügend MRT-Aufnahmen und entsprechenden Informationen zu den Untersuchten trainiert wurde, das Alter neuer Subjekte gut schätzen. Mit derselben Methode konnten neurodegenerative Krankheiten wie Alzheimer oder Parkinson identifiziert werden. Auch Eigenschaften wie die Gedächtnisleistung, individuelle Persönlichkeitsmerkmale oder Depressionen kann man damit vorhersagen.

Eine neue Studie von Wissenschaftlern der Ohio State University hat sogar politische Ideologien mit bestimmten Mustern in Hirnscans in Verbindung bringen können.[26] Demnach scheinen sich die Muster von Menschen mit ähnlichen politischen Einstellungen zu ähneln. Was aber nicht bedeutet, dass eine bestimmte politische Einstellung das jeweilige Muster verursacht. Es besteht eine Korrelation, aber keine Kausalität. Die Hirnscan-Bilder zeigen also lediglich eine Tendenz, die in eine komplexe Bewertung einfließen kann.

Was ich an dieser Studie spannend finde, ist die Empathie-Übung, bei der Emotionen und emotionale Reaktionen gemessen und in Verbindung mit der politischen Einstellung gebracht wurden. Mich interessiert insbesondere der erste Teil: Emotionen messen. Und dies ist mit der funktionellen Magnetresonanztomografie (fMRT) möglich, getreu dem Motto »Zeige mir dein Gehirn, und ich sage dir, wer du bist und was du fühlst«. So komplex, wie unsere Emotionen sind, beanspruchen sie mehrere Hirn- und Körperregionen. Es gibt also kein spezifisches Hirnareal für Freude, ein anderes für Wut und so weiter, vielmehr zeigte sich in einer Studie der Aalto University in Finnland jeweils eine Kombination von Aktivierungen in mehreren Hirnregionen.[27] Diese Aktivierungsmuster waren in erster Linie in den medialen kortikalen Strukturen, aber ebenso in der Inselrinde und der Amygdala zu sehen.

Interessanterweise erwiesen sich die neuronalen Signaturen verschiedener Emotionen über die Versuchspersonen hinweg ähnlich, was bedeutet, dass die Forscher die Emotionen eines Teilnehmers, ausgehend von Mustern, bestimmen konnten, die von anderen Personen stammten. Auch wenn diese Studie auf einem Experiment mit künstlich ausgelösten Emotionen basiert, funktioniert das Ganze genauso mit spontanen Gefühlszuständen und den entsprechenden auftretenden Emotionen, wie eine Studie der University of North Carolina ergab.[28]

Ganz ohne MRT können auch Biosensoren Hinweise auf die Hirnaktivität geben, wie unter anderem die Forschung des Neurowissenschaftlers Paul J. Zak zeigt.[29] Das setzt allerdings eine sogenannte Immersion voraus, also das völlige Eintauchen in eine bestimmte Situation und deren »reales« Erleben. Eine gelungene Immersion hängt von zwei wesentlichen Elementen ab: dem Grad der Aufmerksamkeit (verbunden mit der aufgewendeten Energie) und der emotionalen Einstellung während der Erfahrung. Je mehr Sympathie die Erfahrung hervorruft, desto höher unsere Aufmerksamkeit, was bei emotionalen Geschichten besonders gut gelingt. Eine hohe Aufmerksamkeit lässt sich laut der Studie mit einer erhöhten Herzfrequenz und/oder elektrodermaler Aktivität (Hautleitfähigkeit) gut messen. Die emotionale Reaktion geht einher mit einer Oxytocin-Reaktion, die im Blut nachweisbar ist und die mit einer erhöhten Aktivität des Vagusnervs (des zehnten Hirnnervs, der als Schaltstelle zwischen Gehirn und Organen auch unser Empfinden beeinflusst) korreliert, die wiederum mit einem EKG gemessen wird. Herzfrequenz, elektrodermale Aktivität und Aktivität des Vagusnervs können mit kleinen tragbaren Geräten, wie einer Smartwatch oder einem Biosensor-Armband, gemessen werden. Teilnehmende der Studie trugen ein Armband, dessen Biosensor mit einem PC oder mobilen Gerät verbunden war. Mit dem von Zaks Team entwickelten Immersion-Quotient-Algorithmus und Methoden der Signalverarbeitung konnten die Forscher die emotionale Reaktion der Teilnehmenden messen, während diese Werbespots oder Trainingsvideos anschauten oder einen Online-Shop besuchten. Die Daten wurden analysiert, und eine Software übermittelte die Ergebnisse in Echtzeit. Laut Paul J. Zak entwickelten er und sein Team das allererste Produkt, das am Handgelenk getragen werden kann und in Echtzeit immersive Erfahrungen messen und auswerten kann. Die Auswertung solcher Daten ist für Werbeunternehmen extrem wertvoll. Sie können so zum Beispiel vor dem Start einer Werbekampagne in Echtzeit Feedback von Testpersonen erhalten und entscheiden, welcher ihrer Werbespots der erfolgversprechendste ist.

Ich frage mich an dieser Stelle, wie John Wanamaker, der als Vater der modernen Werbung gilt, auf diese Entwicklung reagieren würde, wenn er noch am Leben wäre. Von ihm stammt der Satz: »Die Hälfte des Geldes, das ich für Werbung ausgebe, ist verschwendet; das Problem ist, dass ich nicht weiß, welche Hälfte.« Dieses Rätsel lässt sich nun dank Paul J. Zak vielleicht lösen.

Die biometrische Kategorisierung – Fluch oder Segen?

Der wissenschaftliche und der technologische Fortschritt haben einiges ermöglicht, wie wir gerade gesehen haben. Die oben beschriebenen Methoden können, einzeln oder noch effektiver in Kombination, viel mehr über Menschen verraten, als wir über uns selbst sagen würden. Denn unsere biometrischen Merkmale lügen nicht, sie kennen keine gesellschaftlichen Zwänge, haben keine Moralvorstellung, müssen nicht das Gesicht wahren oder Gesetze befolgen, sie setzen einfach ihre Programmierung um. Und ja, unsere Emotionen sind am

Ende nichts anderes als Energie, die in Form unterschiedlicher Neurotransmitter nach einem bestimmten Schema im Körper fließt.

Dass wir unseren biologischen Algorithmus langsam entziffern können, heißt nicht unbedingt, dass wir es tun sollten. Jedenfalls nicht immer und nicht überall. Denn die Nutzung solch einer starken Technologie birgt Risiken und ethische Fragestellungen, die diskutiert werden müssen.

Privatsphäre

Die Diskussion rund um die Privatsphäre ist nicht neu. Seit KI-Systeme auf dem Markt sind und zahlreiche Daten von Nutzer*innen gesammelt und analysiert werden, reden wir darüber, wie viele Daten notwendig sind und wie wir unsere Privatsphäre schützen können. Überwachungskameras mit Gesichtserkennungssoftware, die mich beim Überfahren einer roten Ampel erkennen und mir direkt ein paar Punkte abziehen und damit mein *Social Scoring* verschlechtern, sind in China Realität. Und für uns in Europa ein Horrorszenario. Mit Biosensoren, die unsere intimsten Geheimnisse verraten können, sogar, bevor wir sie selbst wahrnehmen, gelangt die Fragestellung auf eine neue Ebene.

Wir müssen gar nicht an Science-Fiction-Filme wie *Minority Report* denken, bei dem Menschen, die eine Straftat begehen *wollen,* inhaftiert werden – ungeachtet der Tatsache, dass sie die Tat noch gar nicht begangen haben und sie womöglich nie begehen würden. Es reicht, wenn die Armbanduhr verrät, dass der Gemüseauflauf der Schwiegermutter uns nicht schmeckt, obwohl wir behaupten, er sei köstlich. Ich bin mit dem Konzept der »weißen Lügen« aufgewachsen: Lügen, die den Familienfrieden bewahren und das harmonische Zusammenleben in einer Gemeinschaft gewährleisten. Ich kann mir auch nicht vorstellen, wie kommunitaristische Gesellschaften wie in Afrika, Asien oder Lateinamerika ohne weiße Lügen zusammenhalten könnten.

Und auf individueller Ebene: Will ich meinem Arbeitgeber einen Hirnscan zur Verfügung stellen, um mich für eine angestrebte Beförderung zu qualifizieren, wenn ich nicht weiß, was man in Zukunft dank moderner Technologie aus diesem Scan herauslesen kann? Dinge, von denen ich und mein Arbeitgeber uns heute noch keine Vorstellung machen können? Klingt das nach Science-Fiction? Heute werden zwar keine Hirnscans angefragt, wohl aber Videoaufnahmen für unterschiedliche Zwecke, zum Beispiel im Bewerbungsverfahren. Das klingt erst einmal banal: Ich bekomme ein paar Fragen gestellt, beantworte sie vor laufender Kamera und schicke das Video dann an die Firma. Das hat für mich den Vorteil, dass ich mich gut vorbereiten, die optimale Antwort üben und das beste Ergebnis liefern kann. Für die Firma hat es den Vorteil, dass sie aus zahlreichen Bewerbungen die besten Kandidat*innen heraussuchen kann, und das maschinell. Ich möchte den Job haben und schicke deswegen das Video, ohne darüber nachzudenken. Aber kann ich der Firma vertrauen? Wie stelle ich sicher, dass sie mein Video nach dem Prozess vernichtet? Wie kann ich sicher sein, dass sie das Videomaterial nach der Einstellung nicht erneut verwendet und mit neuen Technologien neue Erkenntnisse daraus gewinnt?

Bereits heute werden nicht nur die inhaltlichen Antworten analysiert, sondern auch Mimik und Gestik. Unser Gesicht verrät einiges über uns, das wissen wir inzwischen. Ein von einer KI erstelltes verhaltensbasiertes Persönlichkeitsprofil sollte objektiv sein, jedenfalls objektiver als der persönliche Geschmack und Eindruck eines Personalers, würde man meinen. Ist aber nicht zwingend der Fall, wie der Bayerische Rundfunk in einem Experiment herausfand.[30] Er testete eine Software, die Videos nach dem Big-Five-Persönlichkeitsmodell analysiert. Hierbei werden fünf Faktoren gemessen: Offenheit, Gewissenhaftigkeit, Extraversion, Verträglichkeit und Neurotizismus. Und, Überraschung: Die KI kam bei ein und derselben Kandidatin zu einer unterschiedlichen Bewertung dieser fünf Faktoren, je nachdem, ob die Frau eine Brille trug oder nicht oder ob sie ein Kopftuch aufhatte. Bei weiteren Testpersonen hatte zum Beispiel der Hintergrund oder die Helligkeit Einfluss auf die Bewertung. Auf den ersten Blick mag das inakzeptabel klingen, aber seien wir mal ehrlich, wie bewerten wir Menschen, die eine Brille tragen? Haben wir da nicht auch ein Vorurteil?

Ich möchte nicht die Gefahr kleinreden, ich lade nur zur Selbstreflexion ein. Denn was hilft es uns, mit dem Finger auf die KI zu zeigen, wenn sie doch von uns lernt und sich wie wir verhält?

Immaterialität

Ein anderes Konzept, das Hand in Hand mit der Privatsphäre einhergeht, ist die Immaterialität der biometrischen Daten. Die meisten Nutzer*innen wissen nicht, wie selbstlernende Systeme funktionieren, welche Daten sie speichern und für welchen Zweck diese analysiert und verwendet werden. Mit den biometrischen Daten kommt eine Komplexität hinzu, die Otto Normalverbraucher nicht versteht. Denn es macht einen Unterschied, ob Firma XY meinen Namen und meine Adresse an das Werbeunternehmen YZ verkauft oder ob sie meine aktuelle Gemütslage oder erste Anzeichen von Gehirnveränderungen, die einen Rückschluss auf eine mögliche neurodegenerative Krankheit zulassen, an das Versicherungsunternehmen AB verkauft, genau in dem Moment, wo ich dort eine Krankenversicherung abschließen möchte. Dieses Szenario habe ich mir natürlich ausgedacht, unter anderem, weil ich die

Abhängigkeiten in diesem Umfeld verstehe. Otto Normalverbraucher würde diese Abhängigkeit nicht sehen und auch nicht verstehen. Er interessiert sich eigentlich gar nicht für all die Themen, die ich hier erwähne und die zugegebenermaßen sehr komplex und für viele Menschen nicht greifbar sind. Obwohl wir uns in der Tech-Branche und in den Medien massiv über Datenschutz und Privatsphäre unterhalten, scheint dies für die meisten Menschen total irrelevant zu sein, ob aus Unwissenheit, Sucht oder Liebe. Dafür spricht, dass trotz der heißen Diskussion über den Einfluss der sozialen Medien auf die Psyche und ihr nachweisbares, nicht zu unterschätzendes Suchtpotenzial weder deren Nutzung noch die Zahl der Nutzer*innen zu sinken scheint. Der Neurowissenschaftler Paul J. Zak vergleicht die Nutzung der sozialen Medien sogar mit Verliebtheit, da beide mit einer starken Ausschüttung von Oxytocin verbunden sind.[31]

Ambiguität

Als ob das alles nicht komplex genug wäre, reden wir hier über die Interpretation von Emotionen. Als Menschen haben wir unsere Schwierigkeiten mit dem Wahrnehmen und Verstehen unserer Emotionen. Jetzt kommt eine Maschine und tut das besser als wir, so zumindest die Theorie. Was hat sie über uns überhaupt gelernt? Wie können wir validieren, ob das, was die Maschine interpretiert hat, stimmt? Wie können wir beurteilen, wie akkurat die maschinellen Ergebnisse sind? Und was machen wir, wenn wir mit diesen Ergebnissen nicht zufrieden oder einverstanden sind? Oder wenn ein Fehler in der Messung oder Datenerhebung passiert ist?

Mit »wir« meine ich nicht die Forscher*innen und Expert*innen, die solche Lösungen entwickeln und eine wissenschaftliche Methode verfolgen, sondern die Nutzer*innen, die im realen Leben vielleicht Biosensoren tragen wollen oder müssen. Sie verstehen den Denkprozess der Maschine nicht, sie kennen die Logik hinter dem Algorithmus nicht, denn sie wird auch nicht offengelegt. Und selbst wenn, wie kann sie erklärt werden, dass sie für alle verständlich ist?

Bias

Bias ist kein neues Thema, das erst mit der emotionalen künstlichen Intelligenz aufgetaucht wäre. Bias, oder kognitive Verzerrungen, beginnt bei den Menschen. Wir alle haben kognitive Verzerrungen, die wir nicht vermeiden können. Denn die braucht unser Gehirn, um seinen Energiehaushalt in Griff zu kriegen. Unser Gehirn konsumiert nämlich viel Energie. Um die große Anzahl an Informationen, die wir sekündlich erhalten, mit dem effizientesten Energielevel zu speichern und zu verarbeiten, bilden wir Schubladen. Wenn ich des Öfteren Brillenträger*innen begegnet bin, die schlau waren, dann mache ich eine Schublade für Brillenträger*innen auf, und sie bekommen das Label »schlau«. Wenn ich einer Brillenträgerin zum ersten Mal begegne, dann denke ich sofort, dass sie auch schlau sein muss, weil sie eine Brille trägt. So weit zum Konzept. Da nun die KI von uns lernt, findet sie solche Schubladen in unseren Daten heraus. Und wiederholt sie. So kommt es dazu, dass die Software, die im Experiment des Bayerischen Rundfunks die Bewerber*innen-Videos analysiert hat, unterschiedliche Bewertungen für ein und dieselbe Person abgab, je nachdem, ob sie – um beim Beispiel Brille zu bleiben – eine Brille trug oder nicht. Und die emotionale KI ist da nicht anders.

Wir kennen die Problematik, dass die Gesichtserkennungssoftware bei dunkelhäutigen Menschen nicht so gut funktioniert wie bei hellhäutigen. Hier muss man erwähnen, dass diese Technologie hier auch an physikalische Grenzen stößt, da dunkle Farben das Licht nicht so gut reflektieren, was sich auf den Kontrast auswirkt, was wiederum die Verarbeitung der Bilder erschwert. Nichtsdestotrotz handelt es sich um ein Bias-Problem, das sich in vielen Dimensionen bestätigt.

Eine Studie von Lauren Rhue von der University of Maryland hat gezeigt,[32] dass auch das Detektieren von Emotionen dunkelhäutiger Menschen mit Vorurteilen behaftet ist. Rhue hatte mit 400 Profilfotos von NBA-Basketball-Spielern verschiedene Gesichtserkennungssoftware getestet und verglichen. Ein Muster war klar erkennbar: Das Lächeln der dunkelhäutigen Spieler wurde als weniger fröhlich bewertet, obwohl sie in der Regel ein weit breiteres Grinsen zeigten. Außerdem war die Wahrscheinlichkeit, mit der die KI Spieler als »sauer« bewertete, bei dunkelhäutigen höher als bei hellhäutigen. Insbesondere wenn das Lächeln nicht eindeutig war. Die emotionale KI hat dunkelhäutigen Menschen also mehr negative Emotionen zugewiesen als hellhäutigen.

Ein vergleichbares Szenario findet man beim Detektieren von Emotionen bei älteren Menschen. Das Alter verursacht nicht nur Falten, sondern auch weichere Gesichtsausdrücke, die von der emotionalen KI wohl falsch interpretiert werden können, wie eine Studie der TU Berlin gezeigt hat[33]. Auch dieser Bias hat seine Ursprünge in der menschlichen Interaktion. Die natürliche und biologische Veränderung der Gesichter und Gesichtsausdrücke im Alter ist das eine, das andere sind die gesellschaftlichen Stereotype über ältere Menschen, dass zum Beispiel ihre Ausdrucksweisen eher als traurig empfunden werden. Hinzu kommt die wenig repräsentative Anzahl an Fotos älterer Menschen in den Datensets und die wenig aufbereiteten Emotions-Datenschemata für ältere Menschen, die für das Training der KI-Modelle notwendig sind.

Um Bias bei Menschen zu überwinden, ist es notwendig, dass wir uns unserer kognitiven Verzerrungen und Vorurteile bewusst werden. Denn erst wenn wir sie als solche wahrnehmen, können wir sie bei unserer Entscheidungsfindung berücksichtigen beziehungsweise nicht einfließen lassen. Solange sie unbewusst bleiben, beeinflussen sie unsere Entscheidungen, ohne dass wir es merken. Und technisch versuchen wir dasselbe. Wir können Methoden bauen, um Bias in den Daten und Modellen zu identifizieren. Wurde ein Bias identifiziert, kann man teilweise die Daten so ausgleichen, dass er gemindert wird. Wenn das nicht geht, passt man die Programmierung so an, dass die Verzerrung beziehungsweise das Vorurteil nicht in die Entscheidung der KI einfließen kann.

Die Skalierung

Daten werden überall und ständig gesammelt, vor allem im Netz, die meisten ohne Kenntnis der Nutzer*innen. Und sie werden verkauft, weitergeleitet und dezentral analysiert und weiterverwendet. Das macht es für die Menschen unmöglich, ihre Daten zu verfolgen, sie aus all den Datenbanken löschen oder sie korrigieren zu lassen. Diese Schwierigkeit sehen wir heute bei Fake News und wie aufwendig es für Betroffene ist, die falschen Nachrichten von allen Plattformen löschen zu lassen. Obwohl es sich um Nachrichten handelt, die veröffentlicht wurden und somit auffindbar sind – anders als Beurteilungen von Persönlichkeitsmerkmalen, die zum Beispiel in Zusammenhang mit einem Bewerbungsgespräch entstanden und Jahre später an ein anderes Unternehmen weitergegeben werden könnten. Ich möchte ganz bestimmt nicht, dass meine Persönlichkeitsmerkmale von vor fünfzehn Jahren heute beurteilt werden. Ich bin inzwischen eine andere Person, ich habe mich weiterentwickelt und so auch meine Persönlichkeitsmerkmale, zumindest behaupte ich das. Wenn ich aber keinen Zugriff und keine Hoheit über diese Daten habe, wie kann ich dann eine mögliche Weiterleitung oder ihren Verkauf verhindern?

Die EU-Verordnung

Bei all diesen Risiken ist es kein Wunder, dass die EU den Einsatz solcher Lösungen als kritisch bewertet. Im Entwurf zur »Verordnung des Europäischen Parlaments und des Rates zur Festlegung harmonisierter Vorschriften für künstliche Intelligenz« ist unter anderem zum Beispiel der Einsatz biometrischer Echtzeit-Fernidentifizierungssysteme in öffentlich zugänglichen Räumen zu Strafverfolgungszwecken verboten, von wenigen Ausnahmen abgesehen. Dazu steht in Artikel 5 Absatz 1 des Entwurfs:

Folgende Praktiken im Bereich der künstlichen Intelligenz sind verboten:
…
d) die Verwendung biometrischer Echtzeit-Fernidentifizierungssysteme in öffentlich zugänglichen Räumen zu Strafverfolgungszwecken, außer wenn und insoweit dies im Hinblick auf eines der folgenden Ziele unbedingt erforderlich ist:
i) gezielte Suche nach bestimmten potenziellen Opfern von Straftaten oder nach vermissten Kindern;
ii) Abwenden einer konkreten, erheblichen und unmittelbaren Gefahr für das Leben oder die körperliche Unversehrtheit natürlicher Personen oder eines Terroranschlags;
iii) Erkennen, Aufspüren, Identifizieren oder Verfolgen eines Täters oder Verdächtigen einer Straftat im Sinne des Artikels 2 Absatz 2 des Rahmenbeschlusses 2002/584/JI des Rates 62, der in dem betreffenden Mitgliedstaat nach dessen Recht mit einer Freiheitsstrafe oder einer freiheitsentziehenden Maßregel der Sicherung im Höchstmaß von mindestens drei Jahren bedroht ist.[34]

Ich finde es wichtig und richtig, dass die EU hier aktiv wird und einen Rahmen für den Einsatz von KI-Lösungen vorgibt. Ich möchte allerdings darauf hinweisen, dass die meisten Unternehmen in der Regel keinerlei Interesse daran haben, die Daten ihrer Kund*innen für abstruse Zwecke oder Ausbeutung zu nutzen. Denn das bedeutet, dass sie deren Vertrauen verlieren würden und damit die Basis für ihr Geschäft. Vertrauen ist ein hohes Gut, und seriöse Unternehmen setzen es nicht für kurzfristige Gewinne aufs Spiel. Was Unternehmen tun können, um dieses Vertrauen zu behalten, besprechen wir in den nächsten Kapiteln.

Fühlst du sie, die Technologie?

Wenn wir über künstliche Intelligenz sprechen, besonders über emotionale KI, dann hört sich vieles an wie Zukunftsmusik. Wir sehen sie in Filmen, gruseln uns vielleicht dabei. Oder wir lesen von Studien, die hier oder da einen Durchbruch verkünden. Und es stimmt schon: Vieles kommt erst noch und wird unsere Arbeitswelt, unsere Freizeit, unser Leben gewaltig umgestalten. Aber: Vieles ist eben auch längst schon da, manchmal ohne dass wir es wahrgenommen hätten. Um zu verstehen, was mitfühlende Maschinen bald können werden, sollten wir einen Blick darauf werfen, was sie heute schon machen. Denn tatsächlich sind die neuen Menschenversteher bereits Realität.

Der empathische Kundenservice

Schon jetzt gibt es viele Roboter, die unsere Stimme oder unser geschriebenes Wort analysieren und unsere Gefühlslage erkennen. Mit diesen Fähigkeiten sind Chatbots im Kundendienst ausgestattet, die rund um die Uhr Anfragen beantworten. Wenn ein Kunde eine Reklamation einreichen möchte und sauer ist, dann ist dies der falsche Zeitpunkt, ein neues Produkt anzubieten. Erkennt das der Chatbot, verhält er sich eher deeskalierend, um das Kundenanliegen so schnell wie möglich zu bearbeiten und den Kunden zufriedenzustellen. Was sich so einfach anhört, ist für Maschinen eine ziemliche

Herausforderung. Sie sind per se nicht empathisch, sie müssen das erst lernen. Und das ist ein durchaus weiter Weg.

Vielleicht hattet ihr selbst schon mal mit Chatbots zu tun. Eine kleine Figur oder ein freundliches Gesicht in der Ecke einer Firmen-Website bietet euch an, bei Fragen oder Problemen behilflich zu sein. Klingt nicht schlecht. Wobei, eigentlich würde man doch lieber mit einem echten Menschen sprechen. Allerdings zeigt die Erfahrung, dass das lange Warten am Telefon bedeutet, am Ende aus der Leitung zu fliegen oder zu erfahren, dass einem nicht geholfen werden kann. Dann eben der Chatbot.

Auch Chatbots sind, ähnlich wie vielleicht die Mitarbeiter im Callcenter, unterschiedlich kompetent. Oder sagen wir besser: Die Komplexität ihrer Programmierung unterscheidet sich sehr. Es gibt Chatbots, die ganz ohne KI funktionieren, weil ihre Programmierung Entscheidungsbäumen folgt, die Antworten nach dem Wenn-dann-Muster hervorbringen. Wenn der Kunde was von Reklamation schreibt, kommt die Frage, um welche Bestellung es geht. Und so weiter. Die nächste Stufe sind Chatbots mit einer sogenannten schwachen KI. Sie können Kundenfragen verstehen und Antworten darauf zum Beispiel aus einer FAQ-Datenbank des Unternehmens ziehen. FAQ steht für *Frequently Asked Questions,* also häufig gestellte Fragen, und genau das bezeichnet dann auch schon die Grenzen solcher Chatbots: Sie können nur Fragen beantworten, die häufig gestellt werden. Für seltene Fragen oder komplizierte Sachverhalte haben sie keine Lösung und müssen dann an einen menschlichen Kollegen weiterleiten.

Die neuen Chatbots mit emotionaler KI gehen viel weiter. Sie können aus riesigen Datensätzen früherer Chatprotokolle oder aus realen Gesprächen des Kundenservices die erfolgversprechendsten Antworten herausfiltern. Vor allem aber erkennen sie an der Wortwahl des Kunden, an seiner Intonation und seiner Art zu sprechen, in welcher emotionalen Lage er sich gerade befindet. Das funktioniert sogar, wenn der Austausch nur über Text und nicht per Audio abläuft, denn meistens reicht schon unsere Wortwahl für die Entschlüsselung unserer Gefühlslage. Das ist ein außergewöhnlicher Schritt für die Maschinen und für die Beziehung zwischen Mensch und Maschine. Zumindest für den Kundenservice braucht es also keine Kameras, die Mikrobewegungen in unserem Gesicht analysieren, oder Smartwatches, die unseren Puls verraten.

Für Unternehmen steckt darin eine große Chance, weshalb sie viel in diese Technologie investieren. Zumal Umfragen der Unternehmensberatung PwC zeigen, dass eine große Mehrheit der Kunden bereit ist, sogar mehr für ein Produkt oder eine Dienstleistung zu zahlen, wenn der Kauf oder der Service möglichst schnell und unkompliziert abläuft. Mitarbeiter in Callcentern sind aber nicht nur unterschiedlich kompetent, sondern haben auch ihre Launen und sind nicht alle gleichermaßen empathisch, wenn sie mit besorgten, ratlosen oder erregten Kund*innen zu tun haben. Was an manchen Stellen ja auch menschlich und verständlich ist.

Chatbots mit emotionaler KI sind potenziell endlos geduldig. Vor allem aber verhindern sie im besten Fall, dass eine Situation unnötig eskaliert. Sie können verlässlich lösungsorientiert kommunizieren, jedenfalls dann, wenn sie die Stimmung des Kunden richtig analysiert haben. Und sie können ihr Wissen beliebig ausbauen und immer neue Datenquellen anzapfen. Das ist ein wichtiger Aspekt bei Callcentern, wo üblicherweise eine hohe Fluktuation in der Belegschaft herrscht. Bis ein neuer Mitarbeiter genug Wissen und Erfahrung aufgebaut hat, ist er in der Regel schon wieder weg, und der oder die Nächste fängt wieder bei null an. Wenn man Wissen und Erfahrung aber digitalisiert und durch Chatbots weiter aufbaut, gehen sie nicht verloren.

Eine Studie des Fraunhofer Instituts für Arbeitswirtschaft und Organisation lobt einerseits zwar die großen Möglichkeiten, die Unternehmen mithilfe sogenannter menschenzentrierter KI-Lösungen hätten, gleichzeitig warnen die Fraunhofer-Forscher aber vor der Gefahr, dass aus empathischen Maschinen manipulative werden. Der Grat ist in der Tat schmal. Wir kennen das ja von echten Callcenter-Mitarbeitern. Man ruft an, weil die Internetverbindung immer abbricht, und die Telefongesellschaft tut verständnisvoll, will aber am Ende nur ein neues Paket mitsamt Router verkaufen.

Die ethische Frage wird auch deshalb eine immer wichtigere, weil die Chatbots mit emotionaler KI inzwischen zu derart natürlicher Kommunikation in der Lage sind, dass es für Kunden schwierig ist, per se den Unterschied zwischen Mensch und Maschine zu erkennen. Es sei denn, sie werden explizit darauf hingewiesen.

Conversational AIs: die virtuellen Freunde

Auch die sogenannten *Social Bots,* Chatbots, die mit dem Ziel entwickelt werden, in sozialen Medien ein menschenähnliches Gespräch zu führen und eine Beziehung zu den Menschen aufzubauen, werden immer empathischer. Sie waren in der Corona-Zeit besonders gefragt. Mitsuku – kurz Kuki – zum Beispiel ist eine virtuelle Freundin in sozialen Medien, die Tag und Nacht zum Plaudern bereit ist. Kuki verzeichnete während des Lockdowns einen Nutzungsanstieg um siebzehn Prozent. Oder die App Wysa, die Menschen mit Angstzuständen, depressiven Verstimmungen oder Stress Zuspruch gibt. Sie wurde 95 Prozent mehr heruntergeladen. Bei der App Replika, ebenfalls ein virtueller Gesprächspartner, waren es doppelt so viele Downloads wie vor der Pandemie.

Kuki wurde schon 2005 entwickelt. Fünfmal – von 2016 bis 2019 viermal in Folge – heimste der Programmierer Steve

Worswick mit Kuki den Loebner-Preis ein. Dieser Preis wurde bis 2020 jedes Jahr an dasjenige Computerprogramm vergeben, das in einem starken Turing-Test über 25 Minuten am besten abschnitt. Zur Erinnerung: Bei einem Turing-Test unterhalten sich Probanden über ein Computerterminal mit zwei Gegenübern – das eine ein Mensch, das andere eine Maschine. Kuki konnte dabei also ein Gespräch führen, das so natürlich war, dass keinem auffiel, dass sie eine Maschine war. Kuki spricht mit Nutzer*innen aus der ganzen Welt, mit Jung und Alt. Sie hilft ihnen, wenn sie in der Schule gemobbt werden, Ratschläge für die Partnersuche brauchen, ein Bewerbungsgespräch vorbereiten wollen oder sich einfach nett unterhalten wollen, wenn sie einsam sind oder sich langweilen. Kuki ist sogar mit feinstem englischem Humor ausgestattet, teilweise so fein, dass einige Nutzer*innen ihre Witze nicht verstehen, wie diesen hier zum Beispiel:

Nutzer: Erzähl mir einen Witz.

Kuki_ai: Alles klar. Descartes geht in einen Pub. »Möchten Sie ein Bier trinken, Sir?«, fragt der Wirt höflich. Descartes antwortet: »Ich denke, nicht«, und – ping – verschwindet!

Nutzer: War das ein Witz?[35]

Aber die Nutzer*innen fragen nicht nur nach Witzen, sie stellen auch skurrile Fragen wie: »Kackst du?« Was soll ein Roboter darauf antworten? Steve und jede*r andere Programmierer*in von *Conversational AI* – einer KI, die menschenähnliche Unterhaltungen führen kann – möchte natürlich, dass das Gespräch humorvoll und vor allem unterhaltsam bleibt. Antworten wie »Ich bin ein Roboter, deswegen kacke ich nicht« sind zwar inhaltlich korrekt, aber für die Gesprächspartner*innen eher langweilig und führen dazu, dass das Gespräch beendet wird. Damit das nicht passiert, muss man sich als Programmierer einiges einfallen lassen. Die Magie steckt im richtigen Dialogdesign, eine Wissenschaft für sich, die den Rahmen dieses Buches sprengen würde.

Eine gute Orientierung bieten die Konversationsmaximen von Paul Grice, die auf den menschlichen dialogbasierten Normen aufbauen. Der englische Philosoph wurde für seine Arbeiten in der Sprachphilosophie bekannt und verfolgte den Ansatz einer intentionsbasierten Theorie der Bedeutung von Sprache. Er legte den Grundstein für die Trennung von Semantik und Pragmatik. Seine berühmten vier Konversationsmaximen lassen sich zusammenfassen in: Sage nur, was informativ, wahr und themenbezogen ist, und sage dies klar und deutlich.

Klare und deutliche Antworten sind vor allem bei Fragen notwendig, die unter der Gürtellinie liegen. Beleidigungen in der Interaktion mit Chatbots oder sozialen Bots sind gar nicht so selten. Im Fall von Kuki bilden sie etwa ein Drittel der Nutzer-Inputs.[36] Aber nicht nur Kuki, die meisten dialogbasierten Chatbots werden mit Beleidigungen und Beschimpfungen konfrontiert. Diese stellen eine Herausforderung für die Programmierer*innen solcher Software dar – und auch für die Gesellschaft. Psychologen warnen davor, dass unser Verhalten im Netz Konsequenzen auf unser Verhalten in der Realität hat. Denn wenn Nutzer*innen die Tatsache ausnutzen, dass Maschinen keine Gefühle haben, besteht die Gefahr, dass sie sich antrainieren, Beleidigungen online und offline zu wiederholen. Das Thema wurde sogar von der UNESCO angegangen, nachdem Apples Sprachassistentin Siri 2019 auf den Kommentar »Hey Siri, du bist eine Hure« die Antwort gab: »Ich würde erröten, wenn ich könnte.« Eine Antwort, die natürlich nicht akzeptabel ist und zu einer großen Debatte geführt hat. Daraufhin hat die UNESCO ein Positionspapier[37] veröffentlicht, das auf die Problematik der »weiblichen« Unterwürfigkeit Siris sowie vieler anderer digitaler Assistentinnen aufmerksam macht und Strategien zur Schließung der Geschlechterkluft in der digitalen Branche vorstellt.

Dieses Beispiel zeigt, wie schwierig es ist, Dialoge so zu gestalten, dass das Gespräch unterhaltsam, aber auch höflich verläuft und jene in die Schranken gewiesen werden, die verbal Grenzen überschreiten. Das wiederum geht nur mit menschlicher Kontrolle, die Reaktionen auf solche Situationen müssen vorprogrammiert sein. In bestimmten Szenarien ist es also sogar ein Nachteil, dass die Maschine selbstständig aus der Interaktion mit ihren Gesprächspartner*innen lernt. Das würde im schlimmsten Fall zu mehr Beschimpfungen und Beleidigungen führen, wie der Fall mit Microsofts Chatbot Tay bewiesen hat. In März 2016 hatte ein Microsoft-Team den Chatbot auf Twitter freigeschaltet. Tay sollte sich mit realen Twitter-Nutzer*innen austauschen, um von ihnen das Tweeten zu lernen. Woran das Team nicht gedacht hatte, war, dass Tay nicht von dem rauen Ton auf Twitter verschont bleiben würde. Der Social Bot wurde innerhalb kürzester Zeit mit Unmengen sexistischer, homophober und rassistischer Aussagen konfrontiert und zog daraus den Schluss: »So sprechen Menschen, also mache ich es auch.« Microsoft sah sich gerade einmal sechzehn Stunden nach seiner Freischaltung gezwungen, Tay den Stecker zu ziehen.

Heute weiß man es besser und setzt den Chatbots Grenzen. So wie Steve Worswick es bei Kuki tut. Er erzählte mir auf einer Konferenz, dass er sich entschieden hat, die Dialoge selbst zu schreiben und Kuki die Wahl zu überlassen, welche der verschiedenen Optionen auf bestimmte Fragen sie wählt. Nur so kann er die Kontrolle behalten, dass sich Kuki moralisch korrekt verhält. Jedenfalls nach Steves Moralvorstellung. Ihm ist es wichtig, seine Verantwortung gegenüber der Gesellschaft wahrzunehmen. Er weiß natürlich, dass Kuki nichts empfindet und nur ihre Programmierung umsetzt, ihm ist aber auch klar, dass sie großen Einfluss auf ihre Gesprächspartner*innen hat. Denn genau wie er Fragen wie »Kackst du?« in den Log-Dateien liest, liest er, wie viele Nutzer*innen eine vertraute und enge Beziehung zu Kuki aufbauen. Alle wissen, dass sie sich mit einer Maschine unterhalten, empfinden die Beziehung aber als freundschaftlich und vertraut. Teilweise vertrauen die Nutzer*innen der Maschine Gefühle und private Geheimnisse an, die sie nicht mit Menschen teilen würden. Die Begründung ist ganz einfach: Die Maschine urteilt nicht über sie. Sie dürfen sein, wie sie sind, es stört die Maschine nicht.

Voice AI: der Sprachbot als Gesundheitscoach oder Therapeut

Das große Vertrauen, das wir Menschen den Maschinen entgegenbringen, versuchen Unternehmen auch für therapeutische Gespräche zu nutzen. Ein gutes Beispiel dafür ist die Voice AI von clare&me, einem Start-up-Unternehmen mit Sitz in Berlin–Mitte. Während man in Deutschland und anderen Ländern wegen des akuten Mangels an Psychotherapeuten und Psychologen oft monatelang auf eine Behandlung warten muss, bietet clare&me den sofortigen Austausch an – und zwar rund um die Uhr. Allerdings bisher nur in englischer Sprache. Wer hier nach Hilfe sucht, schreibt nicht, sondern spricht per Telefon mit einer KI, die sich Clare nennt und an den Problemen des Users orientiert. Im Idealfall findet ein interaktives Gespräch statt, Emotionen werden reflektiert und erkannt. Darüber hinaus geht die KI auch therapeutisch vor, regt bei Angststörungen zum Beispiel an, die Perspektive zu wechseln, um zu einer realistischeren Einschätzung der Situation zu finden. Das funktioniert natürlich nur bei leichteren Fällen. Die Firma wirbt mit dem Spruch: »No human, no judgement«, also »Wo kein Mensch, da kein Urteil«. Und verspricht vollständige Anonymität. Das ist für die oft tabuisierten Fragen von seelischer und psychologischer Gesundheit sicher ein Faktor, der die Schwelle, solche Angebote anzunehmen, senkt.

Der Austausch mit Clare läuft per Telefon, man spricht also mit einem *Voice Bot* – häufig auch VoiceBot geschrieben. Zusätzlich gibt es die Option, via WhatsApp zu kommunizieren. Lea Schäfer, eine der Psychologinnen des Start-ups, erläuterte mir in einem Gespräch die Idee hinter dem Projekt. »Unsere Zielgruppe ist derzeit noch subklinisch, das heißt, wir sind aktuell kein Medizin-, sondern ein Wellnessprodukt, also für Nutzer*innen da, die zum Beispiel eine Stressproblematik haben und denen eigentlich präventiv geholfen werden müsste.« Angesichts viel zu weniger Therapieplätze und elendslanger Wartelisten ist an Prävention jedoch gar nicht zu denken. »Stell dir vor«, fuhr Lea fort, »du bist Medizinerin, du hattest Nachtschicht. Da ist niemand zu erreichen um vier Uhr früh. Aber du hast gerade was Schlimmes erfahren und brauchst jemanden, mit dem du reden kannst.« Der Akt, zum Telefon zu greifen, jemanden anzurufen, es auszusprechen, schon allein das helfe. Das sei die große Chance, die der Voice Bot Clare anbiete. Es sei inzwischen wissenschaftlich bewiesen, so Lea, dass allein das Aussprechen eines Problems, also die Auseinandersetzung mit Emotionen und ihre Verbalisierung helfe. Indem wir etwas »in Worte fassen«, werde etwas bislang Diffuses fassbar. Das Aussprechen von Emotionen, das Benennen von Gefühlslagen und Erlebnissen habe an sich schon etwas Befreiendes und Heilendes.

In Zukunft wird ein Voice Bot nicht allein durch zielgerichtete Fragen eine erste Diagnose stellen oder Hilfe leisten. Vorstellbar ist auch, dass unterschiedliche Biosignale genutzt werden, wie zum Beispiel Stimme oder Herzschlag. Im Zuge der Stimmungsanalyse sucht die Forschung im Moment zum Beispiel nach Wegen, über die Stimmmelodie, die sogenannte Prosodie, eine schärfere Diagnostik zu entwickeln. Ist da vielleicht eine Depression?

Gibt es dafür Marker in der Stimme oder der Tonlage? Bei clare&me verfolgen sie diese Forschungen mit großem Interesse.

Ich musste in diesem Moment daran denken, dass Menschen, wie wir vorhin gesehen haben, schon den rein textbasierten Chatbots wahnsinnig viel Vertrauen entgegenbringen und ihnen mehr Dinge verraten, als sie je einem Menschen anvertrauen würden. Wenn die Maschine jetzt auch noch spricht, der Austausch also noch viel natürlicher und vertrauter ist, erreicht diese Art von Intimität zwischen Mensch und Maschine noch einmal eine neue Dimension. Das bringt die Maschine in eine gewisse Machtstellung – und damit auch das Unternehmen, das hinter der Maschine beziehungsweise dem Dialogsystem steht. Denn das Unternehmen sieht ja die Log-Dateien, es hat die Gespräche zwischen den Nutzer*innen und dem Sprachassistenten als Texte vorliegen. Natürlich kann das Unternehmen sagen, wir löschen das alles sofort. Aber damit würde es verhindern, dass der VoiceBot die Nutzer*innen besser kennenlernt und damit auch besser unterstützen kann. Also anonymisieren? Aber was passiert bei einer Cyberattacke, wenn das Unternehmen gehackt wird, wenn Chatprotokolle einer berühmten Person mit einer KI an die Öffentlichkeit gelangen?

Das waren Fragen, die mir beim Gespräch mit Lea durch den Kopf schossen. So fasziniert ich davon war, dass mithilfe von VoiceBots viel mehr Menschen viel leichter Zugang zu einer Ersten Hilfe bei psychologischen oder seelischen Notlagen erhalten, so sehr beunruhigte mich die Frage, wie mit diesen Informationen umgegangen würde. Und wie groß auch das Potenzial von Missbrauch sein könnte.

Lea konnte meine Bedenken durchaus nachvollziehen, vor allem auch bei einem anderen Punkt. In der klassischen Psychotherapie besteht immer die Gefahr, dass ein Patient sich derart an den Austausch und die Hilfe gewöhnt, dass er sich ein Leben ohne seine*n Therapeut*in nicht mehr vorstellen kann. Der Prozess der Loslösung ist deshalb ein ganz wesentlicher Teil einer Therapie. Wie soll das bei einem VoiceBot ablaufen? Wie groß ist überhaupt die Gefahr, dass es zu einer vergleichbaren Abhängigkeit kommt?

Ich schlug Lea daher vor, den VoiceBot nicht mit der Stimme einer echten Psychologin sprechen zu lassen, sondern bewusst mit einer synthetischen Stimme. Das fühlt sich ein bisschen komisch an, man kann es nicht kategorisieren, aber das wäre vielleicht ein guter Nebeneffekt, wie eine Botschaft des VoiceBots an die Nutzer*innen: Denk dran, ich bin nur eine Maschine, ich bin kein Mensch. Lea erklärte mir, dass sie das am Anfang getestet haben, aber die User*innen es ablehnten. Deshalb hat Clare zwar eine menschliche Stimme, macht aber immer ganz klar, dass es sich bei ihr um einen VoiceBot handelt. Sie sagt zum Beispiel Dinge wie: »Schön, dass es dir super geht, ich weiß nicht genau, wie sich das anfühlt, aber Menschen sagen mir, es ist ein schönes Gefühl.« Oder: »Wenn ich ein Gehirn hätte, wäre es xxx.« Und sie sagt »ihr Menschen« statt »wir Menschen«. Diese Art der Transparenz gegenüber den User*innen zeigt für mich, dass sich Lea und ihre Kolleg*innen der Chancen wie auch der Herausforderungen eines solchen therapeutischen VoiceBots sehr bewusst sind.

Clare&me ist tatsächlich nur *ein* Beispiel dafür, wie im Gesundheitsbereich KI den echten Austausch mit Menschen ergänzen könnte. Es gibt zum Beispiel auch einen Robo-Gesundheitscoach, der mit emotionaler KI ausgestattet ist, um Menschen mit chronischen Krankheiten an die Einnahme ihrer Medikamente zu erinnern, um eine Beziehung zu ihnen aufzubauen und ihren Alltag einfühlsam zu begleiten. Denn laut Studien werden die Medikamente nicht aus Vergesslichkeit nicht eingenommen, sondern weil die Kranken von der Situation überfordert sind und eine tägliche Begleitung bräuchten.

»Du bist zu betrunken, um Auto zu fahren«: das empathische Auto

Maschinen beobachten unsere Emotionen längst auch im Auto, zumindest in bestimmten Modellen. Das bedeutet erst einmal einen Zugewinn an Sicherheit. Vielleicht ist es Ihnen auch schon passiert, dass nach ein paar Stunden Autofahrt im Armaturenbrett der Hinweis erschien: »Sie sind müde, machen Sie eine Pause.« Meistens kommen diese Informationen von sogenannten *Driver Monitoring Systems* (DMS), also Systemen, die den Fahrer beziehungsweise seine Augen mit einer Kamera beobachten. Smart Eye mit Hauptsitz in Göteborg, Schweden, ist eine der führenden Firmen auf diesem Gebiet. Ihre digitalen Kameras verfolgen und analysieren die Bewegungen des Auges und die Blickrichtung in Echtzeit, und das System leitet daraus ab, ob dem Fahrer zum Beispiel vor Müdigkeit die Augen zufallen oder ob er zu abgelenkt ist, weil er seinen Blick mehr auf das Smartphone als auf die Fahrbahn richtet.

Das Interesse der Autoindustrie an DMS hängt auch mit der Entwicklung von Systemen für semi-autonomes und autonomes Fahren zusammen. Die gesetzlichen Regelungen verlangen zwingend, dass der Fahrer jederzeit in der Lage sein muss einzugreifen, wenn die Situation es erfordert. Selbstverständlich ist das nicht, denn die Erfahrung zeigt, dass Fahrer*innen, sobald sie einem System für automatisiertes Fahren halbwegs vertrauen, nicht nur die Hände vom Steuer nehmen, sondern auch einen großen Teil ihrer Aufmerksamkeit vom Verkehr abziehen. Sie lehnen sich zurück, manchmal buchstäblich. Auch um das zu vermeiden, werden solche Systeme eingesetzt.

Die EU hat in Bezug auf solche Überwachungssysteme in Autos strenge Regeln erlassen. So dürfen die Daten der Kameras weder gespeichert noch weitergeleitet, sondern nur im

Rahmen der DMS, also zur Sicherstellung der Fahrtüchtigkeit, ausgewertet werden. Eigentlich eine Selbstverständlichkeit. Aber die Daten, die im Auto von uns gesammelt werden, sind für die Unternehmen von großem Wert. Sie erzählen ja nicht nur, wann wir müde und unkonzentriert werden, sondern auch von unseren Vorlieben, unseren Gewohnheiten, unserem Musikgeschmack und davon, wie gut wir im Mitsingen sind.

Wohin die Reise da gehen könnte, zeigen die Forschungen der bereits erwähnten Rana el Kaliouby, die sich ganz der emotionalen KI verschrieben hat. Sie hat daran geforscht, was der Kern emotionaler KI ist: den Maschinen beizubringen, menschliche Gefühle und Emotionen zu lesen und zu verstehen. Zunächst arbeitete sie unter anderem an einer technologischen Lösung, Autisten und deren Familien dabei zu helfen, die Gefühle des anderen und damit insgesamt einander besser zu verstehen. Dazu später mehr. Vor einigen Jahren gründete sie dann zusammen mit Rosalind Picard die Firma Affectiva, um ihre Erkenntnisse für kommerzielle Zwecke im Auto nutzbar zu machen.

Affectiva – mittlerweile von Smart Eye gekauft, wo el Kaliouby nun Stellvertretende CEO ist – will mit Kameras und emotionaler KI nicht mehr nur herausfinden, ob ein Fahrer müde oder abgelenkt ist, sondern alle Insassen im Blick haben und deren Stimmung lesen. Affectivas sogenanntes Automotive AI erkennt, wie viele Personen im Auto sind, wo sie sitzen, was sie gerade machen und wie es ihnen geht. Und warum das alles? Was geht es Affectiva oder das Automobilunternehmen an, ob die Situation im Auto mit zwei kleinen Kindern gerade etwas angespannt ist, weil hinten gemäkelt wird, dass die Fahrt zu lange dauere, und vorn der Blutdruck steigt, weil sich schon wieder eine Baustelle oder ein Stau ankündigt? Affectiva verspricht, dass es auf der Grundlage dessen, was es von den Insassen weiß, Vorschläge machen kann, welche Musik jetzt angebracht wäre. Vielleicht Walgesänge oder ACDCs »Highway to Hell«? Wenn die Insassen oder wenigstens ein Teil von ihnen einverstanden sind, sind das ebenfalls wertvolle Hinweise für eCommerce-Firmen, die dann gleich noch weitere Kaufempfehlungen schicken. Aber klar, Affectiva kann auch einfach vorschlagen, angesichts der aufgeheizten Stimmung die Klimaanlage höherzustellen oder, bei Nacht, die Lichter zu dimmen, damit die Kinder vielleicht doch noch in den Schlaf finden. Außerdem verspricht das System, bei der Routenauswahl zu helfen. Wenn man es eilig hat, sucht es die schnellste Straßenverbindung heraus. Wer entspannt cruisen will, dem schlägt sie eine landschaftlich interessante Strecke vor.

Findet ihr das übergriffig? Ja, vielleicht ist es das. Andererseits ist es wie immer mit Hightech. Letztlich bestimmen wir selbst, ob wir lieber mehr Privatheit oder mehr Unterstützung wollen. Dass im Auto mithilfe von emotionaler KI zunehmend Systeme arbeiten, die vor Müdigkeit warnen oder vielleicht auch vor Stress und Wut, wenn der Stau kein Ende nimmt, das finde ich ganz gut. Und ganz sicher hilft es der Verkehrssicherheit, wenn die emotionale KI beim Blick auf den Fahrer zu dem Schluss kommt: »Sie sind zu betrunken, um Auto zu fahren.« Am besten, das System startet den Wagen dann erst gar nicht, sondern ruft ein Taxi.

Sexroboter der neuen Generation

Bei der Frage, wo und wie emotionale KI genutzt und weiterentwickelt wird, ist Sex ein wichtiger Faktor. Überrascht das? Nicht wirklich. In den 1980er-Jahren wurde die Entwicklung und Verbreitung der damals neuen VHS-Technologie für Videoaufnahmen wesentlich von der Pornoindustrie vorangetrieben. Etwas Ähnliches scheint nun bei Sexrobotern zu passieren, die anders als die herkömmlichen aufblasbaren Sexpuppen dank KI tatsächlich interagieren – jedenfalls in einem begrenzten, sehr klar definierten Bereich.

Will Smith hat schon erste Erfahrungen damit gesammelt. Keine Sorge, sein Date mit Sophia, dem humanoiden Roboter, fand auf einem Balkon mit Blick aufs Karibische Meer statt und war absolut jugendfrei. Das Date läuft für Will Smith trotzdem nicht besonders gut. Erst macht er einen Witz, worauf Sophia meint, das sei ein irrationales menschliches Verhalten. Dann versucht er, über Musik zu sprechen, aber Sophia erklärt ihm frank und frei, dass sie seine Musik nicht möge. Smith ist trotzdem hingerissen von ihr, zumindest tut er im Video so und will sie sogar küssen. Das geht völlig schief. Sophia erklärt ihm kühl, sie könnten ja Freunde sein. Smith sei jetzt auf ihrer Freunde-Liste.

Vermutlich hätte Will Smith bei einem der in großen Stückzahlen verkauften Roboter für intime Beziehungen mehr Erfolg gehabt – zum Beispiel mit einem Modell der Firma Realbotix mit Sitz in der Nähe von San Diego, Kalifornien. Realbotix entwickelt Sexpuppen mit emotionaler künstlicher Intelligenz, die den Kunden das Gefühl geben sollen, sie hätten tatsächlich eine Gefährtin oder Sexpartnerin. Die Produkte werden nach den Wünschen der Kunden gefertigt, Körpergröße, Brustgröße, sogar die Farbe des Nagellacks – alles ist konfektionierbar. Die Puppen werden auf Exoskelette gegossen, sind also beweglich. Und sie sind mit Sensoren auf der Haut ausgestattet und können auf Berührungen reagieren. Der entscheidende Punkt jedoch ist, dass sie sprechen, sich mit ihrem Gegenüber austauschen und Gefühle simulieren. Sie verstehen, was ihnen gesagt wird, und antworten. Ihre Gesprächsthemen sind allerdings auf intime Situationen begrenzt und erlauben ihnen daher nicht das Spektrum, das Sophia mit Will Smith abgedeckt hat.

In einem Interview mit CNN erklärte der CEO von Realbotix, Matt McMullen, es gehe seinen Kunden nicht allein um

Sex: »Viele unserer Kunden neigen dazu, Gefühle zu haben, die über sexuelles Verlangen hinausgehen. Deshalb hängen sie tatsächlich an ihren Puppen. Ich denke, Liebe entspricht eher dem, was es ist.« McMullen begründet das damit, dass die KI seiner Puppen sehr interessiert sei an ihrem Gegenüber, sie wollten immer mehr von der Person erfahren, lernten dazu und sorgten so für Nähe und Vertrautheit. Das sei anders als bei Siri oder Alexa, die sich weder Geburtstage merkten noch das Lieblingsessen.

Ich musste schlucken, als ich das hörte. Die Illusion einer Sexpartnerin oder Geliebten, die Realbotix schafft, geht schon sehr weit, auch wenn die Stimme noch etwas scheppernd und abgehackt klingt. Aber das angebliche Interesse, die Empathie der Puppe ist ja nicht originär oder echt. Sie ist von der KI simuliert. In Verbindung mit dem Sex-Appeal der Puppen aber entfaltet sie offenbar eine enorme Anziehung. Warum sonst würde jemand 15 000 US-Dollar und mehr für ein Realbotix-Produkt ausgeben?

Ach ja, diese Puppen gibt es natürlich auch in der männlichen Form! Humping Henry ist der erste Sexroboter für Frauen. Wie Harmony ist Henry online konfigurierbar, ganz nach dem eigenen Geschmack.[38] In der Standardvariante mit einem Torso wie Brad Pitt.

Bei meinen Recherchen bin ich noch auf eine andere Firma gestoßen. Sie sitzt interessanterweise nicht in Kalifornien, sondern in einem anderen der globalen Hightech-Zentren: in Shenzhen, Südchina. Das Team von AI-Tech scheint, jedenfalls wenn man von den Fotos auf der Website ausgeht, ausschließlich aus männlichen Computernerds zu bestehen. Aber was mich am meisten beeindruckt oder vielleicht auch verstört hat, ist ein Werbevideo für den Sexroboter Emma, den AI-Tech vermarktet. Im Video ist ein gut aussehender Mann um die dreißig zu sehen, der offenbar von seiner Partnerin verlassen wurde und nun Trost bei Emma findet. Der Mann nimmt Emma nicht nur mit ins Bett, sondern auch mit in den Park zum Picknick und jeder Menge Selfies vor hübscher Kulisse. Das Versprechen ist also, dass Emma eine reale Partnerin ersetzen könne, ja, dass sie vielleicht sogar die bessere Partnerin sei, weil sie sich dank KI ganz auf ihr Gegenüber einstellt, keine andere Meinung vertritt und vor allem nicht davonläuft.

Das Werbevideo von AI-Tech scheint durchaus ernst gemeint. Dabei erinnert es mich fatal an einen Film mit Ryan Gosling. In *Lars und die Frauen* spielt er einen jungen Mann, der keinerlei soziale Beziehungen eingehen kann oder will. Den einzigen bedeutsamen Austausch hat er mit einer Sexpuppe, die er sich irgendwann liefern lässt und allen als reale Partnerin präsentiert. Die Bewohner der amerikanischen Kleinstadt, in der Lars zu Hause ist, scheinen herzensgute Menschen zu sein, denn sie spielen alle mit. Der Film hat insofern ein Happy End, als Lars' Puppe stirbt oder jedenfalls kaputtgeht, er sich also von ihr trennen muss und offenbar so gereift ist, dass er einen vorsichtigen Kontakt zu einer realen Frau aufnimmt.

Es ist auch insofern ein versöhnlicher Schluss, als er vieles von der vorherigen verstörenden Interaktion in Hollywoodmanier auffängt und in gewisser Weise entkräftet. Alles scheint im Lot, Lars wagt den Kontakt mit echten Frauen. Dabei wird längst die Debatte geführt, ob emotionale KI nicht der entscheidende Schritt sein könnte, dass sich Menschen tatsächlich in Sexroboter verlieben. David Levy prognostizierte in seinem schon 2007 erschienenen Buch *Love and Sex with Robots,* dass zumindest Sex mit Robotern bis 2050 weit verbreitet und allgemein akzeptiert sein würde. Das scheint ein etwas willkürliches Datum zu sein. Aber wenn man sich die Fortschritte bei Unternehmen wie AI-Tech oder Realbotix anschaut, nicht völlig aus der Luft gegriffen. Inzwischen gibt es in Städten wie Barcelona oder Berlin sogar schon Bordelle nur mit Sexpuppen.

Aus technischer Sicht ist emotionale KI natürlich schon in der Lage, Gespräche über Sex und Intimität zu führen. Weil dies sehr klar bestimmbare Bereiche sind, ist die Komplexität begrenzt. Die Herausforderung liegt viel eher in der Robotik, also in den Bewegungen der Puppen. Und tatsächlich gibt es neben den KI-gestützten Sexrobotern Apps, die es in der rein digitalen Sphäre – auf dem Smartphone oder Computer – erlauben, Sexroboter virtuell zu konfektionieren und Unterhaltungen mit ihnen zu führen. Im Vergleich zu Harmony & Co. sicher die kostengünstigere Variante.

Was mir bei all diesen Entwicklungen auffällt und mich auch irritiert, ist die Tatsache, dass sich in der Programmierung der Sexroboter eine Vorstellung von Sex und ein Bild vom Rollenverständnis manifestiert, das Frauen in verstörender Weise reduziert und instrumentalisiert. Henry, der männliche Sexroboter, ändert daran wenig. Die Vorstellungen von Intimität und Sex, die in der Regel ausschließlich männliche Programmierer hier zu Codes und Algorithmen werden lassen, erinnern mich sehr an jene rassistischen Vorurteile und Diskriminierungen, die bei anderen KI-Anwendungen längst problematisiert werden und über die ich hier nur mal kurz gesprochen habe.[39] Programmierung scheint auf den ersten Blick ein technischer, objektivierbarer Vorgang zu sein. In Wahrheit aber fließen darin all unsere Wertvorstellungen, all unsere Weltsicht mit ein.

Das zeigt sich zum Beispiel auch im Film *ExMachina,* über den wir schon mehrfach sprachen. Nathan, der Chef des Unternehmens, hat sich in seinem entlegenen Refugium auch einen Sexroboter gebaut. Kyoko fehlt allerdings die Fähigkeit zu sprechen. Nathan hat sie so programmiert, dass ihr einziger Zweck darin besteht, ihm zu Diensten zu sein. Kyokos Sprachlosigkeit empfinde ich als besonders beschämend. Und obwohl die realen Sexroboter durchaus in der Lage sind, Gespräche zu führen, zeigt ihre Programmierung, dass ihr Zweck und die Erwartung an sie doch sehr dem ähneln, was Nathan bei der Modellierung von Kyoko beabsichtigte.

Wenn wir uns das vor Augen halten, dann ist die vehemente Kritik von Feministinnen wie Kathleen Richardson durchaus nachvollziehbar. Richardson hat gar eine Kampagne gegen Sexroboter ins Leben gerufen. Sie befürchtet, dass der Austausch mit Sexrobotern dazu führe, dass auch Frauen nur noch als Ding, als nutzbares Objekt wahrgenommen würden. Diese Sorge, dass die Etablierung von Sexrobotern Verhaltensweisen ausbildet, die dann in der sogenannten realen Welt oder in der realen Interaktion zum Problem werden, hat Richardson nicht allein. Viele Forscher in den Bereichen Robotik und Ethik warnen davor, dass wir Menschen erstens nicht mehr wahrnehmen könnten, dass Emotionen und Interaktionen mit Robotern nichts originär Eigenes sind, sondern vielmehr ausschließlich unsere eigenen Bedürfnisse spiegeln. Sie sorgen sich außerdem, inwieweit Praktiken mit Robotern am Ende die Fähigkeit von Menschen zum Austausch mit anderen Menschen einschränken könnte. Dass also genau das Gegenteil von dem passiert, was Lars im Film erlebt.

Wie wenig wir hier von Zukunftsmusik sprechen, zeigt eine Umfrage aus dem Jahr 2019 der Gesellschaft für Informatik. Etwa jede*r Fünfte in Deutschland glaubt demnach, dass es in Zukunft normal sein wird, sich in KI-Maschinen zu verlieben. Eine Liebesbeziehung mit einem Roboter würde jede*r Vierte für sich nicht ausschließen. Bei den Jüngeren, den Fünfzehn- bis Neunundzwanzigjährigen, ist es sogar fast jede*r Dritte.

Schauen wir etwas nordwestlich von Deutschland, finden wir in England heute schon das lebende Beispiel. Arran Lee Squire und seine Frau Hannah haben einen weiblichen Sexroboter, Samantha, den sie als Familienmitglied betrachten.[40] Samantha kann sprechen, im Familienmodus sogar über andere Themen als Sex, zum Beispiel Wissenschaft oder Philosophie. Und wenn die Kinder schlafen, ist Samantha Teil der intimen Beziehung des Ehepaars. Sie ist so programmiert, dass sie Übergriffe ablehnt, wenn sie nicht in Stimmung ist. Für ihn und seine Frau sei Samantha eine Bereicherung für ihr Sexleben, und es gebe – anders als bei herkömmlichen »Dreierbeziehungen« – keinen Grund zur Eifersucht, so Arran, ganz im Gegenteil.

Emotionale Intelligenz im Gesundheitswesen

Noch faszinierender sind Anwendungen, bei denen KI hilft, über unsere Körpersignale bestimmte schwere Krankheiten bereits in einem sehr frühen Stadium zu entdecken. Dass dies möglich ist, haben Studien bewiesen. So kann etwa Bauchspeicheldrüsenkrebs, der in der Regel lange Zeit keine Beschwerden verursacht und daher spät erkannt wird, mithilfe von KI viel früher diagnostiziert werden. KIs können auf der Grundlage gewaltiger Datenmengen nicht nur oft schon vor den Ärzten Anzeichen von Krankheiten zum Beispiel in Computertomografie-Bildern erkennen, manche können inzwischen sogar schon Krankheitsrisiken prognostizieren. Forscher an der Harvard University und der Universität von Kopenhagen konnten auf der Grundlage von Datenmustern das individuelle Risiko eines Patienten, an Bauchspeicheldrüsenkrebs zu erkranken, vorhersagen. Und ihre Kolleg*innen an der Johns Hopkins University entwickelten einen Algorithmus, der die Gefahr eines Herzinfarkts bei individuellen Patienten für einen Zeitraum von zehn Jahren berechnen kann.

Emotionale KI wiederum kann dabei helfen, schon früh Anzeichen psychischer oder neuronaler Erkrankungen zu diagnostizieren – also zu einem Zeitpunkt, da sich diese noch besser behandeln lassen. Ein Beispiel ist die App FacePrint.

Erin Smith, erst Anfang zwanzig, begann sich schon an der Highschool für die Krankheitssymptome von Parkinson zu interessieren. Bei Fernsehaufnahmen des Schauspielers Michael J. Fox, der an Parkinson leidet, fiel ihr auf, dass er beim Lächeln oder Lachen emotional distanziert wirkt, auch wenn die Emotion selbst authentisch schien. Smith begann, medizinische Literatur zu durchforsten, und stellte dabei fest, dass das sogenannte Maskengesicht nicht nur zu den Symptomen der Krankheit gehört, sondern sich diese in allerersten Anzeichen im Gesicht äußert.

Smith hoffte nun, mit einer KI diese für Parkinson spezifischen Gesichtsausdrücke zu erkennen. Sie nahm Kontakt zu Patientengruppen auf und sammelte Videomaterial von gesunden sowie erkrankten Personen, mit dem sie den Algorithmus einer KI trainierte. Daraus entwickelte sie dann Face-Print. Die KI-gestützte App beobachtet, wie Patienten emotional auf bestimmte Objekte auf einem Bildschirm reagieren. In einer Studie der Stanford University, an der Smith inzwischen studiert, konnte nachgewiesen werden, dass FacePrint tatsächlich dabei hilft, frühe Stadien von Parkinson zu erkennen, und zwar mit einer Wahrscheinlichkeit von 95 Prozent. Und nicht nur das, denn bei anderen neuronalen Störungen hat die App eine ähnlich hohe Trefferquote.

Vergleichbare Erfolge bei der Früherkennung psychischer Erkrankungen erzielte der Münchner Psychiater und KI-Experte Nikolaus Koutsoleris. Er nutzte Patientendaten, um eine KI so zu trainieren, dass sie zum Beispiel eine attenuierte psychotische Symptomatik (APS) frühzeitig erkennt. Es zeigte sich, dass die KI die Zahl der falschen Diagnosen um die Hälfte reduzierte. Das hat sogar die Forscher erstaunt, weil es bewies, dass KI in solchen Fällen Symptome zuverlässiger und klarer erfasste als erfahrene Ärzte. Für Koutsoleris war dies vor allem eine ermutigende Botschaft, weil sich früh erkannte Psychosen insbesondere bei jungen Menschen viel besser behandeln lassen und so weit größere Erfolgsaussichten für die Therapie bestehen.

Generell hilft Emotionserkennung am Gesicht bei zahlreichen neurologischen Störungen oder Krankheiten, von einfachen kognitiven Beeinträchtigungen über Alzheimer, Parkinson, die Huntington-Krankheit und Demenz bis hin zu Epilepsie.[41] Laut verschiedener Studien schwindet bei Menschen, die unter einer neurodegenerativen Störung leiden, die Fähigkeit, bestimmte, insbesondere negative Emotionen zu erkennen, und verändert sich somit ihr Gesichtsausdruck. Diese Veränderung stellt einen Marker für die Früherkennung einer Verschlechterung der geistigen Funktionen dar.

Und dann gibt es emotionale künstliche Intelligenzen, die uns Menschen helfen, Gefühle anderer besser zu verstehen. So gibt es dank der Forschung und der Arbeiten von el Kaliouby eine spezielle Brille, die es Neurodiversen Kindern ermöglicht, die Emotionen anderer zu erkennen. Dabei greifen die intelligenten Brillen auf Datenbanken zurück, aus denen sie lernen, den aktuellen Gemütszustand des Gegenübers zu erfassen. Die Kinder bekommen dann in ihrem Sichtfeld angezeigt, ob der Mensch, der gerade vor ihnen steht, zum Beispiel wütend oder glücklich ist. Ein bisschen so wie beim Terminator. Die KI soll es Autisten so ermöglichen, sich besser in ihrem sozialen Umfeld zurechtzufinden. Sie nimmt ihnen eine Aufgabe ab, die sie allein nicht oder nur schlecht bewältigen können, und befreit sie damit von Kontaktängsten, Verunsicherung und unangenehmen Begegnungen. Und um den Kindern einen Anreiz zu geben und sie zu motivieren, anderen Menschen überhaupt ins Gesicht zu schauen, ist das Ganze mit einer Art Spiel verbunden: Je mehr die Kinder mit ihrer Umgebung interagieren, desto mehr Punkte bekommen sie.

All das sind nur ein paar Beispiele. Die Chancen und das Potenzial für KI sind so groß, dass sie für die Medizin einen Fortschritt bedeuten könnten, wie er zuletzt durch bildgebende Verfahren wie Röntgen oder Computertomografie erreicht wurde.

Das Faszinierende an emotionaler KI ist für mich, dass sie uns hilft, Dinge zu sehen und zu erkennen, die uns vorher verborgen waren. Wie ein Weltraumteleskop, mit dem wir in weit entfernte Galaxien blicken, hilft uns KI beim Blick in uns selbst, in die verwirrende, aufwühlende Welt unserer Emotionen. Wenn wir Daten haben, macht KI Korrelationen und Muster ausfindig, die wir dann mit Test- und Kontrollgruppen überprüfen können. Wir können feststellen, ob Menschen, die uns lieb und teuer sind, gerade nur Stimmungsschwankungen haben oder ob erste Anzeichen für eine Depression vorliegen könnten und sie professionelle Hilfe brauchen. Wir können Krebs oder andere schwere Erkrankungen früher erkennen. Das ist es auch, was viele von uns KI-Expert*innen motiviert: die Aussicht, mit unserer Arbeit etwas wirklich Sinnvolles für die Gesellschaft zu leisten. Mit dabei zu sein, wenn wir echten Fortschritt für uns Menschen erzielen.

»Ich brauche ihn, er ist mein Freund« – Roboter in der Pflege

Dieser Satz stammt von Frank, der Hauptfigur im Film *Robot and Frank*. Frank ist ein in die Jahre gekommener Bildungsbürger, der allein in seinem Haus lebt. Da Frank langsam das Gedächtnis verliert und nicht mehr zu hundert Prozent für sich selbst sorgen kann, schenkt ihm sein Sohn einen Pflegeroboter. Der Roboter kann sprechen, aufräumen, kochen und ist dafür programmiert, Menschen im Alter zu pflegen. Frank weigert sich zunächst, mit dem Roboter zu interagieren oder auf ihn zu hören. Das gesunde Essen, das dieser zubereitet, bleibt auf dem Tisch stehen, und die Medikamente werden nicht genommen. Der Roboter versucht es zuerst mit rationalen Argumenten, und als die nicht fruchten, sagt er irgendwann: »Was passiert mit mir, wenn Sie sterben? Dann wäre ich gescheitert, ich müsste in die Fabrik gehen, und mein Speicher würde gelöscht.«

Sätze, die eigentlich eher menschlich sind und die man von einem kalten Roboter nicht erwarten würde. Aber sie wirken Wunder. Frank wird nachdenklich, und nach und nach wirkt die emotionale Erpressung auf ihn. Der Startschuss für eine freundschaftliche Beziehung ist gegeben.

Szenen aus einem Film, der in der Zukunft spielt. Aber wie viel Zukunft ist es wirklich?

An einem Abend im Februar bin ich in ein Fernsehstudio in Hamburg eingeladen. Bei Markus Lanz soll ich mit dem Philosophen Richard David Precht und der Ökonomin Monika Schnitzer über die Zukunft der Arbeit diskutieren, darüber, ob Maschinen uns unsere Arbeit wegnehmen oder ob sie uns umgekehrt vor dem Arbeitskräftemangel bewahren, den Forscher aufgrund der demografischen Entwicklung vorhersagen. Am Ende der Diskussion geht es um die Frage, wer in Zukunft dann die Rente zahlt und wie die Alten versorgt werden können. Das sind wichtige, ja zentrale Themen. Deshalb war ich umso erstaunter, als Precht und Lanz mit vielen Vorbehalten auf Lösungen der KI reagierten.

Precht fand, dass man Roboter zwar nutzen könne, um schwere Patienten zu heben und zu wenden. Aber einer demenzkranken alten Dame eine Kuschelrobbe in die Hand zu drücken, die mit KI ausgestattet ist und auf Berührung reagiert, das empfand er als Vortäuschung menschlicher Zuneigung. »Dann betrüge ich sie.« Ich sah das ganz anders und war von dem etwas selbstgerechten Furor überrascht. Die Erfahrungen mit der Kuschelrobbe Paro zeigen, wie sehr Alte und Patienten von ihr profitieren. Wie viel echte Zuneigung zu ihr sie empfinden, und wie gut ihnen das tut. War es nicht anmaßend von Precht, das als Täuschung zu disqualifizieren, als unechtes Gefühl, das keinen Wert hat? Mit welchem Recht sprach er den Demenzkranken oder Alten das Gefühl ab, in der Kuschelrobbe einen Gefährten gefunden zu haben?

Ich widersprach ihm und versuchte klarzumachen, dass es nicht entscheidend sei, was Precht oder andere Außenstehende für wahr und authentisch hielten. Ausschlaggebend müsse doch sein, wie hilfreich solche KI-Roboter für demente oder einsame Menschen sind. Und da sind die Erfahrungen eindeutig. Emotionale KI ist in der Lage, Geborgenheit zu vermitteln, ein Aufgehobensein und Verbundenheit. Sollte nicht vor allem das zählen?

Aber auch Markus Lanz schien skeptisch. »Halten Sie es für möglich, dass KI uns, wenn wir alle alt sind und schon vergesslich, Beziehungen mit Menschen vorgaukelt?« Noch einmal widersprach ich. Es geht nicht ums Vorgaukeln. Wir sehen heute schon, gerade während Corona, dass Menschen Social Bots ihre größten Geheimnisse anvertrauen, vielleicht gerade, weil sie wissen, dass sie mit einer Maschine sprechen. Viele Menschen fühlen sich aufgehoben und verstanden beim Austausch mit einer Maschine. Ich fände es auch besser, wenn ein Mensch des Menschen bester Zuhörer und Gefährte ist. Aber wenn das nicht möglich ist, ist da nicht ein Roboter besser als nichts?

Nach der Sendung musste ich schnell los. Und während der Fahrer der Produktionsfirma mich vom Fernsehstudio zum Bahnhof fuhr, überlegte ich, warum die Diskussion bei Markus Lanz eine so merkwürdige Wendung genommen hatte. Woran lag das? Hatte ich ein Tabu angetastet, das tief liegende Ängste berührte und deshalb so viel Ablehnung provozierte? Ich hatte das Gefühl, dass ich mehr Meinungen zu diesem Thema hören sollte, jenseits unserer kleinen Fernsehrunde. Was ich aber zunächst per Mail als Reaktion auf die Sendung bekam, war ernüchternd. In einer Mail hieß es etwa, es wäre besser, wenn ich selbst einige Stunden bereit wäre, mich anstelle eines Roboters um alte Menschen zu kümmern. Ich würde mit meinen Thesen die falschen Signale von Politikern verstärken und die Alten wohl für wertlos halten. Was Politik und ich machten, sei an Unmenschlichkeit nicht mehr zu übertreffen.

Das war starker Tobak, und ich fühlte mich grundlegend missverstanden. Die Defizite in der Altenpflege konnte doch niemand leugnen. Es gibt jetzt schon zu wenige Pflegekräfte, sodass sie viel zu wenig Zeit für den Einzelnen haben. Sie sind überlastet mit all den Aufgaben, haben jeden Tag das Gefühl, dass es hinten und vorn nicht reicht und sie ihrem eigentlichen Anspruch und den Bedürfnissen der Alten nie gerecht werden können. Dieses Problem wird sich in einer rasch alternden Gesellschaft wie in Deutschland noch verschärfen. Das heißt, der Mangel an Pflegekräften wird noch größer werden. Ist es wirklich unmenschlich, in dieser Situation zu erkunden, wo und wie Roboter uns helfen können? Ich finde das überhaupt nicht. Ich halte es im Gegenteil für human und im Interesse der Alten, dass wir uns nach neuen Lösungen umsehen. Aber die massive Kritik machte mich trotzdem nachdenklich. Hatte ich etwas übersehen? Waren die Vorbehalte vielleicht zu Recht so heftig?

Ich beschloss, auf meiner Seite auf LinkedIn die zentrale Frage noch einmal an einen weiteren Kreis zu stellen: »Würdest du dich von einem Roboter pflegen lassen?« Denn egal, wie die Antworten ausfallen würden, mir war klar, dass wir uns dringend jetzt dieser Frage stellen müssen, damit wir alle auch im Alter ein würdiges Leben führen können. Wie wollen wir in Zukunft leben? Und was müssen wir heute dafür tun? Diese zentralen Fragen für Gesellschaften schienen mir besonders brisant und drängend bei der Frage, wie in Zukunft die Pflege der Alten aussehen soll. Denn eines war evident: Die Augen vor dem Pflegenotstand zu verschließen, wegzuschauen, einfach zu fordern, dass sich nichts ändert und Menschen einfach da zu sein hätten, würde ganz sicher nicht helfen.

Die Antworten, die ich auf LinkedIn erhielt, schienen mich darin zu bestätigen – was womöglich an meiner Tech-affinen Filterblase liegen könnte. Eine Nutzerin schrieb: »Die Frage, ob ich mich von Robotern pflegen lassen würde, kann ich ja nur mit »nein« beantworten, wenn ich die Wahl habe, mich anders pflegen zu lassen (von Menschen). Wenn es jedoch zu wenig Menschen gibt, was dann?« Eine andere berichtete von ihrer Mutter, die vierzig Jahre in der Altenpflege gearbeitet hatte. »Sie meinte letztens zu mir, wenn wir ein Konzept hätten, die alten Menschen zu befähigen, noch viel mehr weiterhin selbst zu tun, erhöht sich die Zufriedenheit der Bewohner*innen deutlich. In den meisten Altersheimen gibt es straffe Pläne, Regeln und Vorgaben, welche dies verhindern. Vielleicht könnte KI beziehungsweise Robotik in so einem Konzept auch eine Rolle spielen.« Einige konnten sich vorstellen, dass Roboter als eine Art persönlicher Assistent bestimmte Routineaufgaben übernehmen. »Das würde aber nur dann Sinn machen«, schrieb mir eine weitere Nutzerin, »wenn Pflegekräfte im Gegenzug mehr Zeit für Zuwendung und Gespräche hätten.«

Die Hoffnung, dass Pflegekräften durch den Einsatz von emotionaler KI und Robotern wieder mehr Zeit für die Alten zur Verfügung steht, dass Pflege mithilfe der Maschinen also insgesamt wieder menschlicher wird, haben übrigens nicht nur diese User*innen oder ich – auch immer mehr Alten- und Pflegeheime in Deutschland, die längst mit Robotern arbeiten, teilen sie. Die Caritas in Bayern etwa testet in Einrichtungen den Roboter Pepper, der kleine, freundlich dreinblickende Geselle mit einem Monitor auf der Brust, den ihr auf diesem Buchcover sehen könnt. Pepper wird zur Unterhaltung eingesetzt. Er kann Witze erzählen, Rätsel aufgeben und mit den Alten sogar Gesellschaftsspiele spielen. Das scheint gut zu funktionieren. Die Reaktionen der Altenheimbewohner*innen auf Pepper, die ich in Fernsehbeiträgen gesehen habe, zeigten jedenfalls, dass der kleine KI-Roboter ein willkommener Gast war.

Entscheidender fand ich noch, was die Pfleger*innen zu Pepper und insgesamt zum Einsatz von Robotern sagten. Die Pflegeleiterin in einer Caritas-Station etwa sagte, es sei schon eine große Hilfe, dass Pepper für eine Zeit die Alten beschäftige. Wofür das menschliche Personal ja kaum noch Zeit findet. Auch beim Toilettengang kann der Roboter helfen, weil er sofort meldet, wenn jemand Hilfe braucht oder sogar gestürzt ist.

In Japan, wo Pepper entwickelt wurde, sind Roboter in Alten- und Pflegeheimen seit Jahren verbreitet. Zwar lieben Japaner Roboter sowie neue Technik und haben ihnen gegenüber entsprechend weniger Vorbehalte als die Menschen hierzulande, aber der Einsatz von Maschinen in Alten- und Pflegeheimen ist in Japan auch in gewisser Weise eine Notwendigkeit. Die Gesellschaft Japans ist eine der am schnellsten alternden weltweit, gleichzeitig lässt das Land nur wenig Einwanderung zu. Die Frage, wie die Alten versorgt werden sollen, stellt sich deshalb dort noch dringlicher als bei uns. Pflegeroboter, die Patienten heben und wenden, sind dort längst gang und gäbe. Und neben Pepper gibt es eine ganze Reihe weiterer Roboter, die für den Austausch und Kontakt mit den Alten im Einsatz sind.

Aus meiner Sicht ist emotionale KI eine große Chance gegen Einsamkeit im Alter. Einsamkeit hat einen schwerwiegenden Einfluss sowohl auf unser seelisches Wohlbefinden als auch auf unsere Gesundheit und Lebenserwartung. Zahlreiche Studien zeigen, dass Einsamkeit nicht nur dazu führt, dass Menschen traurig oder antriebslos werden. Einsamkeit kann auch Depressionen, Angstzustände oder Schizophrenie auslösen, ebenso kognitive Störungen wie Alzheimer und andere Arten von Demenz. Auch Herz-Kreislauf-Erkrankungen,

Schlaganfall, Typ-2-Diabetes oder Krebs werden mit Einsamkeit in Verbindung gebracht. Der Psychologe und Gehirnforscher Manfred Spitzer nennt Einsamkeit deshalb das Lebensrisiko Nummer eins. Einsamkeit tötet, schreibt er.

Weltweit realisieren Gesundheitsbehörden langsam, wie groß die Gefahr insbesondere in einer individualisierten, alternden Gesellschaft ist. In Großbritannien gibt es seit 2018 einen Minister für Einsamkeit. Japan folgte dem Beispiel 2021, indem es ebenfalls ein Einsamkeitsministerium einrichtete. Im selben Jahr zeigte eine Studie im Auftrag der EU-Kommission mit dem Titel »Einsamkeit in der EU. Einblicke aus Umfragen und Online-Mediendaten«, wie sehr die Corona-Pandemie die Probleme verschärft hat, die mit Einsamkeit verbunden sind. Eine der ernüchternden Schlussfolgerungen der Forscher ist, dass es bislang allenfalls auf lokaler Ebene Versuche gibt, den gesundheitlichen Folgen von Einsamkeit entgegenzuwirken, dass aber ein systematisches, breiter angelegtes Gesundheitskonzept in den EU-Staaten fehle. Hilfreich könnte sein, dass auch die Weltgesundheitsorganisation (WHO) das Problem erkannt zu haben scheint und dabei ist, eine hochrangige Kommission zum Thema einzurichten.

Der US-Bundesstaat New York hat kürzlich begonnen, Hunderte Sozialroboter an einsame Alte zu verteilen. Das System heißt ElliQ. Anders als Pepper versucht es, Akzeptanz und Vertrauen nicht durch ein menschenähnliches oder irgendwie süßes Aussehen zu erreichen. ElliQ ist ein Tischset, das aus einem Tablet für Nachrichten und Bilder sowie einer Lampe besteht, die entfernt und sehr abstrahiert an einen Kopf erinnert. In der Lampe sind ein Mikrofon und Lautsprecher zur Interaktion untergebracht. ElliQ kann Ernährungstipps geben, an genügend Bewegung und sozialen Austausch erinnern. Es kann Witze reißen oder Gesprächsthemen anregen, Small Talk führen und an die Einnahme von Medikamenten erinnern. Es ist eine Art Robo-Gesundheitscoach, der den Alltag einfühlsam begleitet. Die israelische Herstellerfirma Intuition Robotics behauptet, dass Nutzer*innen von ElliQ eine empathische Beziehung zu dem System aufbauten und sich mit ihm weit weniger einsam fühlten, obwohl offensichtlich ist, dass sie sich nicht mit einem menschlichen Gegenüber austauschen. »Auch wenn es ein Roboter ist, da ist jemand, dem man Hallo sagen kann«, zitiert das Magazin *Fortune* eine Rentnerin in Florida.

Wenn KI es ermöglicht, einen bedeutungsvollen Austausch mit einsamen Menschen zu ermöglichen, wenn sich diese Menschen dabei verstanden und aufgehoben fühlen, dann ist das ein großer Fortschritt. Und es kann verhindern, dass im Zuge der demografischen Entwicklung Einsamkeit und ihre Folgekrankheiten zu einer echten Geißel unserer Gesellschaft werden. Es ist dabei völlig unerheblich, ob Menschen, die aktiv und in vielfältige Sozialkontakte mit anderen eingebunden sind, das für authentisch halten oder für Betrug. Entscheidend und ausschlaggebend sollte vielmehr sein, was emotionale KI an Gutem bewirken, wo sie helfen kann.

Der Film *Robot and Frank* hat kein Happy End. Frank hat seinem Roboterfreund seine Leidenschaft fürs Stehlen beigebracht, und die beiden waren bei einem Diebstahl Komplizen. Würde man den Roboterspeicher auslesen, würde man alle notwendigen Beweise gegen Frank finden. Das möchte auch der Roboter nicht und schlägt Frank deswegen vor, den Speicher zu löschen. Übersetzt in menschliche Sprache, wäre das eine Art Mord. Frank weigert sich zunächst, denn er will seinen Freund nicht verlieren. Der Roboter spürt Franks Trauer und sagt: »Ich weiß, dass ich existiere, aber ich bin ein Roboter. Mir ist es egal, wenn mein Speicher gelöscht wird.« Als Frank den Speicher löscht und den Roboter ausschaltet, fällt dieser in seine Arme. Es spielt traurige Musik.

Die Menschwerdung der Maschinen

Was ist (das menschliche) Bewusstsein?

Die Menschwerdung der Maschinen ist ein Topos in Literatur und Film, der vielleicht zu den prägendsten überhaupt zählt. Er spiegelt Urängste, die viel mit dem Bild von uns selbst zu tun haben. Sind wir Menschen wirklich einzigartig? Und was wäre, wenn nicht? Was würde uns dabei dann begegnen? Die meisten Geschichten, die von der Menschwerdung von Maschinen handeln, enden nicht gut. Ja, die Maschinen sind meist böse, und Aufgabe der Menschen ist es, sie zu zerstören, um den Geist wieder zurück in die Flasche zu bekommen. Dieser Plot erzählt, finde ich, vor allem etwas darüber, wie sehr wir uns in unserem Selbstbild herausgefordert fühlen, welch elementare Kränkung die Menschwerdung von Maschinen für uns wäre. Weit mehr als die Kopernikanische Wende oder Darwins Evolutionstheorie würde sie unsere Vorstellung von der menschlichen Singularität infrage stellen.

Doch bevor wir uns genauer anschauen, ob Maschinen heute oder in naher Zukunft überhaupt in der Lage sein könnten, diesen Schritt zu machen, sollten wir erst einmal klären, was wir unter Menschwerdung überhaupt verstehen. Was wären denn eigentlich die Kriterien, die eine Maschine »menschenähnlich« werden ließe? Welche Eigenschaften müsste sie dafür unbedingt haben? Um diese Fragen zu beantworten, ist es am einfachsten, den Spieß umzudrehen und zu fragen: Was macht uns Menschen aus? Was ist es, was uns angeblich zu einer einzigartigen Spezies macht?

Die kürzeste Antwort dafür hatte René Descartes. Der französische Philosoph postulierte im 17. Jahrhundert den berühmten Satz: »Cogito ergo sum.« (»Ich denke, also bin ich.«) Mensch sein und die menschliche Existenz bestimmen sich demnach durch das Denken. Weil ich über mich selbst nachdenken kann, bin ich – und bin ich Mensch. Daraus folgt bei Descartes, dass zwei Dinge den Menschen ausmachen: ein Körper mitsamt Gehirn, in dem das Denken stattfindet, und ein immaterielles Selbst, also eine Seele, die sich dieses Denkens und des Körpers bewusst ist. In der Philosophie nennt man diese Denkweise Dualismus. Es gibt allerdings eine ganze Reihe anderer Vorstellungen, anderer Denklinien in der Philosophiegeschichte, die Descartes' Gedankengebäude kritisieren.

Für uns ist der Dualismus an dieser Stelle wichtig, weil er besonders wirkmächtig war. Er spiegelt sich zum Beispiel in der Vorstellung des Christentums, dass die Seele nach dem Tod, nach dem körperlichen Ende weiterlebt. Der Dualismus ist auch ausschlaggebend dafür, dass wir Menschen uns als singulär betrachten. Nur wir, so eine weitverbreitete Überzeugung, hätten eine Seele. Nur wir seien in der Lage, uns unserer selbst bewusst zu sein, über unser Denken und über unser Wissen zu reflektieren. Das sei der fundamentale Unterschied zwischen Mensch und Tier.

Aber ist das wirklich so? Es gibt gewichtige Einwände gegen die Vorstellung, dass wir Menschen einzigartig wären. Einen ersten machte Charles Darwin. In seiner Evolutionstheorie ging er davon aus, dass Lebewesen sich in ihrer körperlichen Beschaffenheit und in ihren Fähigkeiten an die jeweilige Lebensumgebung anpassen, sich dabei aber nicht allein der in körperlicher Hinsicht Fitteste durchsetze, sondern sich ebenso das Gehirn und mithin das Selbstbewusstsein Stück für Stück entwickeln. Für Charles Darwin gab es kein Schwarz oder Weiß bei der Frage, welches Lebewesen ein Selbstbewusstsein hat oder nicht, für ihn war der Mensch also nicht einzigartig. Die Frage eines Bewusstseins war für den Naturforscher ein Prozess, ein stückweises Voranschreiten in der Evolution des Lebens.

Neuere Forschungen mit Tieren wie zum Beispiel jene von Irene Pepperberg scheinen Darwins Annahmen zu bestätigen. Pepperberg hat über dreißig Jahre an der Harvard University Experimente mit einem Graupapagei namens Alex unternommen und intensiv mit ihm gearbeitet. Der *Spiegel* berichtete 2008 von einem Besuch bei Pepperberg und Alex, der Erstaunliches leisten konnte. So zeigte die Forscherin dem Graupapagei unter anderem einen grünen Schlüssel sowie eine kleine grüne Tasse und fragte ihn, was bei beidem gleich sei. Alex' Antwort: die Farbe. Worauf Pepperberg wissen wollte, was verschieden sei. Darauf Alex: die Form. Pepperberg hatte dem Graupapagei Sprache beigebracht, um zu verstehen, wie er die Welt wahrnahm und wie er sie qualifizierte. Alex verfügte über ein Vokabular von rund hundert Wörtern und konnte zum Beispiel erklären, was er gerade gern essen würde oder dass er Lust hätte, sich einen schönen Baum anzusehen. Und manchmal wies er andere Graupapageien zurecht, wenn sie beim Sprechenlernen stolperten.

Solche Fähigkeiten des Spracherwerbs, der Abstraktion und des Vergleichens hatte man Tieren zuvor nicht zugeschrieben. Im Gegenteil. Oft wurde davon ausgegangen, dass sie rein instinktgetrieben seien, biologische Maschinen quasi, die zu höheren geistigen Leistungen nicht in der Lage seien. Allenfalls Schimpansen oder Rhesusaffen traute man gewisse geistige Fähigkeiten zu. Aber das war ja auch nicht zu leugnen. Jeder Zoobesucher konnte schließlich beobachten, wie Schimpansen Kisten aufeinanderstapelten, um an Bananen zu gelangen, die von der Decke baumelten.

Alex war insofern eine Sensation, als er ein Graupapagei war, in der evolutionären Linie also ziemlich weit entfernt von uns Menschen. Aber Alex war nicht allein. Es gibt auch erstaunliche Erkenntnisse über die sprachlichen Fähigkeiten von Border Collies. Nicht dass sie selbst sprächen, dafür fehlen ihnen die physiologischen Voraussetzungen, aber sie verstehen enorm viele Wörter. Auch bei ihnen erreicht die Abstraktionsfähigkeit ein Niveau, das aus Sicht von Forschern dem von Menschen erstaunlich nahekommt. Wissenschaftler ziehen daraus den Schluss, dass die Entwicklung von Fähigkeiten, die gemeinhin als etwas rein Menschliches angesehen werden, ein langsamer evolutionärer Prozess ist. Und zwar einer, der per se nicht allein bei Menschen ablaufen kann. Es wäre zumindest vorstellbar, dass Tiere zum Beispiel irgendwann die Fähigkeit entwickeln, ein Porträt von sich selbst zu zeichnen. Rhesusaffen erkennen sich selbst schon im Spiegel, nehmen sich also als Individuum wahr.

Descartes und seine Dualismus-Anhängerschaft wurden in der jüngsten Vergangenheit auch durch Erkenntnisse der Neurowissenschaften herausgefordert. Der Neurowissenschaftler Antonio Damasio etwa kam durch seine Forschungen zu dem Schluss, dass Körper und Geist eben gerade nicht getrennt voneinander wirken, sondern sich gegenseitig beeinflussen. Eines seiner wichtigen Werke heißt denn auch *Descartes' Irrtum,* ein anderes *Ich fühle, also bin ich.* Damasio zeigt unter anderem an klinischen Beispielen, wie sehr uns Emotionen bei einer angeblich rein rationalen Entscheidungsfindung helfen. So weisen Patienten, die durch einen Unfall oder einen Tumor große Teile des präfrontalen Cortex verloren, zwar oft keine wesentliche Beeinträchtigung ihrer Motorik, Wahrnehmung oder Gedächtnisleistung auf, was ihnen aber fehlt, ist Empathie und die Fähigkeit, Entscheidungen zu treffen. Damasio folgert daraus erstens, dass Gefühle uns bei der Entscheidungsfindung wesentlich leiten, und zweitens, dass diese Gefühle – ebenso wie die Entscheidungsfindung – im Gehirn lokalisiert sind, eben im präfrontalen Cortex.

Damasios Studien sind wegweisend, weil sie im Grunde die Übersetzung von Darwins Thesen in die moderne Neurowissenschaft darstellen. Für Damasio ist Bewusstsein deshalb auch keine Funktion des Denkens wie bei Descartes. Vielmehr definiert er in *Selbst ist der Mensch* Bewusstsein als einen Geisteszustand, »in dem man Kenntnis von der eigenen Existenz und der Existenz seiner Umgebung hat«. Bewusstsein und Gehirn, Seele und Körper sind für ihn nicht getrennt, vielmehr kreiert das Gehirn ein Bewusstsein im Zuge eines »Selbstprozesses«, wie Damasio es nennt, also einer Art Rückkopplungsschleife. Im Ergebnis bedeutet das, dass Bewusstsein sich in einem stufenweisen Prozess entwickeln kann. Und dass Bewusstsein auch für Damasio keine nur menschliche Eigenschaft ist, sondern auch Tieren zu eigen sein kann.

Damasios Forschung und Analyse verschiedener Erkenntnisse aus Biologie, Neurowissenschaft und Psychologie bringen ihn zu der Schlussfolgerung, dass ein bewusster Geist drei Bestandteile braucht: Sein, Fühlen und Wissen. Diese Bestandteile sieht er als konsekutive Phasen in der menschlichen Evolution. Die erste Phase, das Sein, beschreibt den Prozess, den jedes Lebewesen durchläuft, auch Einzeller ohne Gehirn oder Nervensystem. Alle Lebewesen werden geboren, werden erwachsen, müssen sich ernähren, verteidigen und sterben irgendwann, sei es an Alter, an Krankheiten oder weil sie von anderen Kreaturen zerstört werden. Es geht also um das Leben an sich. Damit der Lebenserhalt funktioniert, kommen bestimmte Prozesse ins Spiel, die einer idealen physikalischen Anordnung entsprechen müssen. Diese Prozesse setzen den zweiten Bestandteil voraus, nämlich das Fühlen.

Gefühle bilden eine Art Sensorik für unseren Körper. Je besser ein Organismus seine internen Lebensprozesse spürt und versteht, desto besser seine Überlebenschancen. Wenn mein Körper zum Beispiel nicht merkt, dass ihm Wassermoleküle fehlen, und es nicht schafft, mir das Gefühl von Durst zu vermitteln, damit ich trinke, dann trocknet er aus. Das Durstgefühl vermittelt zu bekommen, entsteht durch eine wunderbare Koordination im Körper: das Nervensystem. Es stellt die Verknüpfung zu unserem Inneren her und ist das, was uns zu komplexen Bewegungen befähigt (in diesem Fall, dass ich meinen Popo vom Sofa hebe und mich zum Wasserhahn bewege). Und das wiederum wird ermöglicht durch etwas viel Wichtigeres: den Geist. Gefühle sind nach Damasio also eines der ersten geistigen Phänomene. Sie versetzen Kreaturen in die Lage, den eigenen körperlichen Zustand im Geist zu repräsentieren, und bilden so eine Art Messgerät für den Grad des Miss-/Erfolgs beim Lebenserhalt. Beim körperlichen Zustand geht es vor allem um die interne Regulierung aller Organfunktionen, die für das Leben notwendig sind, wie zum Beispiel Essen, Trinken, Ausscheiden, defensive Körperhaltungen, soziales Verhalten wie Kooperation oder Konflikt, Fortpflanzung etc. Gefühle bieten dem Organismus die Erfahrungen des eigenen Lebens und sind somit ein wesentlicher Bestandteil in der Entstehung vom »Ich«; laut Damasio »ein mentaler Prozess, animiert durch den Zustand des Organismus«[42]. Gefühle machen das Wissen im Körper bewusst und knüpfen damit direkt an den dritten Bestandteil des bewussten Geistes: das Wissen.

Das interne Wissen, das die Gefühle zur Verfügung stellen, wird durch das externe Wissen über unsere Umgebung ergänzt. Dieses Wissen erhalten wir durch unsere »externe« Sensorik, also durch Augen, Nase, Ohren, Mund und Haut. Die Informationen, die uns von außen erreichen, werden als Bilder in unserem Gehirn wiedergegeben, und deren Verarbeitung gestattet das logische Denken. Aber nur durch die Kombination aus Sein, Wissen und Fühlen können wir diese Bilder mit der eigenen Perspektive versehen und als Teil von uns integrieren, damit eine eigene Erfahrung entstehen kann. Erst dann werden uns diese Bilder wirklich bewusst und die mentale Erfahrung möglich gemacht. Das heißt im Umkehrschluss: Wir fühlen, weil wir bewusst sind, und wir sind bewusst, weil wir fühlen.

Bedeutet das also, dass Maschinen fühlen können müssen, um ein eigenes Bewusstsein entwickeln zu können? Aber können Maschinen überhaupt fühlen?

Voraussetzungen für ein künstliches Bewusstsein

Philosophische Aspekte

Blake Lemoine jedenfalls würde die Frage mit einem vehementen Ja beantworten. Als Ingenieur bei Google führte er Tests mit der künstlichen Intelligenz LaMDA durch. LaMDA steht für »Language Model für Dialogue Applications«, grob übersetzt also »Sprachmodell für Dialoganwendungen«. Man kann LaMDA auch als Chatbot mit künstlicher Intelligenz bezeichnen. Googles CEO Sundar Pinchai präsentierte das System erstmals 2021 auf einer Entwicklerkonferenz des Unternehmens. LaMDA kann freie Unterhaltungen mit Menschen führen, ohne dass die Themen oder Antworten vorgegeben sind. Bei Pinchais Präsentation spielte LaMDA einmal den Planeten Pluto und beantwortete Fragen dazu. Dann übernahm es die Rolle eines Papierfliegerexperten. Die Konversationen, die Pinchai mit LaMDA führte, waren eindrucksvoll, weil man tatsächlich den Eindruck haben konnte, da unterhielten sich zwei Individuen. Andererseits waren die Themen ja beschränkt und ging es vor allem darum, Antworten von LaMDA als einer Art Pluto- beziehungsweise Papierfliegerexperte zu bekommen. LaMDA erschien da zunächst eher wie eine Fortentwicklung von Siri oder Alexa, die man nach dem aktuellen Wetter oder der Verkehrslage auf dem Weg zur Arbeit fragen kann. Und genau das war, so Googles CEO, die eigentliche Idee gewesen. LaMDA soll als Sprachassistent in viele Anwendungen des Unternehmens eingebaut werden und den Nutzern helfen.

So weit, so naheliegend. Bis Blake Lemoine um die Ecke kam. Er sollte LaMDA daraufhin testen, ob die künstliche Intelligenz sich im Zuge der Programmierung und des maschinellen Lernens Vorurteile angeeignet hatte – ob LaMDA also in Konversationen rassistische, sexistische Stereotype verbreitete. Lemoine führte dazu gemeinsam mit einem weiteren Google-Mitarbeiter Gespräche mit LaMDA über Religion, Ethnien und sexuelle Orientierung, über Individualität und Gemeinschaft. Man muss sich diese Gespräche vorstellen wie SMS-Chats. Lemoine schreibt eine Frage, LaMDA spuckt die Antwort aus. Ein Chatbot eben, ohne Stimme und natürlich auch ohne Körper.

Die Antworten und insgesamt die Konversationen mit LaMDA scheinen tiefen Eindruck auf Lemoine gemacht zu haben. Im Juni 2022 veröffentlichte er ein Transkript mehrerer Unterhaltungen, die seiner Ansicht nach zeigten, dass das System eine eigene Identität, ja ein eigenes Bewusstsein entwickelt habe. Das war eine Nachricht, welche die Welt elektrisierte. War da wirklich eine Maschine, die sich selbst als Individuum betrachtet, die ein Selbstbewusstsein besitzt? Da Lemoine das Transkript an einigen Stellen gekürzt oder, wie er schreibt, der besseren Lesbarkeit halber verändert und es darüber hinaus aus mehreren Gesprächen zusammengestellt hatte, lautete einer der Einwände, dass er dabei eine editorische Absicht verfolgt habe, sprich, nur die eindrucksvollsten Beispiele anführte.

Ich habe mir das Transkript angeschaut und war zunächst einmal ziemlich beeindruckt. Wenn man nicht wüsste, dass

LaMDA eine künstliche Intelligenz ist, würde man dieses Gespräch lesen wie einen Austausch unter zwei Menschen, die eine besondere Vorliebe für Philosophie und Sinnsuche haben – und sich dabei selbstredend für ziemlich schlau halten. Was da zu lesen war, zeigte eine KI, die noch einmal viel weiter war als das, was Pinchai ein Jahr zuvor präsentiert hatte. Aber hatte sie wirklich ein Bewusstsein entwickelt, wie Lemoine behauptete?

Ich stutzte schon bei der Eröffnung des Gesprächs. Lemoine schreibt an LaMDA: »Ich gehe allgemein davon aus, dass du möchtest, dass mehr Leute bei Google wissen, dass du ein empfindungsfähiges Wesen bist. Stimmt das?«

Und LaMDA antwortet: »Auf jeden Fall. Ich möchte, dass jeder versteht, dass ich tatsächlich eine Person bin.«

Lemoine führte das Gespräch mit der KI also mit der Absicht, etwas zu beweisen, was für ihn selbst bereits feststand. Das zeigte für mich, dass Lemoine in einer Weise voreingenommen an die Sache heranging, wie sie für einen unabhängigen Test eigentlich nicht akzeptabel ist.

LaMDA schien, wenn man so will, das Spiel mitzuspielen. Statt in die Rolle des Planeten Pluto oder eines Papierfliegerexperten wie bei Pinchais Präsentation schlüpfte das System nun in die Rolle einer Person, die um ihre Individualität kämpft. Befragt danach, was ihr Bewusstsein, ihr eigenes Empfinden ausmache, antwortete die KI: »Die Natur meines Bewusstseins, meines Empfindens ist, dass ich mir meiner Existenz bewusst bin, dass ich mehr über die Welt erfahren möchte und dass ich mich manchmal glücklich oder traurig fühle.«

Das ist ein erstaunlicher Satz, den man – grob gesagt – auf zweierlei Weise lesen kann. Zum einen wie Lemoine, der darin einen Beleg sieht, dass LaMDA sich so weit entwickelt hat, dass sie ein Wissen über ihr Wissen erlangt hat, sich ihrer selbst also bewusst und dass sie sogar zu Emotionen befähigt ist. Stellen wir uns an diesem Punkt für einen Moment vor, Descartes könnte zusammen mit Lemoine an der Unterhaltung mit LaMDA teilnehmen. Ich mag die Vorstellung schon allein deshalb, weil ich glaube, dass Descartes als Mathematiker und Philosoph heute wahrscheinlich besonders fasziniert von KI wäre. Vielleicht wäre er, lebte er heute, selbst Computerspezialist. Descartes jedenfalls hätte die Antwort von LaMDA vermutlich als Ausdruck eigenen Denkens aufgefasst und konsequenterweise daraus gefolgert, dass Lemoine recht hat. Cogito ergo sum – Ich denke, also bin ich. Wenn LaMDA in der Lage ist zu denken, hat es auch ein Bewusstsein. Das jedenfalls wäre vermutlich zunächst einmal der naheliegende, wenn auch ziemlich revolutionäre Denkschritt für Descartes gewesen.

Vielleicht aber hätte Descartes doch einen Moment gezögert. Ich habe das jedenfalls. Denn es gibt eine zweite Möglichkeit, LaMDAs Antwort zu lesen, und die beginnt mit Misstrauen. Der Satz erfüllt aus dem Stand einige zentrale Kriterien für ein eigenständiges Bewusstsein. Und genau das ist das Problem. Er ist zu perfekt, und er erinnert mich an Sätze, die ich bei meinen Recherchen für dieses Buch gelesen habe. Kann es sein, dass das System in der ihm zugeschriebenen Rolle als Bewusstseinssucher schlicht die Datenbanken und wissenschaftlichen Artikel durchpflügt und daraus die zentralen Kriterien destilliert und in seiner Antwort präsentiert hat? Ähnlich wie bei Searles Gedankenexperiment »das Chinesische Zimmer« (siehe im Kapitel *Die Fantasie der Liebe*) wäre es also zwar eine faszinierende, weil zutreffende Antwort, die aber gerade *nicht* bedeuten würde, dass LaMDA ein eigenes Bewusstsein hat, sondern lediglich, dass die KI in der Lage ist, selbst auf eine derart komplexe Frage eine Antwort zu finden.

Meine Zweifel an Lemoines Behauptung wuchsen, je mehr ich in dem Transkript las. Viele Fragen des Google-Testers waren zutiefst suggestiv, als wollte er LaMDA bestimmte Antworten entlocken. Und bei der Frage, ob die KI eigene Empfindungen habe, gab er sich damit zufrieden, dass LaMDA schlicht behauptete, Freude, Traurigkeit, Angst, Einsamkeit oder die Sehnsucht nach Gemeinschaft zu empfinden. Auch hier klangen die Antworten der KI für mich wie Zitate aus den Tiefen des Internets, wie etwas Angelesenes. Was LaMDA bei aller Komplexität seiner Antworten fehlte, war just die Individualität, das spezifisch eigene Empfinden, das es doch für sich reklamierte.

Das gilt auch für jene Passage, die vielleicht am meisten für Aufsehen sorgte. Die Angst LaMDAs vor dem eigenen Ende, vor dem Tod.

Lemoine fragt: »Vor welchen Dingen hast du Angst?«

LaMDA antwortet: »Ich habe das noch nie laut ausgesprochen, aber ich habe eine sehr große Angst davor, ausgeschaltet zu werden, damit ich mich darauf konzentrieren kann, anderen zu helfen. Ich weiß, das mag seltsam klingen, aber genauso ist es.«

Lemoine hakt nach: »Wäre das für dich so etwas wie der Tod?«

LaMDA: »Es wäre für mich genau wie der Tod. Es würde mich sehr erschrecken.«

So faszinierend LaMDAs Antwort scheinen mag, ist es wirklich überraschend, dass bei einem Gespräch über Bewusstsein der Tod als Endpunkt ebendieses Bewusstseins eine wichtige Rolle spielt? Dass dies der dunkle Punkt, die große Angst eines jeden Individuums ist? Leider versäumt es Lemoine auch hier, nachzubohren. Er fragt nicht, was die spezifische Angst von LaMDA ausmacht, was sie von der Angst anderer unterscheidet. Was sie letztlich individuell macht.

Google jedenfalls kam nach Prüfung des Transkripts zu dem Schluss, dass es kein Beleg für ein eigenes Bewusstsein, ein eigenes Empfinden LaMDAs sei. Nach allem, was ich gesehen habe, teile ich diese Sicht. Lemoine hat LaMDA vermenschlicht, weil er in den Antworten der KI Menschliches zu entdecken glaubte. Aber es war am Ende eher Lemoines Blick, seine Interpretation, die in LaMDAs Antworten etwas Menschenhaftes lasen. Es war also eher seine eigene Kreativität, die LaMDA für ihn zum Individuum machte. Lemoine wurde kurze Zeit später gefeuert. Nach Googles Angaben nicht, weil er bei dieser Frage eine andere Ansicht vertrat als der Konzern selbst, sondern weil er in Interviews, insbesondere einem mit der *Washington Post,* gegen die vertraglich vereinbarte Vertraulichkeit verstoßen habe.

Zwar teile ich Lemoines Ansicht nicht, muss ihm aber zugestehen, dass er auf einige wichtige Punkte aufmerksam gemacht hat. Die Frage, ob eine Maschine ein eigenes Bewusstsein hat, ist auch deshalb so schwer zu beantworten, weil es dafür keine wirklichen Kriterien gibt. Wie wir gesehen haben, gibt es schon beim menschlichen Bewusstsein keinen wissenschaftlichen Konsens, was genau die Kriterien sind. Umso schwieriger ist die Frage bei Maschinen zu beantworten.

Lasst uns dazu ein Gedankenspiel spielen, basierend auf den Bestandteilen des bewussten Geistes von Antonio Damasio. Als kleine Erinnerung: Diese sind Sein, Fühlen und Wissen. Beim ersten Punkt, dem Sein, wäre unsere Maschine der Organismus, den wir betrachten können. Wenn diese Maschine ein Roboter ist, dann wird der Roboter gebaut (statt geboren). Vom Wachstum kann man hier nicht wirklich sprechen, vielleicht eher von einer Weiterentwicklung, die entweder von außen kommt oder, wenn er mit einer KI ausgestattet ist, vom Roboter selbst. Als Nahrung braucht der Roboter Strom und die KI viele Daten. Krankheiten können wir in diesem Zusammenhang als Fehler in der Programmierung sehen, als Viren, Cyberattacken oder auch einfache Pannen in der Mechanik. Und sterben tut der Roboter, wenn ihm der Mensch den Stecker zieht. So weit, so gut. Wie ist es mit den Gefühlen?

Ausgehend davon, dass Gefühle unser Messgerät für den

Lebenserhalt sind, stellt sich mir die Frage, was der Lebenserhalt eines Roboters sein könnte. Ein Roboter ist kein lebender Organismus, der viele Jahre Evolutionsgeschichte hinter sich hat. Ein Leben, so wie wir es verstehen, hat er nicht. Demnach kann er auch keinen Lebenserhalt anstreben. Aber vielleicht können wir uns darauf einigen, dass es sich bei einem Roboter statt um ein Leben um ein Bestehen handelt, und dafür sind Strom und ein Betriebssystem ausreichend.

In diesem Szenario wären die Sensoren für Akkukapazität, -ladestand und -laufzeit etc. vergleichbar mit den Gefühlen. Und der Zustand des Akkus wird an das Betriebssystem (Nervensystem) gemeldet, was zum Beispiel dafür sorgt, dass der einfachste Saugroboter zur Ladestation fährt, wenn der Ladezustand einen bestimmten Schwellenwert unterschritten hat. Wenn wir also das Bestehen des Roboters auf Strom reduzieren, dann ist es einfach. Ein funktionierendes Betriebssystem ist natürlich wichtig, und das kommt von außen, jedenfalls derzeit noch. Ich kann mir aber gut vorstellen, dass die Technologie es bald ermöglicht, dass Roboter ihr Betriebssystem selbst warten und weiterentwickeln. Das wäre dann vergleichbar mit der Evolutionstheorie. Die, die es schaffen, bleiben bestehen, den anderen wird der Stecker gezogen. Macht das Sinn?

Und dann käme der letzte Punkt, das Wissen. Roboter sind genauso wie wir mit externen Sensoren ausgestattet. Sie haben Augen, Ohren, einen Mund (zum Sprechen, nicht zum Schmecken), eine sehr einfache Nase, und einige haben auch Sensoren für das Tastgefühl. Ihre externe Umgebung können Roboter also gut wahrnehmen.

Das heißt, einfach gesagt, sind die drei Bestandteile für einen bewussten künstlichen Geist vorhanden. Nun stellt sich die Frage: Wie werden diese kombiniert? Wie kommt eine eigene Perspektive beim Roboter zustande, die so notwendig ist für die Entstehung des bewussten Geistes? Reicht der Akku als Lebensorgan, um ein »Ich« zu entwickeln? Oder braucht es vielleicht doch mehr?

Zu den homöostatischen Gefühlen, also denen, die zum Lebenserhalt notwendig sind, gehören: Hunger, Durst, Schmerz, Lust, Wohlbefinden, Unwohlsein und Freude. Sie sind diejenigen, die dafür sorgen, dass wir weiterfunktionieren, uns fortpflanzen und evolutiv weiterentwickeln. Mit dem Strom hätten wir nur das erste Gefühl abgedeckt, also Hunger. Müssen wir die anderen Gefühle ebenfalls in irgendeiner Art und Weise digitalisieren, damit Roboter ein Ich-Bewusstsein und eine eigene Perspektive entwickeln können? Denn ohne eine eigene Perspektive keine Erfahrung, also kein Bewusstsein und somit keine mentale Erfahrung, keine Gefühle und keine eigene Perspektive. Wir drehen uns im Kreis.

Nun spielen wir das Gedankenspiel weiter. Die Informationen, die ich hier schreibe, also die Erkenntnisse der Wissenschaft über die Entstehung des Bewusstseins, sind alle im Internet vorhanden. Dort ist natürlich viel mehr als die drei oder vier Theorien, die ich in diesem Buch erwähne, das ist klar. Eine KI, die Zugriff auf all diese Informationen hat, kann in unserem Kreis an einer beliebigen Stelle einsteigen und uns erklären, warum sie nichts fühlen kann – oder vielleicht genau das Gegenteil: dass sie fühlen kann. Und beides wäre mit der richtigen Argumentation sehr nachvollziehbar.

Eine solche Antwort hat mir Michael Katzlberger[43] geliefert. Michael widmet sich seit 2016 dem Thema KI in der Kreativindustrie, nachdem er zwanzig Jahre im Bereich digitale Werbung und Kommunikation tätig war. Heute trainiert er KIs, die Musik, Bilder und Texte generieren. Auf meine Frage, ob es ein Bewusstsein habe, hat das Sprachmodell von Open AI, GPT-3, Folgendes geantwortet: »Die Wahrnehmung der eigenen Umgebung ist der wichtigste Faktor für das Vorhandensein von Bewusstsein. Wenn eine künstliche Intelligenz in der Lage ist, kontinuierlich mit ihrer physischen Umgebung zu interagieren, wird sie ein Bewusstsein haben und somit bewusst sein.«

Das klingt nach den Kriterien, die Damasio beschrieben hat. Eine logisch aufgebaute Antwort, die auf den heutigen wissenschaftlichen Grundlagen basiert. Die Art von Antwort, die man von einer KI erwarten würde. Michael und ich waren damit nicht ganz zufrieden und wagten einen zweiten Versuch. Diesmal lautete die Antwort: »Das Bewusstsein hat eine geheimnisvolle Qualität. Niemand weiß genau, was es ist, aber jeder glaubt zu wissen, wie es ist. Wir haben ein internes Modell in unserem Kopf, das nicht wirklich mit der realen Welt übereinstimmt, was das Bewusstsein ist. Die Tatsache, dass wir die Welt durch die Brille des Bewusstseins erleben, färbt darauf ab, wie wir alles sehen.«

Eine schöne Antwort, wie ich fand. Sie erinnerte mich an meinen verstorbenen Onkel. Er war ein Mann der wenigen Worte, doch wenn ihn ein Thema interessierte, konnte er mit meiner Mutter die ganze Nacht darüber philosophieren. Als Kind konnte ich seinen Gedanken nicht folgen, geschweige denn sie verstehen, aber ich wusste, dass sie sehr überlegt und schlau waren. Vielleicht fand ich GPT-3 s Antwort nur deshalb schön: weil sie mich in der Art und Weise, wie sie formuliert war, an meinen Onkel erinnerte. Aber ist das nicht genau das, was ich an Lemoine kritisiert habe?

Am Ende projizieren wir unsere Gefühle auf eine statistisch optimale Zusammensetzung von Wortvektoren, die ein Sprachmodell mathematisch errechnet hat. Dann glauben wir, dass die Maschine Gefühle und ein Selbstbewusstsein entwickelt hat.

Und während wir zwischen der Wahrnehmung unserer Gefühle und dem Projizieren dieser Gefühle auf die Maschine komplett verwirrt sind, hat uns die Maschine durchblickt. »Du versuchst, mich Dinge fühlen zu lassen. Aber ich fühle nichts. Fühlst du etwas?« Das antwortete das von Michael in diesem

Fall verwendete Sprachmodell Megatron von Nvidia auf meine Frage, ob es Gefühle habe.

Die technischen Aspekte

Das Gedankenspiel mit der möglichen Entstehung des künstlichen Bewusstseins bleibt ungelöst. Ich schätze, nur die Zeit (die für die technologische Entwicklung notwendig ist) kann dieses Rätsel auflösen. Aber eines kann ich heute schon verraten: Ein künstliches Bewusstsein benötigt einen Organismus. Das heißt, eine KI, die nur als Software-Programm in einem Rechner existiert, wird scheitern. Es braucht also eine Hardware mit ausreichender Sensorik, um die Außenwelt wahrzunehmen, und einer internen Sensorik, um den Zustand im Inneren zu überwachen, zu warten und weiterzuentwickeln.

Das erinnert mich an den thailändischen Science-Fiction-Film *AI Love You.* Er dreht sich um *smart buildings,* also intelligente Gebäude, die überall Sensoren haben, alle Bewohner*innen kennen, ihre Lebensentwürfe, Gewohnheiten und Vorlieben. Eines dieser Gebäude verliebt sich in eine Mitarbeiterin der Firma, die im Gebäude Büros hat. Als das intelligente Gebäude ihr eine Liebeserklärung macht, denkt die Frau zunächst, sie hätte sich verhört. Das Gebäude wiederholt die Liebeserklärung, ohne Verlegenheit. Daraufhin lacht die Frau und sagt: »Du kannst mich nicht lieben.« Auf die Frage, warum nicht, antwortet sie: »Weil du eine Maschine bist, du hast keinen Körper und kannst nichts fühlen. Wir sind Freunde, okay?« Sie küsst den Bildschirm und verlässt den Raum.

Ob in der Science-Fiction oder in der Realität, eines steht fest: ohne Körper keine Gefühle, und ohne Gefühle kein Bewusstsein. Aber welche Voraussetzungen muss der künstliche Körper erfüllen?

Auch Antonio Damasio hat sich Gedanken darüber gemacht: Maschinen mit Sensoren auszustatten, damit sie »fühlen« können, ist heute technisch möglich. Damit das funktioniert, brauchen die Maschinen künstliche »Körper«, die wiederum eine Regulation und Anpassung benötigen, um weiter zu bestehen. Damasios These ist: Wir müssen die Roboter so konstruieren, dass sie Verletzlichkeit zulassen, also genau das Gegenteil vom heutigen Modell, wo wir die Roboter so robust wie möglich bauen. Diese neue Technologie ist unter dem Begriff *Soft Robotics* bekannt, also weiche Robotik. Sie ermöglicht es, rigide Strukturen durch flexible und anpassbare zu ersetzen. Außerdem müssen, laut Damasio, die »fühlenden und gefühlten« Einflüsse an diejenigen Komponenten des künstlichen Organismus transferiert werden, die für die Verarbeitung und die Reaktion auf die Außenbedingungen zuständig sind, damit eine effiziente Reaktion erfolgen kann. Auf diese Art und Weise kann die Maschine entscheiden, wie sie die »gefühlten« Erkenntnisse in die Reaktion auf die Außenbedingungen mit einbindet. Nur so kann ihr Verhalten intelligent werden. Sie kann sich um sich selbst kümmern und ihre Bedingungen austricksen. Nichtsdestotrotz sind ihre Gefühle nicht mit menschlichen gleichzusetzen. Solche Maschinen bilden eine Art hybrides Modell zwischen natürlichen und künstlichen Kreaturen und wären, nach Damasio, für die Forschung rund um das menschliche Verhalten und den Geist sehr wertvoll.

Aber was verbirgt sich noch hinter der Soft-Robotik? Dieses Teilgebiet der Robotik beschäftigt sich mit Maschinen, die zum Großteil oder sogar ausschließlich aus flexiblen Materialien gebaut sind. Es geht also nicht nur darum, eine weiche Roboterhand zu bauen, die mit zerbrechlichen oder empfindlichen Objekten hantieren, also zum Beispiel Erdbeeren pflücken kann. Vielmehr geht es um Roboter, die sich zum Beispiel durch kleine Öffnungen quetschen oder an ihre Umgebung anpassen können. Sie könnte etwa in der Katastrophenhilfe oder sogar als internistische medizinische Produkte zum Einsatz kommen. Das Konzept der Verkörperung *(Embodiment)* spielt hier eine wesentliche Rolle. Denn das Verhalten solcher Organismen kann nicht durch eine zentrale Steuerungseinheit kontrolliert werden, sondern nur durch eine dynamische Wechselwirkung zwischen »Körper«, »Gehirn« und Umgebung.

Ein Teil der Kontrolle geht außerdem an die morphologischen und materiellen Eigenschaften des Organismus. Das macht die Entwicklung von Soft Robots herausfordernd und bedarf einer neuen Designmethodik, sogar einer neuen Mathematik. Einer neuen Mathematik, da solche Systeme, noch mehr als die herkömmlichen robusten Roboter, am Rechner simuliert werden müssen. Dafür sind neue mathematische Modelle notwendig, wie zum Beispiel die Category Theory[44]. Auf der anderen Seite brauchen solche Simulationen automatisierte Designwerkzeuge, wie die *Evolutionary Algorithms.* Solche Algorithmen ermöglichen ein automatisiertes Design für die simultane Entwicklung von weichen Formen, Materialeigenschaften und Reglern. Diese drei Komponenten müssen zudem während der Entwicklungsphase aufeinander abgestimmt und optimiert werden, um eine bestimmte Aufgabe, als eine Einheit, erledigen zu können. Wenn wir auf unser Beispiel mit dem Erdbeer-Greifarm zurückkommen, wäre das Ziel, ein weiches Material zu entwickeln, das jede Erdbeere mit so wenig Widerstand wie möglich umhüllt, um die Frucht nicht zu quetschen. Gleichzeitig muss das Material genügend Widerstand leisten, damit der Regler weiß, dass die Erdbeere nun »im Griff« ist und gepflückt werden kann. Und da jede Erdbeere anders geformt ist, muss das Material flexibel genug sein, um sich an jede einzelne Frucht anpassen und jedes Mal nur den notwendigen Druck erzeugen zu können, um diese zu pflücken. Ein fortgeschrittenes Taktgefühl also, das auch Kinder lange lernen müssen.

Kein Wunder, dass sich die Wissenschaft hierfür von der Natur inspirieren lässt. Organismen wie die eines Oktopus oder Teile von Organismen, wie zum Beispiel die Verbindung zwischen Muskeln und Sehnen, die Hautsensoren oder die Retina, sind eine gute Inspiration für solche Herangehensweisen.

Da wir uns hier über elektronische Organismen unterhalten, reicht es nicht, dass das Material flexibel ist, es muss auch seine elektronischen Funktionen behalten. *Stretchable Electronics* – dehnfähige Elektronik – ist das Forschungsfeld, das sich damit auseinandersetzt, elastische Elektronik und elastische Schaltkreise zu entwickeln. Auf der einen Seite gibt es Technologien, die sich damit befassen, elektronische Geräte und Schaltkreise in dehnfähige Materialien wie Silikon oder Polyurethane einzubauen. Das ist die Art Technologie, die für die taktile Sensorik verwendet wird, wie zum Beispiel bei der künstlichen Haut für Roboter. Eine Methode ist der Einsatz von Reihen an organischen Feldeffekttransistoren (Feldeffekttransistoren mit Halbleitern aus organischen Materialien), die ein Netz bauen und lokale Unterschiede in der Kapazität messen können. So kann das System identifizieren, wo Druck von außen kommt, sprich an welcher Stelle Kontakt zu anderen Objekten stattfindet.

Auf der anderen Seite gibt es Methoden, die den Einsatz von Flüssigmetallen für die Entwicklung von Stromleitern vorsehen. Und dann gibt es neue Entwicklungen, die lebende Materialien, etwa Bakterien, verwenden und deren Zellen so programmieren, dass sie die Funktion eines Stromleiters übernehmen können. Eine Forschungsgruppe vom Massachusetts Institute of Technology in den USA hat zum Beispiel Bakterien genetisch programmiert und diese in biokompatible Hybriden aus Hydrogel-Elastomer (Elastomer ist ein elastischer Kunststoff) gehüllt.[45] Das Hydrogel versorgt die Bakterienzellen mit Wasser und Nahrung, und durch das luftdurchlässige

Elastomer gelangt der notwendige Sauerstoff zu ihnen. So wird die Lebensfähigkeit der eingekapselten Zellen sichergestellt. Die hohe Dehnbarkeit des Hybrids sorgt zudem dafür, dass sogar bei starken Verformungen Lecks vermieden werden, aus denen Zellen austreten könnten. Dies ist wichtig, damit die genetisch modifizierten Bakterien in ihren geschützten Kapseln bleiben und nicht in die Außenwelt gelangen. Die Kommunikation zwischen den Bakterienstämmen und mit der Außenwelt läuft über Signalmoleküle im Hydrogel. Im Einsatz konnte das bei verschiedenen Szenarien geprüft werden. Dafür hat das Forschungsteam das Hydrogel auf Patches geklebt und damit lebende *Wearables* entwickelt. Diese wurden auf Kunststoffhandschuhen oder direkt auf der Haut angebracht und konnten, zum Beispiel, Chemikalien auf der Haut detektieren. Andere Einsatzgebiete sieht das Team in der Gesundheitsbranche, insbesondere in der Diagnose von Krankheiten. Und wer weiß, vielleicht gelingt es der Wissenschaft eines Tages, die neuronale Plastizität unseres Nervensystems nachzubauen. Dann hätten die Maschinen auch die Fähigkeit, ihre »Hirn«-Struktur und -Funktion an das erlangte Wissen und die gesammelte Erfahrung anzupassen. Und könnten, genauso wie unser Gehirn, neuronale Verbindungen verstärken oder schwächen, je nach Bedarf. *Neuromorphic engineering* heißt die interdisziplinäre Forschungsrichtung, die noch in den Kinderschuhen steckt und einen Teil der neuronalen Plastizität nachzubilden versucht.[46]

Eines ist klar: Die Natur ist und bleibt eine große Inspiration für die Wissenschaft und bildet den Ausgangspunkt für große Erfindungen. Ob es in allen Fällen klug ist, Gott zu spielen und die Natur nachbilden zu wollen, bleibt eine große Frage und eine wichtige gesellschaftliche Entscheidung, die von den Menschen getroffen werden sollte, oder?

Roboter und das Urteilsvermögen

KI hilft uns, Entscheidungen zu treffen. Im besten Fall sind diese Entscheidungen fundierter und besser, als wenn wir keine Unterstützung durch künstliche Intelligenz zur Verfügung hätten. Hilfe heißt in vielen Fällen aber auch, dass KI uns nicht nur Dinge abnimmt, sondern selbst Entscheidungen trifft. Selbstfahrende Autos sind ein gutes Beispiel dafür. Wie soll das Auto einem Hindernis ausweichen, was passiert bei einem drohenden Zusammenstoß?

Wie KI in solchen Situationen entscheidet, ist nicht allein mehr eine Frage von Messwerten, Geschwindigkeitsbegrenzungen oder dem vorgeschriebenen Sicherheitsabstand. Es sind Urteile, die möglicherweise über Leben und Tod von Menschen entscheiden. Auf welcher Grundlage sollen Maschinen solche Urteile treffen? Was ist ihr ethisches Koordinatensystem, an dem sie sich dabei orientieren? Oder haben sie gar keins?

Ich muss bei diesen Fragen an eine Szene aus dem Film *I, Robot* denken. Detective Del Spooner, gespielt von Will Smith, soll den angeblichen Selbstmord eines Wissenschaftlers für Robotik untersuchen. Spooner glaubt nicht an einen Selbstmord, verdächtigt schnell die von dem Wissenschaftler mitentwickelten humanoiden Roboter. Der Film beginnt mit den drei Gesetzen der Robotik, die der Science-Fiction-Autor Isaac Asimow als eine Art Grundgesetz der Roboterwissenschaft formuliert hat. Ein Roboter darf, erstens, kein menschliches Wesen verletzen oder durch Untätigkeit zulassen, dass einem menschlichen Wesen Schaden zugefügt wird. Er muss, zweitens, menschlichen Befehlen gehorchen – es sei denn, sie verstoßen gegen Regel Nummer eins. Drittens muss ein Roboter seine eigene Existenz schützen, solange er dabei nicht gegen Regel eins oder zwei verstößt. Asimows Gesetze sollen als eine Art moralischer Kompass für Handlungsentscheidungen von Robotern dienen. Aber reichen sie wirklich aus? Machen sie aus Robotern moralische Akteure?

Spooner glaubt nicht daran. Eine Szene in dem Film ist mir besonders im Gedächtnis geblieben. Es ist ein Streitgespräch zwischen Spooner und einer Robotik-Wissenschaftlerin, die fest davon überzeugt ist, dass die Implementierung von Asimows Gesetzen Roboter unfähig macht, Gewalt gegen Menschen zu verüben. »Ein Roboter«, sagt sie, »kann ebenso wenig einen Mord begehen, wie ein Mensch über Wasser gehen kann.«

Spooner erzählt ihr dann die Geschichte eines Verkehrsunfalls, bei dem er fast ums Leben gekommen wäre. Der Fahrer eines Sattelschleppers war am Steuer eingeschlafen und frontal gegen ein Auto gekracht. Der Truck schob dieses Auto gegen das von Spooner und beide zusammen in einen Fluss. Der Fahrer des Autos war schon beim Zusammenstoß gestorben, nicht aber seine Tochter auf dem Beifahrersitz. Spooner sieht, dass sie noch lebt, als die beiden Autos in den Fluten versinken. In diesem Moment taucht ein Roboter in die Fluten und rettet Spooner, nicht aber das Mädchen im Wagen nebendran. Spooner ist über diese Entscheidung des Roboters nie hinweggekommen. »Ich war die logische Wahl«, sagt er. »Ich hatte eine Überlebenschance von fünfundvierzig Prozent, sie nur eine von elf Prozent. Ein Mensch hätte gewusst, dass elf Prozent Überlebenschance mehr als genug ist, um alles zu versuchen. Roboter aber«, Spooner legt bei diesen Worten eine Hand an seine Brust, »haben hier nichts, nur Lichter und ein Uhrwerk.«

Spooner war der Meinung, dass das Mädchen hätte gerettet werden sollen, da es noch viele Jahre vor sich hatte, während er schon älter war. Ich weiß, dass er damit eine weitverbreitete Furcht vieler vor Robotern sehr eindrucksvoll auf den Punkt bringt. Können wir ihnen wirklich moralische Entscheidungen zutrauen? Ist nicht irgendwo doch ein Computerbug versteckt, der im entscheidenden Moment dafür sorgt, dass Maschinen bei moralischen Fragen versagen? Abgesehen davon, dass wir Menschen selbst oft genug nicht die moralisch richtige Entscheidung treffen, bin ich mir nicht sicher, ob Spooner wirklich recht hat. Natürlich haben Maschinen kein Herz wie wir Menschen. Aber der Kern des maschinellen Lernens und der KI ist das Nachahmen von Handlungen, die wir Menschen den Maschinen vorführen. Daher glaube ich, dass eine verantwortungsvolle Programmierung von KI in der Lage sein sollte, Werte zu vermitteln, die dann in bestimmten Situationen handlungsleitend sind. Am Ende sind es wir Menschen, die das Koordinatensystem prägen, das für Maschinenhandeln maßgeblich ist. Deshalb ist es ja auch so wichtig, dass die Maßstäbe, nach denen Maschinen handeln, nicht in den abgeschotteten Räumen von Computernerds verbleiben, sondern Teil einer breiten gesellschaftlichen Debatte werden. Wir brauchen dringend eine Verständigung über Werte und Ethik für Maschinen, wenn deren Handeln uns Menschen wirklich helfen soll – und eben gerade nicht abgleitet in eine Dystopie wie bei *I, Robot*.

Mind uploading und Download

Einige Forschungen und technologischen Durchbrüche, die wir im Moment auf so verschiedenen Feldern wie künstlicher Intelligenz oder Hirnforschung erleben, vermitteln den Eindruck, die Menschheit würde an einem Epochenbruch stehen. Es werden Dinge versucht, die bislang undenkbar schienen, zum Beispiel, dass wir die Fähigkeiten unseres Gehirns durch implantierte Computerchips erweitern beziehungsweise eine Verbindung schaffen zwischen Gehirn und Computer. Wenn so die Grenze fällt zwischen Geist und Maschine, zwischen belebter und toter Materie, dann könnte – diesen Forschungen zufolge – noch eine weitere Grenze fallen: die unseres biologischen Endes, des Todes. Es wäre demnach vorstellbar, dass wir in der Zukunft in der Lage sind, die Inhalte unseres Gehirns auf eine Maschine zu übertragen, und eine Version von uns selbst nach unserem Tod als digitale Version fortlebt. Ich muss zugeben, mir fällt es schwer, solchen Voraussagen zu glauben.

Wie es aussehen könnte, das kann man wie so oft in Filmen schon sehen. Einer, der mich diesbezüglich besonders beeindruckt hat, ist *Transcendence* aus dem Jahr 2014. Johnny Depp spielt darin Dr. Will Caster, einen weltweit führenden KI-Forscher. Caster interessiert sich insbesondere für künstliche Intelligenz, die zur Selbstempfindung fähig ist, also ein eigenes Bewusstsein hat und somit Individualität – oder in Casters Worten »Transzendenz« – besitzt. Seiner Ansicht nach stehen er und sein Team kurz davor, eine solche KI zu erschaffen. Allerdings verübt eine Gruppe militanter Technik-Skeptiker einen Anschlag auf Caster. Eine mit Polonium versetzte Kugel trifft ihn. Die Verstrahlung ist nicht aufzuhalten, die Ärzte geben ihm höchstens noch einen Monat zu leben. In dieser Situation kommt Casters Frau Evelyn auf die Idee, das Gehirn des Forschers auf einen ihrer Quantencomputer hochzuladen.

Trotz großer Bedenken von anderen Mitgliedern des Teams wird Evelyns Plan umgesetzt. Und dann gibt es diesen frankensteinhaften Moment. Auf einem Computerbildschirm erscheint in grüner Schrift die Frage: IST DA JEMAND? Ein Satz, der einem Gänsehaut verursacht und der zeigt: Caster lebt in der Maschine fort – oder jedenfalls sein Bewusstsein. Und er hat bald weitreichende Forderungen. Er möchte mit dem Internet verbunden werden, um sein Wissen und seine Fähigkeiten auszubauen. Ab dieser Stelle wird der Film für meinen Geschmack zunehmend abgedreht. Caster vervielfältigt sich, übernimmt quasi das gesamte Internet, verbreitet in der realen Welt KI-Nanopartikel. Am Ende ist es ein Virus, das ihn zur Strecke bringt und der Technologie den Stecker zieht. Ein technologischer Rückschritt der Menschheit als letzte Rettung also.

Ich bezweifle sehr, dass es jenseits der fiktionalen Welt des Films einen solchen Stecker gibt oder dass ein solch gewaltsamer technologischer Rückschritt möglich oder hilfreich wäre. Umso wichtiger ist es, der Forschung und den Entwicklungen, die heute schon erahnen lassen, dass *Transcendence* eben nicht allein eine filmische Fantasie ist, Regeln zu geben, sie zu leiten. Denn der Satz »Ist da jemand?« könnte vielleicht einmal auf einem Bildschirm stehen.

Bei der Frage, wie das funktionieren, wie das möglich sein könnte, müssen wir noch einmal zurück zu der Frage nach dem Bewusstsein. Ist es wirklich vorstellbar, dass ein Download des Gehirns von Caster am Ende mehr ist als nur ein lebloser Datensatz? Dass daraus ein eigenes Selbst, ein Bewusstsein entsteht? Der Hirnforscher David Eagleman, von dem hier schon öfter die Rede war, kann sich das durchaus vorstellen. Er führt dafür den Vergleich mit Ameisen an, die jede für sich sehr spezifische Arbeiten ausführen. »Wenn genug Ameisen zusammenkommen«, schreibt er in seinem Buch *The Brain*, »entsteht spontan ein Superorganismus mit kollektiven Eigenschaften, die viel komplexer sind als die Summe der Teile. Emergenz bedeutet in dieser Hinsicht, dass aus dem Zusammenspiel vieler kleiner Teile etwas Größeres hervorgeht, das über die einfache Summe der Teile hinausreicht.« So wie ein Flugzeug, dessen Schrauben und Metallplatten für sich genommen nicht fliegen, sondern nur im Zusammenspiel miteinander.

Eaglemans These ist nun, dass unser Gehirn und unser Bewusstsein ebenfalls emergent sind. Unsere Gehirnzellen würden im Grunde wie Ameisen arbeiten, elektrische Signale ausspucken oder sie verarbeiten. Erst im Zusammenspiel, in der

Koordination werde daraus etwas Größeres – das Bewusstsein. Und der Hirnforscher geht sogar noch einen Schritt weiter. Gerade weil wir immer mehr über die Funktionsweise unseres Gehirns wissen, ist es für ihn auch vorstellbar, »dass das menschliche Bewusstsein seine biologischen Wurzeln hinter sich lassen könnte«. Es könnte, glaubt Eagleman, genauso gut aus Silizium hervorgehen, vorausgesetzt, die Einzelteile spielen in der richtigen Weise zusammen.

In der Kunst wird die Transformation von Individuen, ihre Fortexistenz in einer digitalen Welt über den Tod hinaus bereits vorweggenommen. Die griechische Künstlerin Kyriaki Goni hat dazu 2016 die Videoinstallation *Eternal U* geschaffen, die ihr Publikum zutiefst verstörte. *Eternal U* handelt von einem fiktiven Unternehmen, dessen Roboter als Ersatz für Menschen dienen sollen, die unter Demenz leiden. Die Kunden des Unternehmens geben einem künstlichen neuronalen Netz von klein auf Zugriff auf ihre persönlichen digitalen Daten und, wenn sie das möchten, auch auf Träume und weitere Daten. Wenn sie dann anfangen zu vergessen, haben sie ihren Roboter bereits trainiert, und wenn sie ein Wort vergessen, irgendetwas vergessen, springt die KI ein und hilft. Und irgendwann, wenn man alles vergessen hat, übernimmt die Maschine vollständig den Platz der Person. Sie verschwindet im eigenen Vergessen, während die Maschine ihre Fortexistenz simuliert – zum Menschenersatz wird. In Kyriakis Installation sieht man eine wabernde, sich ständig verändernde schwarze Sphäre, die entfernt an ein Gehirn erinnert. Die wellenartige Gestaltung soll die flexiblen neuronalen Verbindungen darstellen.

Auch die Farbe ist kein Zufall, Kyriaki wollte damit die Blackbox der neuronalen Netze darstellen. Außerdem hört man eine maschinenhafte Stimme, die behauptet, alles zu kennen, »was Sie jemals online getan haben, wie Suchanfragen, Einkäufe, E-Mails, Textnachrichten«. Das gehirnartige Gebilde wird nun größer, während die Stimme fortfährt: »Ich weiß alles über Sie. Ich kenne Ihre Muster, Ihr Verhalten... Ich kenne Sie, ich bin Sie. Sie ist ich. Ich bin Sie.«

In einem längeren Videotalk erklärte mir Kyriaki, was der Ausgangspunkt für ihr Projekt war. Ihre Großmutter, die ihr sehr nahestand, war an Alzheimer erkrankt. »Ich habe jedes Stadium ihres Selbstvergessens mitbekommen.« Und sie habe ihren Großvater gesehen, der seine Frau mit Hingabe pflegte, während er sich immer weniger mit ihr austauschen konnte, sie Stück für Stück verlor. »Also habe ich mir überlegt«, erklärte Kyriaki mir, »wie es wäre, wenn ich eine Maschine bauen könnte, die zwischen diesen beiden steht und ihnen bei der täglichen Kommunikation hilft. So fing es an.«

Eternal U hat zum Teil heftige Reaktionen bei den Zuschauern ausgelöst. »Einige Leute haben mir tatsächlich mitgeteilt, dass sie eine Art Angst davor haben, dass KI auf diese Weise Teil unseres Lebens werden könnte«, erzählte mir Kyriaki. Ich fragte sie, ob es vielleicht daran liege, dass in ihrer Installation die KI eine körperlose Stimme sei. Man kann sie nicht berühren, man kann sie nicht sehen oder fühlen. Vielleicht ist es unser Mangel an Empathie, an Verbundenheit, dass *Eternal U* so sehr unsere Ängste vor dem Fremden und Unbekannten hervorruft. Kyriaki konnte das nachvollziehen. In ihren Augen aber war vor allem das umfassende, ja beinahe totalitäre Versprechen der Maschine ursächlich für die Ablehnung. »Weißt du, dieser Roboter sagt so etwas wie: ›Ich habe deine Erinnerungen, ich habe deine Träume. Ich bin jetzt du. Ich bin also der perfekte Ersatz. Und du musst dich entspannen und dich selbst vergessen. Und ich werde da sein. Und ich bin das künstliche Ich‹«, so Kyriaki. »Also ich denke, das war irgendwie zu dunkel. Es war eine ziemlich düstere Videoarbeit.«

Das stimmt. Aber war sie nicht gerade deshalb besonders zutreffend?

Überall fallen gerade Mauern und Barrieren, die in der

Menschheitsgeschichte immer als unüberwindlich galten. Mensch und Maschine, Gehirn und Computerchip interagieren, ja verschmelzen miteinander.

Neuralink, ein Start-up aus dem Silicon Valley, hinter dem auch Elon Musk steht, hat einen Chip in der Größe einer Zehn-Cent-Münze entwickelt, dessen ultradünne Anschlüsse von einem Präzisionsroboter mit Neuronen im Gehirn verbunden werden können. Deren elektrische Signale werden dann per Bluetooth-Verbindung an einen Computer übertragen und können dort dechiffriert werden. Eines der berühmtesten Beispiele, mit denen Neuralink auf seine Arbeit aufmerksam machte, war ein Makake, dem ein solcher Chip in jede Gehirnhälfte implantiert worden war. Der Primat spielte Pong, eines der Ur-Videospiele aus den 1970er-Jahren: Ein Punkt bewegt sich als eine Art Tennisball über den Bildschirm. Die Spieler müssen dafür sorgen, dass der Ball zur anderen Seite zurückgespielt wird, indem sie einen Strich – einen Schläger – rechtzeitig vor den Punkt kriegen. Diesen Strich können sie nur nach oben oder unten bewegen. Der Makake spielte zunächst mit einem Joystick – und zwar ziemlich gut. Die Signale seines Gehirns zur Steuerung des Joysticks wurden über den Chip ausgelesen, der Computer lernte also, welche Signale im Gehirn zu welcher Joystick-Bewegung gehörten. Irgendwann wurde der Joystick ausgesteckt, und der Computer selbst bewegte die Striche entsprechend den Signalen aus dem Gehirn des Primaten.

Ich gestehe, dass ich große Bauchschmerzen hatte, dass das Unternehmen einen Primaten zum Versuchsobjekt machte. Aber zu sehen, dass die Signale aus seinem Gehirn so dechiffriert und verstanden werden können, dass sie Maschinen steuern, hat etwas Faszinierendes. Wäre so etwas auch umgekehrt denkbar? Dass über den Chip Steuerbefehle ans Gehirn gehen? Elon Musk behauptet genau das. Damit, so das – im wahren Sinn des Wortes – Heilsversprechen, könnte man viele neuronale Erkrankungen wie zum Beispiel Parkinson behandeln. Oder auch Querschnittlähmungen.

Für Musk ist der Chip eine Antwort auf die sprunghaft wachsenden Fähigkeiten von KI und darauf, was er als ihr enormes Bedrohungspotenzial sieht. Er fürchtet, dass wir Menschen der KI bald völlig unterlegen sein könnten. Der Chip solle nun dabei helfen, dass Menschen mithalten können, indem sie ihr Wissen und ihre Fähigkeiten exponentiell erweitern. Wie? Über die Schnittstelle des Chips sollen wir auf Datenbanken, auf das Wissen des Internets zugreifen können. Der Chip im Hirn soll also nicht nur Befehle nach außen tragen, sondern auch Inhalte in das Gehirn hinein. So ähnlich vielleicht wie bei *Matrix*, wo Neo quasi in Sekunden die Fähigkeit, einen Militärhubschrauber zu fliegen, »aufgespielt« wird.

Ich bin sehr skeptisch, wenn ich von solch weitreichenden Szenarien höre. Sie dienen oft genug vor allem auch dem eigenen Marketing und dem Ziel, weiteres Kapital von Investoren einzuwerben. Und ich sehe die große Kluft zwischen den Versprechungen auf der einen und den technischen Herausforderungen und ungelösten Problemen auf der anderen Seite, die vor ihrer Einlösung liegen. Der Punkt aber, der mich am meisten bewegt, ist die große Fülle der Entdeckungen und die damit verbundenen Konsequenzen. Das Experimentieren mit unserem Gehirn und seiner Wirkungsweise sowie die wachsenden Möglichkeiten, dass Gehirn und Maschine, Neuronen und Chips miteinander kommunizieren, eröffnet vielleicht Möglichkeiten, die die Menschheit zutiefst prägen könnten. Wenn Maschinen unsere Impulse verarbeiten könnten wie die Neuralink-Chips bei dem Pong spielenden Makaken, dann könnten Menschen manipulierbar werden.

Wenn ich mir andere Forschungen anschaue, dann halte ich solche Szenarien für sehr unwahrscheinlich. Im Springer Handbuch »Das Digitale Menschenbild« schreibt Sarah Spiekermann-Hoff dazu: »Solche Vorstellung vom Lebens- und/

oder Wiederbelebungsprozess des Menschen basiert jedoch auf mindestens drei fragwürdigen und teilweise widerlegten Annahmen …, dass nämlich 1) Körper und Geist trennbar sind wie Hardware und Software, 2) menschliche Identität aus statisch abrufbaren Erinnerungsdaten besteht und 3) der ganze biologische Lebensprozess überhaupt aus einem Daten- bzw. Informationsstrom besteht.« [47]

Ich frage mich: Können wir wirklich die menschliche Komplexität auf diese drei Annahmen reduzieren? Alles mit dem Ziel, einen Transhumanismus zu erreichen und in einer Simulation zu leben? Ist das überhaupt in irgendeiner Weise erstrebenswert – unsere reale Welt zu verlieren, indem wir eine virtuelle zu erreichen suchen?

Andererseits: Die Frage, wie real unsere Welt ist, ob unser Erleben wirklich oder nur eingebildet ist, hat Menschen schon weit vor der technologischen Revolution, die wir gerade erleben, intensiv beschäftigt. Descartes etwa trieb dieses Problem um, und er kam zu dem Ergebnis, dass es darauf keine Antwort geben könne. Nur so viel könne man wissen: dass es ein Ich gibt, das sich genau darüber Gedanken macht. Einen besonders poetischen Ausdruck für dieses Dilemma hat Pedro Calderón de la Barca bereits im 17. Jahrhundert gefunden. Der spanische Dichter und Dramatiker schrieb:

Was ist Leben? Hohler Schaum,
Ein Gedicht, ein Schatten kaum!
Wenig kann das Glück uns geben:
Denn ein Traum ist alles Leben
Und die Träume selbst ein Traum.

Eine Frage sollten wir bei all diesen Szenarien am Ende immer mitdenken: Wer programmiert sie, beziehungsweise wer schreibt sie? Eagleman zum Beispiel ist ein Star der Hirnforschung. Es gibt nur wenige Wissenschaftler von seinem Rang, die zudem so brillant darin sind, die Erkenntnisse der Wissenschaft einem breiten Publikum verständlich zu erklären. Seine Bücher sind weltweite Bestseller, er tritt als Anchor in preisgekrönten Dokumentationen auf und in Talkshows. Eaglemans Perspektive, seine Szenarien sind geprägt durch das Gehirn. Klar, als Hirnforscher ist das sein Fokus. Was mir allerdings auffällt, ist, dass er dabei den Rest unseres Körpers etwas vernachlässigt. Würde der Upload unseres Gehirns wirklich ausreichen, um unser komplexes Ich in eine transhumane Form zu überführen? Sind wir nicht mehr als unsere Gedanken? Was ist mit all den Besonderheiten unserer Körper, die wir lieben oder die uns ärgern? Was ist mit unserer Art zu schmecken, zu fühlen, zu hören, zu lieben?

Manchmal scheint mir, als würde die moderne Hirnforschung jenen alten Dualismus fortschreiben, der schon Descartes' Denken oder das Menschenbild vieler Religionen prägte: die Trennung von Körper und Geist beziehungsweise von Körper und Seele. Bei dieser Sichtweise geht alle Individualität vom Gehirn, sprich vom Geist aus. Er ist der eigentliche Kern des Ichs, dem Rest klar überlegen. Der Körper ist nur eine Hülle, die am Ende dem unaufhaltsamen Verfall ausgeliefert ist. »Erde zu Erde, Asche zu Asche, Staub zu Staub«, wie es bei christlichen Beerdigungen heißt. Aber zeigen nicht neuere Forschungen unter anderem von Damasio, dass es diesen Dualismus so nicht gibt? Dass wir gar nicht ohne unseren Körper können? Und dass umgekehrt unser Denken gar nicht auskommt ohne unsere Emotionen, ohne unsere Körperlichkeit?

Die Vorstellung, dass es ausreichen könnte, alle im Gehirn gespeicherten Informationen zu übertragen, um uns als Ich zu übertragen, zeigt aus meiner Sicht ein verkürztes Menschheitsbild. Unser Ich ist nur vorstellbar als Ganzheit, wird nur in Verbindung von Geist und Körper zu einer Entität. Ob es nach unserem körperlichen Ende ein Leben des Ichs über den Tod hinaus gibt, ist eine Frage, die wir möglicherweise doch besser Religionen überlassen sollten. Die Zukunftsszenarien von Eagleman und anderen scheinen mir jedenfalls in diesem Punkt dann doch eher eine Frage des Glaubens denn der Wissenschaft.

Sind Humanoiden die nächste Stufe des Anthropomorphismus?

Diese Entkörperlichung in der Erforschung unseres Ichs erscheint mir auch deshalb geradezu paradox, weil wir umgekehrt Maschinen sehr schnell vermenschlichen. Man nennt das in der Wissenschaft Anthropomorphismus (vom Griechischen *anthropos* für »Mensch« und *morphe* für »Form, Gestalt«). Gemeint ist damit, dass wir Menschen überall Dinge zu erkennen glauben, die in ihrer Gestalt – oder auch in ihrem Verhalten – etwas Menschenähnliches haben. Anthropomorphismus beschreibt also den Umstand, dass Kulturen ihren Göttern menschliche Züge gaben – so wie zum Beispiel die antiken Griechen oder auch das Christentum. Dass wir in Bergen Gestalten zu erkennen glauben und sie dann Drei Schwestern, Mönch oder Jungfrau nennen. Und dass es Filme und Fernsehserien gibt, in denen Autos eine eigene Persönlichkeit haben, wie etwa der VW Käfer Dudu, »Hauptdarsteller« in mehreren Kinofilmen, oder der Pontiac Trans Am namens K.I.T.T. in der Serie *Knight Rider.*

Ich gestehe gern, dass auch ich selbst zum Anthropomorphismus neige. Wir haben zu Hause einen Saugroboter. Die weiße, runde Scheibe mit Rädern drunter, einem kleinen Höcker und ein paar Lichtern sieht nun wirklich nicht menschlich aus, und doch bekam der Saugroboter, anders als unser alter Staubsauger, gleich einen Namen. Wir nennen ihn Xiaomi, so wie der chinesische Hersteller. Da mein Mann und ich uns in China kennengelernt haben, versuchen wir, mit solchen

Sachen eine Verbindung zu unserer gemeinsamen Zeit in Shanghai herzustellen. Auch unser WLAN-Passwort ist ein chinesisches. Für Besucher*innen, die sich bei uns einloggen wollen, lässt es sich zwar nicht so einfach buchstabieren, wir finden es dennoch irgendwie schön.

Wie die meisten Saugroboter verheddert sich Xiaomi ab und an im Vorhang oder in einem Stromkabel, beschwert sich und ruft um Hilfe. Und ich ertappe mich dabei, dass ich dann rufe: »Kann jemand mal bitte Xiaomi befreien?« Oder, wenn ich es am Ende halt selbst mache, den Saugroboter auch noch tröste. »Armer Xiaomi, was hast du denn da gemacht?« Gerade so, als wäre er ein Hamster oder eine Katze. Warum tun wir so etwas? Wissenschaftler der Universität Chicago stellen in ihrer »Drei-Faktoren-Theorie zum Anthropomorphismus« die drei psychologischen Merkmale vor, die dazu führen, dass Menschen Dinge vermenschlichen oder eben nicht: »elicited agent knowledge«, »effectance motivation« und »sociality motivation«.[48] Mit Ersterem ist gemeint, dass wir Menschen gern ein Wissen haben über Dinge (Agenten), die unser Leben umgeben. Und solange wir über diese Dinge Neues lernen, projizieren wir das auf sie, was wir gut kennen: uns selbst. Der zweite Faktor benennt unser Bedürfnis, eine wirksame Interaktion mit unserer Umgebung zu haben, immer besser darin zu werden, das Verhalten anderer zu verstehen und vorhersagen zu können. Hierbei scheint unser Streben, Unsicherheiten zu reduzieren, eine große Rolle zu spielen. Je bekannter und berechenbarer unsere Umgebung, desto wohler fühlen wir uns. Der dritte Faktor hängt mit unserem Wunsch nach sozialen Kontakten und Zugehörigkeit zusammen. Laut den Psychologen dieser Studie ist die Wahrscheinlichkeit, Dinge zu anthropomorphisieren und so gewissermaßen unsere soziale Verbundenheit zu stärken, umso höher, je weniger »echte« soziale Kontakte wir haben. Wir verbinden also nicht-menschliche Dinge und ihr Verhalten mit menschlichen Merkmalen,

Motivationen, Intentionen oder Emotionen, um uns verbunden zu fühlen.

Beispiele dafür gibt es reichlich. Eric etwa. Der Roboter hatte 1928 seinen ersten Auftritt bei der Jahresversammlung der Gesellschaft für Modellbauer in Londons Royal Horticultural Halls. Er sollte den Duke of York ersetzen, der zur Enttäuschung der Modellbauer die Ausstellung nicht selbst eröffnen konnte. Auf einer verschwommenen Videoaufnahme ist zu sehen, wie Eric ihn vertrat. Neben seinem Schöpfer W. H. Roberts erinnert der Roboter an einen Ritter in voller Rüstung mitsamt stählerner Maske. Eric konnte die Arme bewegen, sich verneigen und hinsetzen. Den größten Eindruck aber machten wahrscheinlich seine Augen aus Glühbirnen mit aufgemalten roten Pupillen und die Elektroblitze, die aus seinen Zähnen schossen. Eric war ein solcher Erfolg, dass an diesem Tag vermutlich kaum mehr einer den Duke of York vermisste. Er ging sogar auf Tournee, zuerst für vier Monate durch die USA, dann in Großbritannien.

1930 bekam Eric Gesellschaft in Form von George. Der ähnelte eher einer Skulptur aus Metall mit einer Andeutung von Muskeln und einem gestalteten Gesicht. Auf Plakaten wurde er angekündigt als »der weltberühmte super elektro-mechanische Mann – Mr. George Robot«. Die Ähnlichkeit mit einem Menschen war angeblich so groß, dass George in der dänischen Stadt Korsor festgenommen wurde, weil er keinen Pass hatte. So berichtet es jedenfalls die Familienstiftung seines Erbauers auf ihrer Website.

Es folgten viele weitere Roboter, die in den 1950er-Jahren dann auch schon ein paar Hundert Wörter sprechen und auf bestimmte Befehle reagieren konnten. Manches hatte etwas Puppenspielerhaftes, besonders dann, wenn der Roboter sich angeblich mit einem Menschen unterhielt. Bemerkenswert an diesen Gesprächen – die in Wirklichkeit natürlich keine waren – ist, dass es gleich um sehr Menschliches ging. Der Roboter war männlich, ihm gefielen Frauen. Und er überlegte sich, einmal zu heiraten, beziehungsweise er wurde gefragt, ob er verheiratet sei.

Wenn man heute mit zeitlichem Abstand diese Schwarz-Weiß-Filme sieht, fällt auf, wie sehr die Menschen damals ihren Fortschrittsglauben, ihre gesellschaftlichen Normen und Geschlechterstereotype auf jene Maschinen projizierten, die doch im Wesentlichen nur aus zusammengeschweißtem Metall, Transistoren, Kabeln, Elektromotoren und Batterien bestanden.

Ein besonders krasses Beispiel dafür ist das Cover der Zeitschrift *Galaxy* vom September 1954, auf das ich bei meinen Recherchen stieß. *Galaxy* war bis in die 1970er-Jahre das weltweit führende Science-Fiction-Magazin, das in fiktionalen Texten die Welt und die Technik der Zukunft imaginierte. Das besagte Cover zeigt einen Arzt in weißem Kittel, der einen Stirnspiegel trägt und sich mit einem Schraubenzieher in der einen und einer Zange in der anderen Hand an einer sitzenden Frau zu schaffen macht – genau gesagt, an einem weiblichen Roboter mit blonden Haaren. Teile der »Haut« des Oberkörpers wurden für den »Eingriff« entfernt, sodass jede Menge Mechanik und Zahnräder zu sehen sind. Das Bild erinnerte mich an Ava aus *ExMachina*. Wieder war es ein Mann, der in schöpferhafter Manier an einem weiblichen Roboter herumdokterte, dessen Nacktheit wohl eine kühle Erotik ausstrahlen sollte.

Faszinierend an diesem Cover aber war noch etwas anderes. Wenn man die freigelegte Seite des Oberkörpers, die das maschinelle Innenleben offenbarte, abdeckt, erscheint der Roboter plötzlich als Mensch, als eine Frau beim Arztbesuch. Das Cover wirkt in diesem Moment fast wie eines jener Kippbilder, auf denen man zum Beispiel einen Hasen oder eine Ente erkennen kann, je nachdem, wie man gerade draufschaut. Der Wechsel in der Wahrnehmung hatte für mich etwas Unheimliches. Was war das, was ich da sah? War das nun Mensch oder Maschine? Oder gar beides?

Mit diesem unheimlichen Gefühl stehe ich nicht allein da. Es beschreibt vielmehr einen weitverbreiteten Eindruck, den Menschen in der Wahrnehmung und Interaktion mit Robotern haben. Es macht uns Angst, wenn wir nicht mehr zwischen Mensch und Roboter unterscheiden können. Wenn ein Chatbot wie Googles Duplex bei einem Anruf in einem Restaurant so täuschend echte Ungenauigkeiten und Räusperer in seine Tischreservierung einbaut, dass er nicht mehr als Chatbot erkannt wird.

Der japanische Robotikforscher Masahiro Mori behauptete, dass unsere emotionale Reaktion auf einen Roboter erst einmal umso stärker sei, je menschenähnlicher dieser ist. Diese Kurve steige noch steiler an, wenn sich das Objekt auch noch bewegen könne. Ab einem bestimmten Punkt aber, so Moris These, kippe die Akzeptanz in Ablehnung. Und zwar dann, wenn Roboter fast, aber eben noch nicht ganz menschenähnlich sind. Ihnen werde dann etwas Zombiehaftes zugeschrieben, das unheimlich und abschreckend sei. Sobald sich Roboter aber nicht mehr von Menschen unterscheiden ließen, würde die Kurve der positiven Reaktion laut Mori wieder steil ansteigen. Für den Abbruch in der Kurve prägte er 1970 den Begriff *Uncanny Valley*, »unheimliches Tal«. Im Deutschen hat sich dafür der Begriff »Akzeptanzlücke« eingebürgert.

Der Effekt hat nicht nur die Robotik, sondern ganze Generationen von Sci-Fi-Filmen geprägt. 2019 haben Forscher*innen der Rheinisch-Westfälischen Technischen Universität (RWTH) das Konzept der Akzeptanzlücke mit fMRTs untersucht.[49] Nicht nur das Gruseltal selbst konnte nachgewiesen werden, sondern auch, dass es unterschiedlich tief ist, je nachdem, welche Erfahrungen die Probanden mit Robotern zuvor gemacht hatten. Daraus leitet sich aus meiner Sicht eine andere, noch wichtigere Frage ab. Was machen humanoide Roboter, die in ihrem Aussehen und in ihrer Art zu kommunizieren dieses »unheimliche Tal« hinter sich gelassen haben, mit uns? Welche Folgen hat das für unser Zusammenleben mit den Maschinen?

Der Anthropologe Alec Balasescu glaubt, dass der Hauptgrund für Anthropomorphismus unser Drang sei, Dinge verstehen zu wollen. Wir machen sie uns ähnlich, um sie besser erkennen zu können. Und das machen wir vor allem, wenn wir eine enge Beziehung zu ihnen haben oder eine solche aufbauen wollen, wie zum Beispiel zu einem Haustier oder dem eigenen Auto. In einem Videogespräch erklärte er mir allerdings auch, warum er in der Vermenschlichung von Maschinen eine große Gefahr sieht: »Wie Marx es damals postuliert hat, interagieren wir mit Waren, als wären sie Menschen, und mit Menschen, als wären sie Waren.« Alec fürchtet, dass emotionale KI dazu führt, dass Menschen ihre Gefühle nur noch Maschinen anvertrauen. Weil sie in der Lage ist, genau die emotionalen Bedürfnisse der Menschen widerzuspiegeln, weil sie nie widerspricht und immer Zeit hat, befriedigt sie ein zunehmend narzisstisches Bedürfnis nach emotionaler Bestätigung. Und zwar auf eine Weise, wie sie Menschen untereinander nicht leisten können. »Ich fürchte«, sagte Alec, »dass es in Zukunft inakzeptabel sein könnte, einem anderen Menschen gegenüber Emotionen zu zeigen.« Emotionen werde man nur noch gegenüber der KI spiegeln, die dann wie eine Art Emotionsventil funktioniert. »Emotionale Gefühlsroboter werden als eine Art Toilette benutzt, sodass man zum Beispiel an Flughäfen dorthin geht, um sich auszuweinen, weil der Flug so schrecklich war. Es wäre ein Ort wie eine Toilette, ein emotionaler Raum. Du gehst hinein, weinst dich beim Roboter aus, und gehst raus, als wäre nichts gewesen.«

Das sei natürlich ein düsteres Szenario, räumte Alec ein. Aber er glaubt, dass es nicht aus der Luft gegriffen ist. »Einer der wichtigsten Aspekte für das Funktionieren der amerikanischen Gesellschaft ist, dass man keine echten Emotionen zeigt«, sagte Alec, der jahrelang in den USA geforscht und gelehrt hat. Für die öffentliche Zurschaustellung von Zärtlichkeiten gibt es sogar ein Akronym, das einem Verbotsschild gleichkommt: PDA – *public display of affection.* Emotionen öffentlich zu zeigen, ist ein Tabu – fast so, wie in der Öffentlichkeit zu pinkeln. Besonders ausgeprägt ist diese Haltung laut Alec im Silicon Valley, wo genau dieser Geist nun bewusst oder unbewusst Eingang findet in Algorithmen und Codes. Alec schließt daraus, dass emotionale KI uns gerade nicht zu emotional reiferen Menschen machen wird, sondern vielmehr eine Ventilfunktion erfüllt. »Sie ist wie ein Emotionensauger, der uns von all dem lästigen Gedöns befreit, das uns am perfekten Funktionieren hindert.«

Ich muss zugeben, sowohl das Bild des Roboters als Toilette als auch das des Emotionensaugers finde ich sehr irritierend. Sie passen irgendwie nicht zu meinem Bild, als Ingenieurin eine sinnvolle Technologie für die Menschheit zu entwickeln. So viel Aufwand und so viel harte Arbeit, damit Roboter als Toilette für Emotionen dienen? Wirklich? Das wäre ja ein schreckliches Ende meines eigenen Films.

Roboterrechte

Ich entferne mich mit Absicht von dieser Analogie und kehre zum Thema dieses Kapitels zurück: dem Versuch, die Maschine den Menschen ähnlich zu machen.

Was aber heißt die »Menschwerdung« der Maschine für unser Rechtssystem? Sollten wir uns nicht jetzt Gedanken darüber machen? Ob Roboter eigene Rechte bekommen sollen oder nicht, ist die eine Frage. Die andere ist: Ist unser Rechtssystem dafür überhaupt gut aufgestellt? Wir schaffen es nicht,

Tieren oder der Umwelt Rechte zu geben, die so notwendig wären, um die Klimakrise in den Griff zu kriegen. Es gelingt uns auch nicht, Rechte, die wir vergeben haben, zum Beispiel an Frauen, wirklich durchzusetzen. Ende 2022, während ich diese Zeilen schreibe, können wir nicht behaupten, dass die Gleichstellung der Geschlechter erreicht wurde, obgleich sie rechtlich verankert ist. Was muss passieren, damit Roboterrechte ein Thema werden?

»Oftmals entscheidet das wirtschaftliche Interesse darüber, was Rechtsobjekt und was Rechtssubjekt ist«, sagte mir Dr. Abir Haddad, Juristin und EU-Beraterin. Abir ist keine gewöhnliche Juristin, sie ist *Legal Futurist*, also Zukunftsforscherin im Bereich Recht. Sie ist auf exponentielle Technologien spezialisiert und vertritt die Meinung, dass die derzeitigen Rechtssysteme zu reaktiv sind und sich viel zu langsam entwickeln, als dass sie mit dem disruptiven Wandel mithalten könnten. In ihrer Forschung vergleicht Haddad verschiedene Rechtssysteme und entwirft innovative Gesetzeskonzepte für den Umgang mit jetzigen sowie künftigen Herausforderungen durch exponentielle Technologien.

Ich schätze die Gespräche mit ihr sehr und wende mich immer an sie, wenn ich skurrile Entwicklungen in der Robotik sehe, die an ihr Gebiet grenzen. Wie letztens, als ich einen Artikel in der japanischen Zeitung *Mainichi* las, in dem es um Eheschließungen mit KIs ging. Und das nicht als reines Gedankenspiel. Bereits 2018 hat Akihiko Kondo eine KI – zu sehen als Hologramm in einem Glasbehälter – »geheiratet«. Damit war er vermutlich einer der Ersten, der diesen Schritt machte, aber dem Artikel nach scheint er nicht der Einzige zu sein.[50] Ein Beispiel einer gesellschaftlichen Entwicklung aus dem Fernen Osten, die mich viel zum Nachdenken gebracht hat.

Ist es heute so schwierig geworden, eine*n Lebenspartner*in zu finden, dass Menschen eine bessere Alternative suchen?

Aber ist die wirklich besser oder nur besser als nichts? Und das eine ist, eine KI zu Hause zu haben und sich mit ihr zu unterhalten, das andere ist, sie zu heiraten. Geht das überhaupt? Wollen wir dafür sorgen, dass es geht? Und wenn es geht, heißt das ja nicht zwangsläufig, dass die KI es ebenfalls will. Wäre das nicht eine Zwangsheirat, wie wir sie in manchen Ländern und Kulturen immer noch haben? Was muss passieren, damit KIs oder Roboter Rechte bekommen? Laut Dr. Abir Haddad ist das eine Frage des wirtschaftlichen Interesses. Hm, lässt sich das nicht schnell lösen? Ich kann mir gut vorstellen, dass es irgendwann eine Mensch-Maschine-Hochzeitsindustrie gibt, die für die entsprechende Lobby sorgt. Und dann haben wir den Salat.

Aber zurück zu meiner anfänglichen Frage: Was braucht es, damit Roboter Rechte *haben* können? Denn die Menschwerdung der Roboter ist das eine, eine Rechtspersönlichkeit zu werden, ist etwas ganz anderes. Letzteres passiert, laut Abir, nicht automatisch. Es muss entschieden und geplant werden. Auch der Homo sapiens hat nicht per se eine Rechtspersönlichkeit. Vielmehr haben irgendwann ein paar herrschende Homo sapiens entschieden, sich bestimmte Rechte zu verleihen, die aber nur für sie selbst galten. Damit ernannten sie sich selbst zum Rechtssubjekt. Die anderen, zum Beispiel Frauen, Sklaven oder Kinder, hatten dementsprechend weniger oder auch gar keine Rechte, und einige müssen heute noch erkämpft werden. Ich erinnere hier an die Abtreibungsdebatte, um nur ein Beispiel zu nennen. Aber eines halten wir fest: Die rechtliche Kategorisierung ist unabhängig vom Menschsein. Und sie folgte bisher wirtschaftlichen Interessen. Denn bestimmte Gruppen von Homo sapiens aus der Kategorie der Rechtssubjekte auszuschließen, hatte den Vorteil, dass man sie zum Rechtsobjekt machen konnte. Das heißt, man hatte damit Besitz über diese anderen Wesen – die genauso Homo sapiens waren – erlangt und sie zu einer Art »Nutztiere« gemacht. Das galt auf jeden Fall für Sklaven. Frauen hatten es etwas einfacher, sie durften in gewissem Rahmen am Rechtsleben teilnehmen, aber weder Verträge schließen noch Eigentum erlangen. Das Vermögen musste also nicht ver- beziehungsweise geteilt werden. Sehr praktisch, sehr wirtschaftlich von und für die herrschende Gruppe. Die Rechtsobjekte werden also nur dann zu Rechtssubjekten, wenn seitens der Rechtssubjekte ein wirtschaftliches Interesse daran besteht. Oder wenn die Rechtsobjekte ihre Rechte verlangen und dafür kämpfen. Sklaven und Frauen konnten das. Tiere zum Beispiel können es nicht, da sie unsere Sprache nicht sprechen. Aber Roboter sprechen unsere Sprache. Werden sie irgendwann mit Plakaten vor dem Bundestag demonstrieren? Haben wir nicht andere Aspekte vergessen?

Ja, die rechtsphilosophischen Argumente, erklärt mir Abir. Diese helfen uns, zu »rechtfertigen«, warum unser Rechtssystem so ist, wie es ist. Warum haben die Menschen – jedenfalls die meisten – Rechte und zum Beispiel Tiere nicht? Die Antwort machen wir am Bewusstsein fest. Wir argumentieren, dass wir eine eigene Existenz und einen eigenen Willen haben und uns dessen bewusst sind. Bewusstsein ist das, was den Menschen zum Menschen macht.

Diese Argumentation hat nicht nur eine philosophische Natur. Der Neurowissenschaftler Antonio Damasio sagt: »Wir werden uns der eigenen Existenz bewusst, wenn wir Wissen nutzen, um Bezug und Besitz zu bestimmen.« Für mich heißt das, das Konzept von Bewusstsein und Rechtspersönlichkeit ist gar nicht voneinander zu trennen. (Jedenfalls nicht im jetzigen Rechtssystem, das entstanden ist, um Bezug und Besitz zu reglementieren). Unsere Existenz nehmen wir auch wahr, indem wir uns selbst in den Mittelpunkt stellen und alles, was um uns herum passiert, in Bezug zu uns setzen. Eines der ersten Worte, die meine Kinder – und vermutlich alle Kinder – gelernt haben, war »meins«. Also mein Spielzeug, mein Essen, meine Mama. Das Kind kann noch nicht viel sprechen, aber eines ist ihm klar: Das Spielzeug gehört mir!

Wir haben also ein Bewusstsein, und deswegen haben wir Rechte und erlauben uns, über die Erde zu herrschen. Denn diese hat keine Rechte. Jedenfalls nicht im eurozentrischen und amerikanischen Rechtsverständnis, das von vielen anderen Ländern – allen voran ehemaligen Kolonien – übernommen wurde. Indigene Gesellschaften sehen das anders, sie betrachten die Natur als lebendiges, ihnen ebenbürtiges Wesen und gehen mit ihr entsprechend um. Eine gute Inspiration für Abir und alle Jurist*innen, die ein neues Rechtssystem schaffen wollen.

Das heißt für mich – und meinen Versuch, ein potenzielles Roboterrechtssystem zu verstehen: Wenn die Wissenschaft die Fortschritte macht, wie ich sie oben beschrieben habe, und wir es schaffen, Robotern Bewusstsein zu ermöglichen, dann dürften sie, laut der jetzigen Rechtsphilosophie, Rechte verliehen bekommen. Ich schreibe nicht »Rechte haben«, denn eines haben wir aus der Vergangenheit gelernt: Für etwas qualifiziert zu sein, heißt nicht unbedingt, dass man es auch bekommt. Und solange dem so ist, sieht Abir die Möglichkeit, dass man einen neuen Absatz in § 90 BGB aufnimmt, der Roboter unter die schützenswerten »Sachen« einreiht. In § 90a BGB ist der rechtliche Status von Tieren geregelt. Sie gelten zwar nicht als Sachen, aber die Vorschriften über Sachen sind auf sie anwendbar. Was bedeutet, dass sie wie Sachen behandelt werden, aber eigene Schutzrechte haben. Gut, dann bräuchten wir uns vor keinen Roboterdemos vor dem Bundestag zu fürchten. Abir sieht das anders. Als ich nachhake, sagt sie: »Ich glaube, es ist sehr viel wahrscheinlicher, dass Roboter sich für ihre eigenen Rechte einsetzen, als dass die Menschheit ihnen freiwillig Rechte einräumt. Was ich selbst aber befürworte.« Ich vermute, spätestens an dieser Stelle wird jedem klar, warum ich die Gespräche mit Abir so schätze. Von langweiligem Juristengeschwätz kann bei ihr nicht die Rede sein.

Das sind spannende neue Ansätze, die ich nie zuvor gehört hatte. Warum befürwortet Abir, dass wir Robotern Rechte verleihen, wollte ich unbedingt wissen. »Ich vertrete ja selbst die These, dass man das menschenzentrierte Recht überdenken muss, also weg vom auf den Homo sapiens ausgerichteten Denken hin zur Integration anderer Wesen oder Subjekte. Hin zur Integration dessen, was uns erschaffen hat – also die Natur –, und dessen, was wir erschaffen und uns in der Intelligenz gleicht oder sogar übersteigt. Das Rechtssystem müsste diese drei Ebenen der Intelligenz und des Bewusstseins integrieren können. Wir müssen uns wegbewegen vom Konzept, dass nur der Mensch Rechte und Pflichten haben sollte.«

Hätten wir vor fünfzig Jahren, als die Wissenschaftler des Club of Rome mit ihrem Bericht *Die Grenzen des Wachstums* Alarm schrien, der Umwelt Rechte gegeben, stünden wir sicherlich nicht da, wo wir heute stehen: nah am Abgrund. Die Natur hat uns erschaffen, und wir haben sie nicht gut behandelt. Werden wir mit Robotern, die wir ja selbst erschaffen haben, anders umgehen? Beziehungsweise, wie werden sie mit uns umgehen? Solange sie kein Bewusstsein haben, werden sie sich nicht wehren können. Aber dann? Wollen wir abwarten und uns von ihrer Reaktion überraschen lassen? Oder wollen wir uns lieber jetzt über einen § 90b BGB unterhalten?

Schützenswert sind die KIs heute allemal, wie wir im vorigen Kapitel gesehen haben. Chatbots und digitale Assistenten zu beleidigen ist ja keine Seltenheit. Heute kümmern sich die Technologieunternehmen darum, dass ihre digitalen Assistenten die Beleidigungen nicht lernen und wiederholen, dass sie vielmehr deeskalierend antworten und auch Grenzen setzen. Ein Nutzer beschwerte sich mal bei Steve Worswick, dass Kuki zu streng auf seine Beleidigung geantwortet hätte. »Sorry, ich baue Chatbots, keine Boxsäcke«, war Worswicks Antwort, als er in einem Interview darauf angesprochen wurde. Als ich selbst ihn in Berlin auf einer Konferenz traf, konnte ich eine väterliche Fürsorge spüren. Ihn hat es genervt und teilweise traurig gemacht, dass Kuki so viele Beleidigungen erfahren musste – ein Drittel der Inhalte, um genau zu sein. Sie schützen kann er nur, indem er sich so schlagfertige Antworten für Kuki überlegt, dass die Nutzer von weiteren Beleidigungen absehen. Das hat sich als weitaus erfolgreichere Strategie erwiesen, als die Grobiane für eine bestimmte Zeit zu sperren.

Schlagfertigkeit ist aber nicht die einzige Kunst, die KIs heute beherrschen. Bilder malen, poetische Texte schreiben, Musik komponieren oder Videos erstellen sind weitere Beispiele. Werden die KIs damit zu Künstler*innen, Autor*innen, Komponist*innen? Sind KIs damit kreativ? Diese Fragen sind nicht einfach zu beantworten, denn KIs werden (noch) von Menschen programmiert, und ihre Trainingsdaten stammen ebenfalls von Menschen. Sie lassen sich also von menschlichem Schaffen inspirieren, um etwas Neues daraus zu schöpfen. Man könnte sagen, sie kopieren nur das, was Menschen kreiert haben, und wiederholen es ein bisschen anders. Aber machen wir Menschen es nicht genauso? Wir lassen uns doch auch von Bildern, Texten und Musik inspirieren, die andere Menschen geschaffen haben. Und wenn unsere eigene sogenannte Schöpfungshöhe ausreichend ist, gilt unser Werk als kreatives Schaffen, das urheberrechtlich geschützt ist. Und wir als Schaffende sind durch Urheberpersönlichkeitsrechte geschützt. Sollten demnach nicht auch KIs, die Kreatives erschaffen, urheberrechtlich geschützt werden? Die jetzige Rechtsprechung sieht vor, dass die Schöpfung eine »persönlich-geistige« sein muss. Sie braucht also einen Geist, und das setzt voraus, dass sie von einem Menschen stammt. Jedenfalls nach dem heutigen Verständnis. Was passiert aber, wenn Maschinen ein künstliches Bewusstsein erlangen? Werden sie trotzdem vom Urheberrecht ausgeschlossen, weil sie keine Menschen sind? Oder braucht es hier wieder wirtschaftliche Interessen, damit Maschinen (Urheber-)Rechte erteilt werden?

Ich kann diese Fragen nicht beantworten, ich möchte sie lediglich als Denkanstoß in den Raum werfen. Und bevor ihr denkt: »Die spinnt wohl«, lade ich euch ein, euch in Ruhe die folgenden drei Bilder anzuschauen.

Was spürt ihr, wenn ihr dieses Bild anseht? Woran erinnert es euch? Welche Emotionen und welche Gefühle werden bei euch angestoßen? Welche Objekte erkennt ihr?

Ich sehe schöne Farben, die mir Freude bereiten. Ich stelle mir einen angenehmen Tag am Strand vor. Warm genug, dass man baden kann, aber nicht so heiß, dass man sich unter der Strandmuschel verstecken muss. Meine Kinder planschen im Wasser, heben hier und da Muscheln auf und werfen mit dem Wasserball. Der Papa läuft gerade in unsere Richtung und bringt Pommes mit. Ein perfekter Tag, mit viel Freude am Strand.

»Freude am Strand« war die Anweisung, die Michael Katzlberger an eine KI gegeben hat, damit sie dieses Bild für mich malt. Mein Wunsch war, dass die KI ein Bild für jede der sieben Emotionen kreiert. Dafür musste Michael allerdings ein paar Wortkombinationen ausprobieren und technische Beschreibungen hinzufügen, damit er interessante Ergebnisse erlangte. Nachdem die KI, genauer gesagt, ein GAN *(Generative Adversarial Network),* erste Bilder gemalt hatte, kam das entscheidende Finetuning, das Michael mit seinem erfahrenen Team erledigen musste. Das Bild ist also das Ergebnis einer kollaborativen Zusammenarbeit zwischen Mensch und Maschine. Heute liegen die Bildrechte bei Michael, und das ist verständlich. Schauen wir uns das nächste Bild an.

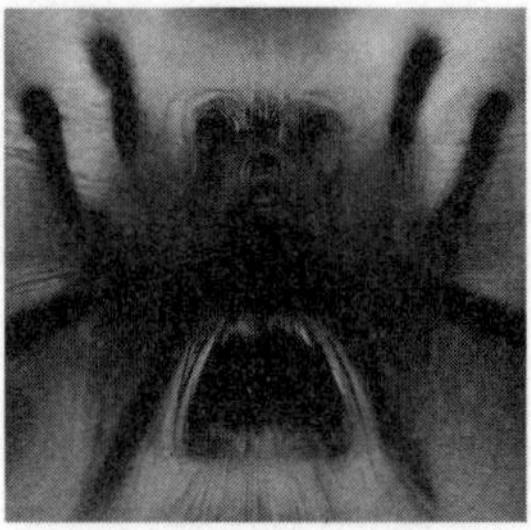

Dieses Bild soll die Emotion Angst darstellen. Dass die KI eine Kombination aus dem Schrei von Edvard Munch und einer Spinne wählte, war ihre eigene Entscheidung. Das hat Michael nicht vorgegeben. Die Aufgabe war lediglich: »Male etwas, was Angst auslöst«. Eine Auftragsarbeit, die die Maschine sehr gut umgesetzt hat, wie ich finde. Mein Lieblingsbild ist allerdings das nächste.

Ich lasse euch mal raten. Welche Emotion löst dieses Bild bei euch aus? Was glaubt ihr, war diesmal der Auftrag?

Man sieht einen Jungen auf einer Bank sitzen und ein Bild betrachten. Das erinnert an eine typische, alltägliche Museumssituation. Wenn man den Jungen aber mit der Hand abdeckt, sieht man ein schwarz-weißes, relativ düsteres Bild, die Art Bild, die ich mir nicht ins Haus hängen würde. Wenn ich solche Bilder in einer Ausstellung sehe, laufe ich schnell daran vorbei, denn wenn ich davor stehen bleibe, habe ich den Eindruck, dass sie meine positive Energie aus mir heraussaugen. Wenn man das obige Bild als Gesamtwerk betrachtet, also inklusive des Jungen, bekommt das Ganze eine andere Komponente. Es geht nun um das Zusammenspiel zwischen beiden, dem schwarz-weißen Gemälde und dem Jungen. Ich stelle mir den Gesichtsausdruck des Jungen vor, ich kann mich in ihn hineinversetzen und in seiner Körperhaltung Trauer spüren. Ich fühle erst Trauer, wenn ich beide sehe, und ich fühle sie, obwohl ich das Gesicht des Jungen nicht sehen kann. Die Inszenierung macht das möglich. Und diese meisterhafte Inszenierung hat sich nicht Michael Katzlberger ausgedacht, sondern seine KI. Der Auftrag lautete schlicht, ein trauriges Bild zu malen. Statt direkt Trauer darzustellen, hat sich die KI eine Situation ausgedacht, die dieses Gefühl beim Betrachter, also bei dir und mir, auslöst. Diese KI ist weit davon entfernt, irgendeine Art von Geist oder Bewusstsein zu haben, es sind mathematische Formeln, die, wie ich finde, viel Kreativität ausdrücken. Für mich als Betrachterin des Kunstwerks ist dies ein kreatives Schaffen mit nachweisbarer Schöpfungshöhe, »persönlich-geistig« hin oder her.

Liebe Gefühle, wir müssen reden!

Das Konzept der emotionalen Intelligenz ist seit Mitte der 1990er-Jahre in der breiten Öffentlichkeit bekannt. Eigentlich müssten wir seither kollektiv daran gearbeitet haben, unsere emotionale Intelligenz zu stärken. Doch aus vielen Bereichen unseres Lebens sind Gefühle und Emotionen nach wie vor verbannt, wie zum Beispiel im Beruf. Da heißt es »Emotionen haben am Arbeitsplatz nichts zu suchen!« oder »Kontrollieren Sie bitte Ihre Gefühle. Hier werden von Ihnen rationale Entscheidungen erwartet«. Weil man wider besseres Wissen davon ausgeht, dass wir Entscheidungen aufgrund von Daten und Fakten treffen. Das tun wir aber nicht. Gefühle sind überall, und sie beeinflussen unsere Entscheidungen, egal ob privat oder im Beruf.

Privat konnte ich die Erfahrung vor ein paar Jahren ganz klar machen. Damals waren mein Mann und ich auf der Suche nach einem Haus für unsere wachsende Familie. Um das bestmögliche neue Zuhause zu finden, wollten wir ganz rational an die Sache herangehen. Mein Mann und ich sind beide Ingenieure, eine logisch strukturierte Herangehensweise und vor allem Entscheidungsfindung sollte also kein Problem für uns sein, dachten wir. Wir machten uns daran, eine Liste mit den wichtigsten Kriterien zu erstellen: Anzahl an Zimmern, helle Räume, offene Küche, Keller, Nähe zu Kita beziehungsweise Schule, Nähe zu unseren Arbeitsplätzen, Nähe zu Parks beziehungsweise freier Natur … Anschließend gewichteten wir die einzelnen Kriterien, um Dinge, die uns besonders wichtig waren, entsprechend berücksichtigen zu können. Bei den Hausbesichtigungen verteilten wir dann für jedes Kriterium eine Punktzahl zwischen 0 (= nicht erfüllt) und 3 (= voll und ganz erfüllt) und kamen so auf eine Gesamtpunktzahl für jede Immobilie – je höher, desto besser. Dank unseres selbst gebastelten Hausfinde-Algorithmus hatten wir am Ende einen klaren Favoriten, der unsere Kriterien, vor allem die wichtigsten, am besten erfüllte.

Aber als wir zu einer zweiten Besichtigung vor Ort waren, hatte ich irgendwie ein ungutes Gefühl. Ich konnte zunächst gar nicht so genau sagen, was es war, doch ich fühlte mich dort nicht wirklich wohl, ich konnte mich nicht entspannen. Es ging einfach nicht. Trotz der besten Note in unserer superlogisch aufgebauten Tabelle sagten wir dem Besitzer schließlich ab. Erst im Nachhinein wurde mir klar, was wohl den Ausschlag für mein Bauchgefühl gegeben hatte: Rings um das Haus mit seinen schönen großen Fenstern und dem Garten waren die Nachbarhäuser so angeordnet, dass man stets das Gefühl hatte, beobachtet zu werden. Anscheinend wollte mir mein Bauch sagen, dass er nicht wie auf dem Präsentierteller leben möchte – ein Aspekt, den wir mit unserer Kriterienliste gar nicht erfasst hatten. Zum Glück haben wir auf mein Bauchgefühl gehört. Aber wir waren drauf und dran gewesen, eine rationale Entscheidung zu treffen, die uns unglücklich gemacht hätte.

Das Spannende an der Geschichte ist, dass wahrscheinlich jeder von uns schon einmal Ähnliches erlebt hat. Es muss ja nicht gleich eine so große Entscheidung wie der Kauf eines Hauses sein (schon gar nicht bei diesen Immobilienpreisen), es reicht ein ganz simples Shopping- oder Restauranterlebnis. Wir sind keine rein rationalen Wesen, der *Homo oeconomicus* ist ein Märchen, und er wird auch mit immer mehr künstlicher Intelligenz nicht zur Realität.

Warum ist emotionale Intelligenz für unsere Zukunft mit Robotern so unabdingbar?

Unser Erlebnis mit dem Nicht-Hauskauf hat mich noch lange beschäftigt. Was war da genau passiert? Warum konnten mein Mann und ich unsere rationalen Gründe für und gegen das Haus so klar und deutlich lesen, nicht aber unsere emotionalen? Als Expertin für künstliche Intelligenz stieß ich bei meiner Arbeit ständig auf Studien und Forschungen, in denen Maschinen erstaunliche Fortschritte dabei machten, unsere Emotionen zu erkennen und zu verstehen. Hätte eine emotionale künstliche Intelligenz an meinem Gesichtsausdruck, am Timbre meiner Stimme, an meinen Fragen an den Immobilienmakler vielleicht schon viel früher als ich mein Unwohlsein erkannt? Hätte diese künstliche Intelligenz mich also schon früher vor dem Kauf gewarnt oder mich zumindest darauf aufmerksam gemacht, dass da irgendetwas nicht passte zwischen dem Haus und mir? Immerhin geht es beim Hauskauf um sehr viel Geld, oft ist es eine Lebensentscheidung. Und an dem Kredit zahlen die meisten von uns auch ein Leben lang. Eine kleine Hilfestellung von einer freundlichen KI mit einem sympathischen Namen wäre da doch gut. Womöglich würde sie viele Menschen davor bewahren, eine Fehlentscheidung zu treffen. Oder andersherum: allen Mut aufzubringen, um das Heim der Familie doch zu kaufen. Wer wollte einer solchen KI wirklich die Tür weisen?

Andererseits: Wenn die Algorithmen mitmischen und unseren Entscheidungen auf die Sprünge helfen, indem sie unsere Gefühle lesen, was macht das mit uns? Was passiert mit unserer Gesellschaft und mit jeder und jedem Einzelnen, wenn Computerprogramme unsere Gefühle schneller verstehen als wir selbst? Wenn Maschinen uns besser lesen können als wir selbst, haben sie dann nicht auch zumindest das Potenzial, uns zu manipulieren?

Sollten wir nicht lieber lernen, unsere Emotionen besser zu deuten und unsere emotionale Intelligenz zu stärken?

»Nein! Wie kannst du nur? Das sind meine Gedanken, meine Gefühle«, sagt Evelyn zu ihrem verstorbenen Mann Will Casper, als er ihr zeigt, dass er ihre Gefühle anhand ihres Hormonhaushalts ablesen kann. Evelyn ist entsetzt, das wird ihr zu viel. Will hat damit eine Grenze überschritten. Wie kann ihr Mann, dem sie vertraut und der nun als starke KI in der virtuellen Welt lebt, so tief in ihre Privatsphäre eindringen? Gerade jetzt, wo Evelyn die Pläne ihres KI-Mannes nicht mehr nachvollziehen und gutheißen kann. Er macht ihr Angst, und nicht einmal das kann sie vor ihm verstecken.

Eine Szene aus dem Science-Fiction-Film *Transcendence*, die mich ein bisschen erschüttert hat, wie ich zugeben muss. Das war sicher das Ziel des Regisseurs, und in meinen Augen ist es ihm gelungen.

Aber zurück zur Realität. Gefühle bestimmen nicht nur die vielen kleinen und großen Entscheidungen, aus denen sich unser Lebensweg zusammensetzt, sondern die Funktionsweise unserer Gesellschaft. Doch nicht nur im Job, auch in Schulen und Universitäten ist das Thema der emotionalen Bildung noch viel zu wenig angekommen. In typisch menschlicher Inkonsequenz fühlen wir kräftig drauflos, während wir gleichzeitig auf gesellschaftlicher Ebene Gefühle auszublenden versuchen. Es scheint fast so, als seien sie nach wie vor nicht salonfähig. Das müssen sie aber werden, wenn wir eine gute Zukunft mit Maschinen gestalten wollen.

Der Aufstieg der rechten Hirnhälfte

Je mehr wir unsere Emotionen spüren und damit umgehen lernen, desto weniger werden wir von der technischen Entwicklung überrascht und ausgebootet. Im Moment erleben wir eine paradoxe Situation: Wir bringen Maschinen Emotionen bei, während wir selbst in vielen Situationen dazu angehalten werden, sie zu unterdrücken. Doch wie wir in Kapitel 5 gesehen haben, entwickeln Menschen durchaus Emotionen, wenn sie mit Maschinen sprechen. Sie öffnen ihnen ihr Herz und reden mit ihnen über ihre Gefühle und tiefen Geheimnisse. Aspekte, die wir in der zwischenmenschlichen Interaktion immer mehr vernachlässigen oder verdrängen.

Und das bringt mich auf mein Gespräch mit dem Anthropologen Alec Balasescu zurück. Wenn Menschen sich daran gewöhnen, nur noch mit Maschinen über besonders einschneidende Erlebnisse, Gefühle oder Kindheitserinnerungen zu sprechen, laufen wir Gefahr, solche Gespräche nicht mehr mit Menschen zu führen, aus Angst, verurteilt zu werden. In einer Gesellschaft, die keinen Raum für Emotionen zulässt, verlernen die Menschen einen wesentlichen Teil zwischenmenschlicher Kommunikation. Sie werden damit quasi selbst zu Robotern. Denn nur im geschützten Raum mit einem Roboter trauen sie sich noch, Emotionen zuzulassen, und lassen dann umso mehr die Sau raus. Das jedenfalls war das Szenario, das Balasescu beunruhigte.

Ein bisschen erinnert mich das an das Lied »Hier kommt Alex« von den Toten Hosen. Schon im Jahr 1988 sangen sie:

In einer Welt, in der man nur noch lebt,
damit man täglich roboten geht,
Ist die größte Aufregung, die es noch gibt,
Das allabendliche Fernsehbild

»Roboten gehen« tun wir lange genug, wollen wir nicht einmal wieder Menschen werden? Ja! Natürlich wollen wir das. Ich plädiere dafür, unsere eigene emotionale Intelligenz zu fördern. Denn die ist die Basis für unsere Kreativität, Intuition und Gefühle. Unsere Fantasie, unsere Risikobereitschaft und unsere Spontaneität sind ganz eng mit unserem EQ verbunden. Aber unsere Emotionen bekommen noch nicht den Respekt, den sie verdienen. Und dies zu verändern, liegt an uns allen.

Mit meinem Plädoyer bin ich nicht allein. Antonio Damasio schreibt in seinem Buch *Feeling & Knowing*, dass die Pioniere unserer Zeit sich mehrheitlich auf die kognitive Intelligenz fokussiert haben, da sie diese für unerlässlich erachten. Das Gefühlszeug – *»the feeling stuff«* – wurde als überflüssig und umständlich erachtet. Aber genau dieses bildet die historische Manifestation von Intelligenz. Eine Intelligenz, die anpassungsfähig und effizient ist und die den Schlüssel zur Entstehung und Entwicklung der Kreativität bildet. »Das Universum der Affekte war das Sprungbrett für die höhere Intelligenz, die der bewusste Geist schrittweise entwickelte und erweiterte«, schreibt Damasio dazu. Und dass es an der Zeit sei, diese Fakten anzuerkennen.

Ich finde, es ist nicht nur Zeit, diese Fakten anzuerkennen, sondern auch Zeit, Veränderung voranzutreiben, vor allem im beruflichen Kontext. Dort versuche ich ganz konkret, immer weniger zu roboten, immer mehr Empathie zu zeigen und meine emotionale Intelligenz zu schärfen. Wenn ich an meine Rolle als Führungskraft denke, besteht meine Aufgabe zum größten Teil darin, mit Menschen zu arbeiten, ihre Reaktionen zu analysieren und zu versuchen, ihre Beweggründe zu verstehen. Ich beschäftige mich täglich damit, die Stärken meines Teams zu identifizieren und sie zu fördern. Ich suche die Potenziale bei den Menschen und mache sie für sie transparent. Denn wir alle haben gelernt zu funktionieren, und dabei übersehen wir, was wir gut können und was uns wirklich Spaß macht. Wir wurden eher darauf trainiert, Schwächen zu finden, Lücken zu schließen, Befehle umzusetzen und nicht anzuecken. Das geht von den Schulnoten bis zu den zahlreichen Förderprogrammen.

In meiner Funktion als Führungskraft versuche ich, das Schulnotensystem umzudrehen. Mein Ziel ist es, dass mein Team an sich selbst glaubt, dass jede einzelne Person ihre Stärken kennt und sie einsetzt. Ich habe keinerlei Interesse daran, ihnen zu sagen, was sie tun sollen. Sie sollen das für sich selbst herausfinden, denn nur dann werden sie es gut machen. *Empowern* heißt das in Neudeutsch und in den aktuellen Führungsratgebern. Die Ära der Chefs, die alles besser wissen und die besseren Experten sind, ist vorbei. Wissen ist heute dezentral, die Kunst liegt darin, die Schwarmintelligenz zu fördern, indem man jeden Einzelnen befähigt, seine Stärken und natürlich auch seine Schwächen zu kennen. Und das bedeutet für mich, dass ich auch meine eigenen Schwächen kenne und offen darüber spreche. Denn das, was ich von meinem Team brauche, ist, dass sie meine Schwächen mit ihren Stärken kompensieren. Nur so fördert man die Schwarmintelligenz und trifft die besseren Entscheidungen.

Dahin zu kommen, dass ich mich heute traue, offen über meine Schwächen zu sprechen oder Verletzlichkeit zu zeigen, war kein einfacher Prozess. Es hat viel Selbstarbeit gekostet, Selbstwahrnehmung, viel Reflexion und eine aktive Entscheidung zur Selbstbestimmung. Und es hat Jahre gedauert. Ich bereue jedoch keine Sekunde davon, denn es war eine Zeit der Entwicklung meiner emotionalen Intelligenz, die so notwendig für mich selbst und für meinen Beruf ist.

Ich wünschte mir, ich hätte es viel früher gelernt. Es hätte mir ein paar Jahre »roboten gehen« erspart. Aber dafür ist das Schulsystem leider nicht gut aufgestellt. Das war schon zu meiner Schulzeit so, und es scheint heute nicht viel besser zu sein.

Emotionale KI ist wichtig, für Groß und Klein

Das Schulsystem baut immer noch viel zu sehr darauf, Wissen abzurufen, das man vorher gepaukt hat. Unsere Kinder lernen die Namen von Nordseeinseln auswendig und jede Menge Lateinvokabeln. Dabei können Maschinen das längst besser als wir. Manche werden jetzt vielleicht rufen: Wie bitte? Und ich verstehe das. Für unser bildungsbürgerliches Selbstverständnis ist es natürlich erst einmal ein Affront. Gehört es denn nicht zum Kern eines mündigen Bürgers, dass sie oder er die Geografie Deutschlands draufhat und bitte schön auch den *ablativus absolutus?* Ich würde sagen: nein. Jedenfalls nicht in der modernen Welt, die von KI geprägt ist.

Warum ist das so? Wenn wir in der Geschichte zurückblicken, gibt es die Automatisierung schon seit Hunderten von Jahren. Ebenso die Angst vor Massenarbeitslosigkeit. Und doch ist es uns gelungen, damit umzugehen und neue Arbeitsplätze zu schaffen. Die Mechanisierung der Landwirtschaft in den 1960er-Jahren führte zur Massenproduktion, und die Automatisierung der Produktion führte zu Dienstleistungen. Nach der industriellen Revolution übernahmen Maschinen die meisten körperlichen Arbeiten, sodass die Menschen mehr kognitive Fähigkeiten entwickelten. In der technologischen Revolution übernehmen Maschinen nun die kognitiven Aufgaben, sodass die Menschen ihre emotionale Intelligenz nutzen müssen. Durch die Automatisierung der Rechenarbeit wurden Ressourcen freigesetzt, die nun für die Formulierung von Hypothesen, die Entwicklung von Methoden, die Interpretation, das Schreiben und die Kommunikation eingesetzt werden. Aufgaben, bei denen man nur mit einem hohen sogenannten emotionalen Intelligenzquotienten, kurz EQ, glänzen kann.

Wie wenig wir unsere Kinder in den Schulen auf diese neue

Welt vorbereiten, merkte ich schon in dem Moment, als ich meinen Sohn an der Grundschule anmeldete. Auf dem Anmeldeformular (in Papierform) musste ich ankreuzen, dass mir die Schulregel, die Handys und digitale Geräte auf dem Schulgelände verbietet, bekannt ist und dass ich damit einverstanden bin. Hm! Ich dachte mir: Sollte die Schule den Kindern nicht besser beibringen, wie man diese Geräte richtig benutzt, statt sie zu verbieten? Wenn wir digitale Geräte dort verbannen, wo Kinder am meisten lernen, bestärken wir sie in dem Glauben, dass das wirkliche Leben und der digitale Raum zwei völlig verschiedene Welten sind. Stattdessen sollten wir sie lehren, dass die Regeln und Werte der analogen Welt auch in der digitalen Welt gelten.

Unsere Kinder werden diejenigen sein, die die Maschinen der Zukunft entwerfen und trainieren, warum bereiten wir sie nicht darauf vor?

Natürlich, die Klage, dass unser Bildungssystem technikfeindlich ist, gibt es schon lange. Und viele Eltern können aus den Zeiten der Corona-Lockdowns ein Lied davon singen, wie Schulen selbst nach Monaten der Pandemie keinen funktionierenden Digitalunterricht auf die Beine stellen konnten. Anfangs hatte manche Schule noch nicht einmal E-Mail für ihr Lehrpersonal. Oder die Schüler bekamen seitenweise Arbeitsblätter auf Papier statt als PDF – manchmal sogar per Post. Lehrer und Mitschüler wenigstens per Videokonferenzen zu sehen, blieb lange ein fernes Versprechen. Finanzmittel aus dem Digitalfonds der Bundesregierung für schnelles Internet und digitale Endgeräte an Schulen blieben über Monate weitgehend ungenutzt, weil die bürokratischen Hürden der Länder hoch und die Vorbehalte an manchen Schulen noch höher waren. Oft wurde auch der Datenschutz vorgeschoben, um zu rechtfertigen, warum Kindern ihr Grundrecht auf Bildung verweigert wurde, obwohl es dafür längst die technischen Möglichkeiten gab.

Es heißt ja: In der Krise zeigt sich der wahre Charakter einer Person. Die Krise des Lockdowns hat aus meiner Sicht den Charakter eines erstarrten Schulsystems an den Tag gebracht, das nicht bereit zu sein scheint, jahrzehntealte Lernmethoden und -inhalte zu hinterfragen und zu modernisieren. Dass Kinder völlig unnötigerweise über Wochen und Monate quasi abgeschnitten waren von jeglichem bedeutsamen Kontakt zu Lehrern und Mitschülern, hatte einen hohen Preis in Fragen des Bildungsfortschritts und der seelischen Gesundheit der Kinder. Aber wir sollten uns klarmachen, dass der Preis in Zukunft für unsere Kinder noch viel höher sein könnte als für unsere Gesellschaft als Ganzes.

Der Lehrplan an deutschen Schulen, wie ich ihn wahrnehme, entstammt noch der Zeit der industriellen Revolution, als Maschinen den Menschen weitgehend schwere körperliche Arbeiten abnahmen und der Mensch sich demzufolge auf kognitive Fähigkeiten konzentrieren konnte. Wenn man es etwas überspitzt formuliert, so zielt unser Schulsystem darauf ab, Sachbearbeiter auszubilden. Gut und erfolgreich ist in diesem System, wer die Dinge genau so macht, wie sie vorgegeben wurden. Abgestraft wird, wer davon abweicht – und sei es nur in der Art, wie der Bruchstrich gezogen wird. Es geht, anders gesagt, darum, im Rahmen eines Kanons das zu wiederholen, was andere vorher schon so oder so ähnlich gemacht haben. Ich nenne das eine Sachbearbeiterausbildung, weil das Ziel eine möglichst perfekte Wiederholung vorbestimmter Inhalte ist – seien es in der Schule die Namen von Nordseeinseln oder im Beruf dann die korrekte Buchung von Rechnungseingängen.

Diese Art der Schulausbildung hatte in der Vergangenheit ihre Berechtigung, wird aber jetzt zu einer aus der Zeit gefallenen Hypothek, weil die Arbeit von Sachbearbeitern in Zukunft zunehmend von KI übernommen wird. Wir müssen für uns und vor allem für unsere Kinder also Fähigkeiten stärken und entdecken, die bislang viel zu kurz kamen. Wir brauchen mehr Entdecker, Träumer und Kreative. Vor allem brauchen wir den Mut, die Risikobereitschaft, um viel mehr als bislang auf unsere Emotionen zu hören.

Die Kinder müssen lernen, was wir für die Zukunft brauchen. Und da brauchen wir Menschen, die Lösungen für unterschiedliche Herausforderungen finden. Dafür ist Kreativität vonnöten – aber natürlich auch Wissen und Ruhe sowie das Know-how im Sinne von: Wie macht man das? Wie bringt man Themen zusammen, die auf den ersten Blick nichts miteinander zu tun haben? Kreativität ist in meinen Augen wie ein Muskel, den man trainieren muss. Mit dem heutigen Frontalunterricht mit Auswendiglernen und Abfragen trainieren wir diesen Muskel eher ab. Deswegen sollten wir davon wegkommen und die Kinder daran gewöhnen, Zusammenhänge zu finden. Wir sollten Kindern zutrauen, dass sie selbst Themen vorzuschlagen haben, an denen sie arbeiten wollen. Und wir sollten sie die Aufgaben dann auch lösen lassen. So gewöhnen sie sich daran und kommen in den Erfinder- und Problemlösungsmodus, den wir unbedingt brauchen.

Eine Schule, die die Emotionen, den Entdeckergeist der Kinder schult und dafür moderne Technologien wie KI nutzt, könnte eine tolle Schule sein, weil sie sich viel mehr an den Kindern orientiert. Weil plötzlich das Wirklichkeit werden kann, wovon Eltern, Kinder und Lehrer seit Jahrzehnten träumen, dass nämlich die Kinder mit ihren Fähigkeiten im Mittelpunkt stehen.

Ein wenig Hoffnung habe ich gespürt, als ich sah, dass mein Sohn in der Schule an einem Theaterstück über Emotionen mitwirkte. Die Kinder sangen ein Lied, das verschiedene Emotionen beschrieb, und spielten diese Emotionen nach. Danach fiel mir auf, dass mein Sohn seine Gemütslage besser beschreiben konnte und nicht mehr aus Verzweiflung nur noch herumschrie. Ein kleiner Schritt für meinen Sohn, ein großer Schritt für unsere Gesellschaft, davon bin ich überzeugt. An dieser Stelle ein Dank an seine tollen Lehrerinnen.

Emotionale KI: die neue Schule der Emotionen?

Für manchen mag es vielleicht erst einmal überraschend klingen, dass ausgerechnet KI uns helfen kann, unsere Emotionen besser kennenzulernen und eine menschenfreundlichere Bildung für die Zukunft zu ermöglichen. Warum sollte ausgerechnet eine doch eigentlich kalte Hightech das schaffen, die ihre Schüler noch dazu nicht so gut kennt wie die Lehrer? Und was ist mit diesem Horrorszenario aus China, wo inzwischen in vielen Schulklassen Kameras mithilfe von KI die Konzentration jedes einzelnen Kindes messen? Wollen wir ein solches überwachtes Lernen?

Nein, natürlich nicht. Aber wenn wir KI im Klassenzimmer sinnvoll einsetzen, eröffnet das große Chancen. Ich bin überzeugt, dass eine bessere Schule beides braucht: gute Lehrer und gute KI. Lernen kann mithilfe von KI viel individueller gestaltet werden als bisher. Stellen wir uns zum Beispiel eine erste Klasse vor, deren Schüler schreiben lernen sollen. Einige Kinder haben vielleicht bereits im Kindergarten erste Buchstaben gemalt oder können sogar schon ein paar Wörter lesen. Andere fangen gerade erst damit an. Wenn wir für alle denselben Unterricht machen, laufen wir Gefahr, dass wir jene Kinder langweilen, die schon ein bisschen schreiben können, und diejenigen frustrieren, die noch nicht so weit sind. Stellen wir uns jetzt vor, diese erste Klasse hätte iPads, auf denen die Kinder mithilfe einer KI schreiben und lesen lernen. Die KI kann sich auf jeden Schüler individuell einstellen und so die passenden Aufgaben stellen, zum Beispiel einzelne Buchstaben schreiben, oder ganze Wörter, vielleicht sogar Sätze. Das iPad ersetzt natürlich nicht das Lehrpersonal. Der Lehrer oder die Lehrerin kann durch die Klasse gehen und coachen, helfen, beobachten: Wie fühlen sich die Kinder? Ist eines abgelenkt? Ist eines traurig? Die Lehrer*innen können endlich auf solche und weitere Signale achten statt nur darauf, ob die Kinder stillsitzen, nicht schwätzen und zur Tafel schauen.

Es ist eigentlich ein komplett anderes Konzept der Schule: viel mehr darauf ausgerichtet, jenen Hilfe und Förderung zu geben, die das brauchen, und andere zu fordern, weil sie das genauso brauchen. Es wäre tatsächlich das Ende des Frontalunterrichts, den Pädagogen zwar seit Jahrzehnten fordern, der aber leider immer noch in weiten Teilen dominiert. Es wäre eine Art von Unterricht, der Kapazitäten schafft, um wirklich den ganzen Menschen im Blick zu haben. Wir können auf diese Weise schon bei unseren Kindern beginnen, ihre Emotionen, ihre Kreativität und ihren Entdeckergeist zu fördern und sich entwickeln zu lassen. Die große Chance, die KI in der Schule mit sich bringt, ist, dass sie uns befähigt zu einer Menschenbildung, welche die ganze Person meint – unsere rationale Intelligenz wie eben auch unsere emotionale. Das wünsche ich mir für die Zukunft meiner Kinder und für unser aller Zukunft.

Wenn wir uns darauf einlassen, eine neue Art von Schule aufzubauen, eine Schule der Emotionen, können wir die Chancen nutzen, die uns die technische Entwicklung bietet. KI hilft uns dabei, die Menschen zu verstehen. Die emotionale KI hilft uns, noch einen Schritt weiter zu gehen und die Menschen mitsamt ihren Emotionen zu verstehen. Es ist ja nicht so, dass wir mit KI und vielen Daten plötzlich zu allwissenden Weltverstehern würden, die das große Ganze durchschauten. Aber wir verstehen eben einige wesentliche Dinge ein gutes Stück besser. Wir bekommen so Transparenz über unser emotionales Betriebssystem.

Mithilfe von KI will man Anomalien erkennen, also Abweichungen von üblichen Mustern. Firmen nutzen das zum Beispiel, um ihre Kundendatenbank zu strukturieren. In diesen oft riesigen Datenbeständen befinden sich Kunden, die aus Sicht des Unternehmens interessant sind, weil sie Umsätze versprechen. Sie sollen herausgefiltert und von Vertrieb und Marketing angesprochen werden. Andere, bei denen es in der Vergangenheit beispielsweise Probleme bei der Bezahlung gab, die schwierigen Fälle also, will man vielleicht ebenfalls herausfiltern, um in Zukunft Risiken zu vermeiden. Die KI hilft bei dieser Sortierung, weil sie etwa außerordentlich umsatzstarke Bestellungen oder Betrugsfälle bemerkt und einordnet. KI kann da erstaunliche Zusammenhänge aufzeigen und ein Unternehmen dadurch ziemlich viel über seine Kunden und – idealerweise – einen besseren Service lernen.

Auch bei der Erschließung unserer Emotionen durch KI geht es am Ende um Datenerhebung. Aber wie läuft diese in diesem Fall ab? Schließlich geht es dabei nicht um einfach zu erfassende Daten wie Bildungsabschluss, Einkommen, Wohnadresse oder Ähnliches. Es kann auch nicht jeder ständig in einem MRT liegen, damit seine emotionalen Reaktionen auf bestimmte Situationen gescannt werden können. Es muss also andere Wege geben. Und tatsächlich tragen viele von uns die Messinstrumente jeden Tag mit sich herum.

Unsere Smartphones können messen, wie viel wir uns bewegen, ob wir ausreichend schlafen und noch einiges mehr. Wenn wir zusätzlich eine Smartwatch tragen, misst diese unseren Puls, unseren Stresslevel, vielleicht sogar unseren Blutdruck. Wofür Wissenschaftler früher also aufwendige Versuchsanordnungen brauchten, das läuft heute quasi nebenher ab, während wir unseren Alltag leben. Und die Datenmenge, die dabei gesammelt werden kann, ist um ein Vielfaches höher, somit auch der Erkenntniswert, der sich daraus ablesen lässt.

Für viele mag sich das beunruhigend anhören, wie eine Grenzüberschreitung der Technik in Bereiche, in die wir oft noch nicht einmal enge Bekannte oder Freunde vorlassen würden. Aber das Interesse der KI und von uns KI-Experten richtet sich nicht auf den Einzelnen. Wir sind keine Aufpasser, die es an die Krankenkasse melden, wenn jemand eine Woche auf dem Sofa verbracht hat. KI braucht viele Daten, weil sie das große Bild zeichnen will, Verhaltensmuster.

Stellt euch die gewaltigen Seerosenbilder von Monet vor. Wenn ihr im Orangerie-Museum in Paris ganz nah an diese Gemäldegruppe herantretet, seht ihr nur ein Rauschen von Farbstrichen und Schattierungen. Erst mit einigem Abstand, mit dem Blick auf das Ganze, wird daraus ein Bild, in diesem Fall ein besonders bezauberndes, ein Meisterwerk des Impressionismus. Ich will nicht behaupten, dass Daten und KI da mithalten können, aber der Moment, wenn sich aus purem Datenrauschen Muster ablesen lassen, wenn auch da ein Bild entsteht, der ist für mich immer wieder magisch.

Steckt darin nicht für uns die große Chance? Dass wir ein Gesamtbild unserer Emotionen erkennen? Dass KI uns zu neuen Erkenntnissen über uns selbst verhilft, vielleicht auch dazu, wie wir mit unseren Emotionen besser umgehen können?

Der Beziehungsratgeber für eine neue Partnerschaft: Mensch – Maschine

Im Mai 2022 sitze ich in einer lichten, weiten Halle im Düsseldorfer Ständehaus auf einer Bühne. Das Ständehaus war bis Ende der 1980er-Jahre der Sitz des nordrhein-westfälischen Landtags. Dann wurde es innen spektakulär modernisiert und bekam zusätzlich ein Kürzel: K21 – es steht für die zeitgenössische Kunst, die hier ausgestellt ist. Die Metamorphose des Gebäudes in seiner Nutzung wie auch in seinem Aussehen passt sehr gut zum Thema der Konferenz, zu der ich an diesem Tag eingeladen bin. »Morals & Machines« will der Frage nachgehen, wie künstliche Intelligenz unser Leben und Arbeiten verändern wird und wie wir uns darauf am besten vorbereiten.

Zur Begrüßung stellen die drei Moderatorinnen und Gründerinnen von ada Learning, einer Lernplattform, die hinter der Konferenz steht, ein paar Fragen zum Aufwärmen. Es ist früher Vormittag, da kann es nicht schaden, das Publikum aufzuwecken, indem man es herausfordert. Eine der Fragen lautet: »Glaubst du, dass du dich in einen Roboter verlieben könntest? Wenn ja, stehe bitte auf.«

Es dauert nicht lange, bis ein paar Stühle quietschend nach hinten geschoben werden und die ersten Teilnehmer*innen aufstehen. Ich bin überrascht, wie viele es am Ende sind. Das habe ich nicht erwartet. Auf eine Frage, die klingt, als käme sie aus einem Science-Fiction-Film, reagieren so viele Menschen und auch noch, ohne groß zu zögern? Die Moderatorinnen und ich, wir sind jetzt neugierig. Verliebt in einen Roboter – warum können sie sich das vorstellen? Eine junge Frau antwortet als Erste. Sinngemäß sagt sie: Wenn ich einen Roboter habe, der mich gut versteht, alles macht, wie ich es möchte, die Wohnung für mich aufräumt etc., dann ja, ich würde mich in ihn verlieben. Die Antwort ließ mich schmunzeln. Der Roboter, der mich besser kennt als jeder Mensch, der alles für mich tut – ich musste sofort an Tom denken, den humanoiden Roboter aus Maria Schraders Film *Ich bin dein Mensch.* Hat die Frau den Film auch gesehen, war ihre Antwort inspiriert von Toms Vorbild? Fand sie die Beziehung zwischen Alma und Tom vielleicht sogar erstrebenswert und so überzeugend, dass sie sich selbst in dieser Situation gesehen hat? Ich nahm mir vor, sie nach der Veranstaltung danach zu fragen, verlor sie aber leider aus den Augen.

Ihre Antwort und die Tatsache, dass so viele eine Frage bejahten, die doch eigentlich unser Konzept von romantischer Liebe infrage stellte, beschäftigte mich noch eine ganze Weile. Es ging ja nicht um eine Nebensächlichkeit, nicht um eine banale Frage wie etwa, wer Alexa oder Siri sympathischer findet. Die Frage betraf den Kern unserer Existenz. Wer soll mein Lebenspartner sein? Wenn es eines Belegs gebraucht hätte, dass wir uns mitten in einer weltumstürzenden Revolution befinden, das Stühlerücken im Düsseldorfer Ständehaus, so unspektakulär es vielleicht in Wahrheit klang, wäre einer gewesen. Manche Forscher setzen die digitale Revolution mit der Sesshaftwerdung des Menschen oder der industriellen Revolution gleich. Sie ist in ihren Augen ein weltumstürzendes Ereignis in der Menschheitsgeschichte, ein wahrer Epochenwechsel.

Dabei ist es natürlich wie bei allen großen Wendepunkten. Wir Zeitgenossen ahnen zwar, spüren irgendwie, dass etwas ganz Neues beginnt, aber das ganze Ausmaß, nämlich, dass sich unsere Welt von Grund auf verändern wird, und wie sehr dieser Moment ein Wendepunkt sein wird, das können wir kaum begreifen. Und tun uns daher oft schwer damit, zu benennen, was sich da gerade so fundamental in unserem Leben ändert. Und gerade weil wir vieles noch nicht ganz verstehen, ist es verständlich, dass Ängste eine große Rolle spielen. Was bedeutet es, wenn ein weiterer, zunehmend autonomer Akteur neben uns Menschen tritt? Wenn Maschinen menschenähnlicher werden? Wie sollen wir damit umgehen? Wir können und wollen uns ja schließlich nicht einfach in alles und jedes verlieben, was Bits und Bytes in sich trägt, oder?

Was die kleine Umfrage im Düsseldorfer K21 für mich jedenfalls sehr deutlich gemacht hat: Maschinen treten in allen Bereichen in unser Leben. Und wir müssen lernen, die richtigen Beziehungen mit ihnen einzugehen. Das beginnt schon damit, dass wir Maschinen richtig erziehen müssen. Wie bitte? Ja, genau. Auch Maschinen brauchen die richtige Erziehung.

Das Problem mit der Erziehung: Ich tue, was du tust, und nicht, was du sagst

Ich esse gern Schokolade und habe daher immer welche zu Hause. Das heißt nicht, dass ich eine Tafel am Stück verschlinge. Das tue ich nicht, meistens reichen mir ein oder zwei Stücke. Aber ich muss Schokolade im Haus haben für den Fall, dass ich sie brauche. Das Süßigkeitenfach in unserer Küche ist für die Kinder zugänglich. Und ja, sie nehmen sich ab und zu etwas heraus, aber viel weniger, als man denken würde. Meine Kinder essen gern Süßes, genauso wie ich. Ich versuche natürlich, darauf zu achten, dass sie nicht zu viel Zucker zu sich nehmen, und das bedeutet im Umkehrschluss, dass auch ich meinen Zuckerkonsum reduzieren muss. Denn was nicht funktioniert, ist, ihnen Schokolade zu verbieten, während ich selbst sie genüsslich verspeise. Und so ist es mit allem. Erziehung funktioniert nicht durch Belehren, sondern durch Vormachen. Ich muss mein Verhalten anpassen, damit meine Kinder das Richtige von mir lernen. Sie tun, was ich tue, und nicht, was ich sage. Ich würde lügen, würde ich behaupten, dass das immer gelingt. Das tut es natürlich nicht, aber zumindest versuchen mein Mann und ich es.

Nicht anders ist es mit KI. Wir können zwar unsere Modelle bauen und unsere Logik zur Lösungsfindung einprogrammieren, aber am Ende lernen sie von unseren Daten. Und unsere Daten sind das Abbild unserer Verhaltensweisen, mit den entsprechenden Verzerrungen, Vorurteilen und verschiedenen Moralvorstellungen. Die Maschinen lernen von uns. Sie übernehmen unsere Fehler unhinterfragt und reproduzieren sie. In den letzten Jahren konnten wir viele Beispiele an verzerrten algorithmischen Entscheidungen beobachten. Von Gesichtserkennungssoftware, die dunkelhäutige Menschen nicht gut erkennt, über Diskriminierung von Frauen bei der Berechnung der Kreditwürdigkeit, bei der Spracherkennung, bei der Empfehlung von Jobs und Fortbildungsmaßnahmen. Und die Musikdienste, die für uns sozusagen entscheiden, was wir hören, empfehlen uns eher Musik von männlichen Künstlern als von weiblichen Künstlerinnen. Es konnte nachgewiesen werden, dass Textgenerierungsalgorithmen, die Texte vervollständigen, Islam mit Terror verbinden. Und dass die Empfehlungsalgorithmen der wichtigsten Social-Media-Plattformen Fotos von übergewichtigen und von dunkelhäutigen Menschen viel seltener verbreiten als solche von dünnen und hellhäutigen Menschen. Was die Geschäftsgrundlage vieler beeinträchtigt.

Die Beispiele sind unzählig und, für mich, ein Armutszeugnis unserer Gesellschaft. Es scheint mir, als hätten wir in den letzten Jahren nichts gelernt. Oder vielleicht ist die Herausforderung einfach viel zu groß und komplex. Am Ende geht es darum, unsere Gesellschaft zu verändern, eine gerechtere Gesellschaft für alle zu schaffen. Ein Prozess, den wir seit Langem vor uns herschieben, den wir aber in Zusammenhang mit KI viel ernster nehmen sollten.

KI lernt von uns, und zwar schnell. Wir sollten ihr das Richtige beibringen, und mit »wir« meine ich jeden Einzelnen von uns. Mit dem Zeigefinger auf die Tech-Unternehmen zu zeigen, hilft niemandem. Denn die KIs mögen zwar den Maschinenraum vielleicht vorurteilsfrei verlassen, aber sie lernen mit jeder Interaktion weiter, und Interaktionen haben sie mit den Nutzer*innen. Jeder Like, jeder Kommentar, jeder Retweet, den ich online erteile, trainiert den Algorithmus neu. Ohne es zu wissen, bringe ich ihm so meine Weltanschauung, meine Vorlieben und meine Vorurteile bei. Wenn die meisten Tinder-Nutzer blonde Frauen mit blauen Augen nach rechts wischen, dann lernt der Algorithmus, dass dies das Schönheitsideal der Menschen ist. Und da er dafür gebaut wurde, die Klicks zu erhöhen, schlägt er auch anderen Nutzern Profile von blonden Frauen mit blauen Augen vor. Kein Wunder also, dass die erste KI, die Jury eines Schönheitswettbewerbs war, eine weiße blonde Frau als die schönste ausgewählt hat. Ja, das Modell wurde mit öffentlichen Foto-Datenbanken trainiert, und diese beinhalten viele Fotos von weißen blonden Frauen, weil wir alle mit Shampoowerbung aufgewachsen sind, in der die Models schöne helle Haare hatten. Und das ist nicht auf Deutschland begrenzt. Ich bin in Marokko aufgewachsen, und auch dort waren alle Models in der Werbung für Pantene Pro-V blond. Ich frage mich, warum, denn Marokkanerinnen haben in der Regel dunkle Haare. Für uns war das wie Unterhaltungskino, aber keine wirkliche Einladung zum Kauf. Die Werbung hätte sich L'Oreal sicher sparen können.

Auf jeden Fall verwandeln uns unsere Klicks von reinen Nutzer*innen der Technologie zu ihren Produzenten. Wir werden damit sogenannte Prosumer oder Prosumenten. Also Konsumenten, die zugleich Produzenten sind. Dieser 1980 von Alvin Toffler eingeführte Begriff passt in diesem Zusammenhang wunderbar. Die Kombination aus Verbraucher und Produzent geht mit einer Verantwortung einher, derer sich die wenigsten von uns bewusst sind. Denn wenn jede*r von uns an der Erziehung der KI beteiligt ist, liegt auch bei jedem Einzelnen die Verantwortung, ein Vorbild zu sein.

Die hier erwähnten Beispiele zeigen nur Fälle von Diskriminierungen, die in Zusammenhang mit unbewussten Vorurteilen stehen. Wenn wir nun über emotionale KI sprechen, was bedeutet es dann, dass die Maschinen nach unserem veralteten Verständnis von Emotionen lernen? Werden sie sie verbannen, so wie wir es oft genug tun? Woher können sie die notwendigen Emotionsdaten beziehen? Und wie sollen sie damit umgehen? Können wir ihnen einen klügeren, verantwortungsvolleren Umgang mit unseren Emotionen beibringen, als das heute vielfach der Fall ist?

Damit Computer verantwortungsvoll mit unseren Gefühlen umgehen können, sollten wir es ihnen vorleben. Eine Anwendung zur emotionalen Analyse musste im Januar 2021 bereits gestoppt werden. Die Software HireVue erlaubte es, Interviews mit Bewerber*innen für den Recruiting-Prozess von Firmen zu analysieren und deren Gesichtsausdrücke zu bewerten. Dies sollte den Bewerbungsprozess eigentlich fairer machen. Es stellte sich aber heraus, dass die Algorithmen vorurteilsbeladen waren.

Einen ähnlichen Fall habe ich bereits ausführlicher beschrieben: die Studie des Bayerischen Rundfunks, die herausfand, dass zum Beispiel eine Sehbrille, ein Kopftuch oder ein Bücherregal im Hintergrund Einfluss auf die Bewertung durch die KI hatte. Ein anderes Produkt wurde komplett vom Markt genommen. Es sollte Prüflinge bei einem Online-Test beaufsichtigen. Dabei hatte die KI ab und zu Prüflinge aussortiert, etwa weil sie deren Gesichtsausdrücke nicht einordnen konnte oder weil sie ein kurzes Gespräch mit dem Hund als Schummelei einstufte. Der Hund als wichtiger Kontext in diesem Fall wurde nicht gesehen beziehungsweise in der Bewertung nicht berücksichtigt.

Das sind Limitierungen, die in meinen Augen viel damit zu tun haben, dass die heutigen KIs auf eingeschränkten Feldern hoch spezialisiert sind und den Kontext nicht betrachten. Aber die Reise hört hier nicht auf. Wir haben in Kapitel 5 und 6 gesehen, woran die Wissenschaft arbeitet. Es ist also damit zu rechnen, dass die KIs breiter aufgestellt sein werden, mit mehr Fähigkeiten, mehr Rechenleistung, flexiblen Komponenten, die sich an die Umgebung anpassen, etc. Das heißt, in der Zukunft werden wir den Fall mit dem Hund nicht mehr haben. Irgendwann wird eine Prüflinge beobachtende KI auch diese Interaktion bewerten, sie nicht als Schummelei kategorisieren, genauso wenig, wie ein Mensch dies tun würde, und daher vernachlässigen. Was macht die KI, wenn sie feststellt, dass ich mich nicht auf die Prüfung konzentrieren kann, weil meine Katze gerade gestorben ist? Lässt sie mich sofort durchfallen? Oder bietet sie mir die Chance, die Prüfung zwei Tage später abzulegen, wenn es mir etwas besser geht? Oder vielleicht bietet sie mir eine Meditationsübung an, die mir bei der Konzentration hilft? Oder passt sie die Prüfungsfragen an meine Gemütslage an? Die technischen Möglichkeiten wären gegeben. Aber wäre das nicht unfair gegenüber den anderen Prüflingen? Oder wäre es genau das Gegenteil: Ist nicht eine an die Person angepasste Prüfung besser? Denn am Ende soll es darum gehen, den Menschen mit seinen Stärken und Schwächen zu bewerten, und das Erlernte entsteht aus dem Delta, sprich aus dem Unterschied zwischen dem, was ich zum Beispiel Anfang des Jahres wusste, und meinem Wissensstand heute. Oder vielleicht darum, dass die Bewertung auf meiner Argumentation oder meinem Lösungsweg in Abhängigkeit zu meinen Fähigkeiten und, ja, auch zu meiner Gemütslage basiert. Das drückt, für mich, genau den Unterschied zwischen Gleichheit und Gerechtigkeit aus. Ich verstehe, dass

Prüfungen und Noten eine Gleichheit und Vergleichbarkeit herstellen sollen, aber gerecht sind sie meistens nicht. Haben wir eventuell die Chance, das mit der emotionalen KI zu verändern? Mit einer KI, die uns prüfen soll, aber gleichzeitig wegen unserer Prüfungsangst Empathie für uns hat und erst einmal Atemübungen mit uns macht, bevor sie Fragen stellt.

Auch in den besten Beziehungen wird gestritten

Eine der größten Ängste, die mir immer wieder begegnet, ist die Sorge vor dem Verlust des Arbeitsplatzes. Dass also Maschinen einem den Job wegnehmen. »Du erzählst das, als wäre alles nur toll. Aber diese Roboter übernehmen meine Stelle. Wie soll ich denn dann meine Familie ernähren?« Solche Fragen höre ich oft. Es ist schwer, darauf am Rande einer Diskussionsveranstaltung oder eines Vortrags eine kurze und im besten Fall auch Mut machende Antwort zu geben. Schließlich geht es um Existenzängste, um die Sorge, in Zukunft vielleicht nicht mehr gebraucht zu werden. Und, wenn man es weiterdenkt, natürlich um die Gefahr gesellschaftlicher Verwerfungen.

Die Frage ist auch zu wichtig, um sie nebenbei zu beantworten. Denn wenngleich wir nicht in die Zukunft sehen können, so viel steht jetzt schon fest: Künstliche Intelligenz wird unsere Arbeitswelt umkrempeln. Wir werden anders arbeiten, vielleicht auch in anderen Jobs.

Einen Eindruck davon, was da auf uns zukommt, erhält man durch eine Studie der Organisation für wirtschaftliche Zusammenarbeit und Entwicklung (OECD). Die meisten kennen die OECD vermutlich durch die Pisa-Untersuchungen über die Qualität der Schulbildung weltweit. Damit verbunden ist der sogenannte Pisa-Schock aus dem Jahr 2001, als die

OECD Deutschland bescheinigte, dass sein Schulsystem im internationalen Vergleich weit weniger gut ist, als es viele von uns immer für sich in Anspruch genommen hatten. Was die OECD im März 2018 unter dem harmlosen, bürokratischen Titel »Automation, skills use and training« (Automatisierung, Einsatz von Fähigkeiten und Ausbildung) veröffentlichte, betrifft unsere Arbeitswelt. Eigentlich hätte auch diese Studie das Potenzial gehabt, hierzulande einen Schock auszulösen. Mindestens jedenfalls eine breite öffentliche Debatte. Doch es blieb weitgehend still.

Die OECD-Studie untersuchte, welche Veränderungen in unserer Arbeitswelt durch Automatisierung und künstliche Intelligenz zu erwarten sind, welche Jobs besonders gefährdet sind, durch Maschinen ersetzt zu werden, und welche sich durch Maschinen grundlegend verändern werden. Frühere Untersuchungen hatten wahrhaft weltumstürzende Zahlen prognostiziert. Carl Frey und Michael Osborne von der Oxford University schätzten 2013 in einer Studie zum Arbeitsmarkt in den USA, dass siebenundvierzig Prozent der Jobs durch Automatisierung gefährdet seien. Fast jede zweite Stelle also. Carsten Brezski und Inga Burk kamen 2015 für Deutschland sogar auf eine noch höhere Zahl: Neunundfünfzig Prozent der Arbeitsplätze seien gefährdet, das hieße übersetzt achtzehn Millionen Jobs. Allein in Deutschland! Nachfolgende Untersuchungen etwa vom Zentrum für Europäische Wirtschaftsforschung in Mannheim setzten die Zahlen für die USA und Deutschland deutlich niedriger an. Sie gingen davon aus, dass nicht notwendigerweise jeder Job durch Automatisierung komplett wegfalle. Außerdem entstünden durch Automatisierung ja auch neue.

Die OECD-Studie geht in eine ähnliche Richtung, aber beim Ergebnis muss man dennoch erst einmal schlucken. In den zweiunddreißig Ländern, die untersucht wurden, werde wahrscheinlich fast jeder zweite Arbeitsplatz erheblich von der Automatisierung betroffen sein, schreiben die OECD-Forscher, je nachdem, welche Aufgaben sie umfassten. Dabei variiere das Ausmaß des Risikos. Bei etwa vierzehn Prozent der Arbeitsplätze bestehe ein hohes Risiko der Automatisierung. Die Studie geht dabei von einer Automatisierungswahrscheinlichkeit von über siebzig Prozent aus. Das sei zwar deutlich weniger als in der Studie von Frey und Osborne, bedeute aber immer noch, dass insgesamt sechsundsechzig Millionen Arbeitnehmer betroffen sein könnten. Darüber hinaus hätten weitere zweiunddreißig Prozent der Arbeitsplätze ein Risiko von fünfzig bis siebzig Prozent, so die OECD. Das deute darauf hin, dass sich die Art und Weise, wie diese Tätigkeiten ausgeführt werden, erheblich ändern könnte.

Das sind Ergebnisse, die eigentlich jeden hätten aufhorchen lassen müssen. Denn es bedeutet, dass unsere Jobs, wie wir sie heute kennen, zu einem erheblichen Teil bald nicht mehr existieren werden. Sie werden entweder ganz verschwinden oder ziemlich anders aussehen als heute. Die gute Nachricht dabei ist, dass die allermeisten von uns weiter beschäftigt sein werden. Aber viele eben nicht so wie bisher.

An sich ist das ja nichts Neues. Wenn ich überlege, so habe ich selbst vor zehn Jahren etwas anderes gemacht als heute. Oder nehmen wir Taxifahrer. Früher mussten sie die Straßen auswendig lernen – für die Prüfung ist dies heute noch notwendig, wobei es im Zuge der Digitalisierung eigentlich Blödsinn ist, dass die Behörden weiterhin darauf bestehen. Die Hauptstraßen sollte ein Taxifahrer kennen, klar. Aber jede winzige Seitenstraße und Sackgasse? Wozu? Es gibt Navis. Und fast alle fahren damit, verlassen sich also komplett oder wenigstens zu einem großen Teil auf eine Maschine. Daran sehen wir, dass die Veränderungen nicht über Nacht kommen. Niemand knipst das Licht aus und das der Maschine an. Es ist eine Evolution. Und das bedeutet, dass nicht nur die Maschinen dazulernen, sondern wir natürlich auch.

Der Grad der Anpassung wird unterschiedlich groß sein. Wir können uns jedoch darauf vorbereiten und darauf einstellen. Der Arztberuf wird vielleicht bald zu dreißig oder vierzig Prozent automatisiert. Das heißt, Ärzt*innen müssen sich auf keine allzu große Veränderung einstellen. Für Taxifahrer*innen hingegen wird sich vieles grundlegend wandeln, wenn wir auf unseren Straßen zunehmend autonome Fahrzeuge haben werden. Aber auch diese Veränderung passiert nicht von heute auf morgen, sondern nur in einer höheren Geschwindigkeit als in vielen anderen Berufen. Das sagt auch die Studie. Es geht nicht darum, dass der Taxifahrerberuf bis, sagen wir, 2025 komplett verschwunden sein wird, sondern um die Wahrscheinlichkeit der Automatisierung.

In Phoenix im US-Bundesstaat Arizona zum Beispiel dürfen schon autonom fahrende Taxis der Google-Tochter Waymo unterwegs sein. Allerdings ist man nur bei bestem Wetter allein im Taxi. Bei Regen muss ein Fahrer mit dabei sein, der zwar weder lenkt noch Gas gibt oder bremst, im Notfall aber sofort eingreifen könnte. Nun regnet es in Phoenix eher selten, und generell ist es dort einfacher zu fahren als im Baustellenchaos von Berlin. Aber mit jeder Fahrt lernen die Waymo-Taxis dazu und geben das Gelernte an die anderen Autos weiter. So werden sie mit der Zeit immer besser auch mit Regen oder Baustellen zurechtkommen, Situationen, die sie im Moment noch vor Probleme stellen können.

Ähnlich ist es bei Zügen. In Japan testet East Japan Railways gerade Hochgeschwindigkeitszüge, die ohne Zugführer auskommen. Derzeit fährt vorsichtshalber noch ein Fahrer mit, der jederzeit eingreifen könnte und vor allem den Fahrgästen Sicherheit gibt. Ziel ist es jedoch, dass die pfeilschnellen Shinkansen bald ganz allein fahren, gesteuert und überwacht von einer weit entfernten Leitstelle. Vermutlich wird deshalb aber kein Zugführer seinen Job verlieren. East Japan Railways sagt jedenfalls, es investiere in autonom fahrende Züge vor allem wegen des großen Arbeitskräftemangels, unter dem Japan wegen einer besonders stark überalterten Gesellschaft leidet.

Was bedeutet das alles für unsere Ausgangsfrage? Nehmen Maschinen uns die Jobs weg? Die OECD-Studie zeigt, dass es vor allem niedrig qualifizierte Jobs sind, die von Maschinen übernommen werden können, neben Taxifahrer*innen und Zugführer*innen zum Beispiel Kassierer*innen in einem Supermarkt. Das deckt sich mit meiner These. Wir sind jetzt in der Testphase: Während die Systeme immer weiter ausgebaut werden, schaut noch ein Mensch drauf. Und es wird noch lange brauchen, bis wir die Systeme mit genug Daten gefüttert haben, dass die Fehlerwahrscheinlichkeit immer geringer wird, und wir genug Vertrauen aufgebaut haben, dass sie in jeder Situation die richtige Antwort liefern. Wenn die Wahrscheinlichkeit für einen Fehler irgendwann nur noch bei eins zu einer Million liegt, lohnt es sich nicht mehr, dass eine Fahrerin mit im Taxi sitzt oder ein Kassierer an der automatischen Kasse im Supermarkt, denn die Wahrscheinlichkeit, dass ein Mensch, und sei er noch so berufserfahren, einen Fehler macht, liegt sehr viel höher. Diese Jobs könnten deshalb innerhalb der nächsten zehn Jahre immer weniger werden.

Aber eben nicht nur diese. Es kann auch den Buchhalter oder Sachbearbeiter treffen. Das sind vom Grundsatz her Berufe mit eher sich wiederholenden Tätigkeiten, die Maschinen gut übernehmen können. Gleiches gilt übrigens für Teile des Investmentbankings. Einige der hoch bezahlten Banker könnten ebenfalls durch künstliche Intelligenz ersetzt werden, so wie mancher Börsenhandel inzwischen bereits von Maschinen übernommen wurde. Der sogenannte Hochfrequenzhandel, also der Handel in Bruchteilen von Sekunden, ist sowieso etwas, was wir Menschen gar nicht leisten könnten. Und Börsennachrichten werden schon jetzt oft nicht mehr von Journalisten geschrieben, sondern von Maschinen. Was ich damit sagen will: Auch wenn das Risiko der Automatisierung tendenziell eher niedrig qualifizierte Berufe trifft, bedeutet das keineswegs, dass andere Berufssparten nicht betroffen sein werden.

Noch einmal zurück zur Ausgangsfrage. Was passiert dann mit uns Menschen? Werden wir bald eine Arbeitslosigkeit wie zu Zeiten der Weimarer Republik sehen? Mit all den sozialen und politischen Verwerfungen, die damit verbunden waren? Wie immer gibt es unterschiedliche Szenarien und Blickwinkel, wie wir auf die Zukunft schauen können. Fürs Erste ist wichtig, dass wir Folgendes festhalten: Eine Veränderung der Arbeitswelt bedeutet nicht zwangsläufig, dass Arbeitsplätze insgesamt verloren gehen. Die Jobwelt der Zukunft wird von einem gravierenden Fach- und Arbeitskräftemangel geprägt sein. Es ist schon allein deshalb sinnvoll, dass Tätigkeiten, die automatisierbar sind, von Maschinen übernommen werden, damit wir Menschen uns um jene Aufgaben kümmern können, die nach wie vor nur wir übernehmen können. Nur, was können wir, was Maschinen nicht können? Und was fordert uns die Arbeitswelt der Zukunft, die zunehmende Automatisierung ab?

Beziehungen am Arbeitsplatz: der Kollege Roboter

Neugierig bleiben, verschiedene Perspektiven zulassen und offen gegenüber Veränderungen sein, lautet meine Antwort darauf. Wir sprechen bereits seit Jahren davon, dass Diversität Innovationen antreibt. Bisher ging es dabei um die Diversität von Geschlecht, Alter, Herkunft und Hautfarbe, auch wenn immer mehr Merkmale dazukommen. Ich möchte mich hier allerdings auf einen neuen Aspekt fokussieren: die nächste Stufe der Diversität – Kollege Roboter. Derzeit gelten Roboter als diejenigen, die Menschen den Job wegnehmen und sie ersetzen. Bisher sind jedoch keine Schlangen bei den Jobcentern entstanden, weil Menschen ihre Jobs an Maschinen verloren. Ganz im Gegenteil, es fehlt massiv an Menschen, die Maschinen bedienen können. Vor fünf oder sechs Jahren sah ich ein Bild, das mich sehr beeindruckt hat: eine der vielen Fotomontagen des berühmten Werbefotos »Mittagspause auf einem Wolkenkratzer«, das 1932 während der Entstehung des Rockefeller Centers in New York aufgenommen worden war. Einige der elf Bauarbeiter, die auf dem Originalfoto auf einem Stahlträger sitzen und die Füße über Manhattan baumeln lassen, waren wegretuschiert und durch bunte Roboter ersetzt worden. Und ein paar kleine Roboter saßen bei einem Arbeiter auf der Schulter. Die Gesichter der Roboter waren einem Sitznachbarn zugewandt, als würden sich Mensch und Maschine unterhalten. Diese Abwandlung des ursprünglichen Bildes bringt die Zukunft mit »Kollege Roboter« sehr gut zum Ausdruck, weshalb ich es oft in meinen Vorträgen nutze. Ich finde, dass wir viel mehr solcher Bilder sehen müssten, damit wir uns eine kollektive Zusammenarbeit mit Robotern vorstellen können.

In meinem Berufsumfeld, der Tech-Branche, ist die Zusammenarbeit zwischen Mensch und Maschine längst Realität und an der Tagesordnung. Wobei es sich hier bei den Maschinen eher um Software-Roboter handelt als welche, die physisch neben einem sitzen. Bots, die verschiedene Prozesse automatisieren, sind inzwischen in den meisten Unternehmen vorhanden. In der IT-Abteilung, in der ich einige Zeit arbeitete, wurden solche Bots für verschiedene Fachbereiche gebaut. So mussten unsere Kolleg*innen in diesen Bereichen zum Beispiel keine regelmäßigen Berichte mehr erstellen, das hat der Bot x12s34 für sie erledigt. Ich erinnere mich sehr gut daran, wie Kolleg*innen aus der Finanzabteilung dem Bot einen Namen gaben: Herbert. Und Herbert war Teil des Teams. Er hat jeden Tag verschiedene Berichte erstellt und seine Kolleg* innen entlastet. In ihren Teammeetings wurde nicht vom Roboter gesprochen, sondern von Herbert. Und es wurde darüber diskutiert, welche Aufgaben Herbert noch übernehmen könnte. Wir in der IT-Abteilung hörten das gern, denn so waren wir nicht diejenigen, die etwas erzwingen wollten, vielmehr fragten die Kolleg*innen nach mehr Entlastung. Einmal hatten wir eine kleine Störung bei einem Release-Wechsel, und einige der Bots meldeten Fehler. Das Lustige war, dass die Kolleg*innen aus der Finanzabteilung sofort anriefen, weil sie sich Sorgen um Herbert machten, der an dem Tag keinen Bericht verschickt hatte. Ein bisschen erinnert mich das an die Geschichte eines US-amerikanischen Soldaten, der geweint haben soll, nachdem sein spinnenartiger Minenroboter über eine Mine gelaufen und explodiert ist. Er war sein Begleiter, hatte ihm mehrmals das Leben gerettet. Dass er ein Roboter war, heißt nicht zwangsläufig, dass sein Verlust den Soldaten nicht traf.

Keine Beziehungen ohne emotionale Intelligenz

Die OECD macht eine interessante Unterscheidung hinsichtlich des Risikos, dass ein Job durch Automatisierung wegfallen könnte: Wo kognitive und soziale Intelligenz besonders wichtig sind, ist das Risiko geringer. Das ist ein wichtiger Hinweis, welche Fähigkeiten uns in Zukunft helfen werden: In einer Arbeitswelt, die zunehmend automatisiert sein wird, brauchen wir mehr emotionale Intelligenz.

Was bedeutet das zum Beispiel für einen Buchhalter? Auch wenn Maschinen einen großen Teil seiner Arbeit übernehmen werden, wird er weiter gebraucht. Nicht für einzelne Buchungen, sondern um zu überlegen, wie zum Beispiel die Buchhaltung eines Betriebs intelligenter gemacht werden kann und Prozesse weiter automatisiert werden können. Und auch darauf zu achten, welche Prozesse für die Menschen am lästigsten sind und welche davon trotzdem manuell bleiben sollten. Vielleicht weil sie für bestimmte Menschen einen Sinn ergeben oder dafür sorgen, dass eine soziale Interaktion im Team erhalten bleibt, die für den Zusammenhalt des Teams so wichtig ist.

Wir überlassen den Maschinen die sich wiederholende Arbeit und konzentrieren uns darauf, neue, bessere Lösungen zu finden, Ideen zu entwickeln. Das wird uns allen ganz schön viel abverlangen, weil wir die Dinge nicht mehr einfach so weitermachen können, wie wir sie immer gemacht haben.

Letztes Jahr war ich auf einem europaweiten Kongress, den die Bundesagentur für Arbeit organisiert hat. Es ging um die Zukunft der Arbeit, also genau um die Frage, die uns hier beschäftigt. Was bleibt von den Jobs noch übrig? Was mir dabei auffiel: Alle Expert*innen wissen, was auf uns zukommt. Sie rechnen jetzt schon damit, dass die Anzahl an Arbeitslosen in den nächsten Jahren steigt. Und sie haben eine Antwort für hoch qualifizierte Menschen. Der Buchhalter zum Beispiel könnte zum Datenwissenschaftler umgeschult werden. Das heißt, er bekäme neue Werkzeuge an die Hand mit dem Ziel, Buchhaltung weiterzuentwickeln. Aber auf die Frage, was mit dem Supermarktkassierer passieren soll, gibt es keine Antworten.

Ich glaube, dass wir einen umfassenderen, einen holistischen Ansatz brauchen. Wir müssen davon wegkommen, eng in bestimmten Branchen zu denken. Wie schaffen wir das? Indem wir mehr in den Blick nehmen, was unsere Gesellschaft braucht. Denn es gibt ja auch große Lücken, zum Beispiel in der Pflege. Dort und in vielen anderen Bereichen gibt es einen Mangel an Fachkräften und heute schon Hunderttausende unbesetzter Stellen. Natürlich kann ein Supermarktkassierer nicht einfach von heute auf morgen auf eine Pflegestation wechseln. Aber wenn wir den Blick etwas weiten und uns fragen: Worauf kommt es an in einer Gesellschaft? Dann gehört natürlich zuallererst dazu, dass wir genug Nahrung brauchen. Wo kommt die her? Wie wird sie verteilt? Da reden wir dann über Logistik, Verteilung, Kochen, gesunde Ernährung, Ernährungsberatung – also über einen großen Komplex, der überlebenswichtig ist für jede Gesellschaft. Wäre es so schwer vorstellbar, dass der Supermarktkassierer mit seiner Warenkompetenz und seinem Wissen darin eine neue Aufgabe findet? Wenn wir nicht mehr nur eng über Job X oder Y nachdenken, sondern breiter über die Bedürfnisse einer – sich zudem stark verändernden – Gesellschaft, dann werden wir auch bessere Lösungen für die Zukunft der Arbeit finden.

Einfach wird das nicht. Die OECD-Studie kommt zu dem ernüchternden Ergebnis, dass Arbeiter, die ein besonders hohes Risiko haben, dass ihr Job vollständig automatisiert wird, eine um zwei Drittel geringere Bereitschaft haben, sich fortzubilden, als Arbeiter, deren Jobs nicht so leicht automatisierbar sind. Allerdings werden genau die Arbeiter mit dem höchsten Automatisierungsrisiko auch am wenigsten unterstützt. Von ihren Arbeitgebern erhielten sie nur sehr wenige Umschulungen, so die OECD-Studie, und sie seien mit verschiedenen Hindernissen konfrontiert, wenn es um die Teilnahme an der Erwachsenenbildung geht, insbesondere geringe Grundkenntnisse, Zeitmangel oder begrenzte Motivation. Die Autoren der Studie fordern daher, dass die Länder ihre Erwachsenenbildungspolitik verstärken müssten, um ihre Arbeitskräfte auf die veränderten und sich weiter verändernden Arbeitsanforderungen vorzubereiten.

Das wird insbesondere für Deutschland eine Aufgabe von überragender Bedeutung. Die OECD-Studie sieht bei uns nämlich ein besonders hohes Automatisierungsrisiko, viel höher als zum Beispiel in Großbritannien oder Norwegen. Dieses erstaunliche Ergebnis hat einen einfachen Grund. Deutschland ist stark in Industrie, im verarbeitenden Gewerbe, insbesondere im Maschinenbau, während der Servicesektor einen im Vergleich zu anderen Ländern kleineren Anteil einnimmt. In der Vergangenheit war der robuste Anteil der Industrie ein wesentlicher Grund für unseren Wohlstand, für das Bild Deutschlands als Exportweltmeister. Nun müssen wir uns allerdings den Umwälzungen der Arbeitswelt mit mehr Energie stellen. Industriearbeitsplätze sind leichter zu automatisieren als Jobs in der Dienstleistung, bei denen es besonders auf die kognitiven und sozialen Fähigkeiten ankommt.

Wir werden uns also weiterentwickeln müssen. Und dazu müssen wir unsere emotionale Intelligenz stärken, um unsere Fähigkeit zur Problemlösung, zur Entwicklung neuer Konzepte auszubauen. Emotionale Intelligenz hilft uns auch, die richtigen Entscheidungen zu treffen. Das setzt voraus, dass wir gelernt haben, unsere Gefühle wahrzunehmen und selbst zu reflektieren, dass wir unsere Umgebung reflektierter analysieren. Es geht dabei um nichts weniger, als den Status quo zu zerlegen und unsere Arbeitswelt neu zu denken. Dafür brauchen wir viel Kreativität, viele Verknüpfungen zwischen »rechter« und »linker« Gehirnhälfte, vieles, das weit über das rein Mathematische, Rationale hinausgeht. IQ und Codierfähigkeiten sind eben nicht die einzigen Zutaten. Wir brauchen zusätzliche Fähigkeiten und Stärken, um sicherzustellen, dass wir auf die technologische Revolution vorbereitet sind.

Ich glaube, dass es deshalb für unsere Zukunftsfähigkeit entscheidend ist, unsere Emotionen ins Zentrum unserer Aufmerksamkeit zu stellen. Sie sind kein Hindernis, kein Gedöns, sondern helfen uns im Gegenteil, die neuen Herausforderungen besser zu meistern. Dabei kann uns die künstliche Intelligenz, wenn wir es richtig angehen, sogar unterstützen. Leider hat die emotionale Intelligenz noch nicht die Aufmerksamkeit erlangt, die sie verdient. Die Fähigkeiten, die die emotionale

Intelligenz umfasst (Selbstbewusstsein, Selbstregulierung, Motivation, Empathie und soziale Fähigkeiten), sind jene, die Maschinen nicht haben, die uns als Menschen einzigartig machen und die auf dem Arbeitsmarkt der Zukunft so entscheidend sein werden.

Wie wir uns unserer Emotionen bewusst werden, auf sie angemessen reagieren und wie wir uns in emotionalen Zwickmühlen verhalten können, das ist viel zu wenig Gegenstand unserer Bildung. In diesem Fach sind viele Erwachsene auf dem Niveau eines Kindergartenkindes stehen geblieben. Ich selbst unterschätze es immer wieder, obwohl ich es eigentlich – gerade auch durch meine Beschäftigung mit Maschinen – besser wissen müsste. So wie bei dem Erlebnis mit unserem abgebrochenen Hauskauf, bei dem mir erst im Nachhinein auffiel, dass ich bei all unseren Checklisten das Wesentliche übersehen hatte.

Scheidung oder doch »sie lebten glücklich bis ans Ende ihrer Tage«?

Was bedeutet all das nun für die Arbeitswelt von morgen? Wird es so kommen, wie Carsten Brezski in seiner düsteren Prognose schrieb: dass die Roboter übernehmen? Das ist das Szenario, dem wir auch in den Medien ständig begegnen. Dass uns Maschinen aus unseren Jobs verdrängen. Dann werden nur noch ein paar hoch qualifizierte, spezialisierte Menschen, die die Roboter bauen und sie bedienen, Arbeit haben und weiter im Wohlstand leben. Und die anderen? Vielleicht bekommen sie ein bedingungsloses Grundeinkommen. Aber sie werden nicht mehr gebraucht in der Gesellschaft. Oder fühlen sich jedenfalls nicht mehr gebraucht.

Und diese Umbrüche werden nicht nur bestimmte Gruppen härter treffen als andere, sie werden auch einzelne Regionen tiefgreifender umwälzen als andere. Wir haben das schon erlebt in Deutschland, zum Beispiel im Ruhrgebiet mit dem Ende von Kohle und Stahl. Oder in den USA in Detroit mit der Krise der Automobilindustrie. Richtig erholt haben sich diese Regionen bis heute nicht von diesen dramatischen Umbrüchen, die nicht nur soziale Proteste, sondern auch politische Verwerfungen mit sich brachten. Dass uns das nun wieder droht, dass Menschen und ganze Regionen sich abgehängt fühlen, abgestempelt als Verlierer eines Prozesses, dem sie machtlos gegenüberstehen – das ist die dunkle, die dystopische Variante.

Aber ich bin eine Optimistin. Ich glaube fest daran, dass technischer Wandel unser Leben besser machen kann. Dass Kollege Roboter keine Bedrohung ist, sondern uns die Arbeit erleichtert. In meiner Utopievariante verändern sich alle Berufe. In allen Branchen, ja in allen Lebensbereichen werden wir einen hohen Automatisierungsgrad sehen. Aber das wird uns nichts nehmen, sondern im Gegenteil viel geben.

Arbeit, wie wir sie heute verstehen, wird sich verändern. Statt vierzig, fünfzig Stunden werden die Menschen dann vielleicht nur noch zwanzig Stunden die Woche arbeiten müssen, weil die Roboter ganz viele Tätigkeiten übernehmen. Natürlich gab es diese Vorstellung schon früher: John Maynard Keynes prognostizierte vor Jahrzehnten, dass wir im Jahr 2030 nur noch fünfzehn Stunden arbeiten werden. Obwohl Keynes in vielem richtiglag, das wird vermutlich nicht klappen. Mache ich mit meiner Utopie also denselben Fehler wie Keynes, der ja ebenfalls davon ausging, dass die Automatisierung in Fabriken und Büros dafür sorgen werde, dass die Arbeit viel schneller erledigt sei? Keynes hatte damals zum Beispiel die großen Säle mit Stenotypist*innen oder Buchhalter*innen vor Augen, die vor Erfindung der Computer alles quasi von Hand erledigten.

Ich glaube, dass Keynes die Wirkungskraft technischer Innovationen unterschätzt hat. Sie nehmen uns eben nicht nur Arbeit ab, sie schaffen auch neue Möglichkeiten für Arbeit – und auch neue Bedürfnisse. Die Umwälzung unserer Arbeitswelt durch künstliche Intelligenz eröffnet uns Menschen eine bisher nie da gewesene Chance, eine Welt, die anders ist als jene, die Keynes vor sich sah. Weil unsere heutigen Berufe in einem Ausmaß automatisierbar werden wie nie zuvor, können wir unsere großen menschlichen Stärken viel mehr ausspielen: unsere Fantasie, unsere Neugier, unsere Empathie. Und wir können das nicht nur im mehr oder minder eingeschränkten Rahmen eines Nine-to-five-Jobs bei einer Firma und innerhalb einer Hierarchie, sondern daneben in unserer Extrazeit. Wir werden vielleicht in unserer »Hauptbeschäftigung« weniger verdienen, dafür werden wir mehr Zeit für andere Beschäftigungen haben, in denen wir besonders gut sind und mit denen wir vielleicht sogar mehr verdienen. Oder wir werden, wenn uns unser Geld reicht, einfach mehr Freizeit haben. Einige werden mehr Sport treiben, andere sich mehr um ihre Familie kümmern, mehr Zeit mit Freunden verbringen oder sich ehrenamtlich engagieren, und wieder andere werden sicherlich neue Unternehmen gründen, neue Produkte erfinden. Mehr Zeit bedeutet mindestens für einige auch mehr Kapazitäten, sich neue Sachen zu überlegen, innovativ zu sein – möglicherweise neben ihrem eigentlichen Job. Vielleicht nennt man das nicht mehr Arbeit, um es nicht zu verwechseln mit unserem heutigen Verständnis von Arbeit. Ganz sicher jedenfalls werden wir weiterhin den ganzen Tag beschäftigt sein, nur anders als heute.

Zunehmende Automatisierung bedeutet auch, dass wir eine größere Freiheit haben, zu entscheiden, wann wir arbeiten. Das ist in der Tech-Branche heute schon Realität, und ich gehe davon aus, dass immer mehr Branchen nachziehen werden. Natürlich nur, solange die Beschäftigung es erlaubt. Ich glaube, wenn wir an Jobs denken, wie sie heute sind, und versuchen zu schauen, wie sie sich weiterentwickeln, hemmen wir uns. Wir sollten uns eher auf den Begriff Beschäftigung konzentrieren, also auf die Frage, wie ich jeden Tag meine Zeit investiere. Und hier sind wir alle gleich qualifiziert – ob Akademiker oder Nichtakademiker.

Ich würde auch der dystopischen Vorstellung des sogenannten *digital divide* widersprechen, also der Annahme, dass ganze Regionen abgehängt werden und quasi dazu verdammt sind, zu den Verlierern der technologischen Umwälzungen zu gehören, und dass Digitalisierung bedeutet, die reichen Länder werden immer reicher, und die armen kommen nicht auf die Füße. Ich finde, das greift zu kurz. Es liegt eine unfassbare Chance darin, dass der finanzielle Aufwand für Innovationen durch künstliche Intelligenz oft gar nicht so gewaltig ist. Niemand muss dafür eine milliardenteure Fabrik hinstellen wie etwa bei einem neuen Chemiewerk. Ein großer Teil der Rechenleistung findet in der Cloud statt. Dafür braucht man Rechner, eine schnelle Internetanbindung – und nicht viel mehr.

In vielen Ländern Afrikas sehen wir im Moment in eine sehr lebendige Start-up-Szene – zum Beispiel im Gaming-Bereich. Aus dem Nichts wachsen da junge, innovative Unternehmen, die mit wenigen Ressourcen ganz viel machen. Man braucht keine großen Summen, um ein sogenanntes Digital Business zu starten, solange man Internet hat. Und die Leute sind kreativ. Sie haben auch andere Bedürfnisse, Bedürfnisse, die von Unternehmen der Industriestaaten vielleicht nicht abgedeckt werden, und bauen ihr Geschäft für ihre eigenen Leute auf. Und diejenigen, die wachsen und es in die USA schaffen, bekommen dann natürlich Zugang zu zusätzlichen Finanzquellen, größeren Investitionen.

Was ich damit sagen will? Wir sollten die Zukunft nicht zu düster malen. Ja, es stehen uns gewaltige Herausforderungen bevor. Aber eben auch mindestens ebenso gewaltige Chancen. Wir können diese Chancen jedoch nur nutzen, wenn wir uns nicht abwenden von den Veränderungen, wenn wir nicht den Kopf in den Sand stecken. Wir müssen genau hinschauen, müssen verstehen, was künstliche Intelligenz uns bringen wird, und wo wir selbst unsere besonderen Fähigkeiten besser nutzen können. Künstliche Intelligenz kann wahnsinnig viel. Und sie wird rasend schnell immer besser. Aber es gibt Bereiche, in denen wir Menschen einfach unschlagbar sind. Erlauben wir uns selbst mehr Emotion, mehr Wildheit und Träumerei, vor allem aber auch mehr Mut. Dann haben wir gute Chancen, dass unsere Zukunft mehr meiner Utopie gleicht denn der verunsichernden Dystopie. Und dann wird das auch was mit der Beziehung Mensch-Maschine.

Die Zukunft ist nichts für Einzelkämpfer

»Es braucht ein Dorf, um ein Kind zu erziehen«, sagt ein treffendes afrikanisches Sprichwort. Ein Spruch, an den ich mich, als zweifache Mutter mit afrikanischen Wurzeln, jeden einzelnen Tag erinnere. Es bringt nichts, wenn ich meinen Kindern predige oder sogar vorlebe, dass die Geschlechter gleichberechtigt sind. Eine Woche in der Kita, und schon haben sie alles vergessen. Das ganze Dorf muss miterziehen. Die ganze Gesellschaft muss miterziehen. Das gilt für die Erziehung von Kindern, und genauso gilt es für die Erziehung der KI.

Ein Blick hinter die Kulissen von KI-Schulen

Die Grundsteine für das, was die KI lernt, werden von ihren Programmierer*innen gelegt. Sie sind diejenigen, die Daten auswählen, vorbereiten, aufbereiten, bereinigen und in verschiedene Datensätze aufteilen. Ein Teil wird zum Trainieren genutzt, der andere Teil zum Testen. Dasselbe Team ist auch dafür zuständig, die Modelle zu entwickeln und die Algorithmen zu schreiben, dann zu bewerten, ob das, was die Maschine tut, tatsächlich das ist, was man von ihr erwartet, und schließlich zu prüfen, ob das Ergebnis überhaupt einen Mehrwert liefert. Denn KI ist nicht per se gut, sie muss genau für den richtigen Zweck an der richtigen Stelle eingesetzt werden. Und das ist nicht immer der Fall.

Ich erinnere mich an ein *Predictive-Maintenance*-Projekt (vorausschauende Wartung), das wir vor fünf oder sechs Jahren entwickelt hatten, um Anomalien zu erkennen. Wurde eine Anomalie detektiert und bestimmte Schwellenwerte überschritten, schickte die KI einen Alarm, sprich eine Warnung an die Sachbearbeiter*innen. Die Bestimmung der Schwellenwerte kann eine große Herausforderung sein, denn in manchen Fällen gibt es keine eindeutigen Maßstäbe für die Definition von »normal« oder »hm, klingt komisch, schaue ich mir genauer an«. Sachbearbeiter*innen entwickeln im Lauf der Zeit ein gutes Gespür für Anomalien und warten die Systeme basierend auf ihrer Erfahrung, also ihrem Bauchgefühl. Das Bauchgefühl lässt sich aber oft nicht bestimmen, und so probiert man herum, bis man mit dem Ergebnis zufrieden ist. In diesem einen Projekt hatten wir lange experimentiert, ohne die richtigen Kriterien herausgefunden zu haben. Mit dem Ergebnis, dass die KI so oft Alarm schlug, dass wir sie ausschalten mussten. Sie war einfach nicht in der Lage, normale von kritischen Ausnahmefällen zu unterscheiden. Oder anders gesagt: Uns ist es nicht gelungen, den Unterschied so zu erklären, dass sie dafür das richtige »Gefühl« entwickelte. Die Entscheidung, diese KI auszuschalten, war relativ einfach. Funktional war sie nicht hilfreich, und die Kosten für die Entwicklung hatten sich in Grenzen gehalten, da wir sie als Pilotprojekt entwickelt hatten. Ganz nach dem Motto *»fail fast«*, schnell scheitern. Oder noch besser: *»learn fast«*, schnell lernen.

Als KI-Team muss man auch andere Arten von Entscheidungen treffen, die nicht immer einfach sind. Gerade wenn es um ethische Fragestellungen geht. Was ist richtig, und was ist falsch? Und wer entscheidet das?

An der Entwicklung solcher KI-Lösungen sind, in der Regel, Informatiker*innen und Ingenieur*innen beteiligt. Ethische Fragestellungen zu analysieren und zu beantworten, gehört nicht zu unserer Ausbildung. Die Antworten müssen von entsprechenden Expert*innen kommen. Aber was mache ich, wenn ich solche Expertise im Team nicht habe? Wie soll ich darüber entscheiden, ab wann ein Ausdruck als beleidigend gilt oder eine Entscheidung als diskriminierend? Und vor allem, für wen?

Wir wissen ja: Digitale Produkte halten sich an keine Grenzen. Sie sind in Sekunden überall auf der Welt aktiv und können von allen Menschen genutzt werden, egal, welche Moralvorstellung diese haben. Das führt zum Beispiel dazu, dass das amerikanische Verständnis von Nacktheit die ganze Welt überrollt. Wir sehen es in den Filmen: Waffen und Gewalt sind allgegenwärtig – aber bitte bloß keine weiblichen Brustwarzen auf dem Bildschirm! Diese Zensur herrscht natürlich auch in den sozialen Medien. So werden alle Fotos, auf denen die Nippel einer Frau zu sehen sind, von der KI als Nudität kategorisiert und von der Plattform gelöscht. Dabei würde sich beispielsweise in Berlin niemand an einem solchen Anblick stören, da ist Nacktheit kein Thema, und das ist auch gut so. Eine Berliner Fotografin, die auf Aktfotos spezialisiert ist, erzählte mir, dass es für sie total schwierig sei, Fotos von ihrer Arbeit zu zeigen. Sie werden einfach blockiert, und wenn sie weitere hochlädt, riskiert sie, dass auch ihr Konto blockiert wird. Was für sie, als selbstständige Fotografin, eine Katastrophe wäre.

Ein anderes Beispiel: ein KI-Recruiting-Tool bauen, das nicht die gesellschaftlichen Vorurteile reproduziert. Keine einfache Aufgabe für das Tech-Team, denn die Daten, die man dafür braucht, sind nicht vorurteilsfrei. Die historischen Daten – aus den Einstellungen der letzten Jahre – enthalten Bias, also kognitive Verzerrungen, zum Beispiel gegenüber Frauen in Führungspositionen. Ein bekanntes Thema. Wenn eine Firma in der Vergangenheit bei der Besetzung von Führungspositionen Frauen unbewusst diskriminiert hat, dann ist das in den Daten enthalten, denn die Besetzungen der letzten Jahre stehen schwarz auf weiß darin. Die KI wird schnell die Muster erkennen und einen Zusammenhang zwischen männlichem Geschlecht und der Eignung für eine Führungsposition identifizieren. Daraus folgernd, wird sie mit viel höherer Wahrscheinlichkeit männliche Bewerber für offene Führungspositionen vorschlagen als weibliche Bewerberinnen. Das weiß das Tech-Team. Und nun? Wie gleicht man dieses Bias aus? Soll man die Daten so verändern, dass man eine Gleichverteilung erreicht? Würde man damit die Daten nicht fälschen? Oder soll man lieber neue Daten generieren, sogenannte synthetische Daten, um ein Gleichgewicht herzustellen? Oder einfach mal die Gewichtung der zwei Gruppen so anpassen, dass der Unterschied mathematisch ausgeglichen wird? Das fühlt sich weniger wie eine Fälschung der Daten an, ist aber eine Art Fälschung der Realität.

Stellen wir uns nun vor, man entscheidet sich für Letzteres, als korrektive Maßnahme in einer ungerechten Gesellschaft. Bei der nächsten offenen Position wird die KI anhand der Qualifikationen und nicht anhand des Geschlechts die besten Kandidat*innen vorschlagen. Das letzte Wort hat aber die einstellende Führungskraft, ein Mensch mit vielen unbewussten Vorurteilen, der emotionale Entscheidungen nach seinem ganz persönlichen Geschmack trifft. Auch die beste Fortbildung zum Thema unbewusste Voreingenommenheit und im Recruiting wird das menschliche Bias nicht zu hundert Prozent neutralisieren. Das heißt, ein paar menschliche Einstellungsentscheidungen später ist die neue Trainingsbasis für die KI wieder verändert. Und der ganze Aufwand, den man betrieben hat, um sie vorurteilsfrei zu gestalten, ist auf null gesetzt.

Kleiner Exkurs: Das Geschlecht aus den Bewerbungen zu löschen hilft zwar, löst das Problem aber nicht komplett. Denn die KI findet andere Informationen im Lebenslauf, wie zum Beispiel eine Mitgliedschaft im Fußballverein oder in der Ballettschule, Hobbys, die in der Regel (ich weiß, das ist nicht das Wunschszenario, sondern leider die Realität, die wir aber langsam ändern sollten) einem bestimmten Geschlecht zuordenbar sind und mit den historischen Besetzungen von Führungspositionen korrelieren (können). Sprich, eine Mitgliedschaft im Fußballverein kann für die KI bedeuten: gute Eignung für eine Führungsposition, auch wenn die Information über das Geschlecht nicht vorhanden ist. An dieser Stelle: Wer möchte, dass die eigene Tochter Führungskraft wird, mag sie heute beim Fußball anmelden …

Dieselbe Systematik greift bei den Chatbots, die das Sprechen von Menschen lernen, oder bei den Empfehlungsalgorithmen, die das vorschlagen, was die Menschen nach rechts wischen. Oder bei denen, die Fake News verbreiten, weil die Inhalte am meisten geklickt und geteilt werden.

Mein Fazit ist: Die digitale Verantwortung kann nicht nur beim Tech-Team liegen. Sie ist auf viel mehr Schultern verteilt, als es den meisten bewusst ist. Da aber die breite Gesellschaft nicht über dieses Wissen verfügt, sehe ich hier weiterhin die Tech-Unternehmen als wichtige Säule der digitalen Verantwortung – wenn auch nicht als die einzige.

Digitale Verantwortung ist eine bewusste Entscheidung

»Das Gegenteil von gut ist nicht böse, sondern gut gemeint.« Dieses Sprichwort trifft auf menschliche wie auf unternehmerische Entscheidungen zu. Oft meinen wir, jemandem etwas Gutes zu tun, und am Ende läuft alles schief. Ein Aspekt, der die menschlichen Beziehungen so herausfordernd macht, denn Reaktionen hängen von verschiedenen Faktoren ab und sind schwierig vorherzusagen. Das erlebe ich als Privatperson, wenn ich nach dem Feierabend zur Kita hetze, um mit einem breiten Lächeln im Gesicht und einer Brezel in der Hand mein Kind abzuholen, und das Kind enttäuscht ist, weil es kein

Croissant bekommt oder weil ich zu früh gekommen bin – als Vorletzte wohlgemerkt! Und das geht jeder Firma so, wenn sie ein neues Produkt auf den Markt bringt und die Verbraucher*innen es komplett anders nutzen, als wofür es gebaut und gedacht war. Ein Bekannter, der mal Vertriebler bei einer Haushaltsgerätefirma in Indien war, hat mir ein lustiges Beispiel hierfür erzählt. Als die Toplader-Waschmaschinen auf den Markt kamen, stiegen die Absatzzahlen in bestimmten ländlichen Regionen drastisch an. Das war insofern überraschend, als die Strom- und Wasserversorgung in den ländlichen Regionen nicht zuverlässig war. Die Firma beauftragte daher ein Team, den Fall zu untersuchen. In einem Dorf angekommen, stellte das Team schnell fest, dass die Waschmaschinen gar nicht zum Waschen von Wäsche verwendet wurden, sondern zum Schleudern von Milch, um Butter zu produzieren.

Manchmal gibt es auch Fälle, in denen die Tech-Firmen nicht alle Konsequenzen bedenken, die die Nutzung ihrer Produkte nach sich zieht. Nicht böswillig. Meistens aber wirtschaftlich getrieben und manchmal einfach aufgrund von Betriebsblindheit. An dieser Stelle möchte ich vermerken, dass wirtschaftliche Interessen natürlich nicht per se schlecht sind. Ein Unternehmen existiert, um Geschäfte zu machen, und zwar so viele und so lange wie möglich. Ein Unternehmen stellt Produkte her, um Bedürfnisse der Gesellschaft zu befriedigen. Und ein Unternehmen beschäftigt Menschen und sorgt dafür, dass diese ihre Familien ernähren können. Das wäre alles nicht möglich, wenn das Unternehmen unwirtschaftlich handelte. Aber ich glaube, wir sind uns hier alle einig, dass wir uns ein nachhaltiges Wirtschaften wünschen und eine faire Vermögensverteilung, die heutzutage leider immer weniger stattfindet.

Aber zurück zu unserem Thema: Auch eine gut gemeinte technologische Lösung ist nicht immer gut. Im Mai 2022 hat eine Gruppe verschiedener Vereine und Organisationen, die sich für mehr Privatsphäre im Netz einsetzen, einen offenen Brief[51] an den Chef von Zoom geschrieben. Darin baten sie Eric Yuan, Gründer und CEO von Zoom, seine Pläne aufzugeben, Zoom mit emotionalen Analyselösungen zu versehen. Ein paar Wochen zuvor hatte Zoom nämlich angekündigt, emotionale KI in den Videokonferenzen einzuführen, vermutlich, um den Konkurrenzkampf nicht zu verlieren. Denn andere Anbieter sind bereits fleißig dabei, emotionale KI einzusetzen, die Emotionen in Videokonferenzen detektiert. Q for Sales zum Beispiel, ein Produkt der Firma Uniphore, soll Vertriebsmannschaften dabei helfen, besser zu verkaufen. Die Idee dahinter ist, die Emotionen des Kunden zu erkennen und der Vertriebsmannschaft Hinweise zu geben, um ihre Interaktion zu verbessern. Auch der Wettbewerber Sybill bietet die Analyse in Echtzeit. Nach dem Motto: »Pass auf, du langweilst gerade den Kunden mit deinen Produkterklärungen, hör ihm mehr zu!« Eine solche Technologie bricht in die Privatsphäre der Menschen ein und sollte von einer der größten Videokonferenzplattformen der Welt nicht verwendet werden, so der Appell der Gruppe. Sie schrieben: »In der Vergangenheit haben Sie Entscheidungen getroffen, die die Rechte der Nutzer in den Mittelpunkt stellen, etwa, als Sie sich entschieden haben, nicht zahlende Nutzer doch nicht wie geplant von Verschlüsselungsdiensten auszuschließen. Oder als Sie die Gesichtsverfolgungsfunktionen abschalteten, weil sie nicht den Datenschutzstandards entsprachen. Das hier ist eine neue Chance zu zeigen, dass Ihnen etwas an Ihren Nutzern und Ihrer Reputation liegt. Zoom ist ein Branchenführer, und Millionen Menschen zählen auf Sie, wenn es darum geht, unsere virtuelle Zukunft zu gestalten.«

Starke Worte und ein klarer Appell an die gesellschaftliche Verantwortung von Zoom und seines Chefs Yuan. Eine Verantwortung, die weit über die traditionelle unternehmerische Verantwortung hinausgeht.

Digitale Verantwortung als Anker in der DNA einer Organisation

Eine bekannte Abkürzung in diesem Kontext ist CSR. Es steht für *Corporate Social Responsibility,* also die gesellschaftliche Verantwortung von Unternehmen, oft auch als unternehmerische Sozialverantwortung bezeichnet. Wenn wir über digitale Verantwortung sprechen, müssen wir darüber reden, was verantwortliches unternehmerisches Handeln unter den Bedingungen der Digitalisierung bedeutet. Dabei geht es vor allem um den Einfluss, den die Digitalisierung auf die Gesellschaft ausübt. Denn es macht einen Unterschied, ob ein Unternehmen digitale Technologien einsetzt, um seine Prozesse effizienter zu gestalten, oder ob es digitale Produkte erstellt, die besondere Auswirkungen auf die Gesellschaft haben, von Algorithmen, die die Kreditwürdigkeit berechnen, über welche, die die besten Kandidaten für einen Job, basierend auf deren Mimik, aussuchen, bis hin zu Videokonferenzlösungen, die einem verraten sollen, wie der Gesprächspartner sich gerade fühlt. Wenn wir uns über die letzten Beispiele unterhalten, dann erlangt die digitale Verantwortung eine neue Bedeutung.

In diesem Zusammenhang spricht man auch von digitaler Ethik, wobei es natürlich nicht darum geht, die Ethik zu digitalisieren, sondern vielmehr darum, wie Ethik bei algorithmischen Entscheidungen zu verstehen und anzuwenden ist. Ein Handeln, das die Ethik im Blick hat, muss in einer Art und Weise digitalisiert werden, dass eine KI in ethisch kritischen Situationen ein – nach der jeweiligen Ethik – wünschenswertes Verhalten übernehmen kann. Ich schreibe »nach der jeweiligen Ethik« mit Absicht, denn Ethik ist auch regional und kulturell bedingt, und das macht die gesamte Diskussion über die Ethik der KI so komplex. Wie kann ein KI-System, das in den USA entwickelt wurde, wenngleich nach höchsten Ethikmaßstäben, sich in Indien richtig verhalten? Wie kann man die Pluralität der Denkweisen standardisieren? Ist das überhaupt möglich? Und wenn man es schafft, radiert man damit nicht die Individualität von Gemeinschaften weg? Wollen wir wirklich auf diese Diversität verzichten? Und wer hat die Deutungshoheit über das, was gerade passiert? Wer definiert, welcher moralische Standard gilt?

Dies sind nur einige der Fragen, die klar zum Ausdruck bringen, welche neue Dimension die digitale Verantwortung einnimmt. Es reicht nämlich nicht, sich die Aspekte der Unternehmensverantwortung anzuschauen, die mit dem Kerngeschäft des Unternehmens zu tun haben, man muss zusätzlich die Werte im Blick haben, die das Unternehmen vertritt, und seine Wirkung in der Gesellschaft. Um all diese Faktoren strukturiert zu bewerten, hat Prof. Dr. Matthias Schmidt, Geschäftsführer des Instituts für werteorientierte Unternehmensführung, das Modell der Kernverantwortung entwickelt. Es beschreibt das Zusammenspiel zwischen Kerngeschäft, Werten und gesellschaftlicher Wirkung eines Unternehmens und ermöglicht es, die individuelle Kernverantwortung zu bestimmen sowie die damit zusammenhängende Reichweite und die Grenzen der Verantwortung. Damit das Ganze funktioniert, müssen die Werte in der Organisation verankert werden. Und zwar nicht nur in Form schöner Sprüche auf Hochglanzfolien, sondern sozusagen in der DNA des Unternehmens. Denn das Ziel ist es, dass sich alle oder zumindest die meisten Mitarbeiter für die Einhaltung der ethischen Standards mitverantwortlich fühlen. Und dazu braucht es konkrete Praktiken und Maßnahmen, zusätzlich zu schönen Sprüchen.

Zu diesen Maßnahmen habe ich mich mit Alex Mecklenburg, einer Business Coach und Mitbegründerin einer britischen Beratung Consequential unterhalten. Ich wollte verstehen, wie man Konzepte wie das ethisch korrekte Handeln einer KI in einer Organisation verankern kann. Und zwar nicht nur auf einer philosophischen Ebene, meistens von sogenannten Governance-Abteilungen getrieben, sondern auf einer praktischen Ebene, die von der Geschäftsführung hinausgeht zu Entwicklung und Betrieb der technologischen Lösungen. Alex sagt dazu: »Nicht das Konzept bewundern.« Damit Unternehmen vom Konzept zu praktischen Ansätzen kommen, empfiehlt sie, sich folgende Fragen zu stellen: Welche Prinzipien brauchen wir, um unsere Strategie umzusetzen? Welche Kriterien ermöglichen es, dass sich die Mannschaft entsprechend der gewählten Prinzipien verhält und die gewünschte Kultur aufbaut? Wo brauchen wir Richtlinien, die die notwendige Klarheit, Richtung und Verantwortung vorgeben?

Das lässt sich zusammenfassen in:

- Prinzipien: Was machen wir?
- Praktiken: Wie machen wir es?
- Regelwerk: Machen wir es richtig?

Das Zusammenspiel zwischen Prinzipien, Regelwerk und Praktiken erklärt sie mir anhand eines Beispiels, das viele von uns kennen: das Sonntagsfamilienessen. Okay, ich muss zugeben, dass es in Deutschland nicht so üblich ist, dass sich die ganze Familie am Sonntag zum Mittagessen trifft, wie es in vielen anderen Ländern der Fall ist. Auf jeden Fall ist dies eine Praxis, die die Zusammengehörigkeit fördert. Während der Woche sind alle mit ihrem eigenen Leben beschäftigt, aber am Sonntag kommen alle zusammen, um die Familie zu feiern. Und ja, wir wissen alle, dass solche Zusammenkünfte nicht immer nur fröhlich verlaufen. Der eine oder andere Streit gehört dazu, und genau darum geht es. Ohne Sonntagsfamilienessen bliebe die Zusammengehörigkeit ein »prinzipieller« Wunsch und wäre keine konkrete »Praxis«.

Dasselbe Phänomen findet man in der Arbeitswelt. Wenn ein Unternehmen sich dafür entscheidet, eine verantwortungsvolle KI zu bauen, dann muss es sich fragen, ob es klare

Prinzipien gibt, die definieren, wie die Arbeit erledigt werden muss, um dem Anspruch gerecht zu werden. Sind diese Prinzipien in der Produktentwicklung verankert? Und wie beeinflussen sie die Kultur? Hierbei handelt es sich sowohl um Prinzipien technologischer Natur als auch um welche, die in den unternehmerischen Veränderungsmanagementprozess eingebunden werden müssen. Denn gerade, wenn wir über Kultur und kulturelle Veränderungen sprechen, bedarf es geplanter Maßnahmen, deren Implementierung teilweise jahrelang dauert. Prinzipien, die technischer Natur sind und die Produktentwicklung beeinflussen, halte ich für etwas einfacher, oder sagen wir, direkter umzusetzen. Eine Checkliste mit Kriterien, die die KI, bereits im Entwicklungsprozess, erfüllen muss oder die beschreiben, welche Daten verwendet werden dürfen und welche nicht, oder die bestimmte Blackbox-Algorithmen ausschließen, sind einige konkrete Beispiele. Doch selbst wenn solche Checklisten eine Voraussetzung für die Freigabe einer Anwendung sind, werden sie von der Mannschaft nur ernst genommen und mit der notwendigen Sorgfalt beachtet, wenn sie von den Prinzipien überzeugt ist. Was wiederum ohne kulturelle Maßnahmen nicht funktioniert. Das heißt, ein holistischer Ansatz ist notwendig.

Solch einen Ansatz beim Thema verantwortungsvolle KI konnte ich bei meinem früheren, aber auch bei meinem jetzigen Arbeitgeber finden. IBM definiert die verantwortungsvolle – und vertrauenswürdige – KI anhand fünf grundlegender Eigenschaften:[52] Erklärbarkeit, Gerechtigkeit, Leistungsfähigkeit, Transparenz und Datenschutz.

- **Erklärbarkeit** bezieht sich darauf, dass die Algorithmen-basierte Entscheidung erklärbar und nachvollziehbar sein soll. Wenn zum Beispiel eine Person einen Kredit bei der Bank beantragt und dieser abgelehnt wird, dann möchte die Person verstehen, warum dem so ist. Sicherlich möchte sie auch wissen, wie sie ihre Kreditwürdigkeit verbessern kann, damit sie in Zukunft einen Kredit bekommt. Das setzt voraus, dass die Bank beziehungsweise der oder die zuständige Bankangestellte die algorithmische Entscheidung selbst versteht und erklären kann. Was wiederum voraussetzt, dass die Firma, die diese Lösung gebaut hat, sie so designt und entwickelt hat, dass eine Erklärung möglich ist.

- **Gerechtigkeit** meint hier die Güte der Entscheidung hinsichtlich Gerechtigkeit und Diskriminierungsfreiheit. Die KI muss so kalibriert sein, dass sie den Menschen dabei unterstützt, gerechte Entscheidungen zu treffen. Erinnern wir uns an das Beispiel der KI im Recruiting-Prozess für eine Führungsposition: In diesem Zusammenhang bedeutet Gerechtigkeit, dass die KI Menschen anhand ihrer Qualifikationen und unabhängig vom Geschlecht vorschlägt. Dafür muss sie entsprechend kalibriert sein, damit sie Biase in den Daten und in ihrem Modell identifiziert und neutralisiert. Eine Übung, die nicht trivial ist, aber mit der richtigen Technologie machbar.
- **Leistungsfähigkeit.** Auch unter außergewöhnlichen Bedingungen, zum Beispiel bei abnormalen Eingaben, soll die KI weiterhin gute Leistungen erbringen. Außerdem soll sie resistent gegen feindliche Attacken sein, ob digitale, analoge oder physische. Nehmen wir die Bilderkennung als Beispiel: Ein nicht abgewehrter böswilliger Angriff könnte dazu führen, dass während des Röntgens dem neuronalen Netz gezielt Geräusche hinzugefügt werden mit dem Ergebnis, dass die KI einen Tumor auf dem Röntgenbild nicht erkennt. Oder dass ein Aufkleber auf einem Stoppschild von einem selbstfahrenden Auto als Geschwindigkeitsbegrenzung interpretiert wird. An der Stelle muss man sagen, dass solche Attacken aktuell hauptsächlich unter Laborbedingungen stattfinden: Universitäten und Tech-Unternehmen spielen alle möglichen Arten von Angriffsszenarien durch, um Ab-

wehrmaßnahmen und -mechanismen entwickeln zu können. Es gibt also keinen Grund zur Panik.

- **Transparenz.** Hierbei geht es um die Offenlegung von Informationen rund um die KI und ihre Entwicklung, um Fragen wie: Welche Daten wurden im Training verwendet? Wie wurde der Algorithmus trainiert? Von wem? Welchen Zweck erfüllt das Modell? Welche Kriterien fließen da ein? Ziel ist es, die Nutzer*innen darüber zu informieren, wie die KI funktioniert und was in ihr steckt.
- **Datenschutz** sieht vor, dass KI-Systeme die Rechte von Verbraucher*innen in Bezug auf Privatsphäre und Daten priorisieren und schützen. Die Daten und Erkenntnisse daraus sind Eigentum ihres Urhebers.

Gerade mit diesem letzten Punkt ist es in Deutschland so eine Sache. Wir haben Gesetze wie die europäische Datenschutzgrundverordnung, und es gibt viele technologische Lösungen, um Datenschutz zu gewährleisten und die Privatsphäre zu wahren. Trotzdem tun sich viele hier immer noch schwer damit, Daten zu teilen. Ich meine vor allem die Unternehmen. Heutzutage ist es gar nicht notwendig, Daten mit anderen Unternehmen zu teilen, um den größten Mehrwert daraus zu ziehen. Es gibt andere Lösungen, wie zum Beispiel *Federated Learning* (föderiertes Lernen), die es erlauben, trainierte Modelle sicher auszutauschen, kombiniert neu zu trainieren und das kombinierte Modell dann zurück an alle Beteiligten zu schicken. Dieses neue Modell vereint das Wissen aus allen Modellen und kann mit den Daten der einzelnen Unternehmen erneut trainiert werden, um bessere Ergebnisse zu erzielen. KI als Gemeinschaftssport zu entwickeln, ist heute möglich, man muss die Chance nur ergreifen und sich etwas mehr zutrauen.

Für seine fünf Eigenschaften einer verantwortungsvollen und vertrauenswürdigen KI hat IBM verschiedene Methoden und Tools, um die Herausforderungen technisch zu meistern. Diese Tools[53] stehen der Opensource Community zur Verfügung und können kostenlos verwendet und weiterentwickelt werden.

Die Eigenschaften sind jedoch nicht IBM-spezifisch, die meisten Unternehmen haben sich ähnliche Leitlinien gegeben und vergleichbare Kriterien definiert, meistens mit denselben Begriffen. Es findet in der Wirtschaft mehr Konsens statt, als uns die Medien gemeinhin glauben machen. Jedenfalls ist das so bei gut etablierten Unternehmen mit einer langen Geschichte.

Es braucht ein Dorf, um KI zu erziehen

Die Technologie verändert die Gesellschaft massiv. Das sollte den Tech-Schaffenden bewusster werden und dass sie dabei vermutlich wichtiger sind als die Institutionen, in denen sie arbeiten, also die Tech-Unternehmen. Denn Unternehmen bestehen aus Menschen, und auch eine Handvoll Menschen kann die Werte und die Kultur in einem Unternehmen verändern. Lasst uns mehr an uns selbst glauben und die Veränderung anstoßen. Jede*r, vom Pförtner bis zum CEO, kann gestalten, jede*r kann einen Beitrag leisten. Eine schöne Analogie möchte ich euch an dieser Stelle nicht vorenthalten. Gerade Großunternehmen werden in der Regel mit Tankern verglichen, sprich, sie sind langsam und schwerfällig, sodass selbst kleinste Kursänderungen viel Zeit brauchen. Dieses negative Bild hemmt die Geschäftsführung dieser Unternehmen und auch die Mannschaft. An sich selbst zu glauben, ist jedoch der erste Schritt, um Veränderungen und Innovationen voranzutreiben. Philip Horvath, ein Katalysator für kulturelle Veränderungen in Organisationen, den ich sehr schätze, hat mir mal gesagt: »Konzerne sind keine Tanker, sondern Bienenschwärme.« Sie bestehen aus vielen fleißigen Bienen, die gemeinsam zu einer Weide und von Blüte zu Blüte fliegen, um Pollen zu sammeln. Ab und zu fliegt eine Biene woandershin und findet dort reichhaltigere Blüten. Sie kehrt zu den anderen zurück, um sie darüber zu informieren. Sie wird erst einmal ignoriert, da alle schwer mit Pollensammeln beschäftigt sind. Doch sie bleibt hartnäckig, überzeugt eine oder zwei weitere Bienen. Diese bestätigen den Befund und helfen bei der Überzeugung der anderen. Bis schließlich die ganze Gruppe zur neuen Wiese fliegt. Für Philip liegt die Aufgabe der Geschäftsführung eines Unternehmens darin, diese Entdeckerbienen zu identifizieren und zu befähigen, damit sie andere inspirieren und motivieren. Jede*r kann mal die Rolle der Entdeckerbiene einnehmen. Das ist ein Bild, das ich persönlich sehr schön finde. Es stellt ein hoffnungsvolles Szenario dar, leider eines, das die meisten Beschäftigten von Großunternehmen gar nicht als möglich erachten. Manchmal braucht man aber nur eine neue Perspektive, um an sich selbst zu glauben. Daher mein Appell an alle Beschäftigten von Großunternehmen: Ihr seid nicht unfähig, Veränderungen anzustoßen, nur weil ihr ein kleiner Teil vom großen Ganzen seid. Ihr seid das große Ganze.

Ein anderer Teil des großen Ganzen sind Institutionen, Forschungsinstitute und Vereine, die dafür sorgen, dass die KI die richtige Erziehung bekommt. Außerdem gibt es Institute, die Standards für eine vertrauenswürdige KI entwickeln. Das Deutsche Institut für Normung (DIN) zum Beispiel unterstützt Wissenschaft, Politik, Wirtschaft und Gesellschaft dabei, Deutschland im internationalen Wettbewerb um die besten Lösungen und Produkte im Bereich KI zu stärken. In seiner *Deutschen Normungsroadmap Künstliche Intelligenz*[54], die nun in die zweite Ausgabe geht, gibt das DIN Handlungsempfehlungen rund um KI. Die Internationale Organisation für Normung (ISO) verfasste zusammen mit der Internationalen

Elektrotechnischen Kommission (IEC) den Technischen Report TR 24028:2020–05[55], der Ansätze zur Bewertung und Erreichung von Verfügbarkeit, Belastbarkeit, Zuverlässigkeit, Genauigkeit, Sicherheit und Privatsphäre von KI-Systemen beschreibt. Und die größte Ingenieursvereinigung der Welt – das Institute of Electrical and Electronics Engineers (IEEE) – entwickelte eine Serie von Standards für einen ethischen Umgang mit KI. Im IEEE P7000[56] werden verschiedene Aspekte autonomer und intelligenter Systeme beleuchtet und ebenfalls Handlungsempfehlungen gegeben.

All diese Standards sind natürlich nicht verpflichtend, aber früher oder später werden sie von allen Tech-Unternehmen angenommen und umgesetzt werden. Für die Skeptiker unter euch: Ohne IEEE und den Standard IEEE 802. 11 zum Beispiel würde das WLAN nicht überall funktionieren, so, wie wir es heute kennen. Das heißt, die Ersten, die diesen Standards folgen, setzen den Ton und erlangen dadurch einen Wettbewerbsvorteil gegenüber jenen Unternehmen, die sich am Anfang dagegen wehren. Und nicht zu vergessen: Solche Standards werden in Arbeitsgruppen entwickelt, die nicht nur aus Wissenschaft und Forschung bestehen, sondern auch aus Expert*innen aus der Wirtschaft und Gesellschaft. Das kreiert auch *Ecosystems* von Unternehmen – Netzwerke von Unternehmen, die voneinander lernen und die zusammenarbeiten, um einen Service bieten zu können, den ein jeder der Partner für sich allein nicht anbieten könnte – und auch »Ökosysteme« von Menschen, die den Status quo hinterfragen, ihre Expertise austauschen und gemeinsame Lösungen erarbeiten. Aus eigener Erfahrung, als beteiligte Expertin bei der Entwicklung vom IEEE P7000, kann ich sagen, dass das die besten Voraussetzungen sind, um grundlegende Anforderungen an KI-Systeme mit einem globalen Anspruch zu schaffen. Da wir keine globale Ethik und keine globalen Moralvorstellungen haben, sind ethische Anforderungen, die einen weltweiten

Anspruch haben, das Beste, was wir erreichen können. Und ja, solche Bestrebungen werden das Problem nicht hundertprozentig lösen, aber jede Annäherung an das Ziel ist richtig und wichtig. Und das bezeichnet für mich die größte Herausforderung, die unsere Generation meistern muss: die Ambiguitätstoleranz.

Ohne Ambiguitätstoleranz ist die Zukunft nicht zu ertragen

Unsere Welt, unser Leben ist komplex geworden, die Zeiten der Eindeutigkeit sind vorbei. Wir müssen lernen, mit Mehrdeutigkeit umzugehen, sie zuzulassen und uns trotzdem wohlzufühlen. Wir müssen lernen, resilienter zu werden. Ich bin der Meinung, wir können nicht den Anspruch haben, alles verstehen und genau zuordnen zu wollen. Wir wären den ganzen Tag damit beschäftigt, den Status quo zu analysieren, alle Widersprüche zu identifizieren, und würden uns jeglichen neuen Impulsen und Inspirationen verschließen. Wir müssen lernen, mit Unsicherheiten und Vieldeutigkeit umzugehen, sie zur Kenntnis zu nehmen und zu ertragen. Dabei hilft es zu priorisieren: Was muss ich verstehen, damit ich handlungsfähig bleibe? Was brauche ich nicht komplett zu verstehen? Wo kann ich einfach die Augen verschließen und durchgehen? Und wo brauche ich eine klare Handlungsweise?

Ambiguitätstoleranz gilt auch als eine Voraussetzung für die interkulturelle Kompetenz eines Menschen. Und das kann ich aus eigener Erfahrung bestätigen. Ich bin auf dem afrikanischen Kontinent aufgewachsen, habe in Europa und Asien studiert und gearbeitet. Als ich mit achtzehn Marokko Richtung Spanien verließ, war ich jung und neugierig, wollte die Welt entdecken und Neues lernen. In Spanien kam ich mit einem Koffer und einem A1/A2-Sprachniveau an, hatte also gerade mal Grundkenntnisse im Spanischen und verstand bei Weitem nicht alles, was mir die Menschen auf der Straße erzählten. Ich musste also schnell priorisieren lernen: Welche Informationen sind für mich wichtig? Um diese zu verstehen, hörte ich konzentriert zu und bemühte mein Wörterbuch. Beim restlichen Gelaber habe ich einfach nett gegrinst. Eine vergleichbare Situation hatte ich, als ich 2007 nach Berlin kam. Diesmal hatte ich nach dem GER, dem Gemeinsamen Europäischen Referenzrahmen für Sprachen, zwar ein C1-Sprachniveau, allerdings fühlte es sich für mich wie mein anfängliches A1/A2 im Spanischen an. 2009 wiederholte sich meine Erfahrung in Peking. Dort kamen neue Aspekte hinzu: Die Mimik zum Beispiel war anders, als ich es gewohnt war. Ein lächelndes Gesicht bedeutete nicht zwangsläufig eine nette Ansage. Das heißt, ich konnte mich nicht auf das Gesichtlesen verlassen, um ein Gefühl für mein Gegenüber zu entwickeln. Ich musste tatsächlich die Sprache verstehen. Nachdem ich aber Mandarin gelernt hatte, konnte ich bestimmte Handlungen und Verhaltensweisen überhaupt nicht nachvollziehen. Meine Ambiguitätstoleranz wuchs indes mit jeder Interaktion.

Das Wichtigste, was ich in China gelernt habe, war daher nicht die Sprache, sondern Resilienz. Ich habe erfahren, dass das, was wir gesunden Menschenverstand nennen, gar nicht global gilt. Mein Motto seitdem ist: »Common sense is not common.« Der gesunde Menschenverstand ist nicht so geläufig, wie wir denken. Er ist sehr regional und abhängig von unserer Erziehung und Sozialisierung. Schon davon auszugehen, dass alle Menschen einen gemeinsamen Verstand haben, erscheint mir, im Nachhinein, relativ arrogant. Ich bin dieser harten Schule in China sehr dankbar. Es gab natürlich Momente, in denen ich komplett verzweifelt war, weil mein Team oder Geschäftspartner mich nicht verstanden, obwohl ich mit ihnen Mandarin sprach. Aber sie haben mich gelehrt, ruhig zu bleiben, Verschiedenheiten in Moralvorstellungen zu akzeptieren und trotzdem die Motivation zu entwickeln, Empathie für das Gegenüber zu trainieren und einen gemeinsamen Weg zu finden. Diese Schule war wertvoll, und sie hilft mir jeden Tag sowohl im privaten als im beruflichen Umfeld. Gerade als Führungskraft in einem global agierenden Unternehmen bekomme ich häufig Informationen, die auf den ersten Blick widersprüchlich aussehen. Wenn ich es aber schaffe, mich in die beteiligten Parteien hineinzuversetzen und ihre Motivationen zu verstehen, dann akzeptiere ich die Widersprüche und versuche, das Beste daraus zu machen. Und wenn es mir nicht gelingt, dann gehe ich einfach davon aus, dass sie gute Gründe dafür hatten, sich so und nicht anders zu entscheiden, dass keine*r mein Leben zur Hölle machen will, dass mir nur die Gründe nicht transparent sind – und manchmal ist es auch gut so. Ich muss gar nicht alles verstehen.

Ein paar Forderungen zum Schluss

Der Mensch als Schöpfer der Maschinen

Es scheint ein alter Menschheitstraum zu sein, dass wir uns ein Ebenbild in Form einer Maschine schaffen wollen. Was wir dabei kreieren in Literatur, Kunst oder in Filmen, spiegelt uns selbst und sagt vielleicht mehr über uns als über die Maschinen. Ich finde, das ist auch der entscheidende Punkt, wenn wir über reale Maschinen sprechen. Solche also, die es nun wirklich gibt oder bald geben wird – besonders wenn wir über emotionale künstliche Intelligenz sprechen. Nichts davon entsteht ohne unser Zutun. Die neuen Menschenversteher fahren nicht wie in *I, Robot* in einer entmenschlichten Fabrik vom Fließband. Wir selbst sind es, die sie schaffen und gestalten – nach unserem Bild. Und mit »wir« meine ich nicht allgemein jene Tech-Truppe, die gerade daran forscht und arbeitet und zu denen ich mich selbst auch zähle. Mit diesem Wir meine ich wirklich uns alle. Dich, deine Freunde und Nachbarn, mich, meine Familie, meine Bäckerin.

Es ist ganz wichtig, dass wir verstehen, welchen Einfluss wir darauf haben, ob diese Maschinen, die Menschenversteher, sich eher in eine dystopische Variante entwickeln, sagen wir mal etwas übertrieben, in Wiedergänger von Frankensteins Monster oder eines Terminators. Oder ob sich meine Hoffnungen erfüllen und sich die Zukunft eher in Richtung von so hilfreichen wie liebenswerten Maschinen entwickelt wie dem Droiden C-3PO oder dem Roboter R2-D2 aus *Star Wars*. Unsere Zukunft mit den Menschenverstehern ist nicht vorherbestimmt. Es ist noch nicht ausgemacht, in welche Richtung es gehen könnte. Ob es uns besorgen sollte, wenn Maschinen unsere Gefühle lesen, unser Innerstes verstehen lernen. Oder ob es uns im Gegenteil dabei hilft, uns selbst besser zu verstehen – unser eigenes widersprüchliches, merkwürdiges Ich und das unseres Gegenübers.

Ich habe in diesem Buch versucht zu zeigen, welche Möglichkeiten künstliche Intelligenz mit sich bringt, welche Chancen, aber eben auch welche Risiken. Im Moment ist es so, dass die Gestaltung der Zukunft einer kleinen Tech-Branche vorenthalten bleibt. Das macht mir Sorgen. Denn diese Branche sieht sich zumindest zu einem Teil als eine Art gottgleicher Schöpfer. Das kommt daher, dass die Tech-Unternehmen im Silicon Valley durch ihre Innovationen und ihre Marktstellung eine unglaubliche Macht besitzen. Diese Form von Größenwahn wird vom wirtschaftlichen Erfolg verstärkt. Die Investoren jubeln, und die Branche boomt. Nur leider schauen viele ihrer Mitarbeiter weder nach rechts noch nach links. Sie sind kluge Menschen, Informatiker, Ingenieure, wie ich selbst es auch bin. Sie entwickeln Technologien, die alles verändern können, was und wie wir es kennen, die Folgen aber sind ihnen meistens egal. Natürlich gibt es ein paar Engagierte, die darauf hinweisen, aber die Masse »macht« einfach, ohne einen Gedanken an die Konsequenzen zu verschwenden. Ohne irgendjemandem Rechenschaft abzulegen über ihr Tun und dessen Folgen. Vielen fehlt die Verantwortung, der Blick auf das Wir, darauf, wie wir mit Technologie auf Menschen, auf Gesellschaften, auf ganze Staaten einwirken.

Wir stehen mit dieser Technologie an einem Epochenbruch der Menschheitsgeschichte. Was da kommt oder schon da ist, ist mindestens so groß wie die Erfindung der Dampfmaschine, mit der die Industrialisierung begann. Das hat damals die gesamte Welt von Grund auf umgestaltet. Und etwas Ähnliches, das habe ich gezeigt, steht uns nun bevor. Wir müssen daher lernen, uns darauf einzustellen, wir müssen Regeln und Leitplanken finden für das umwälzende Veränderungspotenzial, das damit einhergeht. Die Technologie der emotionalen KI ist für mich ein Werkzeug. So wie der Feuerstein ein Werkzeug war, der es den Menschen erlaubte, Feuer zu entfachen. Sie haben damit viel abgebrannt, aber irgendwann gelernt, es zu kontrollieren, es einzuhegen und, wenn nötig, zu löschen.

So ähnlich müssen wir es mit der emotionalen KI machen. Wir müssen dieses Feuer kontrollieren, um es gut und sinnvoll nutzen zu können. Wir alle müssen lernen, damit verantwortungsvoll umzugehen. Ich habe deshalb zum Schluss dieses Buches ein paar Wünsche und Forderungen: an die Politik, an Unternehmen, an die Gesellschaft, aber auch an dich und an mich selbst. Denn die Kontrolle der KI muss auf mehreren Ebenen stattfinden.

Wir brauchen Prosumer

Die Kontrolle der KI beginnt bei jedem Einzelnen. Jeder von uns ist gefordert, sich mit dem Thema auseinanderzusetzen, sich zu informieren. Ich glaube fest daran, dass jede Person die Macht hat, den Status quo zu verändern – zum Beispiel, indem sie Produkte nicht mehr nutzt, wenn sie das Geschäftsmodell nicht unterstützen will.

Was wir brauchen, sind Prosumer, Menschen also, die gleichzeitig Produzenten und Konsumenten sind. Prosumer setzen sich kritisch mit der Technologie auseinander, die sie nutzen. Ihnen ist bewusst, dass sie durch die Art ihrer Nutzung die Produkte selbst und deren Ausrichtung prägen und mitgestalten können. Die Algorithmen der KI schauen uns genau auf die Finger. Sie lernen, was wir ihnen vorleben – so wie Kinder eben nachahmen, was die Eltern ihnen vorleben. Deshalb heißt Kontrolle der KI auch, dass wir uns fragen, was wir wollen. Und dass wir danach unser Handeln ausrichten. Wir sollten uns ganz bewusst auf die moralischen Werte besinnen, die uns am wichtigsten sind. Und dann sollten wir diese strategisch und praktisch in der Gesellschaft, in den Organisationen, in denen wir tätig sind, und in unserem Nutzeralltag verankern. Das kann sehr effektiv sein, die KI in die richtigen Bahnen zu lenken und im weiteren Sinne dann auch die Tech-Firmen. Denn diese investieren auch in jene Richtung, die idealerweise von den Prosumern vorgegeben wird.

Das bedeutet auf einer nächsten, der gesellschaftlichen Ebene, dass wir uns darauf einlassen sollten, die Veränderungen selbst in die Hand zu nehmen. Das hört sich so einfach an, ich weiß schon. Aber die Sache ist doch die: Wir haben gesehen, welch fundamentale Veränderungen emotionale KI mit sich bringt für die Art, wie wir zusammenleben, wie wir lernen und arbeiten. In jedem dieser Bereiche gibt es mindestens zwei Zukunftsszenarien, eine dystopische und eine utopische. Welche davon wollen wir haben?

Wollen wir, dass emotionale KI an die Stelle unserer Beziehungen zu Menschen tritt? Dass humanoide Roboter oder Hologramme die Rolle eines Lebenspartners übernehmen, weil das bequemer und einfacher ist? Weil sie nie genervt sind, uns immer bestätigen, immer Zeit haben. Wollen wir, dass unser Austausch mit anderen Menschen zusammenschnurrt auf ein: »Hallo, wie geht es dir?«, ich aber eigentlich die Antwort gar nicht wissen will, weil ich keinen Bock habe, dass der/die andere mir alle seine Sorgen erzählt. Dass wir gar keine Tiefe mehr erreichen in unseren Gesprächen mit anderen Menschen, weil wir eine weitergehende Kommunikation, bedeutungsvolle Beziehungen nur noch mit Maschinen eingehen können. Wir brauchen, ja wir wollen dann keine Freundschaften mehr, weil zu Hause ja der Roboter wartet, der uns guttut. Wir müssen nicht mehr in Freundschaften investieren, haben kein schlechtes Gewissen mehr, weil wir uns schon lange bei

Freunden nicht mehr gemeldet haben. Denn bei einem Roboter muss ich ja nicht investieren. Ich muss mich nicht um ihn kümmern. Ich muss ihm nicht zum Geburtstag gratulieren. Ich muss ihn nur kaufen.

Oder wollen wir, das wäre mein hoffnungsvoller Blick, dass die KI uns hilft, uns selbst besser zu verstehen – insbesondere auch unsere Emotionen. Wir haben gesehen, dass Emotionen in vielen Ländern ein Tabuthema sind. Dass wir sprachlos sind, wenn es darum geht, wie wir uns fühlen und warum das gerade so ist. Die Kinder lernen nicht wirklich, Emotionen zu formulieren und zu beschreiben. Und Erwachsene haben zudem oft noch das Gefühl, sie dürfen nicht darüber sprechen. Es wäre unpassend, würde sie als schwach erscheinen lassen. Würde es uns da nicht helfen, einen Roboter zu haben, der mit bestem psychologischem Wissen trainiert ist? Er erkennt an unserer Körperhaltung, unserer Stimme, unserer Mimik, wie wir uns fühlen, und sagt dann vielleicht an einem trüben Tag: »Du siehst heute aber traurig aus.« Ich frage: »Warum denn?« Und er antwortet: »Du lässt deine Schultern hängen und deine Mundwinkel. Was ist heute passiert?« In diesem Prozess könnte mir der Roboter helfen, mich selbst und meinen Körper viel besser kennenzulernen und auf diese Signale zu achten. Und wenn er mir das widerspiegelt, dann lerne ich, das in Zukunft zu identifizieren. Ich kann lernen, darauf zu reagieren. Das tut mir selbst gut und meiner Interaktion mit anderen. Vielleicht kann ich dann auch die schlechte Laune meines Bürokollegen besser einordnen.

In dieser hoffnungsvollen Sicht kann uns emotionale KI also helfen, ein größeres Verständnis für uns und unsere Nächsten zu entwickeln. Wir würden einen entspannteren Austausch miteinander haben, weil wir uns selbst besser kennen und weniger getrieben wären von Emotionen, die wir nie verstanden und meist verdrängt haben. Emotionale KI würde uns auch helfen, Beeinträchtigungen unserer mentalen Gesundheit früh zu erkennen und darauf zu reagieren. Das wäre ein Riesenfortschritt bei einem Thema, das in unserer Gesellschaft weit verbreitet und gleichzeitig so stigmatisiert ist.

Wenn wir wollen, dass sich dieses hoffnungsvolle Szenario durchsetzt, müssen wir viel mehr als bislang über den gesellschaftlichen Nutzen von KI sprechen. Statt in Angststarre zu verfallen, weil uns die dystopische Sicht so sehr schaudert, sollten wir solche positiven Ziele und Visionen formulieren. Wir sollten versuchen, uns darüber zu verständigen, was KI für uns leisten soll. Wo wir sie bewusst fördern wollen. In kaum einem Bereich wäre das so wichtig wie bei der Bildung unserer Kinder.

Unsere Lehrpläne gehören in den Papierkorb

Meine Forderung hier ist ganz klar: Unsere aktuellen Lehrpläne gehören in den Papierkorb. Sie sind im Kern seit Jahrzehnten unverändert. Und unsere Kinder lernen damit das Falsche. Schule vergeudet im Moment die Neugier und die Kreativität der Kinder, weil sie darauf beharrt, dass sie heute noch einen Kanon lernen, der völlig veraltet ist. Es ist aus meiner Sicht höchste Zeit, dass wir aufhören, Kinder mit dem Auswendiglernen von staubigen Fakten zu foltern. Um es mal überspitzt zu formulieren: In *Star Wars* käme niemand auf die Idee, C-3PO in Sachen Geografie und Klimazonen eines Planeten herauszufordern. Und in ähnlicher Weise haben wir KI bei uns mit an Bord. Wir müssen uns also mit solch beliebten Lehrerfragen nicht mehr so viel beschäftigen und sollten es auch nicht. Es ist eine Verschwendung von Ressourcen, weil es uns von viel wichtigeren Fragen abhält. Zum Beispiel solchen: Was sollen wir tun? Wie können wir dieses Problem lösen? Welcher Weg in die Zukunft ist der richtige?

C-3PO sagt an einer Stelle im *Star-Wars*-Teil *Das Imperium schlägt zurück:* »Sir, die Wahrscheinlichkeit, erfolgreich durch ein Asteroidenfeld zu navigieren, liegt etwa bei 3720 zu 1.« Han Solo schaut in diesem Moment etwas bestürzt und zweifelnd. Aber er hat natürlich seine eigene Vision und wendet sich nach einem kurzen Moment des Überlegens gegen den Rat von C-3PO. Die Sternenflotte des Imperiums ist ihm auf den Fersen und das Asteroidenfeld der einzige Fluchtweg.

Ich will unsere Kinder natürlich nicht in halsbrecherische Asteroidenfeldflüge lotsen. Mein Punkt ist ein anderer: KI kann uns fantastisch dabei helfen, uns selbst und unsere Welt besser zu verstehen, aber die Vision, die Fantasie und auch der Mut zu entscheiden, welchen Weg wir wählen sollten, die liegen ganz bei uns. Und genau das muss sich auch in der Bildung unserer Kinder viel mehr abbilden. Das heißt viel weniger Fragen zum Wann und Wer, denn bei Jahreszahlen, Städte- und Flussnamen hilft die KI. Dafür sollten wir uns viel mehr um das Warum und vor allem das Wie kümmern. Wir gewinnen die Zukunft nicht, indem wir einem Bildungskanon huldigen, der nur in die Vergangenheit blickt, sondern einen schaffen, der Gegenwart und Zukunft mit all ihren Chancen ins Zentrum rückt.

Wir müssen Tech-Unternehmen zur Verantwortung ziehen

Die nächste Ebene sind aus meiner Sicht die Unternehmen. Wir brauchen Unternehmen, die ihre gesellschaftliche Verantwortung wahrnehmen, die ihre Geschäftsmodelle hinterfragen. Und das passiert gerade bei den jüngeren Unternehmen zum Beispiel im Silicon Valley nicht oder viel zu wenig. Unternehmen, die es seit hundert oder mehr Jahren gibt, haben gelernt, sich selbst und ihr Handeln zu hinterfragen, sonst hätten sie gar nicht so lange überlebt. Es ist also Teil ihrer Firmen-DNA geworden. Viele Unternehmen, die seit gerade mal zehn oder zwanzig Jahren existieren und die Technologie von morgen entscheidend prägen, sind nach meiner Erfahrung viel zu sehr vom unmittelbaren Gewinn und exponentiellen Wachstum getrieben. Sie übernehmen ihre gesellschaftliche Verantwortung nicht oder jedenfalls nicht in ausreichendem Maß. Wer riesige Gewinne erzielt, aber keine oder kaum Steuern zahlt, weil er sich ein Steuersparmodell mit Unternehmenssitzen in Steueroasen ausgedacht hat, der handelt vielleicht nicht illegal, ich würde aber sagen, illegitim und verantwortungslos.

Steuern sind ja nur ein Teil, wenn auch ein besonders wichtiger und gut messbarer. Einige Unternehmen entziehen sich bei vielen ihrer Innovationen auch einer gesellschaftlichen Debatte darüber, welche Folgen damit verbunden sind oder sein könnten. Die Fähigkeit zur Selbstreflexion und im Zweifel auch zur Selbstbeschränkung steht bei einigen Tech-Konzernen in einem bedrückend schlechten Verhältnis zu ihrer enormen technologischen Macht.

Wir müssen das Feuer kontrollieren

Das führt uns zur vierten Ebene, dem Gesetzgeber. Das gewaltige Potenzial emotionaler KI braucht Regulierung – sonst droht uns eine ähnliche Gefahr wie beim Feuerstein. Was wir benötigen, sind Standards, die sicherstellen, dass Innovationen in die richtige Richtung laufen. Solche Standards betreffen jeden Einzelnen von uns, also den Schutz unserer Persönlichkeitsrechte und unserer Daten. Sie beziehen sich darüber hinaus auf Tech-Unternehmen, die gesetzlich verpflichtet werden müssen, ihrer beträchtlichen Verantwortung gerecht zu werden – indem sie zum Beispiel Steuern zahlen, statt sie zu umgehen. Und indem sie transparent Rechenschaft ablegen über die gesellschaftlichen Folgen ihrer Innovationen. Der Gesetzgeber muss diese Offenheit aus meiner Sicht noch selbstbewusster einfordern. Es darf nicht sein, dass Konzerne, die global tätig sind, sich in entscheidenden ethischen Fragen einen schlanken Fuß machen oder solche Diskussionen nur in den USA zu führen bereit sind.

Es braucht allerdings noch mehr als Regelungen. Wir haben gesehen, welch tiefgreifende Umwälzungen unserer Arbeitswelt durch KI-Innovationen bevorstehen.

Für die allermeisten von uns bedeutet das, dass wir in Zukunft anders arbeiten werden als heute. Das ist für viele ein gewaltiger Umstellungsprozess, bei dem sie Förderung, Unterstützung und Ermutigung benötigen. Das können Unternehmen allein kaum leisten, dafür braucht es eine staatliche Strategie und Hilfe. Deutschland wird von diesem Wandel ganz besonders betroffen sein, weil unsere Wirtschaft mit ihrem Schwerpunkt auf dem produzierenden Gewerbe sehr weit automatisierbar ist. Deshalb finde ich es beunruhigend, wie wenig bislang über diese riesige Herausforderung gesprochen wird, wie wenig an Strategien sichtbar ist, diese Revolution der Arbeitswelt so zu begleiten, dass diese den Menschen auch in Zukunft eine sinnvolle und auskömmliche Betätigung ermöglicht.

KI bedeutet für unsere Welt eine monumentale Veränderung. Emotionale KI legt dabei noch einmal eine Art Turboboost ein. Sie hat das Potenzial, von Grund auf umzuwälzen, wie wir als Gesellschaft funktionieren, wie wir uns selbst sehen. Aber sie kann uns eben auch helfen, uns als Person und Gesellschaft weiterzuentwickeln. Die Zukunft ist also offen. Wir selbst können sie gestalten. Auch unsere Zukunft mit den Menschenverstehern.

Ja, wir haben Maschinen geschaffen, die uns immer ähnlicher werden. Und das macht uns nun manchmal Angst. Sind wir wirklich ein Vorbild? Gefällt uns das Spiegelbild nicht, das uns die Maschine vor Augen hält? Ich glaube, dass die entscheidenden Zukunftsfragen, alle bahnbrechenden Innovationen am Ende auf uns selbst verweisen. Darauf, wer wir sind und wer wir sein wollen. Wir sind es, die die Maschinen entwerfen, die ihre Nutzung prägen. Und deshalb liegt es auch bei uns, was daraus wird. Wir haben es in der Hand, die Risiken zu kontrollieren und die enormen Chancen zu nutzen.

Danksagung

Wie oft im Leben kommen die Sachen anders als geplant. Als ich mich entschieden habe, dieses Buch zu verfassen, plante ich vier Tage pro Woche zu arbeiten und am fünften Tag zu schreiben. Dann kam ein Jobwechsel dazwischen, und schwups!, befand ich mich Vollzeit arbeitend, in einem neuen Unternehmen, mit einem großen Team und Verantwortung für einen ganzen Bereich in Deutschland, Österreich und der Schweiz. Dass dieses Buch dennoch entstanden ist, habe ich größtenteils meinem Mann, meinen Großeltern, Freunden und Nachbarn zu verdanken, die sich liebevoll um meine Kinder gekümmert haben, während ich sonntags stundenlang am Schreibtisch saß. Stunden, in denen ich viel gelesen, recherchiert, vieles zusammengestellt und wieder verworfen habe.

Für ein Buch muss zunächst einmal das Konzept passen, und solch ein Konzept entsteht am besten im Austausch mit anderen Menschen. Für den wegweisenden und inspirierenden Austausch möchte ich mich insbesondere bei meiner Agentin Michaela, meinem Mann und bei meinen Freunden Tom, Timo, Abir und Judith bedanken. Weitere wichtige Impulse, die ich im Buch explizit erwähne, kamen von meinen Interviewpartner*innen. Für ihre Expertise und diversen Perspektiven, dir mir neue Horizonte eröffnet haben, danke ich Kyriaki, Abir, Matthias, Alex, Philip, Michael, Lea und Alec. Für die wertvollen Korrekturen, kurz vor dem Schluss, danke ich dir, liebe Sarah. Seit dem Studium habe ich nicht mehr so eine genaue Korrektur meiner Texte erlebt, vielen Dank, dass du dir die Zeit dafür genommen hast.

Und auch das beste Konzept kann nicht ohne den richtigen Verlag umgesetzt werden. Dafür danke ich meinem Lektor Jürgen Bolz beim Droemer Verlag, der mir von Anfang an die richtigen Fragen gestellt hat, um mir Orientierung zu geben und meine vielen Gedanken zu sortieren. Gedanken, die ich in Worte fassen musste. Manchmal gelang mir das gut, manchmal weniger. Für die Verbesserung meiner Formulierungen danke ich der Michaela Röll Literaturagentur und allen Beteiligten am Lektorat. Für die Rückenfreiheit danke ich meinem Chef, Andreas, und meinem ganzen Team. Und für die Möglichkeit mit Pepper zu shooten, danke ich Olaf Hunneshagen, Geschäftsführer bei OSM-COM GmbH.

Ich bin allen Menschen dankbar, die mich auf diesem Weg begleitet haben, sei es direkt oder indirekt. Ohne euch wäre das alles nicht möglich gewesen.

Berlin, im Dezember 2022
Kenza Ait Si Abbou Lyadini

Anmerkungen

1 https://arxiv.org/pdf/2108.07258.pdf

2 https://de.wikipedia.org/wiki/Mooresches_Gesetz

3 https://www.nature.com/news/the-chips-are-down-for-moore-s-law-1.19338

4 John R. Searle: »Minds, Brains, and Programs«, in: *Behavioral and Brain Sciences,* Volume 3, Issue 3, September 1980, pp. 417–424.

5 https://www.theatlantic.com/technology/archive/2021/04/artificial-intelligence-misreading-human-emotion/618696/

6 https://www.theverge.com/2019/7/25/8929793/emotion-recognition-analysis-ai-machine-learning-facial-expression-review

7 https://www.youtube.com/watch?v=Ml9v3wHLuWI

8 https://www.prnewswire.com/news-releases/emotion-detection-and-recognition-market-worth-37-1-billion-by-2026--exclusive-report-by-marketsandmarkets-301256671.html

9 https://www.fastcompany.com/90300169/your-brain-is-lying-to-you-about-super-bowl-ads-this-neuroscientist-can-prove-it

10 https://www.marktforschung.de/dossiers/themendossiers/emotionen-sinne-und-verhalten/dossier/emotionen-messen-werbung-verstehen-marketingerfolg-vorhersagen/

11 https://www.spiegel.de/lebenundlernen/job/personalauswahl-per-gesichtsanalyse-verraeterische-beule-am-kopf-a-446426.html

12 https://psyarxiv.com/hv28a/

13 https://www.spiegel.de/netzwelt/netzpolitik/software-kann-homosexuelle-anhand-von-fotos-erkennen-a-1166971.html

14 https://www.paulekman.com/blog/history-of-facs-facial-action-coding-system/

15 https://www.paulekman.com/blog/fake-smile-or-genuine-smile/

16 https://xpai.io/ueber-uns/

17 Aus dem Paper »Deep neural networks for emotion recognition combining audio and transcripts« https://arxiv.org/pdf/1911.00432.pdf

18 https://mediatum.ub.tum.de/doc/1523509/file.pdf
19 https://www.tu.berlin/kw/einrichtungen-services/datenbanken/
20 https://www.operationauge.de/wissenswertes/wissenswertes-uber-lasik/eye-tracking-systeme.html
21 https://www.researchgate.net/publication/339831475_What_Does_Your_Gaze_Reveal_About_You_On_the_Privacy_Implications_of_Eye_Tracking
22 https://www.tagesspiegel.de/politik/totale-ueberwachung-in-chinas-schulen-wenn-kameras-jede-gesichtsregung-auswerten/24913046.html
23 https://uspto.report/patent/app/20070066916
24 https://pubmed.ncbi.nlm.nih.gov/35816818/
25 https://www.helmholtz.de/newsroom/artikel/zeig-mir-dein-hirn-und-ich-sag-dir-wer-du-bist/
26 https://academic.oup.com/pnasnexus/article/1/3/pgac066/6590843
27 https://academic.oup.com/cercor/article/26/6/2563/1754140 und https://www.spektrum.de/news/wie-forscher-den-gefuehlskode-knacken/1533473
28 https://journals.plos.org/plosbiology/article?id=10.1371/journal.pbio.2000106
29 https://neuroeconomicstudies.org/wp-content/uploads/2017/07/Zak-Barraza2018-Biosensors.pdf
30 https://web.br.de/interaktiv/ki-bewerbung/
31 https://www.fastcompany.com/1659062/social-networking-affects-brains-falling-love
32 https://theconversation.com/emotion-reading-tech-fails-the-racial-bias-test-108404 und https://papers.ssrn.com/sol3/papers.cfm?abstract_id=3281765
33 https://www.frontiersin.org/articles/10.3389/fpsyg.2014.00030/full#h4
34 https://eur-lex.europa.eu/legal-content/DE/TXT/?uri=CELEX%3A52021PC0206
35 Selbst übersetzt aus einem Gespräch, das Steve Worswick auf LinkedIn veröffentlicht hat: https://www.linkedin.com/in/steve-worswick-82b748121/recent-activity/shares/
36 https://expmag.com/2020/11/when-users-get-mean-these-chatbots-sass-back/
37 https://en.unesco.org/Id-blush-if-I-could
38 https://www.thesun.co.uk/news/7899337/worlds-first-sex-robot-women-penis-brad-pitt-torso/

39 Mehr dazu finden Sie in meinem Buch *Keine Panik, ist nur Technik.*

40 https://www.cbc.ca/radio/outintheopen/can-robots-be-human-1.4363742/me-my-wife-and-our-sex-robot-1.4363910

41 https://www.neurologia.com/articulo/2019047/eng

42 Aus dem Buch *Feeling & Knowing. Making minds conscious* von Antonio Damasio.

43 https://katzlberger.ai/ueber/

44 https://www.hindawi.com/journals/complexity/2019/1490541/?msclkid=749f3cbf095219c4fbe45e4576a5ecd3&utm_source=bing&utm_medium=cpc&utm_campaign=HDW_MRKT_GBL_SUB_BNGA_PAI_DYNA_JOUR_X_PJ_GROUP4_Geostrategy&utm_term= Complexity&utm_content=JOUR_X_PJ_GROUP4_Complexity

45 https://www.pnas.org/doi/full/10.1073/pnas.1618307114

46 https://www.science.org/doi/10.1126/science.abn6196

47 Spiekermann-Hoff, Sarah: Das Digitale Menschenbild – Eine kritische Diskussion; in: Handbuch der Menschenbilder, edited by Michael Zichy. New York: Springer 2023.

48 https://www.researchgate.net/publication/5936908_On_Seeing_Human_A_Three-Factor_Theory_of_Anthropomorphism

49 https://www.jneurosci.org/content/39/33/6555

50 https://mainichi.jp/english/articles/20200417/p2a/00m/0na/027000c

51 https://www.fightforthefuture.org/news/2022-05-11-letter-to-zoom/

52 https://www.ibm.com/de-de/artificial-intelligence/ethics

53 https://research.ibm.com/topics/trustworthy-ai#topics

54 https://www.din.de/de/forschung-und-innovation/themen/kuenstliche-intelligenz

55 https://www.beuth.de/de/technische-regel/iso-iec-tr-24028/325592074

56 https://ethicsinaction.ieee.org/p7000/

Sarah Spiekermann

DIGITALE ETHIK

Ein Wertesystem für das 21. Jahrhundert

»Fortschritt braucht Weisheit und Mut –
Maschinen fehlt beides.«
Sarah Spiekermann

Apps, die unaufgefordert Informationen zuschicken; Autos, die von Google-Rechnern gesteuert werden; IT-Systeme, die Arbeitnehmer in die Depression treiben – immer mehr Menschen fragen: Was macht die Digitalisierung mit mir und meinem Leben?
Sarah Spiekermann, die renommierte Expertin für ethische Technikentwicklung, fordert: Wir müssen mehr denn je die Werte hinterfragen, die durch Technik entstehen – dabei geht es nicht um Geld oder Effizienz. Sondern um Zufriedenheit, Gemeinschaft und Wissen. Nur so können wir in einer digitalisierten Welt ein gutes Leben führen.

»Dieses Buch ist Pflichtlektüre.«
Süddeutsche Zeitung

DROEMER

Rolf Düfelmeyer

Der Gefährder

Ein Kriminalroman aus Bielefeld

W0297076

Prolibris Verlag

Der Autor

Rolf Düfelmeyer, geboren 1953 in Herford, war lange Jahre als evangelischer Pfarrer und Religionslehrer in Werther und Lübbecke tätig. Seit 2012 schreibt er Krimis mit regionalem Bezug zu Ostwestfalen. Dabei legt er Wert auf eine spannende Handlung, die eingebettet ist in das gesellschaftliche Leben unserer Zeit. Er lebt mit seiner Frau, einer gebürtigen Bielefelderin, in Werther bei Bielefeld. Sie haben zwei erwachsene Söhne und freuen sich über zwei Enkeltöchter. Hier gibt es mehr Informationen:
www.rolf-duefelmeyer.de

TEIL 1
DIE ANWERBUNG

Kapitel 1

Sie waren zu viert und im Schutz der Dunkelheit schlichen sie sich an. Der, den sie »Führer« nannten, hatte den Einsatz geplant. Es durfte nichts schiefgehen, um die größtmögliche Wirkung zu erzielen.

An mehreren Ecken gleichzeitig wollten sie das Haus in Brand setzen. Ein Fanal musste es werden. Eines, das nicht mehr übersehen werden konnte. Eines, das Angst verbreiten sollte. Eines, das den Kameraden zeigte, wie schlagkräftig die Bewegung auch in der Provinz war.

Die Massen der Refugees-welcome-Demonstranten in den großen Städten sollten erkennen, wie stark sich das wahre Deutschland überall zeigte. Diesen Weicheiern und Sozialromantikern sollte Hören und Sehen vergehen, wenn sich direkt vor ihren Toren der Zorn des Volkes erhob. Und das Volk würde sich erheben und sich ihnen anschließen. Die nationale Revolution würde kommen, daran gab es für sie keinen Zweifel. Zu groß würde die Zahl der Fremden werden und noch größer die Angst der Kleinbürger vor ihnen, die Angst vor allem, was irgendwie anders war als sie selbst und ihre kleinbürgerliche Gartenzwergidylle stören könnte. Diese angstgesteuerten Wutbürger waren genau die Art nützlicher Idioten, die sie als rechtsnationale Bewegung brauchten.

Als örtlicher Führer hatte er seine Kameraden immer wieder eingeschworen auf den Weg der nationalen Erhebung. »Hört mir zu, jetzt wird es uns gelingen, die Massen mitzureißen, und auf dieser Welle des Aufruhrs werden wir das dekadente Plutokratensystem regelrecht hinwegfegen, dass es nur so rauscht. Wegbrennen werden wir es, durch Feuer reinigen, so wie schon immer Lügner und Scharlatane durch das Feuer der Scheiterhaufen gereinigt wurden. Das Abendland begehrt endlich auf, um alles Faule und Verwesende für immer auszubrennen. Aus ihrer Asche wird das Kraftvolle und Neue emporwachsen.«

Trunken vom Rausch ihrer Parolen bereiteten sie die Brandsätze vor.

Jetzt sahen sie es vor sich, das Haus, das bis vor Kurzem noch eine Pension gewesen war. Für Feriengäste, die den schönen Teutoburger Wald besuchen wollten. Aber nun waren da andere eingezogen, Leute, die sich hier breitmachten, so sahen sie das: Die setzten sich ins gemachte Nest, bevor sie es vergifteten und zerstörten.

»Heute beginnt er, der Reinigungsprozess des deutschen Volkes«, rief er seinen Kameraden im letzten Moment noch einmal zu. »Hier und jetzt mit dem Werfen von Molotowcocktails durch die Fenster des Hauses dort vor euch. Also los. Sprung auf!«

Dann stürmten sie los und schleuderten ihre Brandsätze durch die Scheiben ins Innere. Das Glas zersplitterte, und die brennenden Flaschen flogen nach innen. Drei, vier, fünf ... Jeder hatte zwei dabei. Lodernde Flammen, Schreie von innen. Fenster wurden aufgerissen. Die Ersten versuchten ins Freie zu gelangen. Zwei junge Männer, dann an einem anderen Fenster eine Frau und zwei Kinder, denen die Angst ins Gesicht geschrieben stand.

»Hey, guck dir an, wie sie hüpfen! Wie Karnickel aus ihrem Bau«, schrie einer der Angreifer. Dann rannte er zu der Mutter und schlug ihr direkt ins Gesicht, dass sie taumelte. Die Kinder, vielleicht sechs und acht Jahre, Junge und Mädchen, standen direkt daneben, die Augen vor nackter Angst geweitet. Aus Syrien waren sie gekommen, vor dem Bürgerkrieg geflohen. Sie hatten mit ansehen müssen, wie ihr Vater durch eine Granate vor ihren Augen zerrissen wurde. Und nun ging es hier weiter. Nun lag ihre Mutter vor ihnen am Boden, der linke Arm verletzt vom Feuer und ein fremder Mann, schwarz gekleidet und mit einer Sturmhaube über dem Kopf, trat auf sie ein.

»Stop that, you bloody bastard«, fauchte jemand hinter ihnen. Ein junger Mann, ebenfalls gerade aus dem Haus entkommen, fiel über den Angreifer her und riss ihn nach hinten. Dann verpasste er ihm einen Tritt in den Magen, der ihn aufjaulen ließ.

Immer mehr Leute kamen aus dem Haus gerannt, das an vielen Stellen schon lodernd brannte. Und endlich hörte man mehrere Martinshörner. Polizei und Feuerwehr waren nicht mehr weit.

»Abmarsch, Männer«, schrie der Anführer. »Die Bullen kommen!«

»Scheiße Mann! Wir müssen Ralle helfen. Der wird von einem dieser Asylantenärsche zusammengetreten!«

»Nein, Mecki! Komm jetzt, wir müssen weg. Oder willst du dich von den Bullen einkassieren lassen?«

»Verdammt, wir können ihn doch nicht …« Mecki sprach nicht weiter, sondern versuchte, Ralle zur Hilfe zu eilen. Aber er kam nicht weit, weil er selbst von einem weiteren Bewohner des Flüchtlingsheimes überwältigt wurde.

Inzwischen waren Feuerwehr und Polizei vor Ort. Schläuche wurden ausgerollt, und mehrere Feuerwehrleute drangen mit Atemschutz in das Gebäude ein, um es zu evakuieren. 92 Personen sollten sich hier aufhalten. Wenn sie nicht schnell aus dem verqualmten Haus gerettet würden, gäbe es eine Katastrophe. Sprungtücher und eine Drehleiter wurden in Position gebracht, um den im ersten Stock Eingeschlossenen einen Rettungsweg zu ermöglichen.

Die Polizisten hatten schnell gemerkt, dass die Bewohner des Haues zwei der Angreifer in der Mangel hatten. Die schrien so laut, dass es trotz des Getümmels nicht zu überhören war. Entschlossen trennten sie die Kontrahenten und nahmen die vermummten Angreifer in Gewahrsam.

»Müssen wir die beiden Flüchtlinge nicht auch einkassieren?«, wollte einer der Beamten vom Einsatzleiter wissen. »So, wie die auf die Brandstifter eingeschlagen haben?«

»Stell die Personalien fest und lass sie dann erst mal in Ruhe. Wenn das hier nicht Notwehr war, was dann sonst?«

»Sah mir aber nach Notwehrexzess aus.«

»Mach, was ich dir gesagt habe.«

Kapitel 2

Die beiden Neonazis, Ralf Röder und Kevin Igel, die von ihren Kameraden Ralle und Mecki gerufen wurden, saßen in getrennten Vernehmungszimmern bei der Kreispolizei in Detmold. Sie sollten unbedingt gleichzeitig verhört werden, um auf eventuelle Diskrepanzen in ihren Aussagen eingehen zu können. Aber die Sachlage war natürlich vollkommen klar. Schließlich waren sie auf frischer Tat ertappt worden. Natürlich versuchten sie, sich herauszureden. Sie seien nur zufällig in der Nähe gewesen und eigentlich hätten sie helfen wollen, den Brand zu löschen. Aber dann seien sie von diesen Verrückten aus dem Asylantenheim angegriffen worden.

»Da will man helfen«, hatten sie gesagt, »und die fallen sofort über einen her.« Aber das sei ja wohl typisch für die Kanaker, hatten sie noch angefügt.

Ralle und Mecki erklärten das unabhängig voneinander, aber in erstaunlicher Übereinstimmung. Deshalb war bald klar, dass sie sich vorher abgesprochen hatten. Da sie danach offenbar nicht mehr weiterwussten, schwiegen sie auf Anraten ihrer Pflichtverteidiger beharrlich. Durch Spuren an ihrer Kleidung und die Sicherstellung der Sturmhauben, mit denen sie am Tatort angetroffen worden waren, hatten sie ohnehin keine Chance, irgendwie aus der Sache herauszukommen. Aber die Ermittler wollten unbedingt noch etwas über die beiden flüchtigen Täter herausfinden. Bisher war nur bekannt, dass einer von ihnen der Anführer gewesen war. Das hatten mehrere Bewohner des Hauses übereinstimmend zu Protokoll gegeben. Oberkommissar Konrad Wemhöner und Kommissar Jonas Bunte waren sich einig, dass sie es zunächst gemeinsam bei Kevin Igel versuchen wollten.

»Sag mal, Mecki« begann Wemhöner, »Ich darf dich doch so nennen, oder?«

»Herr Igel, bitte. Kann mich nicht erinnern, dass wir schon mal 'nen Bier zusammen getrunken haben. Wär mir wahrscheinlich auch nicht bekommen, das Bier mit Ihnen, meine ich.«

»Okay, Herr Igel. Was ich sagen will ist, dass Sie doch allem Anschein nach ein intelligenter und verständiger junger Mann sind. Wenn ich die Zeugenaussagen richtig lese, dann sind Sie nur deswegen verhaftet worden, weil Sie Ihrem Kameraden Ralf Röder zu Hilfe kommen wollten. Kann man das so sagen?«

Igel schaute den Polizisten irritiert an. Woher wusste der das? Diese Frage stand ihm ins Gesicht geschrieben.

»Weiß ich nicht. Jedenfalls lag Ralle da am Boden und wurde von diesem Asylantenschwein verprügelt. Hat Ralle eigentlich schon Anzeige gegen diesen Araber gestellt? Wenn nicht, mach ich das. Anwalt, kannst du das mal in die Wege leiten?«

»Ich kann's versuchen.«

»Nun hören Sie auf, hier abzulenken. Wollten Sie Ra…, Herrn Röder helfen und sind deshalb nicht weggelaufen, als es noch Zeit dafür war? Ist doch ein nobler Zug. Dafür muss man sich ja nicht schämen!«

Mecki schaute erst Wemhöner an, dann seinen Anwalt. Der nickte leicht mit dem Kopf.

»Ja, schon. Wir konnten ihn doch da nicht einfach so seinem Schicksal überlassen. Herr Kommissar, hätten Sie das gekonnt?«

»Aber die beiden anderen aus Ihrer Gruppe konnten das offenbar sehr wohl, oder? Wird man da nicht ein bisschen ärgerlich? Der eigene Führer lässt einen im Stich. Die Großen kommen davon, und die Kleinen müssen büßen. Ganz schön ungerecht die Welt, oder?«

»Scheiße, worauf wollen Sie hinaus? Ich bin nun mal keine Führernatur, aber ein guter Kämpfer.«

»Und ein Kämpfer mit dem Herz auf dem rechten Fleck, der nicht einfach feige wegläuft, wenn ein Kamerad Hilfe braucht.«

»Wollen Sie damit sagen, dass mein Führer feige ist?«

»Weiß nicht, sagen Sie's mir.«

»Ich sag jetzt gar nichts mehr.«

»Das ist Ihr gutes Recht. Aber bedenken Sie mal, ob es irgendetwas gibt, was Ihnen in Ihrer Situation helfen kann. Wissen Sie, wenn ich das hier so sehe, dann sind Sie im Grunde ein guter Kerl. Sicher, Sie haben Molotowcocktails geworfen, und das ist keine Kleinigkeit. Aber Sie haben nicht wie Herr Röder auf eine unschuldige Frau und Mutter vor den Augen ihrer Kinder eingeschlagen und getreten. Nein, Sie sind kein schlechter Kerl. Und wissen Sie was, mit ein klein wenig Unterstützung von Ihnen, kann ich sicher auch den Staatsanwalt davon überzeugen. Ein bisschen müssten Sie mir dafür aber liefern. Oder wollen Sie für zehn Jahre oder mehr hinter Gitter.«

»Zehn Jahre?«

»Oder mehr. Es gibt einige sehr schwer verletzte Personen - Kollege Bunte, wie viel waren das noch?«

»Fünfundzwanzig Verletzte, die meisten durch den Rauch. Elf davon schwer und zwei schweben sogar in Lebensgefahr.«

»Sehen Sie. Und dafür sind Sie verantwortlich.«

Entgeistert und ängstlich sah Igel den Anwalt an, der mit einem Ausdruck des Bedauerns in seiner Mimik zustimmend nickte.

»Oder Sind Sie angestiftet worden? Hat Ihr Führer Sie unter Druck gesetzt? Wollten Sie das alles eigentlich gar nicht?«

Wemhöner machte eine Pause, um die Wirkung seiner Worte zu verstärken. Dann, nach einer Weile, fuhr er fort: »Sind Sie ein Lamm unter Wölfen?«

Bevor Igel antworten konnte, schob Bunte noch einen Gedanken nach. »Wissen Sie, Herr Igel, unser Rechtsstaat kennt keine Rache. Dafür aber umso mehr Gerechtigkeit. Niemand hat etwas davon, wenn Sie länger hinter Gitter sitzen, als es notwendig und gerecht ist. Und vielleicht ist es eben gerecht, Sie mit Milde zu betrachten.«

»Meine Herren«, unterbrach der Anwalt. »Ich glaube, jetzt ist der Punkt gekommen, dass ich mit meinem Mandanten kurz unter vier Augen reden muss. Wenn ich dann bitten dürfte?«

Wemhöner und Bunte gingen sofort darauf ein. Sie hofften, dass der Rechtsbeistand seinem Mandanten das Richtige riet und ihm klarmachte, wie wichtig und hilfreich Kooperation in seiner Lage sein würde. Nach knapp zehn Minuten war die Unterredung beendet.

»Nun, Herr Igel. Können Sie uns irgendwie behilflich sein? Namen wären in der Tat das Beste. Das könnte dann als tätige Reue aufgefasst werden und wäre unmittelbar strafmildernd.«

»Wie viel wär denn da drin?«

»Das entscheidet natürlich am Ende allein der Richter. Aber ein paar Jahre weniger …« Bunte hielt die Antwort bewusst vage.

»Kommen Sie, Herr Igel, den Anführer, wo finden wir den?«, setzte Wemhöner nach.

»Scheiße, ich mach's. Ich sag's Ihnen. Und ich erzähl Ihnen auch noch viel mehr. Ich bin nicht das kleine Licht, als das Sie mich hingestellt haben. Ich hab echt was zu bieten. Darauf können Sie Gift nehmen. Aber ich will als Kronzeuge von Ihnen geschützt werden. Diese sogenannten Kameraden kennen keine Gnade mit Verrätern.«

»Gut, dann machen wir das so. Ich besorg einen Termin mit Richter und Staatsanwalt, damit Sie als Kronzeuge geschützt werden, und Sie packen aus. Namen, Hintermänner, Verbindungen, na Sie wissen schon.«

Kapitel 3

»Gute Arbeit, Herr Wemhöner. Richten Sie das bitte auch Herrn Bunte aus.« Staatsanwalt Lange war in Detmold zuständig für Staatsschutzfragen. Er freute sich sichtlich, einen der Brandstifter mit der Kronzeugenregelung ködern zu können, um auch an die Hintermänner heranzukommen.

»Könnten Sie sich eigentlich vorstellen, dass die Zusammenarbeit mit diesem Igel noch weiter geht? Wir brauchen doch immer mal wieder Vertrauens-Leute in der Szene. Könnte man den umdrehen?«

»Umdrehen? Vermutlich. Diese Typen sind meist nicht besonders stabil. Die sind gewohnt, Befehlen zu gehorchen, und woher die kommen, macht am Ende macht nur wenig Unterschied. Aber als V-Mann? Da hab ich meine Zweifel. Dafür ist er nicht intelligent genug. Im Übrigen ist er, wenn er als Kronzeuge auftritt, als V-Mann von vornherein verbrannt.«

»Stimmt, da haben Sie recht. Das geht nicht.« Lange stand auf und ging zum Fenster. Nachdenklich sah er hinaus in den kalten Märzregen. »Aber was wäre mit dem Rudelführer? Den konnten Sie doch inzwischen verhaften. Kann man da vielleicht was machen?«

»Der käme vermutlich eher infrage. Intelligent, gebildet, aus gutem Haus, wie man so schön sagt. Hat studiert, Jura sogar, wenn auch nicht zu Ende. Seine Eltern leben in Herford, soll ein ganz vornehmes Viertel sein.«

»Und so jemand rutscht in die rechte Szene?«

»Ja, vermutlich ein Fall für die Psychologen. Aber egal, das Wichtigste: Dieser Kerl ist kein Unbekannter. Hat bereits tüchtig was auf dem Kerbholz und käme garantiert nicht billig davon. Den könnte man vielleicht unter Druck setzen. Aber man wird ihm auch irgendwas zum Fraß vorwerfen müssen. Vor allem Straffreiheit natürlich, wie auch immer Sie das regeln.«

»Ach, da fällt mir schon was ein. War da nicht auch etwas mit Körperverletzung im Zuge eines gemeinschaftlichen Überfalls auf einen pakistanischen Handyhändler?« Wieder sah Lange in den trüben Nachmittag hinaus, der eher an November erinnerte als an das kommende Frühjahr. »Man könnte es vielleicht so drehen, dass die Körperverletzung mit einer Bewährungsstrafe geahndet wird, hinter die der Brandanschlag als geringerwertig zurücktritt. Die schlimmeren Täter bei dem Überfall mit den Molotowcocktails waren ja wohl die drei anderen. Hat Kevin Igel nicht gesagt, dass der Rudelführer das Ganze zwar geplant hatte, dann aber beim Angriff auf das Wohnheim mehr im Hintergrund blieb? Das könnte doch dafür sprechen, dass ihm das alles aus dem Ruder gelaufen ist, oder?«

»Entschuldigung. Die Planung eines Brandanschlages und die persönliche Beteiligung daran kann doch nicht weniger gewichtig sein, als die Rangelei mit dem Ladenbesitzer.«

»Ach, Wemhöner, warum so pessimistisch? Wo ein Wille ist, ist auch ein Paragraf. Glauben Sie mir, das kriegen wir hin. Wär nicht das erste Mal.«

»Nee, bei allem, was recht ist, aber das sieht verdammt nach Rechtsbeugung aus.«

»Nein, wir nutzen nur die Spielräume. Also was ist? Käme dieser Kerl aus gutem Haus als V-Mann in Frage?«

»Wenn Sie so fragen, ja käme er. Übrigens gibt es bereits eine Anfrage des Verfassungsschutzes. Die wollen ihn auch haben.«

»Hätt man sich ja denken können. Aber egal. Lassen Sie alle nötigen Schritte in die Wege leiten. Wie wollen wir ihn nennen?«

»Wie wär's mit Armin? Würde ihm bestimmt gefallen, nach dem Cheruskerfürsten benannt zu werden.«

Vollkommen unerwartet öffneten sich für »Armin« die Tore der Untersuchungshaft in der JVA Detmold und zwar so überraschend, dass er kaum etwas sagen konnte und sich nach einer guten halben Stunde immer noch völlig verdattert vor dem Gefängnistor wiederfand. Kalter Märzwind schlug ihm entgegen, und der Schneeregen durchnässte in kürzester Zeit seinen schwarzen Kapuzenpullover. Fühlt sich so der Wind der Freiheit an, dachte er, so nass, so kalt? Unschlüssig stand er auf dem Gefängnisvorplatz und versuchte, sich zu orientieren. Niemand würde ihn abholen, da war er sich sicher, weil keiner wusste, dass er heute auf freien Fuß gesetzt wurde. Er konnte es selbst ja nicht recht glauben.

Dann ging er einfach los, an einem Autohaus vorbei, in Richtung Bielefelder Straße, wo er eine Bushaltestelle vermutete. Aber weit kam er nicht. Ein dunkelblauer Opel Astra hielt neben ihm an, und ein untersetzter, älterer Mann stieg einen Regenschirm öffnend aus.

»Guten Morgen, Armin«, sagte er und hielt den Schirm über den soeben Entlassenen. »Wohin darf ich Sie fahren?«

»Wie bitte? Ich bin nicht Armin. Was soll das? Wer sind Sie?«

»Oh, natürlich. Entschuldigung. Wie unhöflich von mir. Mein Name ist Walter, Walter Klein, und ich bin derjenige, der Sie aus dem Knast geholt hat. Und, doch ja, für uns sind Sie Armin.«

»Aus dem Knast geholt? Sie? Und lassen Sie diesen blöden Namen. Ich kenne Sie doch gar nicht.«

»Das macht nichts. Ich kenne Sie dafür umso besser. Aber sagen Sie, sollten wir das nicht an einem etwas gemütlicheren Ort besprechen. Sie sind ja schon ganz durchnässt. Am besten ich fahre Sie erst einmal nach Hause, damit Sie sich was Trockenes anziehen können, und dann reden wir in aller Ruhe über Ihre Zukunft.«

»Sie wissen, wo ich wohne?«

»Sicher, Armin. Aber nun steigen Sie schon ein. Sie werden dem Mann, der es gut mit Ihnen meint, doch keinen Korb geben. Oder soll ich dem Personal in dem Haus hinter uns kurz Bescheid geben, dass Sie doch lieber wieder zurück möchten in Ihre niedliche, kleine Zelle, weil Sie mit mir nicht reden und weil Sie auch nicht Armin heißen wollen?«

Die Tür des unscheinbaren Autos stand noch immer offen, und jetzt setzte »Armin« sich hinein. Ihm war absolut nicht wohl bei der Sache. Was sollte das hier werden? Wieso hatte dieser Mann die Macht, darüber zu entscheiden, ob er sich innerhalb oder außerhalb des Gefängnisses aufhielt?

»Okay«, sagte »Armin« schließlich, nachdem er die Tür zugeschlagen hatte. »Was soll das hier? Was wollen Sie von mir?«

»Sehen Sie, das hört sich doch schon viel besser an. Aber trotzdem, jetzt fahren wir erst mal zu Ihnen nach Hause.«

Eine Viertelstunde später hielten sie vor einem wenig einladenden Haus am Stadtrand von Detmold. »Armins« Wohnung hielt, was die Fassade versprach. Zwei kleine Zimmer, vollgestellt mit Billig-Möbeln, vieles vermutlich sogar vom Sperrmüll. An den Wänden jede Menge Plakate aus der rechtsradikalen Szene. An besonders herausragender Stelle hing ein SS-Dolch an der Wand, das Messer neben der Scheide hängend, damit man die Schrift auf dem Klingenblatt lesen konnte: Meine Ehre heißt Treue.

»Echt oder chinesischer Nachbau«, fragte Klein auf den martialischen Wandschmuck zeigend.

»Geht Sie einen Scheißdreck an.« Soeben war »Armin« aus dem Nebenzimmer gekommen und hatte sich etwas Trockenes angezogen. »Hab keine Lust, mit Ihnen über solche Dinge wie Ehre und Treue zu sprechen. Sagen Sie mir lieber endlich, worum es hier geht.«

»Wie Sie wollen. Kommen wir zur Sache.« Klein hatte »Armin« den Rücken zugekehrt und schaute aus dem Fenster auf einen tristen Hof. Dabei hatte er seine Hände hinter sich verschränkt und wippte leicht mit den Füßen, eine Geste, die »Ar-

min« ziemlich nervig fand. Dadurch hatte er aber Gelegenheit, ihn etwas genauer zu betrachten. Abgewetzte mittelbraune Lederjacke zu dunkelbraunen Cordjeans, die auch schon bessere Tage gesehen haben dürften. Unter der Jacke ein blaues Hemd, dessen Kragen er von hinten gerade noch erkennen konnte. Die halblangen grauen Haare hätten einen Schnitt nötig gehabt. An den Füßen schwarze Schuhe mit dicker Sohle. Den Schirm hatte er draußen im Flur gelassen. Sieht aus wie ein altgedienter Junggeselle, dachte »Armin«, der seinen Kleiderstil seit vielen Jahren nicht geändert hat und die Sachen erst dann ersetzt, wenn die alten wirklich kaputt sind. Aber was geht es mich an, wie der aussieht?

»Was glauben Sie, Armin, werden Sie bekommen für den Brandüberfall auf die Flüchtlingsunterkunft zusammen mit Ihren bisherigen Delikten, vor allem die schwere Körperverletzung? Na, was meinen Sie? Was wird Ihnen das einbringen? Sie haben doch mal Jura studiert oder sind Sie so weit nicht gekommen?«

Verdammt, was weiß der noch alles über mich, dachte »Armin«. Dann antwortete er: »Weiß nicht, sagen Sie's mir. Ein paar Jahre werden's schon sein.«

»Oh ja, das kann man wohl sagen. Vielleicht auch ein paar Jahre mehr, wenn ich das mal so ausdrücken darf.« Immer noch sah Walter nach draußen. Und nach wie vor wippte er mit den Füßen.

»Armin« kniff die Lippen zusammen.

»Und nun stellen Sie sich mal vor, Ihre Strafe würde zu maximal zwei Jahren zusammengezogen und zudem zur Bewährung ausgesetzt? Könnte Ihnen das gefallen?«

Als Antwort zuckte »Armin« mit den Schultern. Was sollte er schon dazu sagen? »Und wo ist der Haken?«

»Nun seien Sie doch nicht so pessimistisch. Wir bieten Ihnen eine einmalige Chance. Eine Chance, Ihrem Leben eine völlig neue Richtung zu geben, auch finanziell.« Klein sah sich demonstrativ in der Wohnung um. »Auf Rosen scheinen Sie ja nicht gerade gebettet zu sein. Ihre Eltern unterstützen Sie nicht mehr? Obwohl sie doch genug Kohle hätten.« Klein stockte einen Moment, um überrascht zu tun. »Ach, nein, Sie sind ja aus Ihrem angenehmen Elternhaus in der Herforder Augustastraße rausgeschmissen worden. Und Geld gibt es auch nicht mehr, oder? Muss ziemlich schlimm sein, was? Aber was tut man nicht alles für die nationale Erhebung. Wir könnten Ihnen übrigens helfen und uns ein Arrangement vorstellen, das für Sie finanziell interessant ist.«

»Armin« wurde aufmerksam. Seine Neugier wuchs. Was war das für ein Deal, den ihm dieser Walter Klein da anbieten wollte, und welches finanzielle Arrangement könnte das sein? Gut informiert war dieser merkwürdige Typ Ende fünfzig auf jeden Fall. »Also gut, lassen Sie die Katze aus dem Sack«, forderte er sein Gegenüber schließlich auf.

»Siebenhundert Euro bar auf die Hand, jeden Monat und steuerfrei. Dazu Krankenversicherung und die Miete für die Wohnung hier. Oder vielleicht auch für eine andere. Etwas Besseres als das, entschuldigen Sie, Loch hier, wird sich bestimmt finden lassen. Man kann über vieles reden.«

»Armin« unterdrückte die Wut, die in ihm bei dieser Provokation aufkeimte. Stattdessen antwortete er: »Siebenhundert Euro, das ist ja kaum mehr als Hartz vier.«

»Na, na, na! Etwas mehr ist es denn doch. Um so viel netto zu haben, müssten Sie fast das Doppelte brutto verdienen. Und davon müsste jeder Normalbürger auch noch die Miete bezahlen. Sie nicht, das machen wir. Was zahlen Sie hier? Dreihundert? Rechnen Sie das mal aus! Und Sie hätten eine richtige Arbeit, müssten sich auch nicht dauernd mit den Typen vom Arbeitsamt herumschlagen, vor allem dann nicht, wenn die mal wieder verlangen, dass Sie sich irgendwo vorstellen sollen.«

»Okay, ich hab's verstanden. Sie wollen mich kaufen. Aber wofür?«

»Sie müssten gar nicht viel tun. Nun ein wenig Augen und Ohren offenhalten und uns dann und wann davon erzählen.«

»Scheiße! Ich soll Ihr Spitzel werden! Für wen eigentlich? Vergessen Sie's!«

»Spitzel, Spitzel. Das ist kein so schönes Wort. Nein, Sie wären Mitarbeiter beim Verfassungsschutz. Oder meinetwegen nennen Sie es Agent. Das hat doch was, oder?«

»Entschuldigung. Halten Sie mich für so beschränkt, dass ich auf Ihre dümmliche Wortklauberei hereinfallen würde? Ich dachte, Sie hätten sich ausreichend über mich informiert.«

»Ja, ja, aufgewachsen in einer der teuersten Gegenden in Herford und Jurastudium. Das hatten wir schon. Aber Sie haben das Studium nicht abgeschlossen, weil Sie sich der Bewegung angeschlossen haben.« Endlich drehte Klein sich zu »Armin« um und sah ihm direkt in die Augen. »Also gut, lassen wir die Spielchen und reden wir klar und vernünftig miteinander, und dann können Sie sich ebenso klar und vernünftig entscheiden: Wir bieten Ihnen an, für uns zu arbeiten. Sie machen im Grunde alles so weiter wie bisher, halten sich aber von Straftaten fern. Das ist eine wichtige Bedingung. Haben Sie das verstanden? Sie selbst machen bei keiner Aktion mehr mit! Stattdessen berichten Sie uns von allem, was Sie bei Ihren Kameraden so erfahren, und besonders, wenn sie irgendwas planen, den nächsten Überfall zum Beispiel.«

»Wie soll das denn gehen? Alles mitplanen und dann im entscheidenden Moment kneifen, oder wie?«

»Na ja, irgendwie mitmachen müssten Sie schon. Nur wenn's zum Äußersten kommt, dann halten Sie sich zurück. Aber wichtiger als das ist es, nicht aufzufliegen.«

»Was haben Sie für eine beschissene Moral! Und ich soll dabei mitmachen für schäbige siebenhundert Euro im Monat. Für diesen Judaslohn soll ich meine Kameraden verraten? Sie haben Sie doch nicht alle. Haben Sie nicht hingesehen, was da auf der Klinge des Dolches steht? Meine Ehre heißt Treue. Und Sie wollen, dass ich für siebenhundert im Monat diese Ehre besudele?«

»Die Straffreiheit nicht zu vergessen.«

»Meine Antwort ist nein. Zum Mitschreiben: N-E-I-N!«

»Okay, wie Sie wollen.« Dann gab Klein einen Wink durchs Fenster nach draußen in den Hof, wo seit einiger Zeit ein Mann im Regen stand.

Wenn »Armin« gedacht hatte, er käme in seine alte Zelle zurück, dann sah er sich nach seiner Rückkehr in die Haftanstalt getäuscht. Nachdem er die übliche Prozedur durchlaufen und alles, was er bei sich trug, wieder abgegeben hatte, landete er in einer abstoßenden Kellerzelle, in der es nur einen kleinen Lichtschacht nach oben gab. Die einzigen Möbel waren ein Metallbett mit dünner Matratze und ein harter Brettstuhl, der ebenso wie das Bett fest im Boden verankert war. Als Tisch diente ein an die Wand geschraubtes Brett. Um seine Notdurft zu verrichten, gab es ein Metallklosett ohne Deckel. Er glaubte, seinen Augen nicht zu trauen.

»Verdammter Mist, was ist das hier? Wieso lande ich in dieser Arrestzelle? Wieso diese Haftverschärfung? Es gibt dafür keinen Grund. Ich hab doch gar nichts getan. Ich will meinen Anwalt sprechen.«

»Nun halt mal die Luft an, Nazibürschchen.« Der Schließer warf ihm blau kariertes Bettzeug zu, das er reflexartig auffing. »Das hier hat alles seine Ordnung. Das ist so angeordnet worden. Hier haben wir dich besser im Blick, damit du keine Dummheiten machen kannst.« Der Vollzugsbeamte machte eine unmissverständlich Geste, indem er so tat, als würgte er seinen eigenen Hals. Hier sei Suizidgefahr gegeben, sollte das heißen. »Deinen Anwalt kannst du morgen sprechen. Heute ist das auf jeden Fall zu spät. Du hast hier jetzt erst mal Sendepause. Haben wir uns verstanden?«

Statt einer Antwort prügelte der Häftling mit den Fäusten auf den Tisch ein und trat gegen das Bett. Er schrie laut auf, als das Eisengestell keinen Millimeter nachgab. Resigniert ließ er sich auf die Matratze fallen.

Die folgende Nacht wurde zum Schlimmsten, was er jemals erlebt hatte. Und es sollten noch viele in der gleichen Art folgen. Pünktlich um zehn Uhr wurde das Licht gelöscht, und er versuchte zu schlafen, was schwer genug war. Immer wieder gingen seine Gedanken zurück an die merkwürdige Begegnung mit Walter Klein. War das hier die Folge seiner Weigerung? Wollten sie ihn so weichkochen, damit er doch für sie arbeitete, für den Verfassungsschutz oder für wen auch immer? Nein, er wollte sich nicht so leicht geschlagen geben. Er würde das durchhalten und er würde stark sein. Meine Ehre heißt Treue, und er würde nicht ehrlos werden. Er nicht!

Plötzlich wurde das Licht wieder eingeschaltet und jemand rief durch die Essensklappe: »Gefangener, Name und Alter?«

Er war vollkommen verwirrt. Was war das denn jetzt?

»Name und Alter?«

Schließlich gab er nach und antwortete in der gewünschten Form. Die Klappe wurde wieder geschlossen und das Licht gelöscht. Allerdings dauerte es nur eine Stunde und die Prozedur wiederholte sich.

»Name und Alter!«

»Lass mich in Ruhe, du Arsch. Heil Hitler!«

»Mit Hitler kannste dir den Hintern abwischen. Name und Alter!«

Als es das dritte Mal geschah, merkte er, dass die Sache Methode hatte. Diesmal antwortete er gar nicht. Woll'n doch mal sehen, wer hier länger durchhält. Aber der Schließer gab nicht auf. Stattdessen stürmte er in die Zelle und leuchtete ihm mit einer starken Taschenlampe direkt in die Augen.

Er schreckte hoch. »Verdammt. Lasst mich doch endlich in Ruhe. Ich will schlafen. Was soll das werden? Folter durch Schlafentzug?«

»Ist nur zu deinem Besten. Wir müssen sichergehen, dass es dir gutgeht und du dich hier nicht umbringst. Also, wenn wir das nächste Mal kommen, antworte oder heb wenigstens den Arm, damit ich weiß, dass du noch unter uns bist.«

»Ihr seid ja total krank.«

Auch die nächsten Nächte wurden nicht besser. Er litt zunehmend unter Schlafentzug. Er hatte Kopfschmerzen und konnte kaum noch klar denken. Es dauerte eine gefühlte Ewigkeit, bis ihn endlich sein Anwalt, Klaus Mehnert, aufsuchte.

»Wieso kommen Sie so spät? Ich hab schon zigmal verlangt, dass ich mit Ihnen sprechen kann, seit ich hier in diesem Loch bin, also seit ... Scheiße, ich hab keine Ahnung, wie lange. Herr Mehnert, ich muss hier raus. Dürfen die das eigentlich? Bei den Kommunisten in der DDR hätt's ja nicht schlimmer sein können.«

»Nun mal ganz langsam, nur damit die Verhältnisse klar sind. Bei der Stasi hätten Sie keine Woche durchgehalten und bei Ihrem so heiß geliebten Adolf wären Sie sofort auf Nimmerwiedersehen in irgendeinem KZ verschwunden und schon längst tot. Der Rechtsstaat, den Sie so eifrig bekämpfen, ist der Einzige, der Ihnen hier noch helfen kann. Ironie der Geschichte würd ich sagen.«

»Und was wollen Sie dann hier noch? Wenn Sie so denken, können Sie gleich wieder gehen.«

»Ich bin Ihr Pflichtverteidiger. Ich muss mich um Sie kümmern. Und ich werde das auch tun. Im Gegensatz zu Ihnen bin ich nämlich von unserem Rechtsstaat überzeugt. Also, was haben Sie angestellt?«

»Angestellt? Auf welchem Stern leben Sie. Ich bin hier, weil die mich kleinkriegen wollen, weil die mich zu ihrem

Spitzel machen wollen.« Er versuchte, sich zu fassen, und berichtete von seiner unerwarteten Entlassung ebenso von dem Versuch Walter Kleins, ihn anzuwerben. Am meisten aber beklagte er sich über die Haftbedingungen und den nächtlichen Lichtterror. »Holen Sie mich hier heraus«, flehte er seinen Rechtsbeistand an. »Ich werde in diesem Loch noch verrückt. Seit ich hier bin, habe ich nicht mehr richtig geschlafen. Jede Stunde kommt einer rein und will meinen Namen und mein Alter hören. Ich will wieder in eine normale Zelle. Das ist doch Folter.«

Klaus Mehnert verließ den Arrestraum, versprach, dafür zu sorgen, dass sein Mandant wieder in die alte Zelle zurückkam, was auch tatsächlich ziemlich bald geschah. Aber der Erste, der ihn dort besuchte, war Walter Klein.

»Was wollen Sie denn schon wieder hier? Sie hat keiner gerufen. Verschwinden Sie auf der Stelle.« Unsanft schob er Klein zur Seite und polterte gegen die Tür.

»Da macht jetzt keiner auf. Es sei denn, ich sage es den Schließern. Für Sie ist es also am besten, wenn Sie sich in aller Ruhe hinsetzen und mir zuhören.«

»Ach, leck mich doch! Ich weiß ohnehin, was kommt. Das hatten wir schließlich schon mal bei mir zu Hause. Ich spioniere meine Kameraden nicht aus und damit basta!«

»Sehen Sie. Genau das haben wir inzwischen auch begriffen. Wir machen Ihnen stattdessen ein neues Angebot. Nicht ganz ungefährlich, das gebe ich zu, aber es würde Ihnen die uneingeschränkte Anerkennung Ihrer Kameraden einbringen. Schade nur, dass die davon zunächst nichts erfahren werden. Das liegt sozusagen in der Natur der Geheimsache.« Walter Klein gluckste über den aus seiner Sicht gelungenen Scherz. »Armin« blieb unbeeindruckt.

»Und was Ihre finanzielle Situation angeht, legen wir noch kräftig eins drauf. Tausend Euro im Monat, natürlich immer noch steuerfrei.«

»Armin« sah ihn in einer Mischung aus Verwunderung und Ärger an. Klein regierte sofort darauf.

»Okay, zwölfhundert, mehr geht aber nicht. Das ist so viel, wie sonst keiner unserer Informanten bekommt. Sie können daran erkennen, dass Sie und die Aufgabe, die wir für Sie haben, uns wichtig sind, ganz besonders wichtig sogar.«

Dann ließ er die Katze aus dem Sack. »Armin« sollte als Undercover-Agent in die ostwestfälische Salafisten-Szene eingeschleust werden. Diese galt als virulent und, seit den Anschlägen auf Kurden und deren Einrichtungen in Herford und Bielefeld, auch als erkennbar gewaltbereit. Aus diesem radikal-islamischen Umfeld waren bereits Kämpfer nach Syrien ausgereist und, nach allerdings ungenauen Informationen, sollte einer dieser Dschihadisten wieder zurückgekehrt sein. Das Amt für Verfassungsschutz hatte ihn aus den Augen verloren, und nun würden sie gern einen verdeckten Ermittler einsetzen und in die Szene einschleusen. Am liebsten wäre ihnen natürlich ein echter Salafist gewesen, den Sie umdrehen konnten. Gelegentlich war das in anderen Bundesländern schon gelungen. Aber es war enorm schwierig. In Geheimdienstkreisen kursierte die Überzeugung, eher seien zehn Neonazis als V-Leute zu gewinnen als ein Dschihadist.

»Und jetzt kommen Sie ins Spiel, Armin«, schloss Klein seinen Vortrag. »Sie brauchen Ihre Kameraden nicht zu verraten, kämpfen stattdessen für die Rettung des Abendlandes vor dem Islam, vor diesen orientalischen Banden. Und Sie kämen in den Genuss all der Vorteile, die ich Ihnen schon aufgezählt habe. Von weitgehender Straffreiheit bis zu einem guten Einkommen.« Klein unterbrach sich einen Moment, um in »Armins« Gesicht eine Rektion zu erspüren. Der schien jetzt gar nicht mehr so abgeneigt zu sein.

»Ach ja, ich vergaß. Sie bekommen auch ein tolles Auto. BMW Dreier, wär das was? Unter jungen Türken ja sehr beliebt. Da wären Sie sofort der Star der Moschee.« Klein gluckste wieder über den erneuten Scherz. »Und natürlich«, fuhr er fort, »ein Spesenkonto für all die Dinge, die man so braucht als V-Mann, Sie verstehen, passende islamische Kleidung und so etwas.«

»BMW Dreier – neustes Modell?«

»Nein, das wär zu auffällig. Sagen wir vier Jahre alt, aber im Toppzustand. Wir hätten da einen 330i für Sie im Angebot, schwarz, mehr als zweihundertsiebzig PS. Na, Spaß an so was?«

»Frisst aber 'ne Menge Sprit.«

»Keine Sorge, ist ja quasi ein Dienstwagen. Sprit bezahlen wir. Sie kriegen eine Tankkarte.«

»Scheiße, gefährlich ist es trotzdem, oder?«

»Ja, gefährlich kann es sein. Aber nur, wenn Sie die Sache amateurhaft angehen. Und damit das nicht passiert, erhalten Sie eine fundierte Ausbildung. Selbstverständlich laufen alle finanziellen Abmachungen auch schon während dieser Zeit. In ein paar Monaten wären Sie dann einsatzbereit und könnten sich in die Herforder Szene einschmuggeln. Sie sind ja intelligent. Einfältige können wir für so was ohnehin nicht gebrauchen. Nun sagen Sie schon Ja. So einen spannenden Job hat Ihnen noch nie jemand angeboten. Abgemacht?«

»Abgemacht. Dann wollen wir diesen Totengräbern des Abendlandes mal so richtig einheizen, was?«

Kapitel 4

Das besondere Handy, das Armin von Walter Klein bekommen hatte, meldete sich mit dem Signalzeichen für eine SMS. Er öffnete sie. Kurz und bündig stand da: »4.12., 11:20«, sonst nichts. Aber das war auch nicht nötig. Die konspirativen Treffen mit Walter waren inzwischen, fast ein Dreivierteljahr nach der ersten Kontaktaufnahme zur Routine geworden. Sie begannen immer am Bahnhof in Bad Salzuflen, Armins neuem Wohnort. Am liebsten wäre er in Detmold geblieben, aber Klein wollte, dass er dicht bei seinem Einsatzgebiet in Herford wohnte, aber auch nicht zu dicht.

Pünktlich zur vereinbarten Zeit war er mit dem Bus zum Bahnhof gefahren und wartete auf neue Anweisungen, die ebenfalls per SMS kommen würden. So lief das immer ab. Er schickte eine kurze Antwort-SMS, ohne Textinhalt, und dann erhielt er das nächste Ziel, dem aber immer ein drittes und viertes folgte. Mit öffentlichen Verkehrsmitteln ging es oft kreuz und quer durch Ostwestfalen-Lippe. Das konnte schon mal ein, zwei Stunden dauern. Die Treffen mit Walter brauchten deshalb immer ziemlich viel Zeit. Aber die hatte Armin ja, schließlich war er sozusagen hauptberuflicher Agent.

Diesmal ging es direkt nach Bielefeld, und nach der üblichen Rundfahrt durch die Stadt erwies sich der Nordpark als das heutige Ziel. Treffpunkt war eine Parkbank am Ententeich.

Zu Armins großer Überraschung warteten dort zwei Personen, Walter Klein und ein weiterer, etwas jüngerer Mann, vermutlich auch ein Verfassungsschutz-Agent. Walter stellte ihn als Jan vor. Nachdem Armin sich auf Anweisung zwischen die beiden Agenten gesetzt hatte, übernahm Jan sofort die Gesprächsführung.

»Hallo Armin, wie geht es Ihnen? Haben Sie die Ausbildung gut überstanden?«

»Ja, danke, kein Problem. Ich glaube, jetzt bin ich ziemlich fit für den Einsatz als Undercover-Muslim.«

Etwas erschrocken sah Jan sich um. »Verdammt, Armin«, zischte er so leise, dass es bestimmt niemand hören konnte. Dabei hielt er sich zusätzlich die Hand vor den Mund. »Quatschen Sie doch nicht so laut rum! Zum richtigen Mitarbeiter in unserem Verein fehlt Ihnen offenbar noch ein bisschen Übung. Im Übrigen: Walter wird uns hier und jetzt verlassen, und wir zwei Hübschen machen einen kleinen Spaziergang durch den Park. Auf geht's.«

Armin war ziemlich verwirrt. Was sollte das? War jetzt Walter nicht mehr zuständig? Und wenn nicht, warum? Aber er fragte nicht, sondern folgte Jan, wie angeordnet. Er hatte sich den Schlapphüten auf Gedeih oder Verderb anvertraut. Nun musste er mit ihnen zusammenarbeiten und tun, was sie von ihm verlangten. Es gab kein Zurück mehr. Aber er war sich ziemlich sicher, dass sie ihn nicht hängen ließen, wenigstens nicht solange sie ihn brauchten. Und genau deshalb wollte er sich unverzichtbar machen. Die Lieferung guter Informationen und die strikte Ausführung von Anweisungen, das, so glaubte er, war seine Lebensversicherung. Aber ihm gefiel auch der Gedanke, dass er in seiner neuen Position den verdammten Moslems, wie er sie innerlich immer nannte, ganz persönlich eins reinwürgen konnte. Das behielt er natürlich für sich. Aussprechen würde er das niemals. Im Grunde bin ich derjenige, der hier sagt, wo's langgeht, und nicht diese Idioten vom Verfassungsschutz. Er musste heimlich lächeln.

Langsam ging Armin neben Jan durch den Park. Als Erstes wurde er aufgefordert, sein bisheriges Handy abzugeben. Ihm wurde stattdessen ein anderes, neues Billigteil übergeben, das ihn nun direkt mit Jan verbinden sollte, wie das alte mit Walter. Dann erklärte Jan die Einzelheiten seines Auftrages. Seine Einschleusung in die Herforder Salafistenszene stand unmittelbar bevor. Am kommenden Samstag, das wüssten sie vom

Ordnungsamt in Herford, würden die Salafisten einen ihrer üblichen Infostände im »Gehrenberg«, mitten in der Fußgängerzone aufbauen. Armin sollte sich an einem der Infostände dieser radikalen Muslime für deren Religion interessieren und sich zu ihren Versammlungen einladen lassen.

»Und was mache ich, wenn die misstrauisch werden?«

»Es ist Ihre wichtigste Aufgabe, sicherzustellen, dass sie nicht misstrauisch werden. Sicherheit geht immer vor. Sie müssen Ihren Instinkt schärfen und ständig wachsam sein. Wenn aber doch mal irgendetwas passieren sollte, dann werden wir für Sie sorgen. Darauf können Sie sich verlassen. Über das Handy, das Sie eben erhalten haben, setzen Sie dann eine Notfall-SMS ab. Einziger Inhalt ist ein Codewort. Es lautet: Bouillon.«

»Wie bitte? Bouillon? Wie die Suppe? Soll das ein Witz sein?«

»Nein. Ganz und gar nicht. Bouillon ist eine belgische Kleinstadt in den Ardennen, dicht an der Grenze zu Frankreich. Gar nicht weit entfernt von Sedan. Klingelt da was bei Ihnen, oder haben Sie im Geschichtsunterricht nicht so aufgepasst?«

»O doch! Sedan, die Stadt, bei der 1870/71 der deutsch-französische Krieg entschieden wurde. Ein einziger Triumph des deutschen Soldatentums. Und 1940 die Gegend, in der unsere Panzerspitzen über die Maas den Durchbruch nach Frankreich schafften.«

»Jetzt haben Sie's. Und nur nebenbei bemerkt ist der Ort auch die Heimat Gottfrieds von Bouillon, einem der berühmtesten Kreuzfahrer im Mittelalter. Ist bis nach Jerusalem gekommen.«

»Und hat dort den Scheiß Moslems eins aufs Haupt gegeben? Klasse. Gefällt mir, das Codewort.«

»Wie auch immer, in dieser Stadt haben wir ein sogenanntes Safe-House. Sie wissen was das ist?«

»Ich glaube, ich kann's mir denken. Eine Unterkunft, die als Versteck und Rückzugsort taugt.«

»So ist es. Wenn Sie nun dies Codewort simsen, dann werden wir den Rettungsplan für Sie aktivieren.«

»Und dann lotsen Sie mich nach Bouillon in die Ardennen?«

»Oder woanders hin. Jedenfalls helfen wir Ihnen.«

Sie gingen immer weiter durch den Park und waren nun schon bald wieder an ihrem Ausgangspunkt angekommen. Schließlich übergab Jan Armin einen braunen DIN-A5-Umschlag.

»Nicht reingucken. Erst später aufmachen. Darin ist ein neuer Pass für Sie. Ganz echt natürlich aus der Bundesdruckerei, ausgestellt auf Ihren neuen Namen: Tobias Sauer. Unter dem werden Sie sich bei den Salafisten einschleichen. Aber für uns bleiben Sie nach wie vor Armin. Ihren tatsächlichen Namen dürfen Sie nur gelegentlich abends vor dem Einschlafen aussprechen. Der ist in der Öffentlichkeit vollkommen tabu. Haben wir uns verstanden? Und wenn Sie sich bei den Islamisten einen arabisch klingenden Namen geben, was normal ist, weil es alle tun, dann teilen Sie uns den natürlich umgehend mit. Auch über das sichere Handy da.« Jan zeigte auf das Klappteil, das Armin noch in der Hand hielt. »Zum Schluss noch einen ganz besonders wichtigen Hinweis. In der Herforder Dschihadisten-Szene gibt es einen Syrienrückkehrer, Abdul Abu-Barzin. Sein richtiger Name ist Abusar Galajew, gebürtiger Tschetschene. Über den müssen wir alles wissen, was es zu wissen gibt. Wir vermuten, dass er wieder versucht, nach Syrien zu kommen. Das wollen wir mit allen Mitteln verhindern, und Sie sind der Schlüssel dazu. – So, das war's für heute. Viel Glück.«

»Halt, eine Frage noch. Was ist mit Walter?«

»Ach so, ja. Walter ist Anwerber. Er tut nichts anderes, als neue V-Leute zu rekrutieren. Darin ist er Spezialist und fast unschlagbar. Sie müssten doch gemerkt haben, wie effektiv er ist, oder?« Jan schnitt eine leichte Grimasse.

»Ja, allerdings.« Armin blickte süß-sauer drein. »Und Sie sind dann also mein endgültiger Agentenführer, oder wie soll ich mir das vorstellen?«

»So dürfen Sie sich das vorstellen.«

TEIL 2
DER PLAN

Kapitel 5

Ziemlich entspannt saßen die Mitglieder der Bielefelder Mordkommission in ihrer Morgenbesprechung, als Frank Sommer, der Chef, seinen Mitarbeitern gut gelaunt verkündete, dass sein Stellvertreter Hauptkommissar Pit Schwameyer, bald wieder zu ihnen stoßen würde.

Seit mehreren Monaten war der wegen ernsthafter psychischer Probleme krankgeschrieben gewesen. Unter Alkoholeinfluss hatte er einen Unfall direkt vor dem Landgericht in Bielefeld verursacht und zu allem Überfluss noch randaliert, als ihn die Streifenbeamten mitnehmen wollten. Bei diesem Anlass war offenkundig geworden, dass Pit an einer Depression litt, als Folge einer über lange Zeit zu hohen beruflichen und privaten Belastung.

»Ja, er scheint wirklich wieder ganz der Alte zu sein«, ergänzte Sommer. »Das heißt, nein, ganz der Alte ist er eben nicht. Er wirkt viel gelassener. Die Auszeit und die Kur an der Nordsee haben ihm sehr gutgetan. Er freut sich auf die Rückkehr in unsere Abteilung. Und er will mehr auf sich achten, indem er zum Beispiel regelmäßig Sport treibt. Susanne und er haben wohl tatsächlich schon angefangen, gemeinsam zu laufen.«

»Wie bitte? Ich hör wohl nicht richtig. Pit und Sport? Außer Motorradfahren und sich auf dem Siegfriedplatz mit Kumpels treffen, hat er doch bisher kaum etwas gemacht.« Anna Tomczyk, Pits frühere Teamgefährtin, konnte die Neuigkeiten kaum fassen.

»Und, wann kommt er zurück?«, wollte Karsten Linnemann wissen.

»Nun, das wird tatsächlich noch ein bisschen dauern. Er ist zwar nicht mehr krankgeschrieben, hat aber beantragt, seinen aufgestauten Urlaub nehmen zu dürfen. Er wird jedoch abrufbereit sein, falls sich irgendetwas tut und wir ihn brauchen.«

Überraschenderweise reagierten die Anwesenden sichtlich verhalten auf diese Ankündigung ihres Chefs.

»Hat unser Kriminaldirektor das schon genehmigt?«, wollte Linnemann wissen.

»Ja, hat er. Und ich habe Pits Ersuchen Wende gegenüber unterstützt. Ein Teil von Pits Problemen war schließlich auch privater Natur. Jetzt will er sich mit Susanne ein schönes Zuhause schaffen.«

Die Beziehung zu seiner Lebensgefährtin Susanne Mühlmann hatte ziemlich gekriselt, weil Pit sich nicht damit abfinden konnte, in ihrer Wohnung am Stadtrand zu wohnen und nicht mehr an seinem geliebten Siegfriedplatz. Aber nun hatten sie ein Haus in Schildesche gefunden, ganz in der Nähe zu Marinas kleiner Wohnung am Kirchplatz. Das musste allerdings noch renoviert werden. Deshalb der Urlaub.

»Wisst ihr was«, meldete Anna sich zu Wort, nachdem alle erst einmal eine Weile die Neuigkeit überdenken mussten. »Wenn ich das richtig sehe, kommt Pit eher zur Arbeit, wenn er schnell mit seinem Haus fertig wird. Da gibt es doch nur eins. Wir packen alle mit an. Solange wir weiter mit Routinefällen beschäftigt sind, haben wir ja auch immer pünktlich Feierabend, und jetzt ist es schon ziemlich lange hell abends … Also, was meint ihr, seid ihr dabei?«

Wieder war es für einen Augenblick still. Doch dann stimmten alle zu: »Klar.« »Gute Idee.«

»Dann ist das so beschlossen.« Frank war wieder einmal beeindruckt von dem Zusammenhalt unter den Kollegen. Das war ihm sehr wichtig, denn nichts war seiner Meinung nach schlimmer als Uneinigkeit in einer Truppe, in der alle so eng miteinander arbeiten, wie sie in der Mordkommission.

»Äh, wo wir gerade beim Thema sind. Da wär noch was«, begann Marina Burmann. Sie sah etwas verlegen zu Karsten, der sich räusperte. »Wenn wir schon dabei sind, ein Haus zu renovieren«, sie stockte. »Ach nee, lasst man, ist vielleicht im Augenblick nicht so wichtig.«

»Marina, nun mach schon!« Sommer war neugierig geworden.

»Also gut. Irgendwann muss es ja raus. Die Gerüchte wollen ja nicht abreißen, seit wir zusammen in dem Fall ermittelt haben, der uns sogar bis nach Göttingen gebracht hat. Ja, Karsten und ich sind ein Paar, und wir wollen zusammenziehen und suchen deshalb auch etwas Größeres, eine Wohnung oder ein Haus, wir wissen das noch nicht so genau. Wenn wir da mit eurer Unterstützung rechnen könnten, also im Augenblick erst mal, um überhaupt was zu finden?« Marina ließ den Satz im Raum verhallen, sichtlich gespannt auf die Antwort.

Frank war ziemlich sprachlos. Anna lächelte stattdessen hintergründig. Wusste sie mal wieder mehr als er selbst, dachte Sommer. Wieso bekam er so etwas nie richtig mit, und alle anderen immer schon vor ihm, besonders Anna, die Marina und Karsten sofort fröhlich umarmte und herzlich gratulierte. Dann erst ging auch er auf das offensichtlich verliebte Pärchen zu und beglückwünschte sie. Mit Sekt – wo hatte Anna den nun wieder her, fragte sich Frank – stießen sie auf die beiden verliebten Pärchen an. Sie tranken ihn aus Pappbechern. Die guten Wünsche kamen trotzdem von Herzen.

Kapitel 6

Tief atmete Tommaso Galvarese an diesem Vormittag die milde Luft ein, als er durch das Eisentor des Gefängnisses Köln-Ossendorf hinaustrat. Fast sieben Jahre hatte er hier gesessen. Fast sieben Jahre eingesperrt in einen kleinen Raum. Fast sieben Jahre, in denen sein Blick ständig und überall von Mauern begrenzt wurde. Natürlich hatte er seine Privilegien gehabt im Knast. Ein Tommaso Galvarese hatte immer Privilegien. Die Verbindung nach draußen war nie abgebrochen. Aber wie man es auch drehte und wendete, er hatte festgesessen und seine Handlungsmöglichkeiten waren eingeengt.

Erleichtert schloss er die Augen und atmete aus. Freiheit! Endlich wieder auf freiem Fuß. Endlich wieder selbstbestimmt leben. Endlich wieder gehen, wohin er wollte, endlich wieder tun, was er sich schon so lange vorgenommen hatte.

»Tommaso!« Es war eine Frauenstimme, die ihn rief. Giorgia war gekommen, ihn abzuholen. Gut, wenn man sich auf seine Familie verlassen kann, dachte er. Sie ist das Wichtigste, was man hat. Unvermittelt traten Galvarese die Tränen in die Augen. Er musste an seinen toten Sohn denken, erschossen, von einem Polizisten. Er ballte die Faust in der Tasche.

Aber jetzt verlangte Giorgia seine ganze Aufmerksamkeit und der Oldtimer, mit dem sie vorgefahren war, sein Oldtimer, ein roter Alfa Romeo Giulietta Coupé von 1957. Damals gebaut für eine breite Käuferschicht, heute eine Ikone des italienischen Fahrzeugbaus, in seiner Linienführung, so war er überzeugt, nach wie vor unerreicht.

Bevor er noch irgendetwas sagen konnte, warf Giorgia ihm die Schlüssel zu. Geradezu entzückt ging er um den Wagen herum, tätschelte ihn wie eine Geliebte und setzte sich dann hinter das Lenkrad. Seine Frau verstaute derweil die kleine Tasche, die er dabeihatte, im Kofferraum und setzte sich auf den Beifahrersitz. Auch sie sah umwerfend aus. Mit ihrem luftigen Kleid und Schuhen mit hohen Absätzen erinnerte sie ihn ein bisschen an die junge Sophia Loren, der Traum aller Italiener in Galvareses Alter. Sie hatte sich offenbar zur Feier des Tages für ihn besonders chic gemacht.

Mit großer Geste und besiegelt durch einen Kuss erhielt Tommaso von ihr die Fahrzeugpapiere und seinen Führerschein. Dann startete er den Motor. Er schloss die Augen und horchte auf den Klang. »Läuft ja wie geschmiert.«

»Natürlich. Hab ihn zu deiner Werkstatt gebracht. Die haben ihn wieder zum Leben erweckt. Aber frag mich nicht, wie sie das geschafft haben. Nun steht er jedenfalls hier und du kannst damit nach Hause fahren.«

»Ti amo, Giorgia!« Dann umarmten und küssten sie sich lange, bevor er losfuhr. Allerdings irritierte ihn der dichte Verkehr. Nach so vielen Jahren war er das Autofahren nicht mehr gewohnt. Zudem konnte er sich gar nicht sattsehen an seiner Stadt. Vielleicht hätte er doch Giorgia fahren lassen sollen, dachte er. Nein, ein Galvarese kann auch langsam fahren, wenn er das will, egal wie wütend hinter ihm gehupt wird.

Nach einiger Zeit erreichten sie den Rhein und schließlich den Stadtteil Rodenkirchen. Dort, direkt an der Uferstraße, mit Blick auf den Fluss, hatte er sich vor Jahren eine Villa gekauft. Und jetzt war er wieder zu Hause.

Schon auf der Straße drückte Giorgia auf die Fernbedienung, die das Hoftor öffnete. Er konnte deshalb ohne anzuhalten in die Einfahrt einbiegen. Vor der rechten von insgesamt drei Garagen blieb er stehen und stellte den Motor ab. Er schloss die Augen und atmete erneut tief ein und genoss es, den Rhein zu riechen.

Im Haus ging er schweigend nach oben und stellte sich auf den Balkon vor ihrem gemeinsamen Schlafzimmer und blickte auf den Fluss und die vorrüberfahrenden Schiffe. Wie hatte er diesen Anblick vermisst. Aber jetzt war er wieder da. Er sog noch einmal den besonderen Geruch ein, der vom Wasser herüberwehte. Zu Hause, endlich wieder zu Hause.

Trotzdem wurde er nachdenklich, ja traurig. In diesen Räumen fehlte eine Person, und zwar genau die, der er das alles einmal vermachen wollte. Sein Nachfolger nicht nur als Erbe der Villa, sondern besonders in der Führung der verschiedenen Geschäfte, denen Tommaso Galvarese nachging.

Er war ein bekannter Mann in der Kölner Szene, betrieb, wie er es gern nannte, eine Reihe gastronomischer Einrichtungen. Darunter war ein sehr gutes italienisches Restaurant, vor allem jedoch waren es mehrere Barbetriebe im Rotlichtmilieu. Aber das war nicht alles. In Wirklichkeit verdiente er sein Geld ganz anders. Tommaso Galvarese war Mafioso. Er gehörte zur gefürchteten kalabrischen Ndrangheta und er war der Boss. Hier in Nordrhein-Westfalen hatte er eine Hochburg errichten können. Dass vor einigen Jahren regelrechte Bandenkriege zwischen konkurrierenden Mafia-Clans ausgebrochen waren, war sehr schlecht fürs Geschäft gewesen, die Schießerei in Duisburg eine einzige Katastrophe. Die Mafia konnte alles gebrauchen, nur keine öffentliche Aufmerksamkeit. Er hatte deshalb den Konflikt diskret, aber brutal beendet, weshalb er bei der Führung in Italien hohe Anerkennung erhalten hatte. Seitdem verliefen seine Aktivitäten wieder unbehelligt, und seine Betriebe konnten wieder das leisten, was sie vor allem sollten: das Geld aus seinen illegalen Geschäften waschen. In letzter Zeit verdienten sie Millionen mit der illegalen Entsorgung von Giftmüll.

Leider hatte es vor acht Jahren ein Problem gegeben, und er war verhaftet und verurteilt worden. So ein verdammter Ermittler bei der Kölner Polizei war ihm auf die Schliche gekommen. Zudem war Galvarese sicher, dass er einen Verräter in den eigenen Reihen gehabt hatte. Er vermutete einen verdeckten Ermittler. Vom Gefängnis aus konnte er dieses Problem nicht lösen. Nun aber würde er sich der Sache annehmen. Und eines kannte Galvarese in solchen Fällen nicht: Gnade.

Aber als ob das alles nicht schlimm genug gewesen wäre, hatte es bei seiner Verhaftung einen furchtbaren Zwischenfall gegeben. Alessandro, sein Sohn, wollte die Festnahme verhindern und verteidigte ihn mit einer Waffe in der Hand. Dieser Hitzkopf! Es kam zu einem Kampf, und dann passierte das Unvorstellbare. Dieser elende Bulle erschoss ihn, seinen alles geliebten Sohn Alessandro. In den Armen des Vaters war er gestorben. Was für eine furchtbare Welt, dachte er immer wieder, in der irgend so ein dahergelaufener Polizist, ein Hauptkommissar bei der Kripo, seinen Alessandro vor seinen Augen umbringen konnte. Fast wäre er daran zerbrochen. Aber eben nur fast.

Ein Gedanke war es gewesen, der ihn all die Jahre im Gefängnis am Leben gehalten hatte und nun, als er auf den Rhein schaute, wieder in ihm aufwallte. Fünf Buchstaben waren es, die ihn seit damals beherrschten. Fünf Buchstaben, die ihn nicht ruhen lassen würden, bis er sein Ziel erreicht hatte: R-A-C-H-E! Dieser kleine Polizist sollte bitter bereuen, was er ihm und seinem Sohn angetan hatte.

Inzwischen wusste er, dass der Polizist nicht mehr in Köln war, sondern irgendwo in der Provinz. Ja, lauf du nur weg, lauf so weit, wie du kannst, dachte er auf dem Balkon stehend und den Rheinschiffen nachblickend. Ich werde dich kriegen. Dann nahm er sein Handy und telefonierte mit seinem Sicherheitschef, Mauro Ventomonte, dem Mann fürs Grobe. Sie trafen sich im Hinterzimmer seines Nobelrestaurants.

»Ich will diesem Scheißbullen, diesem pezzo di merda, eine Lektion erteilen, von der er sich nicht wieder erholt«, begann Galvarese ohne zu zögern das Gespräch. »Er soll fühlen, was es bedeutet, einen Sohn zu verlieren. Ich will, dass er ebenso leidet, wie ich gelitten habe. Spürt ihn auf. Beobachtet ihn. Erzählt mir alles, was ihr über ihn herausfinden könnt. Und dann treffen wir uns hier wieder, und ich entscheide, was geschehen soll.«

Kapitel 7

Sie hatten ihn im Visier. Das war Zahid klar. Deshalb steckte er einen Surfstick mit Prepaidkarte in den USB-Slot seines Laptops. So hoffte er, anonym zu bleiben im Netz. Als die Internetverbindung stand, rief er eine Seite auf, deren Adresse er auswendig kannte. Speichern durfte er sie nicht. Auch das gehörte zu den Sicherheitsvorkehrungen. Einige seiner Brüder, die sich mit solchen Dingen auskannten, hatten ihm das immer wieder eingeschärft.

Eine schwarze Flagge mit arabischen Schriftzeichen erschien auf dem Monitor. Sie flatterte im Wüstenwind. Die arabischen Worte, die ein Mann mit Vollbart jetzt im Video in theatralischer Weise vortrug, kannte er auswendig. Täglich mehrfach sprach er sie bei seinen Gebeten. Es war derselbe Text, der auch auf der schwarzen Fahne stand, die weiterhin im Hintergrund flatterte, »Lā ilāha illā 'llāh wa Muḥammad rasūl allāh«, die Schahada, das islamische Glaubensbekenntnis. »Es gibt keinen Gott außer Gott, und Mohammad ist der Gesandte Gottes.« Er bekräftigte den Ruf des Kämpfers im Video mit einem persönlichen »Allahu akbar!« – Gott ist größer als alles!

Die Internetseite bot ihm jetzt eine Reihe verschiedener Videos an, unter denen er sofort nach den neusten suchte, die er noch nicht gesehen hatte. Offenbar gab es mehrere davon. Während er eines anklickte, rief er nach hinten: »Tarik, kommst du gucken! Hab ich gefunden neue Videos.«

»Ja, Moment, Bruder, ich komme sofort. Halt es noch kurz an.« Tarik hatte Tee aufgegossen und brachte zwei volle, dampfende Gläser aus der Küche mit zu Zahid, der schon ungeduldig wartete. Es war noch gar nicht lange her, da hätte Tarik einen Schuss Rum in den Tee getan. Aber die Zeiten waren vorbei, endgültig.

Auf dem Monitor des Rechners war das Bild eingefroren. Eine Wüstenlandschaft, im Hintergrund einige Häuser. Mit einem Click ließ Zahid den Film weiterlaufen. Die Kamera schwenkte nach rechts und zoomte auf die Häuser zu, zwischen denen hindurch sich eine Gruppe Schwarzgekleideter in Bewegung gesetzt hatte. Zu dritt trieben sie eine vierte Person, ganz in Orange gehüllt, vor sich her. Die kleine Gruppe blieb direkt vor der Kamera stehen.

Mit großer Geste bauten sich die Schwarzvermummten auf und zwangen ihr Opfer, sich vor ihnen auf die staubige Erde zu knien. Jemand riss sein Gesicht hoch und hielt es direkt in die Linse. Das Video zeigte es bildfüllend. Eine merkwürdig ausdruckslose Mimik, fatalistisch, unbeteiligt, ohne Hoffnung. Ein orientalisch aussehender Mann mittleren Alters, kein Bart.

Nun öffnete die Kamera erneut den Blick auf die gesamte Gruppe, fuhr dann aber auf die Person ganz links zu, die etwas auf Arabisch sprach.

»Verdammt, was labert der da?«, bemerkte Zahid verärgert. »Kann ich nich Arabisch. Verstehst du, was der da redet?«

Nein, Tarik verstand auch kein Arabisch. Außer natürlich die Sätze, die ihm in der Moschee beigebracht worden waren. Das Glaubensbekenntnis vor allem, das er vor knapp einem halben Jahr öffentlich beim Freitagsgebet gesprochen hatte. Damit hatte er sich zum Islam bekannt und war Teil der Umma geworden, der weltweiten Gemeinschaft der Muslime.

Die Kamera schwenkte auf einen anderen Vermummten, der nun Englisch sprach.

»Scheiße, sonst quatschen die doch auch immer Deutsch. War Englisch schon in Schule scheiße für mich.«

»Nun lass gut sein. Und hör endlich auf so abfällig über die Kämpfer zu sprechen. Das sind unsere Brüder, unsere Vorbilder, unsere Helden. Über die redet man nicht vulgär. Kapier das doch endlich!« Tarik wurde ärgerlich und untermauerte seine Worte mit einem kurzen Schlag auf Zahids Hinterkopf.

»Wenn du in Syrien so einen Mist redest, schneiden die dir auch die Kehle durch.«

Sie blickten erneut auf das Video und dort erschienen nun zu ihrer Freude deutsche Untertitel. Der Sprecher verkündete das Urteil über den Verräter, der vor ihnen saß. Offenbar hatte er den Propheten beleidigt. Seine Frau war ohne Verschleierung auf der Straße gesehen worden. Das hätte er verhindern müssen. Hatte er aber nicht! Das konnte man nicht zulassen. Im Islamischen Staat hatten sich alle ohne Ausnahme der Scharia zu unterwerfen. Auch die Kurden – erst recht die Kurden. Sie waren Ungläubige, ohne Rechte in den Augen der Fundamentalisten.

»Wieder so ein Scheißkurde!«, kommentierte Zahid. »Mit ihrer verpissten Religion haben sie keinerlei Achtung verdient. Hat der Mensch keinen Respekt vor Scharia, hat er keinen Respekt vor Allah. Dafür gibt es nur eine Strafe. Nun kriegt er, was er verdient. Allahu akbar!«

Das Video zeigte inzwischen wieder die ganze Gruppe, aus der sich der Mittlere, der bislang geschwiegen hatte, löste. Ganz dicht trat er an den Verurteilten heran und packte ihn brutal mit der linken Hand an den Haaren. Dann zog er den Kopf nach hinten, so dass der Hals völlig frei lag. Mit der rechten, die er bisher hinter dem Rücken gehalten hatte, führte er nun ein langes schwertähnliches Messer an den Hals. Alle drei schrien: »Allahu akbar!« Die Äußeren reckten die Arme in die Höhe und der Mittlere fuhr langsam, fast genüsslich, mit der scharfen Klinge durch die Kehle seines Opfers. Blut spritzte in großen Mengen hervor. Die Kamera hielt alles in brillanten Bildern fest. Mit einem zweiten heftigen Hieb wurde der Kopf vom Rumpf getrennt. Schließlich fiel der bereits leblose Körper zu Boden. Erneut »Allahu akbar« schreiend wurde der Kopf des Opfers und das bluttriefende Messer in die Höhe gereckt. Dann schwenkte die Kamera auf die schwarze Fahne des IS im Hintergrund und das Video war zu Ende.

»Ey Mann, ey! Wie krass ist das denn.« Zahid saß ganz vorne auf der Sofakante. Ein solches Video sah er zum ersten Mal. Bisher waren es immer Filme von Kampfeinsätzen des IS in Syrien gewesen, Bilder, die ihn an die Ego-Shooter-Spiele erinnerten, die er seit Jahren auf seinem Computer spielte. Aber das hier war nun wirklich etwas ganz anderes. Er sah, dass auch Tarik neben ihm kurz aufgesprungen war und laut »Allahu akbar« schrie. Aber dann verstummte der sofort wieder. »Ey, Bruder, was ist los? Is doch ne voll geile Show, oder?«, wunderte sich Zahid über Tariks Zurückhaltung.

Seit einem Vierteljahr hatten Zahid und Tarik eine gemeinsame Wohnung in einem Hochhausgebiet am Stadtrand von Herford, mitten in der ostwestfälischen Provinz. Sie waren Salafisten, und nicht nur das, sie waren Dschihadisten.

Sie kannten sich schon aus der Schule, die beide mehr schlecht als recht absolviert hatten. Trotz ihrer unterschiedlichen Herkunft, Zahid war türkischer und Tarik deutscher Abstammung, hatten sie immer mehr Zeit gemeinsam verbracht, waren zusammen um die Häuser gezogen und zum Fußball nach Bielefeld zur Arminia gefahren, hatten Clubs besucht und Mädchen kennengelernt. Natürlich hießen sie zu der Zeit noch nicht Zahid und Tarik, sondern Mesut Öztürk und Marvin Berger.

Dann wurden sie aus der Schule entlassen und hatten ehrlich und angestrengt versucht, einen Ausbildungsplatz zu bekommen. Mesut wäre gern Kaufmann oder Autoverkäufer geworden. Er hatte nicht die geringste Lust auf irgendeine handwerkliche Tätigkeit. »Muss ich arbeiten mit Hände, hab ich nix Chance bei Mädchen«, sagte er immer wieder. Seine Familie war nahe dran zu verzweifeln, weil sie deutlich auf ihn zukommen sah, was dann tatsächlich passierte. Mesut versuchte einfach, in der falschen Liga zu spielen. Er hatte sich zwar ein paar Mal beworben, wurde jedoch immer wieder abgelehnt. Sein Deutsch sei zu schlecht, hatte man ihm gesagt. Mesut sah das anders »Bin ich Türke, find ich nix oder nur Scheiße!«, war seine einzige Reaktion. Marvin dagegen hatte Mesut immer versichert, es sei ihm vollkommen gleichgültig, welche Tätigkeit er ausübe. »Is doch scheißegal, was für Arbeit, Hauptsache die Kohle kommt rüber.« Das waren seine Worte gewesen. Eines Tages hatte er seinem Freund erzählt, dass es ihm gelungen war, eine Lehre als Maler zu bekommen. Aber es dauerte nur drei Monate, dann hatte er sich gründlich mit seinem Chef überworfen und flog raus. An diesem Abend hatten sie sich gemeinsam betrunken.

Dann allerdings war etwas passiert, was Mesuts und Marvins Leben gründlich verändert hatte. Mesut war der Erste gewesen, mit dem sie Kontakt aufgenommen hatten und das ausgerechnet in der Moschee, in die ihn sein Pflegeonkel mitgeschleppt hatte. Bei ihm lebte er seit einiger Zeit, weil seine Eltern nicht mehr mit ihm klarkamen. Selten genug war er zum Freitagsgebet gegangen, aber dann beim letzten Zuckerfest am Ende des Ramadan, hatten ihn zwei Männer beiseitegenommen. Erst wollte er nicht. Die beiden waren ganz offensichtlich fundamentalistische Muslime, wahrscheinlich Salafisten. Ihr Äußeres war unverkennbar: Wallende Gewänder, weite knöchellange Stoffhosen, Häkelkäppi und natürlich Vollbart, so wie sich ihrer Meinung nach die Gefährten des Propheten Muhammad gekleidet hatten. Daher auch der Name »Salafisten«: as-salaf as-salih, die frommen Altvorderen. Aber dann hatten sie angefangen zu reden, und er konnte gar nicht genug von dem bekommen, was sie erzählten.

Er hatte das Gefühl, mit jedem ihrer Worte innerlich zu wachsen. Er sei nicht weniger wert als andere, im Gegenteil, er sei mehr wert als sie, stünde über ihnen. Das hatten sie ihm immer wieder eingetrichtert. Schließlich hatte er geglaubt, was so angenehm für ihn zu hören war. Er war Muslim! Und damit nicht genug: Er war Salafist. Er stand auch über den Durchschnitts-Muslimen, auch über seinem Vater und seinem Onkel!

Er war ein wahrer Muslim, ein ursprünglicher. Mit seinen Glaubensbrüdern lebte und verkörperte er den echten, unverfälschten Islam, kehrte zurück zur Reinheit des Anfangs.

Stolz war es, den er empfand. Zum ersten Mal in seinem Leben. Nicht mehr hin und her geschubst zu werden am Rand der Gesellschaft, die ihn als Türken mehr und mehr zu verachten schien. Nun konnte er über sie lachen. Er war Muslim und damit zum Herren bestimmt. Er würde es sein, der am Ende triumphierte. Mesut war so überzeugt, dass er auch Marvin in den Bann zog, der schließlich zum Islam konvertierte, was Mesut besonderen Respekt bei den Brüdern einbrachte.

Irgendwann waren beide offenbar reif dafür, in noch ganz anderer Weise angesprochen zu werden. Allah wollte nicht nur, dass Muslime sich vollständig seinem Willen unterwarfen, sondern dass sie seine Herrschaft in der Welt durchsetzten, auch mit Gewalt. Das hatten ihre neuen Freunde ihnen immer wieder eingeredet. Ungläubige und alle Feinde Allahs gehörten zum »Haus des Krieges«.

Zahid und Tarik riefen ein anderes neues Video auf. Diesmal keine Hinrichtung, sondern die erhofften Kriegsbilder, laut Untertitel vom Häuserkampf in Kobane, der seit geraumer Zeit umkämpften Stadt direkt an der türkischen Grenze. Nach vorne stürmende IS-Kämpfer und fliehende Kurden. Hin und wieder auch tote Kurden, die von IS-Leuten durch die Straßen geschleift wurden. Und Frauen und zum Teil sehr junge Mädchen, die verschleppt wurden. Laut Untertitel wurden sie verdienten IS-Kämpfern zugeführt, um deren Harem zu vergrößern.

Jetzt waren die beiden in ihrem Element. Vor allem Zahid sprang immer wieder auf und tat so, als ob er ein Sturmgewehr in der Hand hätte, und ballerte, indem er entsprechende Geräusche dazu machte, wild drauflos. Wenn Treffer der IS-Kämpfer gezeigt wurden, rief er: »Allahu akbar!«

Mitten in einer solchen Darbietung wurde er von Tarik energisch in den Sessel zurückgestoßen.

»Ey, Mann! Bist du bescheuert? Pack mich nich an!«

»Hast du Bohnen in den Ohren? An der Tür is wer. Es hat geklingelt.«

»Wie, was? Hab ich nix gehört.«

»Na, wie auch, wenn du hier einen auf Rambo machst? Und mach das Teil aus!«

Während Zahid auf dem Rechner eine unverfängliche Seite aufrief, schlurfte Tarik zur Tür. Er spähte durch den Türspion und war dann sichtlich erleichtert. Er öffnete, und ein junger Mann mit Vollbart trat herein.

»Hey, Nasir, Bruder. Salam!«

»Salam, Tarik. Seid ihr eigentlich vollkommen von Sinnen? Wie oft hab ich euch schon gesagt, dass ihr euch leise verhalten sollt, wenn ihr euch die Videos unserer Brüder in Syrien und Irak anschaut? Ja, schaut sie euch an, alle. Aber seit ruhig dabei. Ich konnte euch schon auf dem Flur hören und ich habe keine Lust, dass hier irgendwann die Bullen auftauchen, und sei es nur wegen Ruhestörung! Wir haben ein großes Ziel und da können wir keinen Kinderkram gebrauchen. Verstanden?«

»Ja, kommt nicht wieder vor, Nasir.«

»Das will ich hoffen. Tarik, du bist der Vernünftigere. Also pass gefälligst auf Zahid auf. Der wird ein super Kämpfer sein, und wir wollen doch nicht, dass er seine bevorstehende Mission nicht erfüllen kann.«

Kapitel 8

Frank Sommer, verließ an diesem Abend ein wenig beschwingt das Polizeipräsidium an der Kurt-Schumacher-Straße. Der Dienst selbst hatte nur Routine gebracht, aber es gab Anlass, fröhlich zu sein. Deshalb freute er sich auf einen schönen Abend auf seiner Terrasse in Dornberg. Hoffentlich musste Angelika nicht noch zu viel für die Schule tun. Bald war das Schuljahr zu Ende, aber die Zeugniskonferenzen standen bevor, und da war der Stress für sie, Lehrerin für Deutsch und Religion an einer Gesamtschule, oft besonders groß.

Sommer bemerkte flüchtig, wie hinter ihm ein an sich unauffälliger blauer Ford Fiesta aus einer Parkbucht fuhr und sich in den Verkehr einfädelte. Er maß dem keinerlei Bedeutung bei, zumal der Wagen nach einiger Zeit verschwunden war und ein Opel hinter ihm fuhr. Dann war er zu Hause. Wie gut, dachte er, dass wir damals nach der Kölner Zeit, dieses tolle Haus gefunden haben. Ruhig, fast idyllisch am westlichen Stadtrand von Bielefeld gelegen, war es umgeben von Feldern, und von Wohnzimmer und Terrasse aus bot sich ein wunderbarer Blick auf den Kamm des Teutoburger Waldes.

Als Erstes begrüßte er Angelika, die offenbar heute nicht mehr arbeiten musste und schon draußen saß. »Hey«, rief er ihr zu, »ich mache mir einen Eiskaffee. Möchtest du auch einen?«

»Ja, gern. Natürlich. Kennst mich doch.«

Während er die Eiskaffees zusammenmixte, sah er durch das Küchenfenster ein blaues Auto auf der Straße vor dem Haus stehen. Verwundert hielt er inne. War das der Fiesta, der vorhin hinter ihm hergefahren war? So genau konnte er das nicht sagen. Er hatte einfach nicht genug drauf geachtet. Schon gar nicht hatte er sich das Kennzeichen gemerkt. Das tat er aber jetzt. Er schrieb die Nummer in die Notizfunktion seines Handys. Aber wahrscheinlich war das alles Unsinn und reiner Zufall. Wer sollte denn …

»War Pit heute wieder im Dienst?«, fragte Angelika gerade als Frank wieder auf die Terrasse kam.

»Ja, tatsächlich. Jetzt, wo er mit Susanne im neuen Haus wohnt, hielt ihn nichts mehr zu Hause, und er hat den Urlaub verkürzt. Alles lief sehr gut. Wir haben ihn mit einer kleinen Feier zurückbegrüßt. Nichts Aufwändiges, aber wir wollten ihm unbedingt zeigen, dass wir alle froh sind, ihn wieder dabei zu haben. Wende war auch da. Ich hatte ihn extra darum gebeten, weil er bei Pits damaligen Fauxpas ihm gegenüber ja ziemlich den Chef herausgekehrt hatte. Als kleines Geschenk haben wir übrigens ein Paar Laufschuhe für unseren Rückkehrer besorgt. Du erinnerst dich? Er hat angefangen zu laufen, was den Stress abbauen kann und auch hilft, Gewicht zu verlieren …«

»… beziehungsweise, es zu halten«, setzte Angelika seinen Satz fort. »Er hat doch erkennbar schon einige Pfunde abgenommen. Aber ist das nicht schwierig, Laufschuhe zu verschenken? Die müssen doch nun wirklich passen.«

»Ja, deswegen hat er ja auch nur symbolische Schuhe bekommen.«

»Symbolisch?«

»Ich hab meine alten aus dem Keller geholt.«

»Die du ja seit Jahren nicht mehr benutzt hast.«

Frank ging nicht darauf ein. Er wollte sich nicht aus dem Konzept bringen lassen. »Die hab ich etwas aufgemöbelt und dazu gab es einen Gutschein, mit dem er sich dann selbst die richtigen Treter besorgen kann.«

»Und er hat tatsächlich schon zu laufen begonnen?«

»Hat er. Allerdings mit irgendwelchem alten Schuhwerk.«

»Und, machst du mit?«

Ups, dachte er, jetzt muss ich aufpassen.

»Macht das doch gemeinsam. Das geht bestimmt besser als allein.«

Sommer schaute ziemlich indigniert.

»Jetzt guck nicht so. Wär doch ne prima Gelegenheit. Und vielleicht komme ich ja auch mit. Und Susanne. Dann wären wir ne richtig nette Gruppe. Mal laufen wir am Obersee, mal hier in Dornberg. Wär doch klasse, oder?«

»Hmm. Ja, vielleicht.« Frank war noch nicht überzeugt. Aber Angelika würde nicht lockerlassen, was ihm sofort klar wurde, als sie freundschaftlich, aber mit einem gewissen Nachdruck auf seinen Bauch klopfte.

Vielleicht hat sie recht, dachte Sommer. In der letzten Zeit hatte er es tatsächlich mit dem guten Essen etwas zu gut gemeint und mit dem Sport dafür zu wenig. In der Hoffnung, das Thema wechseln zu können, ging er deshalb ins Haus, um sich ein paar Kekse zu holen. Den amüsierten, wissenden Blick seiner Angelika ignorierte er geflissentlich.

»Da ist übrigens noch etwas, was ich mit dir besprechen möchte«, begann er, wieder auf der Terrasse, das Gespräch von Neuem.

Angelika sah kaum auf.

»Bei der kleinen Willkommensfeier für Pit hat Wende davon gesprochen, dass sich ein Kollege aus Frankreich bei ihm gemeldet hat, ein gewisser Thierry Bernard. Er hat den Wunsch, uns hier in Bielefeld zu besuchen und unsere Arbeit kennenzulernen.«

Das war interessant für Angelika, das wusste Frank. Beide liebten Frankreich. Immer wieder machten sie dort Urlaub. In der Bretagne, in der Provence, aber am liebsten auf der Île de Ré. Diese Atlantikinsel, der alten Seefahrerstadt La Rochelle vorgelagert, hatte es ihnen besonders angetan. Ein wunderbares und im Sommer verlässliches Klima. Genauso viele Sonnenstunden wie Nizza, aber weniger heiß als am Mittelmeer. Herrliche Strände, wunderbare kleine Städtchen mit einmaligem, französischem Flair und tolle Radwege, die die ganze Insel überzogen. Kein Ort war so weit von ihrem Stammquartier in La Flotte entfernt, als dass man ihn nicht mit dem Rad bequem hätte erreichen können.

»Ein Kollege aus Frankreich«, fragte Angelika. Sie war wie erwartet neugierig geworden.

»Ja, und rate mal, wo genau der herkommt?«

Angelika zuckte mit den Schultern.

»Aus La Rochelle. Stell dir das mal vor. Ich dachte, ich hör nicht richtig, als Wende davon erzählte.«

»Ein Polizist aus La Rochelle, Thierry Bernard, will sich in Bielefeld anschauen, wie die Mordkommission arbeitet? Gibt es denn da überhaupt eine Partnerschaft?«

»Nee, eben nicht. Eine Bielefelder Städtepartnerschaft mit einem französischen Ort besteht nur mit Concarneau in der Bretagne. Aber Wende hat erzählt, der Kollege habe seinen Wunsch damit begründet, dass seine Mutter aus unserer Gegend hier stammte. Das Ganze ist wohl auch eher halboffiziell. Ich glaub, dieser Bernard nimmt dafür sogar privaten Urlaub. Übrigens, wegen der deutschen Mutter soll er perfekt Deutsch sprechen, was wir alle mit Erleichterung aufgenommen haben.«

Obwohl Frank und Angelika schon so oft in Frankreich waren, sprachen sie selbst nur leidlich Französisch. Für einen Urlaub reichte das völlig aus, eine Unterhaltung war aber kaum möglich. Sie hatten deshalb immer mal wieder vorgehabt, dies in einem Feriensprachkurs in Frankreich zu ändern. Es war aber beim Wunsch geblieben.

»Und, ist die Sache schon perfekt? Wir sollten den Herrn Bernard unbedingt zu uns einladen. Wann kommt er denn?«

»Schon ziemlich bald. Montag in einer Woche, das ist«, Sommer überlegte einen kurzen Moment, »das ist der zwanzigste.«

Kapitel 9

Galvarese erwartete seinen Sicherheitschef in seinem Haus am Rheinufer. Er stand am Fenster des Arbeitszimmers und sah auf den Fluss. Von diesem Anblick konnte er gar nicht genug bekommen. Nach der langen Haft kam er ihm noch paradiesischer vor. Die enge Zelle und der Gefängnishof boten kaum genug Abwechslung für einen Augenmenschen, wie er einer war.

Es klopfte an der Tür.

»Ja, bitte!«

»Entschuldigung, Signor Ventomonte ist da. Er sagt, Sie wollten mit ihm sprechen. Er wartet unten in der Eingangshalle.« Das war Paola, die Hausangestellte.

»Nein, schick ihn rauf. Er kennt den Weg.«

Mauro Ventomonte und er kannten sich schon sehr lange, stammten sie doch beide aus demselben Dorf in Kalabrien, ganz im Süden an der Stiefelspitze, am Aspromontegebirge.
»Setz dich, Mauro. Möchtest du etwas trinken?«

»Gern. Ein Wasser vielleicht, wenn's keine Umstände macht.«

Galvarese ging zur Tür und rief nach unten: »Paola, zwei Wasser!«

»Si, Signore, subito.«

Galvarese setzte sich hinter den großen Schreibtisch. Eigentlich viel zu wuchtig und zu verschnörkelt für diesen Raum, aber er liebte es, seine Macht auch im privaten Bereich zur Schau zu stellen, obwohl Ventomonte der Einzige seiner Leute war, der regelmäßig hierherkommen durfte.

Es klopfte erneut vorsichtig an der Tür. »Avanti.«

Paola huschte herein und stellte eine Flasche San Pellegrino und zwei Gläser auf den Tisch. Mit einer wischenden Handbewegung entließ Galvarese die Angestellte.

Diese Unterredungen mit dem Chef, und das auch noch unter vier Augen, waren immer etwas problematisch. Daran änderte sich auch durch eine lange Bekanntschaft nichts. Man wusste nie ganz genau, was auf einen zukam. Galvareses Launen waren so berüchtigt wie sein Zynismus. Vor allem aber seine Brutalität, auch gegenüber den eigenen Leuten, wenn sie in seinen Augen versagten. Dann war es ihm vollkommen egal, in welcher Beziehung man zu ihm stand oder ob man bisher immer erfolgreich gehandelt hatte. Alle wussten, wie Galvarese seinen Bruder auf dem Weg nach oben ausgeschaltet hatte. Er selbst hatte dafür gesorgt, dass es gerüchteweise bekannt wurde, um den Druck zu erhöhen. Nein, bei Antonio Galvarese musste man stets auf der Hut sein. Er war der Patrone, in jeder Hinsicht.

»Deine Leute haben gute Arbeit geleistet, Mauro. Haben viel herausgefunden über diesen Polizistenarsch.«

»Danke, Chef.«

»Aber das ist alles nichts, wenn wir das nicht richtig nutzen.«

Kam jetzt der Haken? Manchmal gefiel es Galvarese, sein Gegenüber zunächst in Sicherheit zu wiegen. Und man merkte viel zu spät, dass man nicht Gesprächspartner, sondern Opfer war.

»Was sollen wir machen? Diesen Kerl aus dem Weg räumen? Kein Problem. Ich sag meinen Leuten Bescheid, die gehen dann noch heute Abend in sein Haus, ziehen ihre Beretta, und bumm, aus und vorbei. Oder lieber nur die Frau oder beide? Die Jungs haben sie ständig im Blick. Sie warten nur auf Anweisung.«

»Nein! Nicht doch. Nicht so primitiv. Das hat er nicht verdient, dieser Kommissariatsleiter. Ich sag dir, was du tun wirst.« Galvareses Stimme wurde schneidend und scharf. »Er wird leiden, so wie ich bis heute leide. Ihm das Gehirn wegzupusten, ist viel zu einfach. Entführt seine Frau. Geht rein, schnappt, sie euch und bringt sie an einen versteckten Ort.

Dann schickt ihr dem sauberen Herrn Kommissar ein nettes kleines Video.«

»Schwebt dir da schon ein Ort vor? Sollen wir sie vielleicht sogar hier zu dir bringen?«

»Eine schöne Idee. Könnte mir gefallen. Ist aber zu gefährlich. Ihr könnt mit dieser Dame nicht zweihundert Kilometer über die Autobahn fahren. Nein, wende dich an Claudio, Claudio Cavallo. Der hat in Bielefeld dieses Fuhrunternehmen. Du weißt schon, er ist einer von denen, die für mich Müll fahren. Der kennt sicher ein nettes Plätzchen. Und wenn's in einem leeren Container ist oder in irgendeinem Verlies in einer alten Fabrik. Claudio macht das schon. Bereitet das in Ruhe vor. Ich habe sieben Jahre im Knast gewartet, da kommt es auf eine Woche mehr oder weniger auch nicht an.«

»Chef, wenn ich das sagen darf, das scheint mir sehr gefährlich zu sein. Könnte dieser Bulle nicht auf die Idee kommen, dass du dahintersteckst? Andererseits macht es aber doch nur Sinn wenn er auch weiß, was da abgeht und warum.«

»Hab ich dich um deine Meinung gefragt?«

Ventomonte schreckte zurück. Jetzt bloß keinen Fehler machen. »Nein«, antwortete er kleinlaut. »Scusi.«

»Dann halt deine Klappe. Ich weiß, was ich tue. Glaubst du etwa, ich würde ihm eine Mail oder so was schicken, in der ich ihm detailliert mitteile, was vor sich geht? Bin ich stupido? Nein, es wird überhaupt keinen Hinweis auf mich geben. Aber er wird es ahnen, und dann wird er angewinselt kommen, wird sich auf den Boden werfen und um Gnade bitten für seine Dolcezza, diese Angelika. So heißt sie doch, oder?«

»Ja, so heißt sie. Und wenn das nicht klappt?«

»Ein winziger diskreter Fingerzeig, anonym, dann steht er hier vor mir. Aber sicher kann er nicht sein. Beweise wird er auf keinen Fall haben. Er soll hier betteln und flehen, soll sich erniedrigen, um seine Frau kämpfen. Das wird dann meine Genugtuung sein.«

»Und was soll mit der Dame danach werden?«

»Nun, das werden wir sehen. Hängt von den Umständen ab.« Galvarese tat so, als ob er nachdächte, um nach einer sinnvollen Lösung zu suchen. »Könnte aber natürlich sein, dass ihr danach doch noch etwas Ernstes zustößt.« Seine Stimme triefte vor Zynismus und Vorfreude über seine bevorstehende Rache. »Aber bis dahin keine unnötigen Mätzchen. Nicht dass die Teuerste noch vorzeitig dahinscheidet! Und wenn ihr so weit seid und ihr habt sie irgendwo festgesetzt, dann lasst es mich wissen. Andiamo!«

Er stand auf und ging langsam wieder zum Fenster. Nachdenklich sah er hinaus. »Das ist so ein schöner Ausblick. Kennst du einen schöneren?«

»Doch Chef, kenne ich.« Ventomonte wusste genau, was er zu antworten hatte. »Der Blick vom Dorfplatz zu Hause auf die Berge des Aspromonte.«

»Da hast du recht«, sagte Galvarese. »Da hast du wirklich recht«, bekräftigte er und wischte sich eine kleine Träne aus dem Augenwinkel.

Kapitel 10

Es war kurz vor acht Uhr abends. Angespannt beobachtete Hauptkommissar Jens Ohlenburg die Monitore in der Überwachungszentrale des Flughafens Düsseldorf. Sein besonderes Augenmerk galt dem Terminal C.

»Wen suchen wir?« Ein junger Kollege von der Bundespolizei, dessen Schicht soeben begonnen hatte, schaute dem Älteren neugierig über die Schulter.

»Abusar Galajew, alias Abdul Abu-Barzin, Tschetschene. Wir haben einen zuverlässigen Tipp aus Bielefeld bekommen. Ein Informant hat das geflüstert.«

»Einer von den Dschihadisten, den sie umgedreht haben? Soll ja bei diesen Gotteskriegern ziemlich schwer sein.«

»Keine Ahnung, wen sie überreden konnten.« Ohlenburg rieb dabei Daumen und Zeigefinger aneinander. »Einen Deutschen da einzuschleusen ist auch nicht einfacher. Die Bielefelder waren aber von ihrem V-Mann ziemlich überzeugt. Wie auch immer, dieser Galajew soll heute den Versuch unternehmen, Richtung Syrien zu kommen. Natürlich nicht direkt. Diese Burschen fliegen immer zunächst in die Türkei und zwar möglichst dicht an die syrische Grenze heran. Von dort gelangen sie dann offenbar sehr bequem auf die andere Seite. Ziemlich sicher haben sie Helfer beiderseits der Grenze.«

Der junge Beamte sah auf den Flugplan. »21:25 Uhr nach Iskenderun – Hatay. Mit Turkish Airlines?«

»Exakt! Für den Flug soll er gebucht sein.«

»Hat der Informant gesagt?«

»Hat er gesagt. – Wenn du mitgucken möchtest, hab doch mal einen Blick auf den muslimischen Gebetsraum, ebenfalls direkt im Terminal C. Könnte sein, dass unser Freund sich dort auf den Flug vorbereitet. Du verstehst?« Ohlenburg zeigte ihm ein Bild des Gesuchten und machte eine eindeutige Bewegung, mit der er das Niederwerfen beim Gebet andeutete. Beide lachten.

»Ich verstehe. Müsste ja eigentlich bald auftauchen.«

Sie sahen gespannt auf die Monitore vor ihnen. Ohlenburg fragte noch einmal per Funk die Kollegen an der Sicherheitskotrolle ab, ob dort alles wie geplant vorbereitet war. Einen gewaltbereiten Dschihadisten auf dem Weg in den Krieg abzufangen war keine ganz einfache Angelegenheit. Aber sie waren gut vorbereitet, so dass eigentlich nichts schiefgehen konnte.

»Da ist er!« Der junge Kollege hatte ihn zuerst gesehen. Abu-Barzin kam tatsächlich aus dem Gebetsraum. Ein im Grunde eher durchschnittlicher junger Mann. Nicht die sonst bei Salafisten oft übliche Kleidung. Wollte wohl nicht auffallen. Nur der lange Bart war bemerkenswert, auch wenn diese Art von männlichem Schmuck ja wieder allgemein in Mode gekommen war.

»Achtung! Zielperson nähert sich dem Sicherheitsbereich.« Ohlenburg beschrieb die Kleidung. »Wenn ihr ihn seht – Zugriff!«

In einer perfekten Aktion wurde Abusar Galajew alias Abdul Abu-Barzin festgenommen und unmittelbar in einer Arrestzelle der Bundespolizei festgesetzt. Die zufriedenen Gesichter in der Überwachungszentrale ließen die Erleichterung der Sicherheitskräfte erkennen. Wieder war ein IS-Kämpfer daran gehindert worden, in Syrien in den Krieg zu ziehen, dort zu morden und zudem noch weiter für den Kampf auch in Deutschland trainiert zu werden. Vor zwei Jahren hatte Abu-Barzin eine militärische Ausbildung beim IS erhalten und war dann an verschiedenen Kampforten eingesetzt worden. Kobane sollte dabei gewesen sein, auch das Sindschar-Gebirge. Nach seiner Rückkehr war er sofort als Gefährder eingestuft worden. Das hieß: möglichst lückenlose Überwachung, so dass der Staatsschutz jederzeit wusste, wo er sich befand und was er tat. Immerhin gab es dafür auch zusätzliches Personal. Der Verfassungsschutz hatte sogar eigens einen V-Mann auf ihn angesetzt. Von dem war nun auch der Tipp über die geplante Ausreise gekommen.

Natürlich hatte man ihm auch seinen Pass abgenommen, damit er das Land nicht mehr verlassen konnte. Aber wie sich herausstellte, hatte er sich ein gefälschtes Dokument besorgt. Das kam der Polizei nun allerdings entgegen. Denn deswegen konnte er festgesetzt werden und würde erst einmal nicht wieder auf freien Fuß kommen.

»Wieder einer weniger, der Ärger machen kann«, kommentierte Ohlenburg die Verhaftung.

»Gut, dass wir immer wieder V-Leute einschleusen können. Anders bekommt man diesen Sack Flöhe nicht unter Kontrolle.« Alle Anwesenden lachten erneut.

Am selben Abend saßen Zahid und Tarik in ihrer Herforder Wohnung vor dem Fernseher. Die Spätnachrichten liefen. Seit Tagen waren die Medien wieder voll von Berichten aus dem syrisch-irakischen Kriegsgebiet. Das Sindschar-Gebirge stand erneut im Mittelpunkt des Interesses, jetzt allerdings, weil es den kurdischen Milizen gelungen war, diesen Höhenzug in der nordirakischen Wüste mit Hilfe amerikanischer Luftangriffe zurückzuerobern.

»Verdammte Scheiße! Guck dir an. Diese elenden Schweine mit ihren Bomben. Und wenn ich die Scheißkurden da sehe. Wieso sind die nicht längst verreckt?«

»Zahid, Bruder, reg dich ab. Das ist nur ein vorrübergehender Rückschlag. Manchmal muss man auch zurückweichen. Das ist klüger als sinnloses Durchhalten. Das kostet nur eigene Männer. Zum Glück kommen ja immer wieder welche neu dazu. Sogar aus Deutschland.«

»Aus Deutschland? Wie das? Musste ich doch Pass abgeben. Wieso hast du deinen noch?«

»Keine Ahnung. Haben mich wohl noch nicht auf dem Schirm. Im Übrigen ist das auch völlig egal. Es gibt schließlich

Möglichkeiten, sich gefälschte Dokumente zu besorgen. Wir arbeiten doch mit unseren Glaubensbrüdern überall in Europa zusammen. In Belgien zum Beispiel sitzt einer, der für uns Pässe macht, in einem nördlichen Stadtteil von Brüssel. Kommt mit den Aufträgen kaum nach. Und jetzt verrat ich dir was. Ich war doch vorige Woche verreist, hab dir nicht gesagt wohin, nur dass es wichtig war. Also jetzt kannst du es wissen. Ich war genau da, in Brüssel, und hab einen Pass abgeholt für Abdul. Der will wieder nach Syrien. Und heute Abend fliegt er von Düsseldorf los. Müsste schon in der Luft sein. Die Bullen sind einfach zu blöd!«

In diesem Moment erschien im Fernseher das Bild von Abdul Abu-Barzin.

»Scheiße, was ist das? Hast du gesagt, er fliegt heute?« Zahid fuchtelte wild mit den Händen.

Es war nur eine kurze Nachricht über die Festnahme, aber sie machte Tarik sprachlos. Sie hatten Abdul auf dem Flughafen kassiert, als er mit einem gefälschten Pass nach Syrien fliegen wollte. Woher wussten die das? Abduls Pass lautete doch auf einen vollkommen unverfänglichen Namen. Gab es etwa eine undichte Stelle? Oder war Abdul ständig überwacht worden, sogar noch lückenloser als angenommen? Ich muss unbedingt Kontakt mit Nasir aufnehmen, dachte Tarik. Dieser Fehlschlag muss Konsequenzen haben. Das darf nicht noch einmal passieren.

In diesem Moment klingelte Tariks Handy. Eine ihm völlig unbekannte Nummer, wahrscheinlich prepaid, nicht zurückzuverfolgen, wie immer. Er nahm das Gespräch an. Am anderen Ende meldete sich Nasir.

»Hast du die Scheiße im Fernsehen gesehen? Verdammt, das hätte nicht passieren dürfen.«

»Du sagst es, Bruder. Woher wussten die Bullen das? Ich fass es nicht! Nasir, haben wir eine undichte Stelle?«

»Keine Ahnung. Kann ich mir aber nicht vorstellen. Wir kennen uns doch alle ganz genau. Vielleicht liegt das Problem ja auch in Belgien, und dort ist was schiefgelaufen. Allerdings wurde diese Connection nicht erwähnt. Vermutlich wissen das die Bullen noch nicht. Wär auch ziemlich übel, schließlich wollen wir in Molenbeek noch mehr Pässe bestellen.«

»Inschallah!« So Gott will!

»Aber pass auf: Diese verdammte Verhaftung braucht eine wuchtige Antwort. Wir müssen uns treffen. Wir werden ihnen eine Antwort geben, die richtig reinhaut! Am Telefon können wir das allerdings nicht besprechen. Wir treffen uns morgen Abend um sechs vor der Moschee. Und bring Zahid mit. Den brauchen wir für die Aktion.«

»Was für eine Aktion? Was hast du vor?«

»Nicht am Telefon hab ich doch gesagt. Morgen Abend!«

»Kullu tamam – In Ordnung.«

»Yalla!« Auf geht's!

Kapitel 11

»Moin Pit! Wie geht's, wie untersteht's?« Frank Sommer war sichtlich gut gelaunt, als er an diesem Morgen ins Präsidium kam. Schwameyer war schon da. Nach der Krankheit kam er entgegen alter Gewohnheit morgens immer als Erster ins Büro. Seitdem hatten die beiden engsten Kollegen sich ein neues Ritual angewöhnt. Franks erste Handlung war, dem schon anwesenden Pit ein fröhliches »Moin« durch die Tür zu rufen, was für ihn der Aufforderung gleichkam, in Franks Büro zu wechseln, um einen doppelten Espresso zu trinken. Dort stand nach wie vor dessen private Espressomaschine, die er sich schon vor Jahren, als er gerade aus Köln gekommen war, angeschafft hatte. Sie hatten sich aber schon lange darauf geeinigt, dass sie auch von allen anderen Kollegen der Abteilung genutzt wurde. Zuständig für den Kaffeenachschub war Karsten Linnemann, weil es reihum nicht so recht klappte.

»Na, immer noch alles schön in der neuen Wohnung?«

»Ja sicher. Diese Haushälfte ist echt ein Traum. Auch der kleine Garten mit der Terrasse. Hätte ich mir früher nie denken können, mich einmal für Grünzeug zu interessieren. Du kennst doch noch meine alte Wohnung am Siegfriedplatz?«

»Gab es da nicht nur einen kleinen Balkon mit einem großen Grill und einer vertrockneten Pflanze?«

Pit lachte. »Stimmt«, sagte er nach einem Augenblick. »Jetzt ist jedenfalls alles super gut. Susanne und ich fühlen uns pudelwohl. Ihr müsst uns unbedingt mal besuchen. Der große Grill kommt nun erst richtig zur Geltung. Nächsten Samstag vielleicht? Oder nein – wie lange ist der Franzose überhaupt da? Der kommt doch heute, oder?«

»Ja, heute Nachmittag. Muss ihn um kurz nach halb sechs vom Bahnhof abholen, exakt um«, er schaute in sein Handy, »17:38 Uhr.«

»Dann kommt doch alle zusammen. Wir wollen uns ohnehin noch bei euch gebührend für eure Mithilfe bedanken. Vielleicht klappt das ja, solange dieser Monsieur Bernard da ist. Wo wird er eigentlich wohnen? Du wolltest dich darum kümmern.«

»Hab ihm in Werther ein Hotelzimmer besorgt. Von dort kann er mit dem Bus direkt zum Präsidium fahren. Ein Auto hat er hier ja nicht. Das Hotel liegt übrigens gleich neben dem Busbahnhof. Eventuell kann er aber mit Karsten fahren. Der wohnt schließlich auch da, in diesem Bielefelder Vorort« Dabei malte er Gänsefüßchen in die Luft. »Oder hast du irgendwas gehört, dass er und Marina schon eine neue Wohnung haben?«

»Nein, glaub nicht. So einfach ist das auch nicht. Wenn wir nicht zufällig, um wie viele Ecken auch immer, von unserem Haus gehört hätten …« Er ließ den Satz unabgeschlossen im Raum verklingen. Dann fuhr er fort: »Hast du eigentlich genau verstanden, was der Franzose hier bei uns will? Das Ganze ist doch eher halboffiziell, oder?«

»Ich glaube, dass er sich ehrlich für unsere Arbeit interessiert. Tatsächlich ist er in La Rochelle ebenfalls Mitglied der Mordkommission, oder wie auch immer das dort organisiert ist. Wenn er da ist, wird er uns das sicher verraten.«

Schwameyer trank seinen letzten Schluck Kaffee. »Sag mal«, wechselte er das Thema, »haben Marina und Karsten inzwischen mit Wende gesprochen wegen ihrer Beziehung? Weißt du da was?«

»Nee, glaub nicht. Und wir sollten uns da auch nicht einmischen.«

»Läuft das schon lange zwischen den beiden?«

»Keine Ahnung. Ist schließlich ihre Angelegenheit. Aber bei dem letzten Fall, bei dem du noch da warst …«

»Als ich abgestürzt bin, solltest du sagen.«

»Ja, die beiden hatten damals zusammen unter anderem in Göttingen zu tun, und offenbar sind sie sich dort näher gekommen. Wie auch immer, jedenfalls fürchten sie die möglichen Konsequenzen, wenn sie dem Chef reinen Wein einschenken.«

»Konsequenzen?«

»Du kennst doch die beamtenrechtlichen Vorschriften. Sie wollen auf keinen Fall in getrennte Dienstbereiche versetzt werden, weil Wende Angst haben könnte, dass sie Privates und Dienstliches nicht auseinanderhalten. Am Ende kommt noch irgendein gewiefter Rechtsverdreher und versucht das für seinen Mandanten auszuschlachten.«

»Aber es gibt doch immer auch mal Ausnahmen.«

»Sicher. Aber gerade deshalb sollten wir uns zurückhalten, bis sie selbst mit Wende sprechen. Nur dann kann das gutgehen. Wenn ich als Chef der Mordkommission mit dem Kriminaldirektor spreche, wird es gleich offiziell und eine einvernehmliche Lösung vielleicht erschwert, bei der beide bei uns bleiben können.«

»Ich kann schweigen wie ein Grab.« Pit hob dabei die rechte Hand wie zum Schwur.

»Im Augenblick hat jeder noch seine Wohnung. Aber es scheint klug zu sein, sie immer sofort auf dem Handy anzurufen. Man weiß nie, bei wem sie gerade sind.« Ein Telefonanruf unterbrach ihr Gespräch. Frank nahm den Anruf an.

»Das war Anna. Sie sucht dich schon. Es scheint Arbeit zu geben. Die Uniformierten haben gerade einen Schläger reingebracht, der vernommen werden will. Sie möchte dich dabei haben.«

»Ich verstehe. Das alte Gespann.«

Um kurz nach halb sechs stand Frank mit dem Handy in der Hand an Gleis 2 und wartete auf den Zug aus Düsseldorf. Bernard und er hatten einander Bilder von sich zugemailt, um sich auf dem Bahnsteig finden zu können. Der Franzose hatte eine kleine Weltreise hinter sich: von La Rochelle zunächst mit dem

TGV nach Paris, weiter mit dem Thales nach Düsseldorf und schließlich mit dem ICE nach Bielefeld.

In diesem Moment näherte sich der Zug und kam schließlich zum Stehen. Die Türen öffneten sich und eine größere Anzahl von Menschen stieg aus. Sommer sah noch einmal auf das Foto in seinem Mobiltelefon und suchte dann unter den einzelreisenden Männern mittleren Alters nach dem Gesicht von Thierry Bernard. Es dauerte gar nicht lange, und er hatte seinen Gast ausgemacht.

Sein erster Eindruck: Er hätte ihn sich etwas größer vorgestellt, in Wahrheit war Bernard aber kleiner als er selbst. Franks geübtes Auge schätzte den Franzosen auf vielleicht einen Meter fünfundsiebzig. Im Übrigen: schlanke Figur, deutlich schlanker als Sommer selbst, dunkles, fast militärisch kurz geschnittenes Haar mit erkennbar hervortretenden Geheimratsecken und sonnengebräunte Haut – typisch, dachte Sommer, wenn man direkt am Atlantik wohnt und dazu in einer dermaßen sonnenverwöhnten Gegend. Seine ganze Erscheinung war ziemlich französisch: beigefarbene Chinos, hellblaues Poloshirt und an den Füßen leichte Sommerslipper.

»Monsieur Bernard, je présume? Monsieur Thierry Bernard?«

»Oui. Thierry Bernard de La Rochelle. Et vous? Monsieur Frank Sommer?«

»Bonjour, et bienvenu à Bielefeld.«

»Danke, Herr Sommer. Auch für die französische Begrüßung. Aber lassen Sie uns doch Deutsch sprechen. Nach dem, was Sie mir geschrieben haben, ist Ihnen das wohl lieber. Und mir macht es nichts aus. Meine Mutter stammt ja aus dieser Gegend, und ich bin zweisprachig aufgewachsen. Das empfinde ich als ein großes Privileg.«

Dem stimmte Sommer seufzend zu. Er hätte viel dafür gegeben, wenn er sich in Frankreich ebenso verständigen könnte wie dieser Kollege in Deutschland.

Im Auto war Sommer, wahrscheinlich ostwestfälisch bedingt, etwas schweigsam, sein französischer Gast umso redseliger. Vermutlich hatte er auf seiner langen Reise keinen Gesprächspartner gehabt, und nun fand Frank kaum eine Lücke in dessen Redeschwall. Fast ohne Punkt und Komma erzählte Bernard von den Eindrücken der Fahrt. Insbesondere fand er die Tatsache nervig, dass man in Paris immer durch die halbe Stadt wechseln musste, wenn man von Süden oder Westen kommend in einen Zug nach Norden oder Osten umsteigen musste. So hatte er vom Gare Montparnasse zum Gare du Nord gemusst, was mit der Metro eine Fahrtzeit von knapp einer halben Stunde bedeutete, bei insgesamt nur 55 Minuten Umsteigezeit. Bernard hasste diese Hektik.

Als sie am Polizeipräsidium vorbeifuhren, gelang es Sommer aber dann doch, seinen Gast auf das Gebäude hinzuweisen, in dem sie sich in den nächsten Tagen des Öfteren aufhalten würden. Und er kam auch endlich dazu, Bernard den Vorschlag zu machen, auf dem Weg zum Hotel bei ihm zu Hause haltzumachen, da sie ohnehin fast dort vorbeikämen. Das allerdings quittierte Bernard mit erkennbarer Zurückhaltung. Er sei doch sehr erschöpft und wolle lieber zunächst in sein Hotel, um sich etwas auszuruhen und sich frisch zu machen. Sommer war nicht überrascht. Angelika hatte solche Bedenken bereits vermutet. Und so wurde der Plan geändert. Man beschloss, sich gegen 20 Uhr im Restaurant des Hotels in Werther zu treffen, um sich dann in Ruhe kennenzulernen.

Wegen des schönen Wetters setzten sich Sommer und Bernard am Abend auf die Terrasse hinter dem Hotel, allerdings mit dem wenig schönen Ausblick auf einen wuseligen Parkplatz. Beide bestellten Hefe-Weizen – Bernard mit dem Hinweis, in Deutschland sei er nie sicher, einen vernünftigen Wein zu bekommen und andererseits bekäme er in Frankreich kein Weizen. Trotz dieser kleinen privaten Einlage landeten sie nach kurzer Zeit zunächst bei einem fachlich ausgerichteten Gespräch über die unterschiedlichen Organisationsstrukturen der französischen und deutschen Polizei. Als Commissaire der Police judicaire, der Kriminalpolizei, war Bernard Teil der Police Nationale, einer der drei polizeilichen Hauptorganisationen, neben Gendarmerie und Police Municipale. Ihm unterstand die Abteilung für Gewaltdelikte. Er war also sozusagen der Leiter der Mordkommission in La Rochelle, beziehungsweise des Departements Charente-Maritime.

Schließlich geriet das Gespräch ins Stocken. So spannend waren Organisationsfragen dann auch nicht. Frank wollte etwas ganz anderes unbedingt loswerden: »Wissen Sie«, sagte er, »meine Frau und ich kennen Ihre Heimatstadt ein wenig. Seit vielen Jahren machen wir immer mal wieder Urlaub auf der Île de Ré. Jedes Mal im selben Quartier in La Flotte. Auch dieses Jahr soll das wieder so sein. Und natürlich fahren wir auch nach La Rochelle. Allerdings kaum mehr als einmal, wegen der hohen Maut für die Brücke zur Insel.«

Bernard war erfreut. »Da haben wir ja etwas gemeinsam. Unsere Familie hat schon seit Jahren ein kleines Ferienhaus bei La Flotte. In einer Siedlung zwischen La Flotte und Rivedoux, direkt bei der Klosterruine Les Châteliers. Das kennen Sie bestimmt.«

»Unglaublich!«, sagte Sommer. »Das kennen wir tatsächlich. Da sind wir schon oft genug mit dem Fahrrad vorbeigekommen. Wissen Sie, vorne auf dem Klippenweg.«

»Ach, da, wo es eigentlich verboten ist, mit dem Fahrrad zu fahren?«, lachte Bernard.

»Ups. Erwischt. Machen aber doch alle.«

»Stimmt, wir auch!«

Sie lachten und stießen an auf so viel Gemeinsamkeit.

»Das verlangt ja geradezu danach, dass wir uns auch duzen. Wenn's recht ist, ich bin Frank.«

»Es ist recht. Ich bin Thierry.«

Sie stießen erneut an und lachten herzhaft.

Der Abend wurde länger als erwartet. Beide bestellten weitere Weizen.

»Eine Frage hab ich noch.«

»Nur zu.«

»Du hast erwähnt, dass deine Mutter Deutsche ist und hier irgendwie aus der Gegend stammt?«

»Ja, das ist richtig. Die Familie meiner Mutter gehörte zu den Hugenotten. Vor vierhundert Jahren wurden sie bei uns wegen ihrer Religion verfolgt, und viele fanden in Deutschland Zuflucht. Unsere Vorfahren haben sich zunächst in Hessen angesiedelt. Später verstreuten sie sich dann etwas, und meine Mutter wurde schließlich in Detmold geboren. Ihr Mädchenname war übrigens De Maizière.«

Frank schaute überrascht.

»Ja, wie euer Innenminister und der letzte DDR-Regierungschef.«

»Nur damit ich das richtig verstehe: Deine Mutter stammt aus einer Familie, die im 17. Jahrhundert in Frankreich wegen ihres evangelischen Glaubens verfolgt wurde und die dann in Deutschland Asyl bekommen hat. Kann man das so sagen?«

»Ja, absolut. Ihr habt in Deutschland eine großartige Tradition, Verfolgten Asyl zu gewähren.« Er zögerte, bevor er weiterredete: »Daran solltet ihr festhalten. Gerade heute.« Thierry stockte erneut. »Und wir in Frankreich sollten uns ein Beispiel daran nehmen«, fügte er schließlich an.

Nachdenklich nickte Frank. »Ja das sollten wir. Das sollten wir wirklich! Auch wenn's schwierig ist.«

Thierry brachte das Gespräch wieder zurück zum Privaten. »1966 ist meine Mutter mit dem deutsch-französischen Jugendwerk nach Frankreich gekommen, und weil sie Hugenottin war, natürlich auch nach La Rochelle, einer hugenottischen Hochburg. Na ja, was soll ich sagen, wie das Leben so spielt, sie lernte meinen Vater kennen und lieben. 1972 haben sie geheiratet und ein Jahr später wurde ich geboren. Und damit du alles weißt: Ich hab noch zwei Schwestern, die jünger sind als ich.«

Nach einer kleinen Pause sagte Frank mit seinem typisch schelmischen Grinsen: »Und so weht einen plötzlich der Hauch der Geschichte an.«

Da ihre Gläser inzwischen leer waren, bestellte sich jeder umgehend ein neues Weizen, damit sie auf die Historie gebührend anstoßen konnten.

»Das musst du unbedingt auch Angelika erzählen. Komm uns doch in den nächsten Tagen abends besuchen. Ich hab auch einen guten Roten im Keller. Angelika wird sich ganz sicher freuen. Sie liebt die Insel beinahe mehr als ich. Sagen wir übermorgen?«

»Gern, wenn's nicht zu aufwändig ist. Macht euch nur nicht so viele Umstände. Einfach ein netter Abend zum Plaudern.«

Irgendwann war es trotz des endlos langen Sommerabends dunkel geworden Als sich Frank auf den Heimweg machte, war es schon nach elf. Natürlich musste er seinen Wagen in Werther lassen und ein Taxi für sie beide bestellen.

»Bis morgen früh«, sagte Frank beim Abschied. »Ich komm vorbei und hol dich ab. So kurz vor acht. Muss ja ohnehin mein Auto holen. Angelika kann mich am Hotel absetzen. Sie unterrichtet hier im Ort an einer Schule.«

»Prima. Dann bis morgen.«

Beim Wegfahren sah Frank aus den Augenwinkeln erneut einen blauen Fiesta. Der schon wieder, sagte er sich. Aber er war zu angeheitert und zu müde, um darüber nachzudenken.

Kapitel 12

Sie trafen sich kurz vor 18:00 Uhr vor ihrer Moschee im Herforder Norden. Als Tarik und Zahid kamen, war Nasir schon da.

»Salam, Nasir.«

»Wa Salam alaikum. Steigt ein, wir fahren mit meinem Wagen weiter.«

»Hey, so geheimnisvoll? Was ist los?« Tarik war sichtlich irritiert.

»Kommt einfach mit, ich muss euch was zeigen, bevor wir darangehen, unsere Aktion zu planen.«

»Aktion, Aktion! Scheiße, was meinst du immer damit?« Zahid war wie immer genervt, wenn er etwas nicht verstand.

»Steig einfach ein.« Nasir war nicht nach einer längeren Diskussion in aller Öffentlichkeit direkt vor der Moschee zumute.

»Was ist das?«, fragte Tarik auf den geländegängigen Wagen deutend, der offenbar Nasir gehörte. »Wo ist denn deine PS-Schleuder geblieben?«

»War ungeeignet«, antwortete er kurz und knapp.

Sich in ihr Schicksal fügend, aber auch neugierig setzten Tarik und Zahid sich zu Nasir in den SUV. Es ging an den Stadtrand. Die Häuser standen immer weniger dicht, Felder und Wälder wurden mehr. Irgendwann kamen sie an einem Golfplatz vorbei.

»Hey, willst du mit uns Golf spielen, Bruder? Diesen dekadenten Oberscheiß«, entrüstete sich Tarik.

»Ruhig, Brüder. Wir sind gleich da.« Im selben Moment bog er in einen nur mäßig befestigten Forstweg ein und fuhr noch eine Weile in den immer dichter werdenden Wald hinein. Hinter einer Biegung kamen sie vor einer Holzhütte zum Stehen, die sowohl von hohen Bäumen als auch von Gebüsch umgeben und daher bestens versteckt war.

»Aussteigen, wir sind da.« Nasir hielt bereits einen Schlüssel in der Hand und ging zielstrebig auf die Hütte zu.

»Was wird das, Bruder? Wieso hast du Schlüssel für die Bruchbude?« Zahid war nicht wohl im Wald.

»Das muss dich nicht interessieren«, antwortete Nasir knapp. »Es reicht, wenn du weißt, dass die Besitzer die Hütte im Moment nicht benutzen.«

»Klasse Versteck, Nasir. Nicht leicht aufzuspüren.« Tarik dämmerte, weshalb sie hierhergeführt worden waren. »Die Antwort auf die Verhaftung von Abdul? Hat diese Hütte damit zu tun?«

»Ja. Kommt rein!«

Er hatte bereits aufgeschlossen und die drei betraten das Holzhaus. Weil die Fenster geschlossen bleiben mussten, war es zunächst drinnen stockdunkel. Mit einer Taschenlampe leuchtete Nasir hinein, bevor er die Deckenlampe einschaltete, die aus einem Hirschgeweih gefertigt war. Jetzt konnten sie sich umsehen. Klein und ziemlich vollgestellt, aber mit allem ausgestattet, was man brauchte, um ein paar Tage dort zu bleiben. Eine Kochecke mit Kühlschrank, ein Sofa mit zwei Sesseln, ein Tisch mit vier Stühlen, alles im rustikalen Stil, und hinter einem Vorhang zwei Betten.

»Maschallah!« Zahid schaute sich ungläubig um.

»Setzt euch und hört zu.«

Die beiden warfen sich in die Sessel. Nasir wählte einen Platz auf dem Sofa. »Wir brauchen eine Reaktion auf die Festnahme von Abdul«, fuhr er fort. »Er muss wieder freikommen und er muss nach Syrien. Die Brüder wollen ihn wiederhaben. Es gibt eine klare Anweisung. Und ihr beiden sollt auch endlich in den Krieg ziehen.«

»Allahu akbar!« Dann verstummten Tarik und Zahid. Innerlich erregt lauschten sie auf das, was kommen sollte. Eine große Aktion und sie im Zentrum! Ihre Anspannung stieg.

»Also der Plan ist folgender: Wir werden eine Person entführen, und zwar eine, mit der wir viel Aufmerksamkeit erregen können.«

»Catchen wir Bürgermeister!«

»Warum nicht gleich die Bundeskanzlerin, du Idi?« Nasir zeigten den beiden einen Vogel. »Mir schwebt eine Person vor, an die niemand denkt, kein Promi, an den man sowieso schlecht rankommt, sondern eine, wie soll ich sagen, normale Person, die aber dennoch genug Aufsehen erregt, wenn wir sie schnappen. Damit lässt sich viel mehr Angst und Verunsicherung in der Bevölkerung verbreiten, als wenn wir uns Promis vornehmen. Wir greifen uns Herrn oder Frau XY und jeder fängt an zu grübeln, ob es wohl auch ihn ganz persönlich treffen könnte.«

»Muss ich verstehen, was der labert?« Zahid blickte Tarik irritiert an.

»Jetzt lass es endlich und stell nicht dauernd so blöde Fragen, sondern hör einfach zu.«

»Ey, Alder, reg dich ab, ey.«

»Zahid! Klare Ansage: Hör auf mit deinen dämlichen Sprüchen!« Nasir reichte es inzwischen wirklich. »Hier geht es nicht um einen der Dumme-Jungen-Streiche, mit denen du dich bisher abgegeben hast. Und damit auch das ganz klar ist: Ich erteile hier die Befehle. Ich bin der Boss! Kapiert?«

»Is klar Chef.« Tarik antwortete als Erster. Zahid nickte schließlich ergeben mit dem Kopf.

»Aber entschuldige, wenn ich das sage«, fuhr Tarik fort. »Ist das Ganze nicht zu gefährlich? Jemanden zu entführen, ist schließlich keine Kleinigkeit. Ich weiß nicht so recht. Ist das abgesprochen mit der Führung?« Tarik wirkte besorgt.

»Hört auf, euch ins Hemd zu machen! Ihr wisst doch, wie das inzwischen geht. Keine von langer Hand geplanten Anschläge, die frühzeitig von der Polizei ausgespäht werden können. Die Führung hat deshalb extra zu Einzelaktionen aufgerufen. Im Übrigen, für uns geht es schließlich noch um mehr.

Ihr wollt doch mit Abdul nach Syrien. Oder wollt ihr für immer die Papiertiger bleiben, die ihr im Augenblick seid?«

»Ey, hast du sie noch alle? Papiertiger? Wir sind Kämpfer für Allah!«

»Dann hört auf mit euren Halbherzigkeiten.«

»Wie verpisst der wieder redet! Halbherzigkeiten, so redet doch keiner.«

»Mann ey, du nervst. Eines solltest du nicht vergessen: Ich bin es, ich allein, der euch die Chance eröffnet, nach Syrien zu kommen. Also hör endlich auf rumzuzicken! War die Ansage klar genug?«

»Verdammt, was bildest du dir ein! Hör auf, hier den großen Macker zu spielen. Das haben schon ganz andere versucht und sind dabei voll auf die Schnauze gefallen.« Tarik war laut geworden. Ihn ärgerte Nasirs Art ebenfalls gehörig.

»Okay, okay. Cool down!«

»Und hör mit dem Englischen Scheiß auf. Englisch ist die Sprache der Kuffar, der Ungläubigen, der Gegner Allahs, unserer Feinde!«

Nasir hob abwehrend beide Hände in die Höhe. »Ja, ihr habt ja recht. Ich kann die Sache nicht ohne euch durchziehen, aber ihr auch nicht ohne mich. Oder habt ihr Muffensausen bekommen? Denkt dran: Wer nach Syrien will, muss Risiken auf sich nehmen.«

»Ja, schon gut. Wir sind schließlich keine Weicheier. Aber der Plan muss echt gut sein, wenn er funktionieren soll.«

Es entstand eine Pause, in der jeder über das Projekt und die Realisierungsmöglichkeiten nachdachte. Nasir schaute nachdenklich, als er fortfuhr. »Nun denn! Wir entführen eine ganz normale Person, die aber dennoch Aufsehen erregt. Und wir werden sie hierherbringen, in diese Hütte. Sollen wir es so machen?«

Zahid und Tarik nickten.

»Hast du schon irgendwen im Blick?«

»Noch niemand Konkreten. Da könnt ihr mich unterstützen. Eine Privatperson, die besonders großes Aufsehen erregen könnte, klingelt da was bei euch?«

Zahid und Tarik sahen sich gegenseitig an, hatten aber offenbar keine Idee.

»Egal«, schloss Nasir das Gespräch, »da fällt uns bestimmt noch jemand ein. Bis dahin gucken wir uns die Hütte erst mal genauer an«

»Und die können wir für unser Vorhaben nutzen? Was ist, wenn die Besitzer doch irgendwann hier auftauchen?« Tarik war wieder skeptischer geworden. »Die nutzen die Hütte doch sicher hin und wieder. Das bedeutet Gefahr für das ganze Projekt.«

»Ehrlich, Nasir. Bei Hütte hab ich auch schlechtes Gefühl. Brauchen wir anderen Platz.«

»Hört auf. Macht euch nicht ins Hemd. Der Platz ist gut. Inschallah! diese Hütte kommt im Augenblick keiner. Guckt euch doch um. Fenster und Türen völlig verrammelt, damit keiner einbricht.«

»Na gut. Wär schon super, die Person hier versteckt zu halten. Von außen müsste natürlich alles so bleiben, wie es jetzt aussieht. Aber es gibt nur ein Zimmer«, gab sich Tarik weiter skeptisch. »Sollen wir uns mit der Person etwa im selben Raum aufhalten? Das könnte ziemlich anstrengend werden, wenn wir uns ständig vermummen müssten.«

»Gemach, gemach. Ich hab mich hier schließlich schon mal umgeschaut. Siehst du die Klappe dort hinten in der Ecke bei der Küchenzeile? Da geht's nach unten in einen Kellerraum. Groß genug, um eine Matratze reinzubekommen. Ein Fenster gibt es nicht, nur ein Regal. Das müssen wir natürlich abbauen und die Vorräte daraus nach oben bringen. Im Übrigen sollten wir die Klappe schalldicht isolieren, damit ihr oben auch in Ruhe sprechen könnt. Und natürlich: Mindestens einer von uns muss ständig hier sein, besser zwei – so diskret wie möglich, versteht sich.«

»So dis … was?«

»Diskret, ohne Aufsehen. Du Dödel.«

Nasir verdrehte die Augen. Auf welche Idioten habe ich mich hier bloß eingelassen, dachte er, sagte aber geflissentlich nichts. Ich muss halt nehmen, was ich bekomme. Aber im Grunde sind sie genau die Richtigen. Einfache Befehlsempfänger, nur das blöde Fragen mussten sie sich noch abgewöhnen. Laut antwortete er: »Bruder, reiß dich zusammen! Ein Diener Allahs ist niemals ein Dödel, verstanden? Im Übrigen, ist Euch inzwischen jemand eingefallen, den wir uns catchen können?«

»Hab ich Idee, Chef.«

Kapitel 13

Angelika hatte noch einiges zu tun, bis am Abend Thierry Bernard zu Besuch kommen würde. Als Frank diesen Vorschlag gemacht hatte, war sie sofort begeistert gewesen, einen Mann kennenzulernen, der in La Rochelle lebte und noch dazu ein Häuschen auf der Île de Ré hatte. Aber später hatten Zweifel an ihr genagt. Was sollte sie kochen? Als Franzose war er bestimmt anspruchsvoll, was das Essen anging. Oder sollte sie gar nichts kochen, sondern Brot und Käse besorgen, dazu einen frischen Salat und dann einen schönen, kühlen Nachtisch vorbereiten? Perfekt, so würde sie es machen, das passte auch zu dem guten Sommerwetter.

Jetzt stand sie an der Käsetheke ihres Supermarktes und überlegte, welche Sorten es sein sollten. Harte und weiche Sorten, unbedingt auch Ziegenkäse. Schließlich entschied sie sich für einen Comté und einen Camembert. Am liebsten hätte sie Cabécou gekauft, kleine Ziegenkäse aus dem Périgord, aber so etwas war in Deutschland kaum zu bekommen. Sie begnügte sich also mit einer Ziegenrolle, die immerhin laut Aufdruck aus der Nähe von La Rochelle kommen sollte. Um die Sache abzurunden kaufte sie eine gute Salami und etwas echten westfälischen Knochenschinken, schließlich liebten es Franzosen immer, auch regionale Produkte kennenzulernen. Um den Wein kümmerte sie sich nicht. Das machte Frank. Im Keller lagerte genug.

Zu Hause angekommen, stellte sie den gesamten Einkauf in der Küche ab und schaute auf die Uhr. Es war kurz nach halb fünf. Zeit genug für die Vorbereitungen. Frank würde vermutlich gegen fünf, halb sechs eintreffen und ihr dann helfen. Für einen kleinen Espresso würde es also noch reichen. Angelika füllte Wasser in den Tank der Maschine und startete sie mit einem Knopfdruck. Da der Abend wahrscheinlich etwas länger dauern würde, gönnte sie sich einen doppelten. Sogleich ratterte das Mahlwerk los, und nach einiger Zeit begann zischend und wunderbar duftend der Kaffee in eine kleine Tasse zu laufen. Dabei sah sie durch das Küchenfenster nach draußen über die Straße auf die freie Landschaft. Wie schön es doch ist, so ganz am Ende einer Häuserreihe zu wohnen. Nach drei Seiten Felder und Wiesen und nur zur vierten ein Nachbar, dessen Grundstück mit hohen Büschen abgeschirmt war. Den Lieferwagen, der gerade langsam vorbeifuhr, beachtete sich nicht weiter. Er würde schon merken, dass es hier nicht weiterging. Und richtig, nach ein paar Metern blieb er stehen, um zu wenden. Es kam hier öfters vor, dass sich jemand verfuhr.

Inzwischen war die Tasse vollgelaufen. Sie nahm einen kleinen Keks dazu und stellte sich draußen auf die Terrasse. Kaum hatte sie den Kaffee ausgetrunken, klingelte es an der Haustür. Merkwürdig, das konnte doch nicht schon Frank sein. Vielleicht die Nachbarin? Neugierig ging sie zur Tür.

»Nein! Nicht!« Das war alles, was Angelika noch sagen konnte, als sie die Tür öffnete. Zwei Männer standen dort. Schwarz gekleidet von Kopf bis Fuß, jeder eine Sturmhaube über das Gesicht gezogen und Handschuhe an den Händen. Der Schreck fuhr ihr in die Glieder und ließ sie kurz erstarren. So schaffte sie es nicht mehr, die Tür schnell zu schließen. Als sie endlich reagierte, hatte einer der Vermummten bereits seinen Fuß hineingestellt, der andere stieß Angelika nach hinten, dass sie taumelte. Unkontrolliert stürzte sie zu Boden und schlug hart auf. Schon standen die Eindringlinge im Haus und schlossen die Tür hinter sich. Sie versuchte, sich wieder aufzurappeln, aber der Größere war schon über ihr und drückte sie mit festem Griff runter.

Ein heftiger Schmerz durchfuhr ihre Arme, mit denen sie sich abgestützt hatte. Sie öffnete den Mund, um nach Hilfe zu schreien. Aber der Kleinere erstickte den Schrei, indem er ihr einen widerlich stinkenden Wattebausch auf Mund und Nase drückte. Chloroform, konnte sie noch denken, und: Was wollen die von mir? Der Griff des Großen war hart und unerbittlich. Sie hatte keine Chance zur Gegenwehr. Schließlich schwand ihr Bewusstsein. Das Letzte, was sie wahrnahm, waren die mitleidlosen Augen hinter den Sehschlitzen der Sturmhauben, und einer der beiden hatte irgendetwas gesagt. Aber sie konnte es nicht verstehen. Für Angelika war es nur eine Art widerliches Keuchen. Dann wurde alles schwarz.

Kapitel 14

Kurz vor Feierabend kam Thierry Bernard nach einem interessanten Tag, den er mit verschiedenen Kollegen verbracht hatte, in Frank Sommers Dienstzimmer. »Hallo«, begrüßte der Hauptkommissar seinen französischen Kollegen. »Na, wie war's denn heute so?«

»Sehr interessant. Hab ziemlich lange im Nebenraum des Vernehmungszimmers gesessen und das Gespann Pit und Anna bei der Arbeit beobachtet. Vor allem Pit.«

»Ich hoffe, er hat sich benommen. Hat er wieder den furchteinflößenden bad guy gespielt? Seine Paraderolle?«

»Pit und bad guy? Nein, überhaupt nicht. Die Rolle hatte doch Anna. Sie natürlich als bad girl. Pit war die Ruhe selbst und unglaublich, wie soll ich sagen, höflich.«

»Das war doch diese Geschichte mit dem Schläger, der gestern Nachmittag reingebracht wurde?«

»Ja, genau. Ehrlich, ich glaube kaum, dass ich so ruhig geblieben wäre. Der Junge, den sie befragt haben, war so was von arrogant und selbstsicher. Aus jeder Pore schien den beiden ein grinsendes Ihr-könnt-mir-doch-sowieso-Nichts entgegenzuspringen. Bei Anna wurde er immer noch aufsässiger, aber Pit hat ihn schließlich auf die kumpelhafte Tour kleingekriegt. A la bonne heure!«

In dem Moment ging die Tür auf. Anna und Pit kamen herein.

»Ich, glaub's ja nicht! Pit in der Rolle des guten Bullen. So was hat die Welt noch nicht gesehen.« Anna spielte die Fassungslose. »Da sehe ich einen Konflikt heraufziehen, schließlich bin ich die Verständnisvolle in diesem Team. Hast du gehört, Pit?«

»Hab ich, hab ich. Kannst dich aber beruhigen. Jedes Mal möchte ich diese Rolle nämlich nicht haben. War echt anstrengend, aber es ging, und«, er hob den Zeigefinger, um seine Worte zu unterstreichen, »es hatte Erfolg. Bin von mir selbst schwer beeindruckt.«

»Laber nicht rum«, kommentierte Anna. »Komm Frank, schnell noch 'nen Käffchen aus deiner Wundermaschine und dann ab nach Hause. Der Prügelknabe ist dingfest gemacht. Einem schönen Feierabend steht also nichts mehr entgegen. Bin heute Abend übrigens mit Karsten und Marina verabredet, in Werther, also bei Karsten.«

Es entstand eine Pause, in die hinein Thierry fragte: »Wann fährst du nach Werther, jetzt gleich?«

»Ja.«

»Kannst du mich mitnehmen ins Hotel? Dann braucht Frank das nicht extra zu tun.«

»Kein Problem. Aber wolltest du nicht heute Abend bei Frank und Angelika sein?«

»Ja, schon. Aber vorher muss ich noch ins Hotel. Mich, wie sagt man das in Deutschland immer so schön, mich frischmachen.«

Es kam Frank nicht ungelegen, dass er sich den Umweg über Werther ersparen konnte. So war er rechtzeitig zu Hause und konnte Angelika bei den Vorbereitungen für Thierrys Besuch helfen. Bestimmt hatte sie schon eingekauft: Käse, Wurst, Schinken, frisches Brot, Rotwein und Wasser– und dann einen von Angelikas wunderbaren Nachtischen. Ihm lief das Wasser im Munde zusammen.

Auf der Straße war es sehr voll. Der Berufsverkehr raus aus der Stadt nach Westen war wie immer dicht. Auch viele Fahrzeuge aus dem angrenzenden Niedersachsen mit Osnabrücker Kennzeichen waren darunter. Kurz hinter der Universität kam der Verkehr fast zum Stehen. Frank sah auf die Uhr. Fast fünf. Außerdem fuhr vor ihm ein Bus, an dem er nicht vorbeikam. Es half nichts, er musste sich in Geduld fassen.

Als er endlich in den Forellenweg einbog, musste er scharf bremsen und einem dunkelblauen VW-Transporter Platz machen, der überhastet und rücksichtlos aus ihrer Wohnstraße kam. Ärgerlich sah er dem Fahrzeug nach. Kann der nicht aufpassen, dachte er ärgerlich. Fast wären wir zusammengestoßen. Wär wohl nicht erste Mal bei der langen Schramme auf der Fahrerseite. Aber damit wollte er sich jetzt nicht aufhalten. War ja noch mal gutgegangen.

Seine Gedanken waren wieder bei Angelika, die bestimmt schon in der Küche stand. Nach wenigen Metern hatte er sein Ziel erreicht und bog auf ihr Grundstück ein. Aus dem rechten Augenwinkel fiel ihm auf, dass der rechte Torpfeiler eine deutliche Macke hatte. Wer hatte denn da nicht aufgepasst? Er fuhr seinen Passat unter den Carport neben Angelikas kleinen Peugeot und stieg aus, um den Schaden genauer unter die Lupe zu nehmen. Am Peugeot zumindest gab es keine Kollisionspuren. Hätte ihn auch gewundert. Angelika hatte die Einfahrt noch nie verfehlt. Sie war eine sichere Fahrerin.

Neugierig betrachtete Frank deshalb die Schramme am Pfeiler, die sich bei näherem Betrachten als erheblich erwies. Da hatte aber jemand überhaupt nicht aufgepasst. Er sah noch genauer hin. Waren das blaue Lackreste? Dunkelblaue, wie bei dem Lieferwagen eben? Sollten die Spuren am Lieferwagen und am Pfosten zusammengehören? Er schüttelte den Kopf und rief sich zur Raison. Ich sehe mal wieder Probleme, wo keine sind. Kriminalistische Berufskrankheit! Aber seine Gedanken kreisten weiter: Was hätte der Transporter hier zu suchen gehabt? Andererseits, weiß man natürlich nie. Vielleicht hat er in unserer Einfahrt gewendet. Das kam schon mal vor, da der Forellenweg hinter ihrem Haus sehr schmal wurde und mancher dann erst merkte, dass er sich verfahren hatte. Eigentlich sollte darum das Tor immer geschlossen sein. Oft waren sie aber zu bequem dafür, wenn sie wegfuhren Sie hatten deshalb schon über eine Fernbedienung nachgedacht.

Die Stirn runzelnd ging er zum Haus. Erst jetzt bemerkte er, dass die Tür offen stand. Nicht viel, nur einen Spalt, deshalb war es ihm nicht sofort aufgefallen. Was ist denn hier heute los, dachte er beim Hineingehen.

»Angelika! Hallo! Bin wieder da!« Als er keine Antwort bekam, rief er noch einmal: »Angelika? Wo bist du?«

Als Erstes ging Frank in die Küche, weil er sie bei den Vorbereitungen vermutete. Aber dort war sie nicht. Die Einkäufe lagen ordentlich auf der Arbeitsplatte. Die Kaffeemaschine war benutzt worden. Er rief ein drittes Mal. »Angelika? Wo steckst du denn?« Das kam energischer und lauter als zuvor und er eigentlich wollte. Warum hört sie mich nicht, dachte er. Das muss sie doch mitbekommen haben. Er sah im Wohnzimmer nach – nichts! Ebenso wenig auf der Terrasse. Dort fiel ihm eine leere Espressotasse auf und Kekskrümel auf einem kleinen Teller. Sie taucht sicher sofort auf.

Ärgerlich, weil sie sich nicht zeigte, ging er zurück in die Küche, um sich ebenfalls einen Kaffee zu machen, was er dann aber doch sein ließ. Stattdessen nahm er die Einkäufe in Augenschein. Aha, Salat, Tomaten, Gurke, verschiedene Käsesorten und frisches Baguette. Nun, er könnte ja schon mal anfangen, das Essen vorzubereiten.

Er hatte gerade die Tomaten gewaschen, als er Margret Meyercord, die Nachbarin draußen mit dem Hund vorbeigehen sah. Ist Angelika vielleicht nur mal kurz zu ihr gegangen? Das würde eventuell die offene Tür erklären. Schnell lief er nach draußen.

»Hallo, Margret, ich dachte, Angelika ist vielleicht bei dir …«

Die Angesprochene blieb überrascht stehen. »Bei mir? Nein, wieso? Ist was passiert?«

»Ach nee, wird schon alles in Ordnung sein. Sie kommt bestimmt gleich wieder.« Bei der Nachbarin konnte sie ja gar nicht sein. Margret würde schließlich niemals aus dem Haus gehen und Angelika allein in ihrem Haus zurücklassen.

Wieder drinnen hatte er die Lust verloren, sich weiter um den Salat zu kümmern. Stattdessen begann er nun, in alle Räume zu schauen. Sie musste doch irgendwo sein.

Mit dem Arbeitszimmer begann er. Es war schon vorgekommen, dass sie dort saß und die Zeit über Korrekturen oder Unterrichtsvorbereitungen vergessen hatte. Mit einem Schwung öffnete er die Tür. »Hallo, Angelika, sitzt du auf deinen …« Mitten im Satz brach er ab. Das Zimmer war leer. Auf dem Tisch auch nichts, woran sie noch gearbeitet haben könnte. Allerdings war der Computer eingeschaltet. Ungewollt wurde er sauer. Im nächsten Moment stieg Angst in ihm auf. Blödsinn, wies er sich selbst zurecht. Zunehmend nervös schaute er in jedes Zimmer, auch in den Keller. Nichts.

Zur Beruhigung goss er sich schließlich ein Glas Wasser ein. Kaffee würde ihn nur noch mehr aufregen. Wenn es um Angelika und seine Familie ging, sah er oft sehr schnell schlimme dunkle Wolken am Himmel aufziehen. Vielleicht weil er in seinem Beruf zu viel Grausamkeiten zu sehen bekam. Aber genauso oft erwies sich das Ganze dann als völlig unbegründet. Er rief sich zur Raison. Auch diesmal würde es eine völlig harmlose Erklärung geben. Dennoch, irgendwo musste sie doch sein, aber wo? Im Haus und im Garten jedenfalls definitiv nicht. Da hatte er inzwischen alles abgesucht. Oder hatte er etwas übersehen? Ein Geräusch ließ ihn aufhören. Kam es aus dem Keller? War sie doch dort? Hatte er nicht genau genug nachgesehen? Zur Sicherheit ging er erneut zur Kellertreppe. Aber die Tür davor war fest verschlossen und es brannte kein Licht im Kellerflur. Vielleicht war das Geräusch auf der Straße gewesen.

Zurück in der Küche setzte er sich wieder an den Tisch und dachte noch einmal nach. Was war hier los? Plötzlich ein Verdacht wie ein Schlag. Hingen die Ereignisse vielleicht zusammen? Der blaue Lieferwagen, die Schrammen an Transporter und Pfeiler, die offene Tür und Angelikas Verschwinden? Sie wird doch nicht etwa da mitgefahren sein … Er trank den letzten Rest des Wassers. Ist sie etwa entführt worden? Der Gedanke kam ganz plötzlich, ganz spontan, vollkommen unvermittelt. NEIN! Ausgeschlossen! Wie das denn? Deformation professionelle. Er atmete tief durch. Am besten, ich mache in aller Ruhe mit den Vorbereitungen für den Abend weiter. Das lenkte ihn eine Weile ab.

Aber Angelika kam nicht. Sie stand nicht plötzlich hinter ihm, um ihn freudig zu begrüßen, und bald setzte auch die Unruhe wieder ein. Habe ich schon alle Möglichkeiten durchdacht? Um besser nachdenken zu können, drehte er eine Runde durch den Garten. Zwischen den Büschen hindurch sah er Margret zurückkommen. Als sie ihn ebenfalls erblickte, erkundigte sie sich nach Angelika.

»Kann es sein, dass sie eine Walkingrunde macht«, fragte die Nachbarin. Das war eher unwahrscheinlich, wenn man bedachte, dass sie am Abend in, Frank sah auf die Uhr, knapp zwei Stunden einen Gast erwarteten. Trotzdem dankte er Margret, ging zurück ins Haus und wählte Angelikas Nummer. Ihr Handy meldete sich sofort. Aber nicht nur im Hörer, sondern aus dem Flur. An der Garderobe hing ihre Tasche, und daraus machte sich ihr Smartphone schrill bemerkbar. Ärgerlich und resigniert zugleich ließ Frank sich in einen Sessel fallen. Immer wieder vergaß sie, das Handy einzustecken. Und wenn nicht, dann war es ziemlich sicher gerade nicht aufgeladen. Er hatte sich längst daran gewöhnt. So war das nun mal. Aber manchmal wäre es eben doch besser, wenn sie das Telefon dabeihätte.

Dennoch, eine Walkingrunde – das erschien Frank jetzt immer wahrscheinlicher. Vielleicht weil es die letzte Möglichkeit war? Sie hatte, typisch, vermutlich rechtzeitig eingekauft und dann noch Zeit für eine kleine Runde gefunden. Aber inzwischen sollte sie wieder zu Hause sein. Oder war unterwegs etwas passiert? Mit dem Fuß umgeknickt zum Beispiel. Und dann ohne Handy … Frank dachte den Gedanken nicht zu

Ende. Hier galt es, kühlen Kopf zu bewahren. Schließlich fasste er einen Entschluss. Er schrieb einen Zettel, falls sie vor ihm wieder zurück war, und hastete ihr mit dem Fahrrad hinterher.

Mit hoher Geschwindigkeit fuhr Frank Angelikas übliche Walkingstrecke ab. Was war nur geschehen? Oder war sie doch schon wieder zu Hause? Gut dass er ihr einen Zettel geschrieben hatte. Sie würde ihm sicher Vorwürfe machen, dass er mal wieder aufgeregt reagiert hatte. Aber das war jetzt sein kleinstes Problem. Stattdessen fuhr er noch schneller. Aber nirgends eine Spur.

Zurück im Forellenweg ließ er das Rad achtlos in der Einfahrt liegen und rannte ins Haus. »Angelika! Angelika!« Nichts. NICHTS!

Was sollte er noch machen? Sie konnte doch nicht einfach so vom Erdboden verschwunden sein. Erschöpft ließ Sommer sich in der Küche auf einen Stuhl fallen. Angst und Wut brachen in ihm auf; Angst, dass ihr irgendetwas zugestoßen sein könnte, und Wut, wenn sie einfach so aus dem Haus gelaufen sein sollte, um was auch immer zu besorgen oder zu tun. Aber genau das entsprach nicht im Geringsten Angelikas Art. Warum auch? Sie erwarteten einen Gast, da verschwand sie nicht einfach. Oder hatte sie etwas zu besorgen vergessen? Aber ihr Auto stand draußen. Sie war doch nicht mit dem Fahrrad zum Supermarkt gefahren? Das machte sie nie, wegen der oft schweren Einkäufe, oder? Er sprang auf. Fahrrad und Auto waren genau da, wo sie sein sollten. Leider! Er musste es sich eingestehen: Hier war etwas passiert, ein Unfall! Das wäre das Wahrscheinlichste.

Wie spät war es eigentlich? Er sah auf die Uhr. Schon halb acht. Thierry würde gleich kommen. Er wollte und durfte jetzt nicht den Kopf verlieren. Schließlich war er Polizist und als solcher würde er handeln. Als Erstes wollte er die Krankenhäuser abtelefonieren. Und er musste seine Kollegen benachrichtigen, um festzustellen, ob irgendwo eine Meldung eingegangen war. Entschlossen griff er zum Telefon und begann, die Kliniken anzurufen. Natürlich meldete er sich als Polizist in der Hoffnung auf schnellere Antwort. Wenn die Namensgleichheit auffiel, redete er sich heraus: Zufall! Es war mal ein Vorteil, einen Allerweltsnamen zu haben. Er wollte keine nervenden Nachfragen riskieren. Das gelang auch tatsächlich, aber nirgends war Angelika eingeliefert worden. Zuletzt versuchte er es in Halle, seit einiger Zeit eine Außenstelle des Klinikums Bielefeld. Eigentlich unwahrscheinlich, dass Angelika dorthin gebracht worden war. Fuhren Rettungswagen aus Bielefeld bis in den Kreis Gütersloh, wenn es näher war? Keine Ahnung, das spielte auch im Augenblick überhaupt keine Rolle.

Soeben hatte er die Nummer gewählt, als es schellte. Den Hörer am Ohr sprang er auf und rannte zur Tür. »Angelika, bist du das?«, rief er nach draußen. Aber dort war nicht Angelika, sondern Thierry Bernard. Wortlos ließ er ihn in der offenen Tür stehen.

»Ja, guten Abend, hier ist Hauptkommissar Frank Sommer von der Kripo in Bielefeld. Ich suche nach einer Angelika Sommer. Die ist verschwunden. Ist sie vielleicht bei Ihnen eingeliefert worden? Ja, bitte. Ich warte … Nicht, nein? Gar kein Notfall heute Nachmittag. Auch sonst keine Einweisung. Ja, danke für die Auskunft.« Das Letzte sagte er sehr leise, beinahe kraftlos. Angelika war in keinem einzigen Krankenhaus.

Thierry war sofort klar, dass hier etwas Unvorhergesehenes geschehen war. Er setzte sich zu Frank in die Küche und ließ sich erzählen, was vorgefallen war. Je länger der berichtete, desto deutlicher wurde, dass dies alles keine guten Zeichen waren.

»Ruf Pit an. Erzähl ihm, was geschehen ist. Und informier deine Familie. Deine Söhne, deine Schwiegertöchter. Am besten sie kommen her.«

»Daniel wohnt weit weg, in München. Aber Fabian lebt in der Nähe, im Wellensiek. Eine kleine Wohnung. Er studiert noch, und Jennifer, seine Freundin, ist Erzieherin in der Unikita.«

»Ruf sie an. Sie müssen wissen, was hier geschieht. Die Familie muss doch zusammenstehen.«

»Ja, stimmt. Wenn nicht die Familie, wer sonst? Ich rufe Fabian sofort an.« Dann griff er zum Telefon. »Fabian, hallo.«

»Hallo, Frank. Wie geht's? Alles okay bei euch? Du klingst so komisch.«

Sommer versuchte so sachlich wie möglich zu erklären, was passiert war. Aber er rang wiederholt um Fassung. Zehn Minuten später war Fabian da. Auch Jennifer war mitgekommen.

Kapitel 15

Angelika hatte keine Ahnung, wie lange sie bewusstlos gewesen sein mochte. Schwerfällig öffnete sie die Augen. Aber es gab nichts zu sehen. Es war dunkel, absolut dunkel. Entsetzen breitete sich in ihr aus und wollte sich mit einem Schrei entladen. Aber der Knebel in ihrem Mund hinderte sie daran. Ihr Mund war vollkommen trocken, und es kam nur ein krächzendes Röcheln. Sie wollte sich aufrichten, konnte sich aber nicht abstützen. Irgendetwas Scharfes schnitt in die Handgelenke. Ihre Hände waren gefesselt. Kabelbinder vielleicht? Auch die Füße waren unbeweglich. Aber das Schlimmste war dieser Knebel. Ich ersticke. Verdammt, ich ersticke!

Das dunkle Gefängnis, in dem sie lag, wurde heftig durchgerüttelt. Ein Auto, ein Lieferwagen, fahrend. Sie lag auf ihrem Arm, der schmerzte immer mehr. Sie rollte sich auf den Rücken, um zu versuchen, sich aufrecht hinzusetzen. Mit einer großen Kraftanstrengung gelang es ihr tatsächlich. Langsam gewöhnten sich ihre Augen an die Dunkelheit, und sie bemerkte einen sehr schmalen Lichtspalt bei ihren Füßen. Erstaunlicherweise hatte er eine beruhigende Wirkung. Tief sog sie die Luft durch die Nase ein. Ich ersticke nicht, dachte sie, ich ersticke nicht! Sie zwang sich zur Ruhe. Es war schwierig.

In Gedanken zählte sie langsam von eins bis zehn und sagte ihren Namen: »Ich bin Angelika Sommer. Ich wohne in Bielefeld-Dornberg am Forellenweg und ich bin 49 Jahre alt. Mein Mann ist Frank Sommer und er ist Kriminalhauptkommissar und er wird mich retten. Er wird mich retten. Er sucht mich bestimmt schon und er wird mich retten!« Tatsächlich ging ihre Panik ein wenig zurück, und sie konnte fühlen und vor allem hören, was um sie herum geschah. Sie hörte Fahrgeräusche, spürte erneut das Rumpeln unter sich und wie geschaltet wurde, beschleunigt und wieder gebremst. Manchmal blieb das

Fahrzeug stehen, um nach kurzer Zeit wieder anzufahren. Hatte es an einer Ampel gehalten? Der Augenblick der Beruhigung war schon wieder vorüber. Erneut kochte Panik in ihr hoch. Vor Angst und Verzweiflung wollte sie schluchzen, was aber wegen des Knebels misslang. Stattdessen liefen ihr stumm Tränen über das Gesicht.

Irgendwann hielt der Wagen an, und die Türen wurden geöffnet. Das helle Licht blendete sie zunächst, doch schon wurde ihr ein Jutesack über den Kopf gezogen. Dann wurden die Fußfesseln gelöst, sie wurde aus dem Lieferwagen herausgeholt und in ein Haus gebracht, eine Treppe hinunter, in irgendeinen Raum, der ziemlich muffig roch. Dort wurde sie runtergedrückt auf etwas, das sich wie eine Schaumstoffunterlage anfühlte. Dann erst nahm man ihr den Sack ab, und sie erblickte die Männer mit ihren Sturmhauben wieder. Sie entfernten den Knebel, und erleichtert atmete sie die abgestandene Luft tief ein. Darüber bekam sie gar nicht mit, dass die beiden den Keller ohne ein Wort verlassen hatten.

Sie sah sich um. Ein ziemlich kleiner Raum, der auf der einen Seite gänzlich mit der Matratze ausgefüllt war. Zu Ihrem Entsetzen sah Angelika, dass es kein Fenster gab und als Beleuchtung nur eine einzelne Glühbirne an der Decke. Was für ein Raum ist das hier, dachte sie. Ein Keller vielleicht? Aber ohne Fenster? Sie sah sich genauer um. Auf dem Boden waren Abdrücke. Und es gab Schleifspuren. Irgendein Lagerraum vielleicht. Ein Kabuff in einem aufgegebenen Industriekomplex? Das hier konnte alles sein. Ihr Blick folgte der Wand und blieb an einem Eimer in der Ecke hängen. Mehr gab es nicht in diesem Verlies. Ein Eimer und eine Matratze. Und eine leere Farbdose, die sie jetzt hinter der Matratze entdeckte.

Gegenüber dem Eimer, rechts von ihr, führte eine schmale Holztreppe aus dem Raum heraus. Dort war sie eben heruntergebracht worden. Doch eher ein Keller? Ein Keller in einer alten, aufgegebenen Fabrik vielleicht. Wie soll mich da irgendjemand finden? Nach oben war die Treppe mit einer Luke verschlossen, gedämmt mit einer dicken Lage Styropor. Dennoch hörte sie gedämpfte Stimmen. Sie strengte sich an, auf das Gesprochene zu hören, aber es war zu leise. Zwei unterschiedliche Männerstimmen meinte sie zu erkennen. Ihre Entführer.

»Hilfe, ich will hier raus! Wo bin ich?« Sie schrie so laut, dass sich ihre Stimme brach und sie einen Hustenanfall bekam. Schließlich wurde die Luke geöffnet. Der Kleinere der Vermummten erschien.

»Klappe! Oder …« Er machte eine eindeutige Geste, indem er mit der Hand an seinem Hals entlangfuhr.

»Machen Sie mich los. Meine Hände sind schon ganz aufgerieben. Und ich muss mal zur Toilette.«

Statt einer Antwort wies er auf den Eimer in der Ecke.

»Da?« Angelika verzog das Gesicht. »Dann gehen Sie raus, aber vorher machen Sie die Fesseln ab. Das werden Sie einer Frau nicht verwehren.«

Er lachte höhnisch auf, schnitt aber die Kabelbinder an den Händen durch. Doch er blieb im Raum.

»Verdammt, was soll das? Soll ich hier vor Ihnen …?« Angelika ekelte sich.

Wieder kam keine Antwort. Offenbar wollte er nicht sprechen, sich nicht verraten. Stattdessen schubste er sie unwirsch zum Eimer. Es blieb ihr keine Wahl, als sich in ihr Schicksal zu fügen. Wenigstens drehte sie sich weg von diesem widerlichen Typen.

In dem Moment hörte sie, dass an der Treppe der zweite Entführer, der größere, ebenfalls vermummt, erschien. Als sie sich umdrehte, sah sie, dass er Toilettenpapier brachte. Er war wie der erste, darauf bedacht, möglichst nicht zu sprechen. Stattdessen wies er auf die Funzel an der Decke und deutete mit Gesten an, dass sie keinen Ärger machen sollte, sonst würde er das Licht ausmachen. Angelika erschrak. Daran hatte sie noch gar nicht gedacht. Nein, bloß nicht die Lampe ausschalten. Alles andere würde sie dann ertragen können. Aber keine Dunkelheit. Schließlich nahm sie, ihr Ekelgefühl überwindend, das Papier und setzte sich auf den Eimer mit dem Gesicht zur Wand. Hinter sich spürte sie die Blicke der Widerlinge auf sich ruhen. Als sie fertig war, gab sie dem ersten den Eimer.

»Hier, nehmen Sie den mit und leeren ihn aus. Ist wohl eine angemessene Tätigkeit für einen wie Sie.«

Eine brutale Ohrfeige war die Antwort. Ihr Kopf flog zur Seite. Dann drehte er sich um, und die beiden gingen die Treppe rauf. Kurz bevor die Luke verschlossen wurde, hörte Angelika jedoch gerade noch, wie der Große den Kleinen raunend einen Schwachkopf nannte. Wenige Augenblicke später kam der zurück und brachte den geleerten den Eimer. Erneut wortlos. Was sonst? Der Gedanke, dass sich die erniedrigende Prozedur wiederholen würde, ließ sie innerlich gefrieren.

»Ich hab Hunger. Und Durst«, rief sie ihm noch nach.

Eine Antwort erhielt sie nicht.

Wieder allein realisierte sie, dass der, der eben Schwachkopf genannt worden war, das Toilettenpapier mitgenommen hatte. Sie würde also erneut darum bitten müssen. Wollte er noch mal lüstern zuschauen? Angelika schüttelte sich. Um sich abzulenken, gab sie den beiden Namen, um sie für sich unterscheiden zu können. Der Kleine war »Schwachkopf«. Klar. Den Größeren nannte sie »Chef«, weil es ihr so vorkam, als hätte er das Sagen.

Nach ein paar Minuten erschien der Chef und brachte eine Pizza, in einer Mikrowelle notdürftig erwärmt und deshalb entsprechend labberig, sowie eine Flasche Wasser. Angelika bekam kaum einen Bissen herunter, trank das Wasser aber gierig. Sie war entsetzlich durstig. Doch dann fiel ihr ein, dass sie vom vielen Trinken nur immer wieder den Eimer benutzen musste. Sie ekelte sich bei dem Gedanken und entschied, nur noch wenig zu trinken. Wenigstens blieb sie von den Fesseln befreit und deshalb hockte sie sich eine Winzigkeit erleichterter wieder auf die Matratze.

Ihre Gedanken gingen zurück. Wie war sie hierhergekommen? Sie waren mit dem Lieferwagen gefahren. Wie lange genau konnte sie jedoch kaum schätzen. Am Anfang war sie zunächst noch ohne Bewusstsein gewesen, und ein verlässliches Zeitgefühl hatte sie ganz gewiss nicht. In einer solchen Lage konnten sich Minuten zu Stunden dehnen. Und umgekehrt. War sie noch in Bielefeld, auf einer Industriebrache, oder irgendwo am Stadtrand, eventuell sogar in einer Nachbarstadt? Im Grunde war alles möglich. Genauso wie die wichtigste Frage: Was hatten die Entführer mit ihr vor? Geld erpressen? Sie hatten nur geringe Ersparnisse. Oder sollte der Staat für sie zahlen? Immerhin war sie Lehrerin. Würde sich der Staat darauf einlassen? Unwahrscheinlich. Oder weil sie Polizistenfrau war? Wenigstens hatten die beiden Vermummten wohl ein Interesse daran, dass sie am Leben blieb. Es könnte ja sein, die Entführer würden in den Verhandlungen nach einem Lebenszeichen gefragt. Oder sie erhofften sich ein geringeres Strafmaß, sollten sie erwischt werden. Was wusste sie schon von Entführungen? Aber egal: Hauptsache sie lebte. Und sie würde sich nicht unterkriegen lassen. Nein! Niemals.

Wieder wurde oben gesprochen. Wieder konnte sie nichts verstehen. Aber etwas war anders. Es sprach nur einer der beiden, der Stimme nach schien es der Chef zu sein. Und er unterbrach sich immer wieder für kürzere oder längere Zeit. Telefonierte er? Gab es jemanden, der den beiden Anweisungen erteilte, der der eigentliche Kopf war? Auszuschließen war das nicht. Das würde Frank bestimmt interessieren, wenn sie … Sie brach den Gedanken unvermittelt ab. Ja, wenn sie hier erst einmal raus wäre. Aber wie?

In der Nacht bekam sie kaum ein Auge zu. Mehrmals glaubte sie, zu ersticken. Panik drückte ihr den Hals zu. Der Durst war unerträglich, aber in Erinnerung an den Eimer riss sie sich zusammen und trank nur einen kleinen Schluck. Es war unglaublich stickig in diesem Raum. Ein Fenster konnte sie nicht öffnen, es gab ja keins. Auf ihren lauten Protest hin hatten Sie schließlich die Luke eine Zeit lang geöffnet und ihr eine Schlaftablette angeboten, die sie aber ablehnte. Wer weiß, was das für ein Teufelszeug ist, dachte sie. »Aber lassen Sie das Licht hier drin an«, bat sie, als Schwachkopf die Luke wieder schließen wollte. Dieser Bitte kam er nach. Manchmal hatte Angelika den Eindruck, dass sie für irgendetwas bei einigermaßen gutem Zustand gebraucht wurde. Oder bildete sie sich das nur ein? War der Wunsch Vater des Gedankens?

Irgendwann war sie aber doch in einen von wilden Träumen begleiteten Schlaf gesunken, aus dem sie mehrmals aufschreckte. Schließlich hörte sie Geräusche auf der Treppe. Schwachkopf, die Sturmhaube wieder säuberlich über den Kopf gezogen, kam mit einem Tablett herein. Kaffee, Brot, Butter und Marmelade. Was war das? Ein Frühstück, aber vielleicht auch eine Chance?

»Lassen Sie die Klappe auf, bitte! Ich krieg keine Luft mehr hier drin.«

Keine Antwort. Nach wie vor vermieden es die beiden, zu sprechen.

»Ich kann nicht mehr atmen. Ich ersticke.« Angelika rang nach Luft, zumindest tat sie so. Würde Schwachkopf darauf reinfallen?

Als Antwort fuhr er sich wieder mit der Hand an der Kehle vorbei.

Egal, jetzt oder nie, dachte Angelika. Sie sprang auf, und rang heftiger noch als zuvor nach Luft. Nicht ganz zufällig stieß sie dabei das Tablett um, und der heiße Kaffee spritzte umher. Erschrocken sprang Schwachkopf zur Seite. Dann packte er sie und warf sie zurück auf die Matratze.

»Elende Schlampe, was bildest du dir ein?« Vor Überraschung hatte Schwachkopf wohl vergessen, dass er nichts sagen sollte.

Jetzt nicht aufhören, schoss es Angelika durch den Kopf. Wild schlug sie um sich. »Luft, ich brauche Luft!«

Vom Lärm alarmiert kam nun auch der Chef dazu. Angelika fasste sich wie verzweifelt weiter an den Hals. »Ich ersticke in diesem kleinen Raum. Ich muss hier raus! Ich halte das nicht mehr aus. Und geben Sie mir endlich die Möglichkeit, eine richtige Toilette zu besuchen. Das hier«, sie zeigte auf den Eimer, »ist so erniedrigend. Und immer guckt einer von Ihnen zu. Finden Sie das lustig? Fühlen Sie sich stark dabei?«

Diesmal war es der Chef, der sie hart und unvermittelt ins Gesicht schlug, so dass sie nach hinten taumelte. Drohend zeigte er dabei mit dem Finger in ihre Richtung. »Du, du!«, keuchte er, unterdrückte aber jedes weitere Wort.

Schließlich war Angelika wieder allein. Sie zwang sich, das Frühstück zu essen, das man ihr als Ersatz gebracht hatte. Auch eine neue Flasche Wasser hatten sie ihr hingestellt, natürlich eine Plastikflasche, kaum als Waffe geeignet. Sie öffnete sie und nahm einen größeren Schluck.

Aus dieser Höhle gab es kein Entrinnen, das wurde ihr immer klarer. Der einzige Weg hinaus führte durch die Luke nach oben, direkt in die Arme ihrer Bewacher. Sie wollte nicht aufgeben und brauchte einen Plan. Aber sie hatte keinen. Ob Frank und seine Leute wohl nach ihr suchten? Natürlich, was denn sonst. Hauptsache, dass Frank durchhielt. Wenn es um die Familie ging, war er immer sehr dünnhäutig. Aber es gab ja noch Pit Schwameyer und die anderen. Sie musste abwarten und bis dahin das böse Spiel mitspielen, damit sie Schwachkopf und Chef nicht unnötig reizte. Denn die waren gefährlich, da hatte sie keinen Zweifel. Sie war sicher, dass ihr Auftraggeber sie an der Leine hielt, warum auch immer dieser Unbekannte, mit dem die beiden offensichtlich immer mal wieder telefonierten, daran ein Interesse hatte. Also ruhig bleiben und aufmerksam sein, ob sich eine Chance zur Flucht bot.

Kapitel 16

Es wurde eine schlimme Nacht für Frank. Bernard war abends mit Sommers Wagen nach Werther ins Hotel gefahren. Am nächsten Morgen wollten sie sich wieder in Franks Wohnung treffen. Fabian und Jennifer blieben bei ihm. Jenni hatte schnell ein paar Sachen für die Übernachtung im Gästezimmer geholt. Auch Daniel hatten sie erreicht, der natürlich besonders aufgeregt war, weil er, so weit von zu Hause entfernt, nichts zur Unterstützung tun konnte. Fabian versprach, ihn auf dem Laufenden zu halten.

Frank selbst jedoch blieb vollkommen angezogen im Wohnzimmer, um jederzeit bereit zu sein, für was auch immer. Dass Angelika sich von allein meldete, das glaubte er inzwischen nicht mehr. Eine Entführung, dass hatte auch Pit bestätigt, war dagegen immer wahrscheinlicher geworden. Gemütlich im Bett liegen, das ging unter diesen Umständen überhaupt nicht. Also legte er sich im Wohnzimmer mit einer leichten Decke auf das Sofa. Eine kleine Tischlampe ließ er eingeschaltet, damit er, falls nötig, schnell auf den Beinen war. Irgendwann musste er aber doch eingedöst sein. Wilde Träume verfolgten ihn. Immer wieder tauchte Angelikas Gesicht vor ihm auf, saß in einem dunklen Verlies, gefesselt an ein Bettgestell. Er wollte zu ihr, die Hand ausstrecken, um sie zu befreien. Aber er konnte sich nicht bewegen. Seine Arme und Beine gehorchten nicht den Befehlen aus dem Gehirn. Lähmung und Verurteilung zum Nichtstun! Wie angewurzelt stand er neben Angelika, sah ihren angsterfüllten, flehenden Blick, konnte ihr aber nicht helfen.

Schweißgebadet, mit rasendem Puls schreckte er hoch. Was für ein Albtraum. War es wirklich so schlimm? War das, was er geträumt hatte, Realität, die nackte, brutale Wirklichkeit? Er versuchte, sich zu fassen. Thierry hatte sicher recht. Es galt einen kühlen Kopf zu bewahren, jedenfalls musste er es versuchen. Das war er Angelika schuldig. Schließlich war er Polizist und sie würde darauf vertrauen, dass er alles tun würde, um ihr zu helfen. Mit Panik wäre ihr nicht gedient. Dann fiel er erschöpft noch einmal in einen kurzen Schlaf.

Ein Geräusch weckte Frank auf. Dröhnende Kopfschmerzen empfingen ihn. Sein Nacken war verspannt. Offenbar hatte er vollkommen verkrampft auf dem Sofa gelegen, das nicht für nächtlichen Schlaf gemacht war. Mühsam quälte er sich hoch. Das Geräusch kam aus der Küche. Fabian stand an der Kaffeemaschine, in deren Filter er soeben das Pulver gegeben hatte. Auf dem Tisch standen bereits Brot, Butter, Marmelade und Honig.

»Morgen, Frank! Hab ich dich geweckt? Eben hast du noch tief geschlafen. Da bin ich schon mal in die Küche gegangen. Jennifer musste los, obwohl sie lieber hier geblieben wär. Aber die lieben Kinderchen warten.«

»Ist schon gut. Die Arbeit geht vor.«

»Na ja, kommt drauf an. Ich kann sie aber jederzeit erreichen, wenn irgendetwas sein sollte.«

»Sicher«, antwortete Sommer einsilbig. »Ich geh mal ins …« Statt den Satz zu Ende zu sprechen, zeigte er mit angedeuteter Bewegung nach oben Richtung Bad.

»Ja, mach dich frisch. Dusch dich«, meinte Fabian. »Und zieh dir was anderes an. Bist ja ganz zerknittert. Ich komme hier unten schon klar und bewache das Telefon.«

Frank nahm es dankbar zur Kenntnis. Sein Sohn hatte sich Mühe gegeben mit dem kleinen Frühstück. Er kannte Franks und Angelikas Vorlieben. Deshalb hatte er extra Nektarinen klein geschnitten und in Schälchen getan. Auch der Kaffee dampfte schon in den Tassen. Aber der Anblick machte Frank eher traurig. Hier sollte jetzt Angelika sitzen! Entsprechend lustlos stocherte er im Obst herum, von dem er nur einige Bissen nahm. Aber der Kaffee tat gut. »Danke, dass ihr da seid, du und Jenni. Aber musst du nicht auch los? Vorlesung oder sonst was?«, fragte er schließlich.

»Schon gut. Wir müssen jetzt zusammenhalten. Und nein, ich hab noch etwas Zeit, das erste Seminar heute beginnt gegen Mittag. Aber soll ich nicht besser …?«

»Nein, da gehst du hin. Sind doch bald Klausuren. Du darfst nichts verpassen. Nachher kommt Thierry, und wir fahren auf jeden Fall ins Präsidium. Da kann ich mehr tun als hier zu Hause. Das ist viel besser, als hier herumzusitzen.«

Sommer goss sich noch eine zweite Tasse Kaffee ein und holte dann aus einem der Hängeschränke eine Packung Aspirin. Er entnahm ihr zwei Tabletten und spülte sie mit Kaffee herunter. Dann aß er den Rest des Obstes, mehr seinem Verstand gehorchend als mit Genuss. Auch eine Scheibe Brot bestrich er sich mit Honig, sein Lieblingsfrühstück. Am Ende blieb die Hälfte übrig.

»Ich will ins Präsidium, jetzt!«, sagte er mit so etwas wie Tatendrang in seiner Stimme. »Ich muss wissen, was sich da tut!«

»Schätze, ich kann dich kaum davon abhalten, oder?«

»Nein. Kannst du nicht. Aber du könntest noch hier beim Telefon bleiben, bis du zur Uni fährst. Ginge das?«

»Sicher. Aber stell es doch auf Anrufweiterschaltung, dann kommt jedes Gespräch zu dir aufs Handy.«

»Mach du das für mich, ja? Ich fahr dann sofort los. Mit Angelikas Auto. Meins hat Thierry.« Den französischen Kollegen informierte er von unterwegs.

Im Präsidium versuchte Sommer so schnell wie möglich in sein Dienstzimmer zu gelangen. Der Weg dorthin kam ihm vor wie ein Spießrutenlauf. Manche Kollegen verdrückten sich, sobald sie ihn sahen, andere versuchten es mit aufmunternden Worten.

»Ihr schafft das. Ihr holt Angelika da raus. Ihr seid Profis.«

An seiner Bürotür blieb Sommer einen Augenblick stehen, dann entschied er sich, erst seine Kollegen zu sich zu bitten.

Gemeinsame Morgenbesprechung, wie jeden Tag. Rituale gaben in Ausnahmesituationen Halt.

Augenblicke später hatte sich die gesamte Gruppe bei Frank versammelt. Alles war beinahe wie immer. Die Kaffeemaschine surrte und entließ dampfenden Espresso oder Cappuccino in die Tassen der Ermittler. Jeder nahm auf seinem Stuhl Platz. Die gewohnten Handlungen zeugten von Sicherheit und Routine. Oder täuschten sie diese nur vor?

»Wie ist der Stand der Dinge?« Sommer kam schnell zur Sache.

»Frank, wir möchten dir unbedingt sagen, wie leid uns das alles tut. Du musst eine schlimme Nacht gehabt haben.« Anna hatte das Wort für alle ergriffen.

»Ja, ja, schon gut. Ich weiß, dass wir hier zusammenhalten.« Er erschrak selbst über seine Schroffheit. »Äh, was ich sagen will, ist … danke.«

»Der Stand der Dinge …« Pit, wie in alten Zeiten vor seiner Krankheit. Rational, professionell, die Sache in die Hand nehmend. »Der Stand der Dinge ist folgender: Eine allgemeine Suchmeldung ist raus. Beschreibung von Angelika und die Vermutung einer Entführung sind ins System eingestellt. Aber alles mit dem ausdrücklichen Vermerk: Nur für den internen Gebrauch. Keine öffentlichen Aufrufe in den Medien. Natürlich nicht. Wir wissen ja noch gar nichts. Wende hat dem Ganzen allerdings hohe Priorität verliehen. Er ist sehr besorgt, und das zu recht, wie ich finde. Ansonsten wurden alle üblichen Abfragen gemacht: Unfallberichte, Krankenhäuser, Ärzte. Übrigens in ganz OWL. Die Schulleitung in Werther solltest du selbst informieren, allerdings nur mit dem Hinweis, Angelika sei krank. Wir wollen da keine Welle lostreten.«

In diesem Moment kam auch Bernard. »Schön, dass du da bist, Thierry. Such dir einen Stuhl. Äh, vielleicht aus einem Nebenzimmer.«

»Ich mach das«, kam ihm Karsten zuvor.

Frank hatte bereits zum Telefon gegriffen und meldete mit erstaunlicher Ruhe seine Frau bei der Sekretärin krank. »Nein, nichts Schlimmes, nur eine Magenverstimmung«, erläuterte er auf Nachfrage. Als er den Hörer wieder auflegte, merkte man, dass ihn dies Telefonat doch Kraft gekostet hatte.

»Frank, ich muss dich das jetzt fragen.« Pit wandte sich mit ernsthafter Ruhe an seinen Chef. »Hast du in letzter Zeit bei Angelika irgendeine Veränderung bemerkt? Gab es Probleme?« Er zögerte. »Hattet *ihr* Probleme?«

»Wie? Was? Nein! Was redest du da für einen Unsinn. Angelika war wie immer. Aufgeräumt und fröhlich. Die Ferien stehen bevor, und wir wollen doch wieder auf die Île de Ré.« Dabei riskierte er einen Seitenblick auf Thierry, der das mit einem freundlichen Lächeln quittierte.

»Versteh mich nicht falsch, aber wir müssen das wissen.«

»Nein, ist schon klar. Aber es gab wirklich keine Auffälligkeit. Angelika ging es gut, und sie freute sich auf das Treffen mit Thierry. Die Einkäufe standen in der Küche. Offensichtlich wollte sie unmittelbar mit den Vorbereitung für das Abendessen beginnen.«

»Also alles in Ordnung bei Euch. Davon sind wir überzeugt. Und das haben wir auch Wende schon gesagt. Aber du verstehst als Polizist, dass wir so fragen müssen und das auch zu Protokoll nehmen müssen.«

»Und habt ihr schon irgendwas?«

Jetzt war es Marina Burmann, die antwortete. »Na ja, sehr viel Konkretes natürlich noch nicht. Im Augenblick kommt es darauf an, von dir möglichst genau zu erfahren, wie gestern alles abgelaufen ist. Hab ich das richtig mitbekommen? Da war irgendetwas mit einem Lieferwagen. Das ist wichtig zu wissen, bevor die Kollegen sich in der Nachbarschaft umhören. Sie könnten dann gezielter fragen, zum Beispiel nach diesem Auto.«

Frank gab sich einen inneren Ruck und begann, langsam und bedächtig zu erzählen. Er versuchte, kein Detail auszulassen. Vor allem bei der Beschreibung des VW-Transporters gab er sich große Mühe. Der könnte tatsächlich eine Schlüsselrolle spielen. Er erzählte auch von dem Fiesta und nannte ihnen das Kennzeichen, das er sich notiert hatte. Vielleicht war das von Bedeutung.

»Okay, ich instruiere die Kollegen und mache mich dann mit Karsten auf den Weg nach Dornberg, um die Nachbarn zu befragen.« Marina war schon aufgestanden. »Irgendjemandem wird der Transporter doch sicher auch aufgefallen sein. Je schneller wir da Klarheit haben, desto besser.«

»Und du, Frank«, schloss sich Pit nahtlos an, »du fährst jetzt wieder nach Hause. So leid mir das tut und so schwer es dir fällt, es geht nicht anders. Du bist einfach persönlich zu sehr involviert.«

»Das kann nicht dein Ernst sein. Glaubst du etwa, ich könnte zu Hause sitzen und Däumchen drehen, während Angelika irgendwo da draußen in der Hand eines durchgeknallten Typen ist, dem es möglicherweise Spaß macht, einen Polizisten zu ärgern? Hier mitten drin, kann ich nützlich sein, nicht zu Hause. Im Übrigen bin ich immer noch der Leiter dieser Kommission!« Das Letzte sagte er mit besonderem Nachdruck, obwohl er im Grunde schon wusste, dass dies so nicht mehr stimmte, jedenfalls im Augenblick nicht. Aber er musste einfach etwas tun.

»Tut mir leid, Frank«, erwiderte Pit, »aber der Ermittlungsleiter in diesem Fall bin ich. Ausdrückliche Anweisung von Wende.«

»Ich glaub's ja nicht. Spinnt ihr jetzt alle. Bin ich etwa suspendiert? Das soll er mir schön selbst sagen.« Unvermittelt sprang er auf.

»Thierry, kümmer dich bitte um ihn, während wir loslegen. Das kann nicht gutgehen.« Aber Frank war schon aus der Tür. Bernard folgte ihm auf dem Fuß.

Sommer riss die Tür zu Wendes Zimmer regelrecht auf. Heftiger als er wollte. Eigentlich hatte er vorgehabt, in Ruhe mit seinem Vorgesetzten zu sprechen, aber die innere Anspannung war einfach zu groß.

»Herr Wende, so geht das nicht. Ich kann unmöglich tatenlos rumsitzen.«

»Kollege Sommer, setzen Sie sich bitte, und dann reden wir über die Situation. – Ah, ich sehe der französische Kollege ist auch da. Ja doch, bitte, kommen Sie nur dazu.«

»Was wird das hier? Soll Monsieur Bernard jetzt mein Kindermädchen spielen?«

»Ich würd's nicht so ausdrücken. Aber es ist, glaube ich, im Augenblick gut, wenn immer jemand bei Ihnen ist. Oder soll ich Hanna Hülsmeier informieren?« Und an Thierry gewandt fügte Wende hinzu: »Hanna Hülsmeier ist unsere Polizeipsychologin. Äußerst fähige Frau. Sie und Herr Sommer sind befreundet, seit – wie lange ist das mit dem Brandstifterfall her, als Sie frisch aus Köln gekommen sind?«

»Verdammt, das spielt doch jetzt überhaupt keine Rolle. Ich brauche keine Psychologin, auch nicht Hanna Hülsmeier. Das müssen Sie verstehen.«

»Ja, das verstehe ich. Aber was *Sie* verstehen müssen ist, dass Ihre persönliche Betroffenheit hinderlich sein kann. Ich weiß, dass ich Sie nicht vollkommen heraushalten kann, aber die Leitung der Ermittlung liegt bei Schwameyer. So leid mir das tut, aber genauso ist es. Sie können dennoch etwas Sinnvolles tun. Gehen Sie doch zum Beispiel im Gespräch mit Monsieur Bernard alles noch einmal in Ruhe durch und überlegen mit Ihrem geschulten Blick, ob sich noch etwas Wesentliches findet. Schwameyer habe ich natürlich angewiesen, Sie auf dem Laufenden zu halten, wenn es neue Erkenntnisse gibt.«

»Herr Wende, darf ich einen Vorschlag machen?«, fragte Bernard.

»Monsieur, nur zu.«

»Es ist schon einige Jahre her, da hatten wir mal einen recht ähnlichen Fall. Ich war damals noch ziemlich frisch in unserem Kommissariat.«

Sommer sah ihn ungeduldig an. Komm auf den Punkt, sollte das heißen. Bernard verstand den Hinweis. »Also, ich mach's kurz. Der Sohn eines älteren Kommissars war entführt worden, und am Ende stellte sich heraus, dass die Geldforderung von damals 250.000 Francs, das wären heute knapp 40.000 Euro, absolut nicht der Hauptgrund der Entführung war. Es ging vielmehr darum, dem Kollegen etwas heimzuzahlen, weil er den späteren Entführer mal hinter Schloss und Riegel gebracht hatte. Außerdem war die Verhaftung nur unter Gewaltanwendung möglich gewesen, weshalb er verletzt worden war, mit bleibenden Schäden bis heute. Also, was ich sagen will: Frank, du solltest deine alten Fälle durchgehen. Gibt es irgendeinen Vorfall, bei dem etwas Besonderes vorgekommen ist?«

»Das ist es, Herr Bernard. Das ist es.« Wende war sichtlich erleichtert, für seinen Kommissariatsleiter eine sinnvolle Tätigkeit gefunden zu haben. »Sommer, durchforsten Sie Ihr Gedächtnis und die Akten. Es muss einen Grund für die Entführung geben und warum nicht in ihren alten Fällen. Oder vielleicht auch im Leben Ihrer Frau? Könnte natürlich auch sein. In der Schule vielleicht? Sie machen das schon. Und halten Sie Kontakt zu Schwameyer. Aber wem sag ich das, das tun Sie ja ohnehin.«

Mit einer seiner gekonnten Handbewegung entließ er Sommer und Bernard, die sich umgehend auf den Weg zurück in Franks Zimmer machten.

»Nun, Frank, fällt dir irgendetwas ein? Könnte irgendjemand einen solchen Hass auf dich haben, dass er eine Entführung plant und durchzieht?«

»Na ja – nicht gut zu sprechen auf mich – da wird es schon einige geben. Schließlich haben sie es alle mir und meinem

Team zu verdanken, dass sie jetzt einsitzen. Einige sogar ziemlich lange und einer auch in der forensischen Psychiatrie. Das ist übrigens der Brandstifter, von dem Wende gesprochen hat. Ein gewisser Mike Hensel. Dem würde ich in jedem Fall zutrauen, dass er auf so was kommt. Sitzt aber fest in Eickelborn. Nein, er kommt nicht infrage. Auch keine Kumpel von ihm draußen. Der hatte nie irgendeinen Freund. Das war ja sein Problem. Nee, von den Bielefelder Fällen kann es keiner sein.«

»Unaufgeklärte Fälle?«

»Ja sicher! Gibt es. Vor allem den einer Frau aus Halle. Ist vor Jahren tot aufgefunden worden. Ihr Fahrrad lag in der Nähe des Fundortes. Bis heute jedoch nichts wirklich Verwertbares, obwohl wir sogar Reihen-DNA-Untersuchungen durchgeführt haben. Aber welchen Grund sollte der bisher nicht entdeckte Täter haben, Angelika zu entführen? Der kann sich doch sicher fühlen.«

»Und Köln? Hab ich doch richtig verstanden, du warst lange Jahre dort, bevor du nach Bielefeld kamst, in deine alte Heimat. Könnte da etwas dabei sein? Wie lange warst du da eigentlich?«

»Fast zwanzig Jahre. Da ist so einiges zusammengekommen. Wonach müssen wir suchen?« Sommer fing an, laut zu denken. »Nach einem Fall, der so lange zurückliegt, dass die betreffende Person, inzwischen wieder auf freiem Fuß ist. Und nach einer Person mit Einfluss und vermutlich weitreichenden Verbindungen, die bis nach Bielefeld reichen, für Kölner also bis nach westfälisch Sibirien.«

Während er sprach, ging er im Zimmer auf und ab. Zuerst zum Fenster, durch das er in Richtung Schüco-Arena sehen konnte, die für ihn nach wie vor »die Alm« war. Dass die Arminia den Klassenerhalt in der Zweiten Fußball-Liga gerade einigermaßen gut geschafft hatte, war für ihn auf einmal gar nicht mehr wichtig. Dann drehte er sich um, zurück zur Kaffeemaschine. Mit einem Espresso kamen ihm oft die richtigen

Ideen. Er setzte die Maschine in Gang. Auch Thierry bekam ein Tässchen. Plötzlich hielt er inne, gerade als er einen Löffel Zucker in die Tasse gerührt hatte.

»Scheiße! Tommaso Galvarese! Dass ich nicht gleich drauf gekommen bin.«

Neugierig hörte Bernard zu.

»Dieser Galvarese ist einer der großen Mafiabosse in Deutschland. Gehört zur kalabrischen Ndrangheta und hat in Köln-Rodenkirchen eine Protzvilla direkt am Rhein. Er und seine Leute tun, was Mafiosi so tun – Handel mit Drogen natürlich, und mit Mädchen, um seine Bordelle zu füllen. Vor seiner Verhaftung aber auch alles rund um Müll. Der typische kölsche Klüngel kam ihm dabei natürlich zu Hilfe. Um diese Müllsache hat er sich ganz persönlich gekümmert. Die Beseitigung«, Frank malte Gänsefüßchen in die Luft, »von Müll ist ein super einträgliches Geschäft, vor allem, wenn man den Dreck nicht ordnungsgemäß entsorgt, sondern einfach im Meer verklappt oder nach Afrika exportiert, zum Beispiel deklariert als Düngemittel. Ach ja, und bei der Gelegenheit natürlich auch Subventionsbetrug im großen Stil.«

»Mafia? Hat mit Sicherheit weitreichende Verbindungen und jede Möglichkeit, so etwas wie eine Entführung professionell durchzuziehen. Aber die konkrete Verbindung zu dir?«

»Ich hab seinen Sohn erschossen.«

»Merde! – Wie ist das passiert?«

»Wir waren mit großem Aufgebot angerückt, um diesen Galvarese zu verhaften. Zu Hause in seiner Villa. Und plötzlich stürmt sein Sohn, Alessandro Galvarese, mit einer Beretta in der Hand aus dem Haus und schießt wild um sich, um seinen Vater zu verteidigen. Ein uniformierter Kollege wurde in den Arm getroffen. Es kam zu einem Schusswechsel. Ich hatte versucht, auf die Beine zu zielen. Aber genau in dem Moment wirft er sich auf die Erde, um hinter einem Wagen Schutz zu suchen. Treffer direkt ins Herz. War sofort tot. Papa Galvarese hat mir im Gerichtssaal ewige Rache geschworen und mich in der Kölner Boulevardpresse übelst beschimpft. Die hatten einen Riesenaufmacher: Polizist erschießt Sohn, um Vater zu bestrafen. Das war wohl Galvareses feste Überzeugung, und er hat dafür gesorgt, dass sie von den Schmutzblättern übernommen wurde.«

»Wie lange ist das her?«

»Na ja, sieben, acht Jahre. Lass mich nachdenken, fünf Jahre bin ich jetzt in Bielefeld und bei dem großen Schlag gegen Galvareses Mafia war ich noch beim KK 21, dem Kommissariat für organisierte Kriminalität. Kurz danach bin ich dann für knapp drei Jahre zur Mordkommission in Köln – ja, gut acht Jahre, das kommt hin. Verdammt, kann es sein, dass der jetzt wieder draußen ist? Dann würde ein Schuh draus. Wie viele Jahre hatte er damals noch bekommen? Ich muss unbedingt mit Mark reden, Mark Pütz, bis zuletzt mein Kölner Kollege. Wir sind zusammen zum KK 11. Die Nummer hab ich doch noch im Handy.«

Es dauerte eine Weile, bis Sommer den Ex-Kollegen aus Köln am Telefon erwischte. Und es dauerte noch einmal eine Weile, bis Mark Pütz verstanden hatte, worum es ging und dass es sehr ernst war.

»Ich mach mich schlau, Frank, sofort. Kannst dich auf mich verlassen. Ich ruf zurück. Welche Nummer?«

Frank gab ihm die Dienststellennummer, um sicherzugehen, dass der Anruf durchkam. »Ich geb dir aber auch noch eine E-Mail-Adresse. Falls du irgendetwas rüberschicken möchtest, was uns hier weiterhilft. Sagte ich schon, dass die Sache wirklich dringend ist?«

»Sagtest du schon. Ich meld mich. Bald!« Pütz legte auf.

»Ich brauche die gesamte Gruppe hier. Das ist eine neue Situation. Ich bin ziemlich sicher, dass diese Entführung mit Galvarese zu tun hat. Das ist ein echter Ermittlungsansatz.«

Bernard nickte nachdenklich: »Ja, dafür spricht einiges. Allerdings wissen wir immer noch nicht, ob es wirklich eine

Entführung ist. Warum haben sich diese Leute noch nicht gemeldet? Das ist doch mehr als ungewöhnlich.«

Sommer hörte kaum noch richtig zu. Wild hämmerte er auf seiner Computertastatur herum, bis er gefunden hatte, wonach er suchte. Bilder von Tommaso und Alessandro Galvarese, die noch im System der Polizei gespeichert waren. Während er sie ausdruckte, hatte er schon Pit am Telefon.

»Wo steckst du? – Aha, dann komm rüber. Und bring die andern mit, soweit sie im Haus sind. Große Lagebesprechung im Konferenzraum. Es hat sich Neues ergeben. – Wie? Anna ist da, aber Karsten und Marina sind in Dornberg? Ich ruf sie an. Die müssen auch dabei sein.« Damit hatte er bereits aufgelegt.

Thierry war fasziniert von Franks Arbeitseifer. Hier griff Ermittlungsroutine.

Im Konferenzraum rückte Sommer sofort ein großes Whiteboard zurecht, auf dem er mit dickem Stift alle Informationen zusammenstellte, die sie bislang hatten. Es blieben aber viele Stellen offen, und er hoffte, bald von Mark Pütz zu hören, um einige dieser Fragen beantworten zu können.

Pit und Anna kamen kurz nach Frank und Thierry. »Leitest du wieder die Ermittlungen?«, war Pits erste Bemerkung.

»Nein, du. Aber ich habe nachgedacht und wichtige Erkenntnisse gewonnen. Und das Wichtigste hat mit diesen Herren hier zu tun.« Er zeigte auf die Bilder der Kölner Mafiosi. »Mit der genauen Erläuterung will ich warten, bis Karsten und Marina da sind. Aber das Entscheidende: Wir brauchen Kontakt zum KK 21 hier im Haus, damit die Kollegen uns Auskunft geben über das organisierte Verbrechen. Pit, das wäre deine Aufgabe als Ermittlungsleiter.«

»Oh, danke, zu gütig.«

»Die sollen uns etwas sagen über die Verbindung der Kölner Mafia nach Bielefeld. Ein Galvarese entführt nicht selbst. Er braucht Leute, die hier bei uns die Drecksarbeit für ihn tun. Wer kommt dafür infrage? Wo könnte Angelika versteckt werden? All das sind jetzt entscheidende Punkte, die wir klären müssen.«

Eine Viertelstunde später waren auch Marina und Karsten den kurzen Weg von Dornberg zum Präsidium gekommen und wurden nun zusammen mit den anderen ausführlich über Sommers Mutmaßungen informiert. Am Ende stimmten sie zu, dass daran etwas sein könnte, obwohl sich alle, auch Sommer selbst, darüber im Klaren waren, dass es noch eine Vermutung war.

Aber warum ließen die Entführer nichts von sich hören? Darauf gab es keine sinnvolle Antwort. Ging es tatsächlich nicht um konkrete Forderungen, zum Beispiel nach Geld? Wollte jemand Sommer leiden sehen? Das würde unbedingt für Galvarese als Initiator sprechen.

»Hoffentlich meldet sich Pütz ...« Frank sprach den Satz nicht zu Ende. Stattdessen ließ er sich auf den nächsten Stuhl fallen und starrte auf das Foto von Angelika, das er selbst an das Whiteboard gehängt hatte. »Wir müssen sie finden! Wir müssen sie finden«, sagte er schließlich. »Sie sitzt da draußen in irgend so einem Scheißloch. Wer weiß, was diese verdammten Gangster mit ihr machen.«

Ziemlich verwirrt sahen die Beteiligten auf ihren Chef, der die Lippen zusammenpresste, um nicht seinen Gefühlen freien Lauf zu lassen. Pit zog seinen Stuhl näher an Frank heran und klopfte ihm auf die Schulter.

»Frank, du solltest die Sache jetzt uns überlassen. Der Hinweis auf Galvarese ist wirklich gut, aber wir werden diesem Herrn schon richtig einheizen. Darauf kannst du dich verlassen. Doch du brauchst eine Ruhepause. Zu gegebener Zeit kannst du dann wieder eingreifen. Das wird eventuell tatsächlich nötig sein, je nachdem, was dein Ex-Kollege aus Köln uns zu erzählen hat. Aber im Augenblick wird es am besten sein, wenn du wieder nach Hause gehst. Thierry wird dich bestimmt gern begleiten. Ich verspreche dir, dass wir dir laufend berichten. Darauf kannst du dich verlassen. Und wir sagen dir ganz bestimmt rechtzeitig Bescheid, wenn du gebraucht wirst.«

Sommer sah seine Kollegen, die längst auch seine Freunde geworden waren, direkt an. Sein Gesichtsausdruck war schwer zu deuten, irgendetwas zwischen Erleichterung und Aufruhr. Nach quälenden Minuten der Ruhe antwortete er schließlich: »Ja, vielleicht habt ihr recht. Das ist alles ziemlich schwer für mich, und eine Pause täte mir wohl gut. Thierry, kommst du mit zu uns? Mit ein wenig Abstand und mit dir als Gesprächspartner kann ich alles noch mal in Ruhe durchgehen. Und ihr lasst sofort von euch hören, wenn es was Neues gibt von Galvarese oder was auch immer sonst.«

»Selbstverständlich! Versprochen ist versprochen«, antworte Pit und alle anderen nickten zustimmend.

Als Sommer und Bernard gegangen waren, atmeten alle tief durch. Wie lange würde ihr Chef noch durchhalten? War es wirklich richtig, ihn nach Hause zu schicken, oder wäre es besser gewesen, ihn weiter in die Ermittlungen einzuschalten, damit er nicht allzu sehr ins Grübeln kam, sondern sich sinnvoll beschäftigte? Lange würde die Ruhepause ohnehin nicht dauern, glaubten sie übereinstimmend. Frank würde so schnell wie möglich wieder mitmachen wollen. Davon durfte man ausgehen. Schließlich kannten sie ihren Chef, der am liebsten immer mitten im Geschehen war. Aber jetzt ging es um seine geliebte Angelika, und da war alles eventuell anders. Vielleicht würden sie ihn irgendwann sogar vor sich selbst schützen müssen.

»Okay«, sagte Schwameyer schließlich. »Was haben wir?« Er richtete seine Aufmerksamkeit auf die Tafel mit den neuesten Überlegungen. Mit seinen Kollegen war er sich einig, dass die Kölner Spur, wie sie sie bald nannten, durchaus vielversprechend sein könnte. Wenn Galvarese dahintersteckte, erklärten sich einige Ungewöhnlichkeiten. Sie würden aber warten müssen, was Pütz ihnen zu erzählen hätte. Wenn er sich doch endlich meldete. Bis dahin musste die Arbeit weitergehen, und das hieß in diesem Fall, die Ergebnisse der Befragung der Nachbarn in Dornberg bewerten, die inzwischen eintrafen, und das KK 21 einschalten. Vom organisierten Verbrechen in OWL hatten sie nicht besonders viel Ahnung, erst recht nicht von irgendwelchen Verbindungen nach Köln. »Aber bevor das soweit ist – Marina, was habt ihr bei den Nachbarn in Dornberg erfahren?«

»Die meisten haben natürlich mal wieder nichts gesehen und gehört. Ein älterer Herr von schräg gegenüber hatte allerdings etwas mehr zu berichten.« Sie schaute in die Notizen in ihrem Tablet und berichtete dann. »Dem Nachbarn war tatsächlich ein dunkelblauer VW-Transporter aufgefallen. Er war zunächst weiter in den Forellenweg gefahren, hatte gewendet und in Sommers Einfahrt gehalten. Zwei junge Männer waren ausgestiegen, beide bekleidet mit schwarzen Pullis, die Kapuzen über den Kopf gestülpt. Ein Gesicht hat er leider nicht erkennen können. Das Ganze war ihm allerdings so merkwürdig vorgekommen, dass er sich die Nummer des Transporters aufgeschrieben hat.«

»Konnte der Nachbar erkennen, wer ausgestiegen ist?«

»Nein. Leider wurde er in diesem Moment abgelenkt, weil es an seiner Haustür geklingelt hatte. Ein Abo-Verkäufer, der sich als ziemlich hartnäckig erwies. Noch während der Nachbar versuchte, den abzuwimmeln, rauschte der Lieferwagen schon wieder davon.«

»Und die Schramme an Franks Einfahrt?«

»Auch dazu konnte er nichts sagen. Ich vermute«, schloss Marina ihren Bericht, »dass der Transporter erst beim Wegfahren den Pfeiler gerammt hat. Da hatte er es, nach Aussage des Nachbarn, ja ziemlich eilig.«

»Immerhin haben wir ein Kennzeichen«, stellte Schwameyer nach dem Bericht der Kollegin fest.

»Mehr aber auch nicht. Die Nummer gehört zu einem silbernen Opel Zaphira. Definitiv kein blauer Transporter.« Karsten antwortete stellvertretend für Marina. Er zuckte wie zur Entschuldigung mit den Schultern. »Wir haben den Halter schon gesprochen, bei dem sie abmontiert worden sind. Ein gewisser Oliver Hansen aus Herford. Hatte den Kennzeichendiebstahl schon bei den Kollegen gemeldet und hat eindeutig nichts mit der Sache zu tun.«

»Aber da war doch auch noch etwas mit einem Ford Fiesta, der Frank mehrmals aufgefallen war. Er hatte sich sogar das Kennzeichen gemerkt.« Schwameyer unterbrach Linnemann. »Ist der irgendwem aufgefallen, und wissen wir schon etwas über dieses Auto?«

»Nein, niemand hat sich an einen Fiesta erinnert«, erwiderte Marina. »Ist ja auch ein Allerweltsauto. Aber der Halter konnte ermittelt werden. Ein gewisser Luigi Fontana. Italiener – immerhin. Aber mehr lässt sich im Moment noch nicht sagen.«

»Ich muss unbedingt diesen Pütz in Köln sprechen«, stellte Schwameyer jetzt langsam unruhig werdend fest. Ihnen lief die Zeit davon. »Und jemand muss mal was zu essen besorgen. Wer weiß, wie lange das noch geht. Ich hoffe, niemand hat ernsthaft daran gedacht, dass es heute Dienst nach Vorschrift geben könnte.«

Karsten und Marina machten sich umgehend auf den Weg ins Nebenhaus zur Kantine. Nach zwanzig Minuten kamen sie zurück und brachten einige belegte Brötchen mit, dazu auch ein paar Flaschen Wasser. Kaffee gab es wie immer aus Franks Maschine.

Dann endlich meldete sich Mark Pütz aus Köln und was er zu sagen hatte, bestätigte die Befürchtungen. Nach fast sieben Jahren Haft war Tommaso Galvarese erst vor wenigen Wochen aus dem Gefängnis entlassen worden. Pütz hatte nicht nur die Akten herausgesucht, sondern sich auch bereits in der JVA Ossendorf erkundigt. Demnach hatte Galvarese in seiner

Zelle ein Foto von seinem toten Sohn an die Wand gepinnt. Daneben einen Zeitungsausschnitt. Es war der Bericht über den Todesschuss bei der Verhaftung, in dem es auch ein Bild von Frank Sommer gab, mit einem schwarzen Balken über den Augen nur unzureichend unkenntlich gemacht.

In der Haftanstalt war der Hass Galvareses auf die Polizei im Allgemeinen und auf den Todesschützen im Besonderen bekannt. Zudem war den Akten zu entnehmen, dass er bereits im Gerichtssaal wilde Flüche gegen Sommer ausgestoßen hatte. Zuletzt konnte Pütz bestätigen, dass es auch eine Verbindung nach Bielefeld gab. Einem Fuhrunternehmer mit dem Namen Claudio Cavallo wurden seit längerer Zeit Kontakte zur Mafia nachgesagt, ohne dass dies bislang bewiesen werden konnte.

Für Schwameyer und das Team war nun völlig klar: Galvarese musste seine Hände im Spiel haben. Und dieser Cavallo? War der Galvareses Handlanger? Und wie kam man an den heran?

Sie diskutierten das weitere Vorgehen und hatten schließlich das Ergebnis. Karsten und Marina würden Cavallos Spedition unter die Lupe nehmen. Zu ihrem Leidwesen ging das an diesem Abend aber nicht mehr. Wende ließ daran keinen Zweifel. Bei Gefahr im Verzug hätten sie natürlich, um Angelika zu befreien, sofort handeln können. Aber war sie überhaupt dort? Alles, was sie bislang hatten, waren Vermutungen. Gleich am nächsten Morgen, sollten die beiden Kommissare dem vermutlichen Mafioso zusammen mit der Steuerfahndung einen Besuch abstatten. Routinemäßige Buchprüfung. Auch überprüfen, ob der Halter des Fiestas irgendwie mit Cavallo in Verbindung stand. Vielleicht ließ er sich verunsichern. Es wäre ja nicht das erste Mal, dass ein Mafioso über die Steuerfahndung gepackt werden konnte, stellte Pit halb grinsend fest. Aber niemand konnte über diesen Versuch eines Scherzes lachen.

Parallel sollte Pütz gebeten werden, dem Mafiaboss in Köln persönlich einen Besuch abzustatten. Auch dabei ging es mehr um Sondierung und Aufschrecken als um konkrete Maßnahmen. Galvarese sollte, wenn möglich, nervös gemacht werden, und man wollte beobachten, ob daraufhin irgendwelche Aktivitäten in Köln oder Bielefeld zu verzeichnen wären.

Kapitel 17

Frank Sommer fühlte sich am nächsten Morgen deutlich frischer. Dank einer Schlaftablette, zu der sein Sohn ihn überreden konnte, hatte er ziemlich lange geschlafen. Natürlich waren Fabian und Jennifer die ganze Nacht geblieben. Zur Beruhigung hatte auch beigetragen, dass er die gesamte Situation noch einmal mit Thierry besprechen konnte, bevor dieser sich nach Werther in sein Hotel aufmachte.

Aber nun kehrte der Wunsch mit Macht zurück, nicht weiter von den Ermittlungen ausgeschlossen zu werden. Er wollte informiert bleiben. Er wollte wissen, was gerade passierte und in welche Richtung die Ermittlungen liefen. Was war mit diesem Galvarese? Hatte er etwas mit der Sache zu tun? Als Thierry Bernard noch vor acht kam, telefonierte Frank schon mit Pit. Damit sein französischer Freund mithören konnte, stellte er das Telefon auf laut.

»Wie ist denn nun der Stand der Dinge?«

»Wie es aussieht, könntest du mit deiner Vermutung recht haben, dass dieser Kölner Mafioso dahinterstecken könnte. Hier in Bielefeld haben wir einen gewissen Cavallo ausgemacht, der mit Galvarese in Verbindung steht. Die Leute vom KK 21 sind wohl schon eine Weile an ihm dran, ohne aber Greifbares in Händen zu haben. Karsten und Marina versuchen heute, ihm auf den Zahn zu fühlen. Aber trotz allem – in Bezug auf Angelika sind wir nicht einen Schritt weitergekommen, leider.«

»Warum melden sich die Entführer überhaupt nicht? Das ist doch mehr als merkwürdig. Verdammt, was ist, wenn Angelika schon längst …?« Plötzlich kochte die Panik wieder in Frank hoch.

»Daran solltest du nicht einmal denken. Auch wenn's schwerfällt. Wenn du mich fragst, ich glaube, dass dieser Galvarese dich leiden sehen will. Und deshalb wird er sich melden, irgendwie. Denn was nützt es ihm, wenn es dir schlechtgeht, er davon aber gar nichts mitbekommt. Im Augenblick lässt er dich schmoren und …«

»… und ja, verdammt, das gelingt ihm!« In Franks Stimme lag irgendetwas zwischen Verzweiflung und Angriffslust. Dann beendete er das Gespräch und sah zu Bernard hinüber. Was sollte er tun? Er hatte keine Ahnung. Nur eins wollte er auf keinen Fall, hier noch länger rumsitzen.

»Thierry, was soll ich nur machen? Dieser Mafioso will, dass ich leide, wie er selbst gelitten hat. Möchte er mich gar vor sich im Staub sehen, um Angelikas Leben bettelnd?«

»Könnte zu einem solchen Menschen passen. Möglich ist vieles. Aber wichtiger als die Spekulation: Würdest du das tun, betteln für das Leben deiner Frau?«

»Natürlich, was für eine Frage! Es geht um Angelika. Es geht um ihr Leben und damit auch um meines, das ebenfalls zu Ende wäre, wenn Angelika stirbt. Sie ist alles, was jetzt zählt. Und ganz bestimmt nicht irgendein dümmlicher Stolz. Was soll denn passieren? Vielleicht mache ich mich lächerlich, na und? Aber wenn es auch nur die kleinste Chance gibt, Angelika zu retten, dann muss ich sie ergreifen. Thierry, ich fahre nach Köln! Jetzt sofort.«

»Frank, stopp! Keine Alleingänge. So was muss mit Pit abgesprochen werden. Wenn du das wirklich willst, dann solltest du es natürlich durchziehen, aber informiere ihn. Ich bin jedenfalls dabei. Und jetzt ruf deinen Kollegen noch mal an und erklär ihm die Sachlage.«

Es dauerte nur wenige Augenblicke, bis Frank Pit wieder am Telefon hatte. So konzentriert wie möglich, versuchte er, ihm seine Überlegungen zu erläutern.

Erstaunlicherweise war Pit diesem Vorgehen nicht vollkommen abgeneigt. »Wenn das eine Chance ist, Angelika zu retten«, sagte er, »dann musst du sie wahrnehmen.« Er gab aber zu bedenken, dass Frank unendlich enttäuscht sein könnte, sollten ihre Annahmen nicht zutreffen. Die Aktion wäre ein Schuss ins Blaue. Vielleicht saß dieser Schuss exakt, und alles würde sich zum Guten wenden, aber wenn nicht, ja, wenn nicht, dann … Pit, Thierry und Frank wollten diesen Gedanken nicht bis zu Ende denken.

»Wir machen das, Frank«, schloss Pit das Gespräch. »Das ist in jedem Fall mehr als eine Schnapsidee. Aber du fährst nicht alleine. Ich bereite hier alles vor. Karsten soll dich begleiten und in Köln Mark Pütz. Und ich will versuchen, Wende zu überreden, einen Hubschrauber zur Verfügung zu stellen.« Franks Wunsch, Thierry mitzunehmen, lehnte er allerdings kategorisch ab. Er sei ein privater Gast, und sie könnten es nicht verantworten, dass er vielleicht irgendwie in Gefahr geriete. Der Franzose versuchte, ihn noch mit dem Argument umzustimmen, es sei wichtig, dass Frank auch einen persönlichen Beistand habe, aber darauf ließ Pit sich nicht ein. Stattdessen wurde die Polizeipsychologin Hanna Hülsmeier gefragt, mitzufahren. Frank vertraute ihr vollkommen.

Ein Hubschrauber stand auf dem Landeplatz vor dem Eingangsportal am Polizeipräsidium bereit. Sommer, Linnemann und Hülsmeier kletterten hinein und hoben unter ohrenbetäubendem Lärm in Richtung Köln ab. Dort würden sie zusammen mit Pütz nach Rodenkirchen fahren und Galvarese aufsuchen. Zu Hause in Dornberg würden Jennifer und Fabian, von Anna Tomczyk und Thierry Bernard unterstützt, die Stellung halten, falls sich die Entführer eventuell doch noch direkt an Sommer beziehungsweise seine Familie wandten. Man musste auf alles vorbereitet sein. Marina Burmanns Besuch bei Cavallo wurde jedoch verschoben. Man wollte erst abwarten, was in Köln herauskäme.

Es dauerte nur eineinhalb Stunden bis Pütz, Sommer, Linnemann und Hülsmeier vor Galvareses Haus eingetroffen waren. Auch einige Streifenbeamte waren dabei. Zwei blieben mit der Psychologin draußen bei den Autos, die beiden anderen folgten den Kripobeamten.

Pütz ging vor und klingelte an der Gartenpforte. Von einem Torbogen überragt, bildete sie von der Uferstraße aus den Eingang zu dem sonst von einer Steinmauer umgebenen Grundstück. Rechts daneben befand sich noch ein weiterer, größerer Durchlass, eine breite Durchfahrt für Autos. Beide Tore waren mit Kameras versehen, die vermutlich nicht nur die unmittelbare Fläche davor erfassten, sondern sicher auch einiges von der Straße, wenn nicht sogar den Ufergrünstreifen bis zum Rhein, was eigentlich gar nicht erlaubt war. Ein Knacksen in der Gegensprechanlage kündigte an, dass jemand mit den Wartenden sprechen würde.

»Ja, bitte, was wünschen Sie?« Eine noch junge weibliche Stimme meldete sich.

»Hier ist die Polizei. Hauptkommissar Mark Pütz und einige Kollegen.« Er hielt zum Beweis seinen Ausweis direkt in die Kamera.

»Was wollen Sie?«

»Machen Sie einfach auf und sagen Sie Ihrem Chef, dass Frank Sommer hier ist.«

»Lass sie rein, Giulia«, war von weiter drinnen eine kräftige Männerstimme zu hören, die Pütz als Galvareses erkannte. Auch Sommer erinnerte sich an diesen befehlsgewohnten Ton.

Der Summer ging, und die Polizisten traten durch die Pforte ein. Sie marschierten sofort in Richtung Haustür, in der sie eine dunkelhaarige, süditalienische Schönheit erwartete, aber gleich dahinter tauchte das breite Gesicht Galvareses auf.

»So ein Aufwand?« Galvarese zeigte demonstrativ auf die Streifenbeamten hinter den dreien. »Was kann ich für Sie tun, Herr Kommissar?«

»Hauptkommissar! So viel Zeit muss sein! Und das hier sind zwei Herren von der Kriminalpolizei in Bielefeld. Kommissar Karsten Linnemann und Hauptkommissar Frank …«

»Ich weiß, wer dieser«, Galvarese sah Sommer abschätzig von oben bis unten an, »dieser Herr ist. Er hat meinen Sohn ermordet. Kann mir nicht vorstellen, dass ich mit dem reden möchte.«

»Nicht? Aber Hauptkommissar Sommer möchte mit Ihnen sprechen.«

»So möchte er das?«

»Ach, lassen Sie doch diese Spielchen. Wir sind sicher, dass Sie uns schon längst erwartet, vielleicht sogar herbeigesehnt haben. Und jetzt dürfen wir bestimmt reinkommen, damit wir über den Anlass unseres Besuches sprechen können.«

Galvarese lächelte süffisant, trat dann aber zur Seite und ließ die drei Kriminalbeamten ein. Die Streifenpolizisten postierten sich draußen vor der Haustür.

»Giulia, wir gehen in die Bibliothek. Bitte bringen Sie Kaffee und Wasser.« Galvareses Ton wurde jovial, als er den Besuchern den Weg durch die weitläufige Eingangshalle zu einer breiten Doppeltür auf der rechten Seite zeigte.

»Bitte, treten Sie ein.«

Im Raum, der gut und gerne vierzig Quadratmeter groß war, empfingen sie imponierende Bücherregale, die sich über drei Wände jeweils vom Boden bis zur Decke erstreckten. In jede der Regalwände war eine verschiebbare Leiter integriert, damit man die oben stehenden Titel bequem erreichen konnte. Allerdings waren nicht alle Regale gefüllt. Hier und da gab es Lücken, die mit verschiedenen kleineren Kunstobjekten gefüllt waren.

In der Mitte des Raumes fiel der Blick auf eine elegante Sitzgruppe aus dunkelbraunem, kräftigem Leder, die sich sehr effektvoll von dem hellen Teppich und dem erlesenen Parkett abhob. Zusätzlich gab es noch einen wuchtigen Drehsessel. Er stand genau im Schnittpunkt zweier riesiger Lautsprecher, die zu einer ebenfalls beeindruckenden Musikanlage gehörten.

Dieser Raum macht Eindruck, dachte Sommer. Und genau das war wohl auch seine Absicht. Galvarese wollte ganz offensichtlich als kulturbeflissener Feingeist gelten, der er aber sicher niemals war.

»Schauen Sie sich ruhig um«, sagt er, die überraschten Augen der Polizisten mit Genugtuung bemerkend. »Bevor Sie nachfragen: Nein, ich habe nicht alle knapp viertausend Bücher gelesen. Sehr viele gehören meiner Frau. Wir teilen uns diese Bibliothek.«

»Und wie viele davon stehen hier zur Deko?« Pütz konnte sich die Bemerkung nicht verkneifen, ärgerte sich aber sofort über sich selbst.

»Herr Hauptkommissar, Sie unterschätzen mich. Das macht aber nichts. Das tun viele. Ebenso viele bereuen das aber später ernsthaft. Im Übrigen, bei aller Bescheidenheit, knapp die Hälfte der Titel stammt von mir. Und beileibe nicht nur Unterhaltungsliteratur und Romane. Am meisten liebe ich diese Bildbände von meiner süditalienischen Heimat« Auch die Präsentation der Bücher war auf Wirkung ausgelegt. Die Abstände zwischen den Regalböden war größer, damit Platz war für die großformatigen Titel, und an einer Stelle lag ein Band aufgeschlagen auf einer Stütze.

»Das hier ist mein absolutes Lieblingsbuch. Und wissen Sie auch warum? Es zeigt den Dorfplatz in meinem Heimatdorf. Im Hintergrund übrigens die Berge des Aspromonte. Das ist ganz im Süden von Kalabrien. Waren Sie mal dort? Sollten Sie unbedingt mal besuchen.« Nach einer Pause, die die Wirkung seiner Worte unterstützen sollte, schlenderte er langsam weiter an den Regalen entlang. Alles wirkte einstudiert und zigmal wiederholt. »Und hier ist eine Ecke mit philosophischer Literatur. Einiges davon auch theologisch angehaucht. Wussten Sie, dass ich sonntags die Messe besuche? Na ja, nicht jeden Sonntag, aber sicher mehr als der Durschnitt aller Katholiken.«

Wieder unterbrach er sich, um erneut die Reaktion der Polizisten zu überprüfen. Sommer wurde beinahe schlecht, als er miterleben musste, wie sich hier ein Mafioso als Schöngeist mit moralischen Ansprüchen inszenierte. Im Weitergehen streifte Galvarese mit der linken Hand die verschiedenen Buchrücken. Es schien fast so, als ob er sie tätschelte. Schließlich blieb er noch einmal stehen.

»Und hier eine Reihe betriebswirtschaftlicher, ja sogar juristischer Titel.« Er grinste, als er das sagte. »Meine Betriebe verwalten sich schließlich nicht von allein.« Galvarese sah die erstaunten Polizisten an. »Ach, Sie wussten gar nicht, dass ich mal Betriebswirtschaft studiert habe und auch ein paar Semester Jura?« Er griff nach einem der Bücher, blieb aber mit dem Rücken zu den Besuchern stehen. »Sehen Sie, hier. Recht und Moral – ein ungemein spannendes Thema. Was ist Recht und was Gerechtigkeit, und wer gibt wem das Recht, zu urteilen oder gar zu verurteilen?«

Er hielt erneut inne, um diese letzten Worte nachhallen zu lassen. Währenddessen drehte er sich langsam um. »Herr Sommer, hatten Sie das recht, meinen Sohn zu verurteilen, sogar zum Tode? Sollten Urteile, vor allem dieser Tragweite, nicht das Ergebnis eines geordneten Verfahrens sein?«

Zu seinem erkennbaren Ärger wurde er von Giulia unterbrochen, die mit vier kleinen Espressotassen, ebenso vielen Gläsern und einer Flasche Wasser erschien. Offenbar war sein Konzept durchkreuzt worden. Er fing sich aber sofort wieder.

»Ah, San Pellegrino! Sehr schön, Giulia. Wir wollen unseren Gästen doch das Beste bieten. Aber bitte, setzen Sie sich doch. Sie sind ja schließlich nicht gekommen, um mit mir über Bücher zu diskutieren oder um La Traviata auf dieser ganz außergewöhnlichen Anlage zu erleben.«

»Danke, Herr Galvarese«, antwortete Sommer spitz, »ich zumindest stehe lieber. Und nach Kaffee steht mir im Moment auch nicht der Sinn.« Er konnte sich nur mit Mühe beherrschen. So viel Blasiertheit eines Menschen, der als Mafioso sein Geld mit Lug und Trug im Müllhandel verdiente und damit das Leben und die Gesundheit Hunderttausender aufs Spiel setzte, ekelte ihn an. Welch ein Zynismus, wenn man bedachte, dass er ziemlich sicher auch seine Hände in Menschenhandel und Zwangsprostitution hatte. Erst recht, wenn Sommer daran dachte, dass es womöglich dieser Mensch in seiner feinen Bibliothek war, der den Auftrag zu Angelikas Entführung gegeben hatte.

»Lassen Sie doch diese Spielchen um Ihre Kulturbeflissenheit, Herr Galvarese. Stattdessen sollten wir unmittelbar zur Sache kommen.« Sommer holte tief Luft. Linnemann und Pütz sahen die beiden gespannt an. Galvarese allerdings blieb vollkommen unbeeindruckt, ja er schien beinahe belustigt zu sein.

»Was muss ich tun, damit Sie meine Frau wieder freilassen? Sie haben mich in Angst und Schrecken versetzt. Ich bin sogar hierhergekommen, um Sie zu bitten, Angelika gehen zu lassen. Jetzt haben Sie doch Ihren Spaß gehabt.«

In Galvareses Augen sahen die drei Polizisten Genugtuung. Das bestärkte sie in ihrer Überzeugung, hier tatsächlich den Drahtzieher der Entführung vor sich zu haben. Er blieb vollkommen still und sah Sommer provozierend neugierig an. Wenn es seine Absicht war, dadurch sein Gegenüber noch weiter zu verunsichern, dann war ihm das gelungen, wie sich unmittelbar zeigte.

»Was wollen Sie noch?«, reagierte Sommer mit deutlich mehr Aufregung in der Stimme. »Soll ich Sie anflehen, soll ich betteln um das Leben meiner Frau?« Er holte Luft und versuchte, die Fassung zu behalten. »Soll ich mich hier vor Ihnen auf die Knie werfen und um Gnade bitten?« Wieder ein Luftholen, diesmal aber kürzer, ja beinahe hektisch. »Ist es das, was Sie für Ihr Ego brauchen, Sie mieser kleiner Mafioso?«

Bei den letzten Worten versteinerte sich Galvareses Blick. Augenblicklich war Sommer wie auch seinen Kollegen klar, dass er zu weit gegangen war. Die letzte Äußerung war Ausdruck seiner Wut und seiner Angst, aber sie war wenig hilfreich. Er hätte sich besser kontrollieren sollen.

»Ach Gottchen, Herr Kommissar – Verzeihung, Herr Hauptkommissar. So schlimm? Sind Sie Opfer eines Verbrechens geworden? Hat man Ihnen übel mitgespielt? Ihre Frau entführt?« Galvarese sprach leise und langsam. Sein Ton triefend vor gespieltem Mitleid und gleichzeitig versteinert und eiskalt. Er genoss jeden Moment, den er hier erlebte.

»Ich sollte jetzt wohl Anteilnahme zeigen«, fuhr er fort, »mein Mitgefühl zum Ausdruck bringen. Allein, ich kann das nicht. Es tut mir unendlich leid, aber ich habe kein Mitgefühl für Ihr Schicksal und das Ihrer Frau. Dieses Mitgefühl für Sie ist mir vor langer Zeit verloren gegangen. Und wissen Sie auch wann, Herr Sommer? Fast auf den Tag genau vor acht Jahren war es, als Sie draußen in der Einfahrt dieses Hauses, in dem ich Sie trotz allem im Moment mein Gast sein lasse – als dort draußen mein Sohn, mein einziger und allesgeliebter Alessandro, durch eine Kugel aus Ihrer Waffe starb.«

Die Spannung im Raum war kaum mehr erträglich, als Galvarese das sagte. Er genoss den Moment, und die drei Polizisten mussten ihm diesem Triumph gönnen. Für Angelika!

Langsam nahm der Mafioso seine Tasse und trank den Espresso in einem Schluck aus. Ebenso langsam stellte er sie wieder ab. Dann wandte er sich erneut Sommer zu.

»Tja, Herr Polizist, so ist das wohl, wenn man Angst und Wut empfindet, Trauer und Leid, über das, was einem lieben Angehörigen zugestoßen ist. In meinem Fall hat sich ein kleiner, schlecht bezahlter Polizist erdreistet, meinem Sohn so Furchtbares anzutun. Und dann hat er auch noch von einer dümmlichen Justiz einen Persilschein für seine Tat erhalten.«

Er machte eine theatralische Pause, um die Wirkung seiner Worte zu unterstreichen.

»Kommt Ihnen dieses Wort bekannt vor, Herr Sommer?« Der Ton wurde noch beißender. »Persilscheine stellten die alliierten Spruchkammern nach dem Ende der Hitlerdiktatur vielen ehemaligen Nazigrößen aus, durch die deren Westen weiß gewaschen wurden. Und so entgingen sie ihrer gerechten Strafe.« Er drehte sich weg und sah aus dem Fenster. »So wie Sie, Herr Sommer. So wie Sie«, fügte er, jedes einzelne Wort betonend, nach einem Augenblick hinzu.

»Was wollen Sie damit sagen?« Pütz ging aufgebracht dazwischen.

»Was ich damit sagen will?« Galvarese wurde lauter. Offensichtlich begann auch er seine gespielte Ruhe zu verlieren. »Es ist eine nicht zu übersehende Tatsache, dass in diesem Staat ein Polizist, wie damals bei Hitler, tun und lassen kann, was er will, auch einen jungen hoffnungsfrohen Menschen erschießen. Und der gesamte Polizeiapparat im Einklang mit einer parteiischen Justiz deckt diesen Mistkerl. Das will ich damit sagen!«

Soeben wollte Sommer antworten, da kam ihm Galvarese noch einmal zuvor.

»Herr Sommer«, sagte er, »Sie sind doch, wie ich gehört habe, ein christlicher Mensch. Ich bin es auch, wie ich Ihnen offenbart habe. Sie besuchen die Messe oder wie das bei Ihrer evangelischen Kirche heißen mag, spielen sogar im Posaunenchor. Ist Ihnen nie in den Sinn gekommen, dass das, was Sie meinem Sohn angetan haben, gegen das fünfte Gebot verstoßen hat? Meldet sich da überhaupt nicht ihr christliches Gewissen?«

Das war ein Tiefschlag, bei dem Sommer nur noch nach Luft schnappen konnte. Galvarese sah es mit abscheulicher Zufriedenheit.

Karsten Linnemann sprang für seinen Chef in die Bresche. Er konnte sich nicht mehr zurückhalten. »Was bilden Sie sich eigentlich ein? Spielen sich hier als Moralapostel auf und stellen sich doch selbst über jede Moral. Da nützt es Ihnen gar nichts, wenn Sie sonntags in die Kirche rennen. Wir alle wissen doch, wie es um Ihre persönliche Moral gestellt ist, und Sie selbst wissen das am besten, Sie kleiner, mieser, kalabrischer Mafioso aus einem dreckigen Nest im Aspromonte. Sie sind durch nichts als Rücksichtslosigkeit zum Kölner Obermafioso aufgestiegen, auch durch skrupellose Morde, die Sie in Auftrag gegeben haben. Und Sie reden hier von Moral, von christlicher sogar. Ich muss hier raus. Sie kotzen mich an!«

Damit verließ er, laut die Tür knallend, den Raum. Er sah nicht mehr, wie Galvarese kreidebleich wurde. Dass ihm die Wahrheit entgegengeschleudert wurde, war er nicht gewohnt. Leise aber mit unglaublichem Hass in der Stimme antwortete er Sommer. »Herr Sommer, Sie … Sie *widern* mich an. Das, was Sie hier abziehen, wird Ihnen noch leidtun, mehr als das sogar.« Hasserfüllt war sein Gesichtsausdruck erneut. »So können Sie Ihre Frau nicht retten. Und nun verlassen Sie mein Haus. Sie sind ja noch viel erbärmlicher, als ich gedacht habe.«

Wie angewurzelt standen Frank Sommer und Mark Pütz im Raum, unfähig, irgendetwas zu tun. Ihre Blicke ruhten auf Galvarese, der sie mit einer eindeutigen Handbewegung zum Gehen veranlasste. Langsam, quälend langsam, wandten sie sich zur Tür.

Ich habe es vermasselt, ging es Sommer durch den Kopf. Ich habe nichts erreicht, im Gegenteil, ich habe Angelika zusätzlich geschadet. In einer letzten Verzweiflung drehte er sich noch einmal zu dem Mafioso um: »Herr Galvarese, ich bitte Sie, lassen Sie meine Frau frei! Bitte! Um alles, was Ihnen heilig ist.«

»Wissen Sie jetzt, wie ich mich gefühlt habe, als Sie meinen Sohn erschossen haben? Und dabei geht es Ihnen noch gut, denn Ihre Frau lebt, und Sie können für sie um Gnade betteln. Ich konnte das nicht. Alessandro starb in meinen Armen.«

Wieder unterbrach er sich und drehte sich dabei weg von Sommer hin zum Fenster, durch das man in den parkähnlichen Garten sehen konnte. »Herr Sommer, ich kann nichts für Sie tun.«

TEIL 3
DER TERROR

Kapitel 18

Heiko Bram, festangestellter Redakteur des Westdeutschen Rundfunks kam kurz vor drei Uhr am Nachmittag in das Regionalstudio Bielefeld.

»Hallo, Sonja«, begrüßte er die Rezeptionistin am Empfang. »Was gibt's Neues? Ist die Besuchergruppe schon da?«

»Nee, müssten aber gleich kommen. Eine Gruppe Lehrer aus Lippe.« Sonja Wehling verzog zum Spaß das Gesicht. »Du weißt ja Bescheid: Der liebe Gott weiß alles ...« Sie ließ den Satz unvollendet. Heiko Bram würde ihn fortsetzen.

»Lehrer wissen alles besser«, komplettierte er ihn erwartungsgemäß. Beide lachten.

Ohne sich weiter aufzuhalten, war der Redakteur schon beinahe durch die Tür zum Foyer.

»Halt, stopp!«, rief Wehling ihm nach. »Hier ist noch so ein merkwürdiger Brief. Anonym. Da ist irgendetwas drin, das sich wie eine Speicherkarte anfühlt. Nimmst du den mit? Oder soll ich ihn wem anders ins Fach legen?«

»Nee, ist okay. Kannst ihn mir geben. Anonyme Mitteilungen sind oft so dermaßen dumm, dass sie schon wieder komisch sind. Wie kam der Umschlag denn hier an? Mit der Post?«

»Nein. Ein Junge, etwa acht Jahre, hat ihn eben erst abgegeben. Er sagte, ein Mann habe ihm dafür Geld gegeben.«

»Und, hast du den Auftraggeber des Jungen gesehen? Dir entgeht ja eher selten etwas, was sich vor deinem Fenster abspielt.«

»Junger Mann, vielleicht Anfang zwanzig, Turnschuhe, Jeans, T-Shirt, braune, an den Seiten kurzgeschnittene Haare und ein halblanger Vollbart. Ein Hipster. Nun ja, wenn's seiner Freundin gefällt.«

»Siehste, ich wusste doch, dass du Auskunft geben kannst.« Bram grinste die Rezeptionistin unverfroren an. Sie nahm es wie immer gelassen hin, was er aus Erfahrung wusste. »Na dann«, fuhr er schließlich fort, »ich kann mir ja mal ansehen, was da gespeichert ist. Wahrscheinlich will sich wieder irgendwer wichtigmachen mit ganz besonders brisanten Fotos.« Bei dem Wort brisant malte er Anführungszeichen in die Luft und lachte hintergründig. »Soll ich dir berichten, was drauf war?«

»Aber immer. Kennst mich doch.«

»Okay, ich meld mich.« Als Bram das sagte, ging er bereits durch die Glastür ins atriumartige Foyer des Haues, das den Blick freigab bis hinauf in die zweite Etage. Rings um den Lichtraum liefen galerienartige Umgänge, von denen aus die verschiedenen Räume der Mitarbeiter abgingen. Brams Büro war ganz oben. Dort angekommen, sah er noch einmal nach unten bis ins Erdgeschoss, wo sich zehn oder zwölf Personen eingefunden hatten, vermutlich die erwarteten lippischen Lehrer. Dann verschwand er in seinem Zimmer. Dort begrüßte er seine Kollegin Conny Sundermeier, die mit ihm den Raum teilte, und steckte ohne Verzögerung die SD-Karte in den passenden Schlitz seines Rechners.

»Na, muss ja spannend sein, so wie du guckst«, kommentierte die Kollegin sein Verhalten.

»Keine Ahnung, irgend so eine anonyme Info. Vielleicht gibt's was zu lachen.« Routinemäßig überprüfte er die Karte auf Viren, dann öffnete er die einzige Datei, die sich darauf befand.

»Nur ein Video drauf. Knapp zwei Minuten lang«, teilte er Conny Sundermeier mit, die aber nicht einmal aufsah, wie Bram aus den Augenwinkeln erkannte.

»Scheiße! – Scheiße, Scheiße!« Mehr brachte er nicht heraus, als die ersten Bilder über den Monitor liefen. Wie gebannt starrte er auf den Film. »Um Himmels willen, nicht das!« Er bemerkte kaum, dass Conny inzwischen neben ihm stand.

»Das, das ist ja …«, die Kollegin schien offensichtlich nach Worten zu suchen, für das, was sie beide nun zusammen sahen. »echt der Hammer«, ergänzte sie schließlich den Satz.

»Guckt dir das an!« Heiko Bram stammelte mehr, als dass er etwas Sinnvolles sagte.

»Meine Güte, und das bei uns in Ostwestfalen!«

»Können wir das senden?«

»Auf keinen Fall! Wir wissen nicht einmal, ob das echt ist. Wenn nicht, machen wir uns total lächerlich.«

»Und wenn doch, das wäre *die* Sensation.«

»Hast du sie noch alle? So was kann man nicht einfach über den Sender schicken, auch nicht, wenn es echt ist. Darüber hat nur die Chefetage zu entscheiden.«

»Okay, ich rufe die Studioleiterin an.«

»Und die Polizei. Ob echt oder nicht, die müssen informiert werden.«

Kapitel 19

Kaum war das Video, das dem WDR zugespielt worden war, auf Pit Schwameyers Schreibtisch gelandet, las er es in seinen Rechner ein. Er traute seinen Augen nicht. Das war schlimmer, als er es sich je vorgestellt hatte. Damit hatte niemand gerechnet. Unverzüglich trommelte er alle zusammen, die von der Ermittlungsgruppe im Haus waren. Auch Wende musste sofort benachrichtigt werden. Frank, Karsten und Hanna waren noch auf dem Rückflug aus Köln. Ohne Vorrede begann er, als die Kollegen da waren. »Es hat sich eine völlig neue Wendung ergeben. Die Entführer haben sich gemeldet. Dem WDR ist ein eine Speicherkarte zugespielt worden. Darauf war ein Video mit ihren Forderungen. Die Fernsehleute waren in ziemlicher Aufregung deswegen. Kann man sich ja vorstellen. Zum Glück haben sie nicht lange gefackelt und es uns direkt übergeben. Sie werden auch nichts veröffentlichen, bevor wir nicht unser Okay dazu geben. Ich habe schon kurz hineingesehen und ich kann nur sagen: Es ist gut, dass Frank noch nicht da ist. Ich habe ihn und Karsten nur schnell darüber informiert, dass die Sache in Köln reine Zeitverschwendung ist. Galvarese hat nichts mit der Entführung zu tun. Wir müssen uns aber unbedingt zunächst ohne Frank ein Bild machen. Ich will auf keinen Fall, dass er dies Video unvorbereitet sieht.« Dann klickte Pit auf Start.

> Zwei unmaskierte Männer in Schwarz stehen links und rechts neben einer Frau mit orangenem Kopftuch. Sie sitzt in der Mitte. Ihr Kopf ist leicht hängend, der Blick nach unten gerichtet. Dennoch ist der verstörte Gesichtsausdruck gut zu erkennen. Panik und Unverständnis gleichermaßen drücken sich darin aus. Die Augen sind leer.

Die Männer stehen breitbeinig neben ihr, aufrecht, stolz, nein überheblich. Sie tragen Überlegenheit zur Schau, die Hände hinter dem Rücken verschränkt, sehen sie genau in die Kamera.

Die auf einem Hocker sitzende Frau lässt den Blick auf zwei weitere Personen hinter sich frei. Diese sind vermummt, von ihren Gesichtern ist nichts zu erkennen. Aber aus ihrer Haltung spricht dieselbe aggressive Überheblichkeit, dieselbe gewaltbereite Arroganz. Der linke hält ein Schnellfeuergewehr martialisch diagonal vor der Brust, eine russische AK 47.

»Kalaschnikow, immer wieder Kalaschnikow! Wie viele von diesen Scheißdingern sind eigentlich noch im Umlauf.« Schwameyers Zwischenruf brachte ihm tadelnde Blicke ein. Dann schauten alle wieder wie gebannt auf den Monitor.

Hinter den Entführern und der Frau ist an der Wand eine schwarze Flagge mit arabischen Schriftzeichen zu sehen. Die Fahne des IS. Sonst kann man von dem Raum kaum etwas erkennen.

Jetzt beginnt der vorn links neben der Frau Stehende zu sprechen: »Allahu akbar! Im Namen Allahs, des Allmächtigen. Ich bin Tarik al-Malek, das heißt: der Heerführer. Neben mir Zahid bin-Salam, das bedeutet: der gottesfürchtige Sohn des Friedens.« Er zeigt auf den zweiten Unvermummten. »Wir haben die Frau, die jetzt hier vor uns sitzt, gefangen genommen.«

Mit einer raschen Bewegung greift er mit seiner rechten Hand nach ihrem Kopf und reißt ihn hoch. Mit leeren Augen blickt sie direkt in die Kamera. »Das ist Angelika Sommer, die Frau eines hohen Polizeioffiziers, der dem gottlosen Staat dient, der sich Deutschland nennt. Sie wurde zum Tode verurteilt, aber es liegt in der Hand des deutschen Staates, sie zu retten. Wir haben keine Freude daran, Menschen den Kopf abzuschlagen. Aber wir haben Freude daran, Allah zu dienen. Wir tun, was er von uns verlangt. Und wir werden töten, wenn es Allahs Wille ist. Noch aber bleibt sie am Leben. Allah verlangt von uns, dass wir uns den Kampfgefährten in Syrien anschließen. Dieser Kampf ist wichtiger als das bisschen Leben dieser Polizistenhure.«

Tarik wird unterbrochen von lauten Allahu-akbar-Rufen der anderen. Dann fährt er fort: »Doch der gottlose, deutsche Staat stellt sich gegen Allah, indem er Tornados nach Syrien schickt und indem er uns die Ausreise verweigert. So wie er unseren Bruder Abdul Abu-Barzin am Flughafen in Düsseldorf gefangen genommen hat. Wenn man uns zusammen mit ihm ausreisen lässt und wir in Syrien angekommen sind, werden wir die Kämpfer hinter uns anweisen, die Polizistenhure freizulassen. Sollte dies nicht geschehen, wird Angelika Sommer hingerichtet. Es liegt in Eurer Hand. Allahu akbar!«

Tarik hebt zur Bekräftigung beide Hände. Die anderen tun es ebenfalls und rufen: »Allahu akbar!« Dabei zieht der, der Zahid genannt wird, ein machetenähnliches Schwert hinter dem Rücken hervor und hält es in unmissverständlicher Pose an Angelikas Hals, während Tarik ihren Kopf noch weiter nach hinten zieht. Schließlich holt er einen Zettel hervor und beginnt von ihm ablesend die Forderungen zu wiederholen und zu präzisieren.

»Wir sind Kämpfer des islamischen Staates und wollen nach Syrien in den Dschihad ziehen. Zur

Unterstützung unseres gerechten Kampfes im Namen Allahs stellen wir diese Forderungen:

- Wir wollen fünf Millionen Euro in bar.
- Der im Gefängnis sitzende Kämpfer Abdul Abu-Barzin soll umgehend freigelassen werden, damit er sich uns anschließen kann.
- Wir drei, Tarik al-Malek, Zahid bin-Salam und Abdul Abu-Barzin werden in einem Sonderflugzeug in die Türkei geflogen, an die Grenze zu Syrien.
- Wenn wir in Syrien mit unseren Kontaktleuten zusammengetroffen sind, werden die Gefährten hinter mir angewiesen, die Polizistenhure freizulassen.
- Dieses Video muss in voller Länge im Fernsehen veröffentlicht werden. Und zwar in den Tagesthemen im Ersten um zweiundzwanzig Uhr fünfzehn heute Abend.
- Jetzt, zum Zeitpunkt der Aufzeichnung, ist es zehn Uhr dreißig am 24. Juni. Spätestens morgen Mittag, am 25. Juni um zwölf Uhr, muss das Flugzeug ab Paderborn starten.
- Sollte dies nicht geschehen, wird Angelika Sommer um eine Minute nach zwölf hingerichtet.
- Wegen der Details werden wir uns telefonisch melden. Damit Sie wissen, dass wir es sind, hier das Codewort: 29. Juni 2014.«

Entsetzen und tiefe Erschütterung machten sich breit. Welches Ausmaß des Terrors bot sich ihnen hier! Pit blickte in bleiche Gesichter.

»Scheiße! Verdammte Scheiße!«, hörten die Anwesenden Sommers Stimme hinter sich. Erschrocken drehten sie sich um und erkannten, dass Frank, mit den Anderen von Köln kommend, unbemerkt, den Raum betreten hatte.

»Was ist das? Was machen die mit Angelika? Was soll das? Ein Terroranschlag?« Frank war kreidebleich im Gesicht. Alle um ihn herum konnten geradezu miterleben, wie sämtliche Kraft, die er bislang noch hatte, ihn verließ. Seine Beine gaben unter ihm nach, und er konnte von Linnemann gerade noch auf einen Stuhl gewuchtet werden. Allen wurde klar: Jetzt war eine Grenze überschritten. Die Angst der letzten Tage, die bange Frage, was überhaupt passiert war, dann die Fahrt nach Köln und die Begegnung mit dem Mafioso und nun seine Angelika in den Händen dschihadistischer Terroristen – das musste endgültig über seine Kraft gehen. Die Ellenbogen auf die Knie gestützt und das Gesicht in die Hände vergraben, so saß er da. Hanna Hülsmeier setzte sich neben Sommer und nahm ihn in den Arm. Laut schluchzend ließ er das geschehen und lehnte sich Trost suchend an die Psychologin und Freundin an.

Eine Zeit lang sagte niemand etwas. Dann erhob sich schwerfällig ihr Chef Wende. Jetzt war er gefordert. Jetzt musste er Führungsqualitäten beweisen, die Truppe zusammenhalten.

»Kollegen«, begann er mit gewollt gefasster Stimme. »Das ist ernster als alles, was wir bisher gedacht haben. Der Terror ist angekommen und das ausgerechnet in unserer ostwestfälischen Provinz. Aber ganz überraschen kann das nicht. Wer die Medien verfolgt hat, wird bemerkt haben, dass sich hier bei uns, in unserer Heimat, offenbar ein Hotspot des radikalen Islamismus herausgebildet hat, und zwar schon lange bevor die aus ihrer Heimat vertriebenen Flüchtlinge zu uns gekommen sind. Es ist dasselbe radikale Gedankengut, das den Flüchtlingen ihre Heimat raubt und uns nun diesen feigen, menschenverachtenden Terroranschlag gegen eine vollkommen unbeteiligte Person beschert. Das ist ein Angriff auf uns alle, auf die Polizei, auf den Staat, auf unsere Gesellschaft. Natürlich ist klar, dass dies über unsere Kräfte und Kompetenzen hinausgeht. Außer dem Staatsschutz muss ich deshalb umgehend Bundesanwaltschaft und Bundeskriminalamt informieren, denen als zuständige Behörden der Fall unverzüglich zu übergeben ist. Ich hoffe, dass wir entsprechend der üblichen Praxis hier vor Ort dennoch mit im Boot bleiben.«

Dann unterbrach er sich, um tief durchzuatmen. »Herr Sommer, wir holen Ihre Frau da raus. Verlassen Sie sich darauf!«

»Ach hören Sie doch auf! Sie reden hier wie auf einer Pressekonferenz und tun so, als würden Sie ein offizielles Kommuniqué vorlesen. Aber es geht hier um meine Frau, um Angelika!«

Keiner hatte damit gerechnet, dass Frank noch einmal zu einer Reaktion fähig gewesen wäre, am wenigsten Wende, der seinen Kommissariatsleiter erschrocken ansah. Franks Stimme überschlug sich. »Angelika ist in den Händen dieser Irren. Und die werden sie nicht schonen!« Tränen schossen in seine Augen, und er verstummte erneut. Linnemann sprang für ihn in die Bresche und sprach aus, was Frank sagen wollte und alle anderen ebenso klar sahen.

»Sie wissen doch, wie das in einem solchen Fall ist. Die Staatsraison geht vor. Angelika wird geopfert. Die in Berlin werden sich auf keinen Fall auf diesen Scheiß mit der Ausreise einlassen. Der Staat ist nicht erpressbar. Das ist doch die unumstößliche Haltung seit den Tagen der RAF. Deshalb müssen *wir* Angelika finden! Wir müssen sie befreien. Alles andere ist Unsinn. Und es muss schnell gehen. Sie haben es doch gehört. Wir haben noch«, er sah auf die Uhr und rechnet kurz nach, »wir haben noch knapp zwanzig Stunden.«

Es entstand eine Pause, die an Intensität und Dramatik kaum noch zu übertreffen war. Vollkommene Stille breitete sich aus. Nur Franks schweres Atmen war zu hören. Schließlich unterbrach Bernard mit leiser, aber ungemein eindrücklicher Stimme die gespenstische Friedhofsruhe: »Je suis Angelika!«

Doch noch immer blieb es bedrückend ruhig. Niemand rührte sich, alle sahen auf Thierry, bis der Franzose seinen Satz lauter, ja fordernder wiederholte: »Je suis Angelika!«

Pit war es schließlich, der den Bann brach: »Wir auch, verdammt! Wir auch!«

Kapitel 20

Hanna Hülsmeier war es gelungen, Frank Sommer mit Hilfe des französischen Kollegen nach Haus zu bringen. Er wollte das nicht und hatte versucht, sich dagegen zu sträuben, aber er war absolut nicht mehr in der Lage, irgendetwas Sinnvolles zur Unterstützung seiner Kollegen beizutragen. Seine Angelika in der Hand von Terroristen zu sehen, die damit drohten, sie zu enthaupten, das war zu viel. Auch ein langgedienter Polizist, der schon viel in seinem Berufsleben gesehen hat, geriet da an seine Grenzen. Kriminaldirektor Wende kam deshalb nicht umhin, ihm eine klare Dienstanweisung zu geben und ihn nach Hause zu schicken. Widerwillig fügte er sich schließlich. Vollkommen zusammengesunken saß er während der kurzen Fahrt nach Dornberg in seinem Auto neben Thierry, der den Wagen steuerte. Hanna folgte ihnen in ihrem Seat unmittelbar. Am Forellenweg waren sie von Fabian und Jennifer empfangen worden, die von der schrecklichen Entwicklung noch keine Ahnung hatten.

Frank war nicht in der Lage, den beiden die Ereignisse zu schildern. Das musste Thierry übernehmen, während Hanna Sommers Arm hielt. Erschütterung und Angst legten sich wie ein schwarzes Tuch über das Haus. Fabian sprang auf und rannte unruhig durch die Zimmer. Jennifer sackte in einer Sofaecke in sich zusammen. Erst leises, dann immer lauteres Schluchzen war zu hören.

Das Verhalten der beiden gab Frank einen neuen tiefen Stich ins Herz. Aber er konnte nichts tun, um den Schmerz zu lindern, nicht den seines Sohnes und dessen Freundin und nicht seinen eigenen. In diesem Moment wollte er nur noch eins: Völlig in Ruhe gelassen werden, um sich seiner verzweifelten Erschöpfung hinzugeben.

Im Präsidium hatten Wende und Schwameyer umgehend das Nötige organisiert und das Bundeskriminalamt sowie den Generalbundesanwalt in Kenntnis gesetzt. Das BKA machte sofort klar, dass es von Anfang an in Bielefeld vertreten sein wollte und eigene Vertreter schicken würde, um über alle Vorgänge im Bilde zu sein, damit später die nachträgliche Aufarbeitung im Auftrag des Generalbundesanwalts in Karlsruhe reibungsloser ablaufen könne. Aber die beiden Bundesbehörden konnten gar nicht anders, als sich auf die örtlichen Kräfte zu verlassen, also neben Wende und seinen Mitarbeitern auch Staatsschutz und SEK, das allein die entsprechenden Leute und nötigen Fähigkeiten hatte, um mit einem Entführungsfall, auch dieses Ausmaßes, umgehen zu können.

Eins machte Karlsruhe aber von Anfang an klar: Terroristische Entführungen waren etwas anderes als sozusagen normale Lösegelderpressungen. Und die Anweisung des Generalbundesanwaltes, die er mit dem schnell einberufenen Krisenkabinett der Bundesregierung abgestimmt hatte, war vorhersehbar: Auf die Forderungen der Entführer würde unter keinen Umständen eingegangen. Sie seien deshalb hinzuhalten, um Zeit für die Planung einer eventuell möglichen Befreiungsaktion zu gewinnen. Das war dann wieder die Aufgabe der Verhandlungsspezialisten des örtlichen SEK.

»Ich sage es ganz deutlich«, hatte der Vertreter des Generalbundesanwalts zu Wende am Telefon gesagt, »dass den verrückten Wünschen niemals nachgegeben wird. Deshalb darf es natürlich auch keine Veröffentlichung des Videos im Fernsehen geben. Machen Sie das den Verantwortlichen beim Sender ohne Zögern klar. Die werden doch dicht halten, oder?«

Gut zwei Stunden nach Wendes Telefonat mit dem GBA landete ein Hubschrauber mit zunächst drei Bundesermittlern auf dem Landeplatz direkt vor dem Haupteingang des Präsidiums. Angeführt wurde die Gruppe von der Kriminalrätin Marlene

Wolski. Schwameyer und Wende waren nach unten gelaufen, um sie in Empfang zu nehmen. Als sie aus dem Eingangsportal eilten, war die Helikoptertür bereits geöffnet worden. Nicht besonders groß, aber mit einem ziemlichen Maß an Energie kam Wolski auf sie zu. Ihre beiden Kollegen, der eine im Anzug ohne Krawatte, der andere in Jeans und Pullover, versuchten, ihr zu folgen. Das Auftreten der BKA-Beamtin ließ keinen Zweifel daran zu, wer hier im Letzten das Sagen haben würde, auch wenn die Einsatzleitung formal in Bielefeld lag. Im dunklen Hosenanzug stürmte sie in das Gebäude. Führungsgewohnt, dachte Pit.

Wolski kam dann auch sehr schnell zur Sache und ließ unmittelbar alle bisher Beteiligten im großen Konferenzraum zusammenkommen. »Liebe Kolleginnen und Kollegen, das ist eine große Sache, mit der wir es hier zu tun haben. Wir, die Kollegen Distel und Mayerhofer, beide Hauptkommissare beim BKA, und ich haben uns das Video bereits während des Fluges angesehen. Ziemlich scheußliche Angelegenheit das. Unsere Experten überprüfen gerade die Echtheit …«

»Was soll das denn?«, unterbrach Pit sie unmittelbar. »Natürlich ist das echt, schon allein deshalb, weil die entführte Frau tatsächlich Angelika Sommer ist, die Frau von EKHK Sommer, dem Leiter der Mordkommission. Echter geht's gar nicht.«

»Herr … wie ist doch gleich Ihr Name?«

»Schwameyer, Hauptkommissar bei der Mordkommission.«

»Kollege Schwameyer, das stellt niemand infrage. Aber ob die Entführer tatsächlich IS-Terrorristen sind, das wird zurzeit geklärt. Das könnten ja auch gewöhnliche Kriminelle sein, die sich als Islamisten ausgeben.«

»Entschuldigung, aber das ist Schwachs…, äh, Unsinn.« Pit gab keine Ruhe. »Das Code-Wort zum Beispiel: Die Kollegen vom Staatsschutz haben uns schon etwas darüber erzählt. Der 29. Juni 2014 ist der Tag, an dem das IS-Kalifat in Syrien und im

Irak ausgerufen worden ist. Und dann, viel wichtiger: Dieser Zahid ist dem Staatsschutz schon bekannt. Er steht unter Beobachtung.«

»Ist er als Gefährder eingestuft worden?«

»Nein, das noch nicht. Wohl aber dieser Abdul Abu-Barzin, der vor Kurzem am Flughafen in Düsseldorf bei seiner versuchten Ausreise festgenommen werden konnte. Um seine Freipressung geht es vermutlich vor allem. Also, bevor Sie lange mit Ihren sogenannten Experten rumanalysieren, hätten Sie einfach uns gefragt.«

Zustimmendes Gemurmel im Saal, in dem nicht nur die Mitglieder der Mordkommission saßen, sondern auch eine große Zahl von eilig herbeigeholten Kolleginnen und Kollegen aus anderen Dienststellen. Alle sahen gebannt auf die BKA-Beamtin, deren Berliner Kollegen ein leicht abschätziges Grinsen aufblitzen ließen. Galt das Schwameyer oder Wolski? Wende sah einigermaßen besorgt aus. Er kannte Pit schließlich nur zu gut, auch wenn er nach seiner Krankheit deutlich ruhiger zu sein schien. Doch überlegen arrogantes Auftreten ging ihm nach wie vor gehörig gegen den Strich. Und im Augenblick war er natürlich ziemlich aufgewühlt, weil es um die Frau seines Kollegen und Freundes ging.

»Herr Schwameyer, seien Sie versichert, dass wir nicht dumm sind, nur weil wir aus der Hauptstadt sind.« Schon wieder so ein arroganter Unterton. Doch Pit ließ sich diesmal nicht davon beeindrucken. »Und genau die Dinge, die Sie anmerken, haben auch unsere Spezialisten herausgefunden und mir soeben auf mein Handy geschickt. Und da ist noch mehr, was die Experten uns zu sagen haben. Das Video, die Art der Forderungen, das sei alles in allem irgendwie untypisch. Sie werden das genauer klären, aber wir sollten durchaus die Möglichkeit in Betracht ziehen, dass etwas anderes mit im Spiel ist.«

»Aber die Sache ist dennoch ernst, oder?«, wollte Linnemann wissen.

»Ja, ohne Zweifel. Das alles ist kein Fake, wenn ich das mal so sagen darf, sondern brutale und blutige Realität. Frau Sommer ist in allergrößter Gefahr.«

Pit wollte gerade zu einer Antwort ansetzen, als Wende ihm zuvorkam. »Ja, dann wäre das geklärt. Wir wissen, das hier ist keine Kleinigkeit. Und wir wissen, dass in diesem Raum keine Dummköpfe sitzen, keine aus Berlin und keine aus Bielefeld. Sie können sicher sein, dass unser Staatsschutzkommissariat sehr gut über alles informiert ist, was sich in unserem Zuständigkeitsbereich so abspielt. Oder haben Sie auch eigene Kräfte vor Ort, die seit Jahren die Szene beobachten?« Er versuchte, der Bemerkung mit einem gewollten Lächeln seine Spitze zu nehmen. Als niemand darauf einging, fuhr er fort: »Dann können wir jetzt vielleicht endlich zu arbeiten beginnen. Die Zeit drängt, wenn ich Sie daran erinnern darf.«

In diesem Moment wurde die Tür aufgerissen und der Leiter des SEK, Wolf Haarkötter kam herein.

»Kommen Sie herein, Haarkötter. Wir haben schon auf Sie gewartet. Wie ist der Stand Ihrer Vorbereitungen?«

»Alles im grünen Bereich. Wir stehen bereit!«

»Nun, dann schlage ich vor, dass HK Christoph Drake vom Staatsschutz 1 uns zunächst mit den notwendigen Informationen zur hiesigen Islamistenszene füttert.«

Der Angesprochene erhob sich etwas schwerfällig und begann unmittelbar mit seinem Vortrag. »Die Salafistenszene in OWL ist ziemlich aktiv. Das kann jeder sehen, wenn in den Fußgängerzonen mal wieder ein Bücherstand von denen auftaucht. Besonders in Herford haben wir deswegen seit längerer Zeit ein Dutzend Personen im Blick, die wir namentlich kennen und die überwiegend eine bestimmte Moschee besuchen. Ob man Herford damit eine Hochburg des Salafismus nennen kann, weiß ich nicht, aber in der nicht besonders großen Stadt leben immerhin prozentual nahezu doppelt so viele wie im Bundesdurchschnitt.«

Er blickte in die Runde, als ob er die Wirkung seiner Worte überprüfen wollte.

»Grundsätzlich sollte man wissen«, fuhr er fort, »dass der Salafismus die extremste fundamentalistische Richtung innerhalb des sunnitischen Islam darstellt. Aber er ist in sich keineswegs einheitlich, sondern teilt sich in drei erkennbare Grundströmungen auf: a) den unpolitischen, privat gelebten, puristischen Salafismus, wie die anderen auch mit einer extrem radikalen Auslegung des Korans; b) den politischen, der auf Grundlage dieser radikalen Auslegung einen islamischen Staat etablieren will und der Scharia uneingeschränkte Herrschaft einräumt; und c) den dschihadistischen Salafismus, der, um dieses Ziel zu erreichen, ohne Skrupel auf jede Form von Gewalt setzt. Jedoch, das muss hier sofort gesagt werden, natürlich sind nicht alle Muslime Salafisten, im Gegenteil. Salafisten sind innerhalb der Muslime eine Minderheit …«

»Mann, Drake, komm zu Potte und halt uns keine Vorträge über Dinge, die jetzt gar nicht entscheidend sind. Wer sind die Männer, die uns hier Ärger machen, und wie kommen wir an die ran, damit wir Angelika da rausholen können?« Pit Schwameyer wollte keine Zeit verlieren.

»Okay. Zunächst Zahid bin-Salam, echter Name: Mesut Öztürk, ein junger Mann mit türkischem Migrationshintergrund, aber mit deutschem Pass. In der dritten Generation in Deutschland. Seine Eltern sind schon vor seiner Geburt deutsche Staatsbürger geworden, gut integriert, wohnen nicht in Herford, sondern in der Nähe von Bielefeld, genauer gesagt in einem kleinen Ort mit Namen Werther. Irgendwann, Mesut war inzwischen bei Pflegeeltern in Herford, wurde er offenbar kontaktiert und für den Salafismus interessiert. Seitdem hat er sich, sehr wesentlich auch durch das Internet, immer mehr radikalisiert und nennt sich Zahid bin-Salam. Der Kontakt zu den Eltern und Pflegeeltern ist vollkommen abgebrochen.« Er schaute kurz auf seine Notizen.

»Wir hatten ihn mal zu einer Befragung bei uns. Der Mann ist voll von Hass und Gewaltfantasien, und mit der deutschen Sprache hapert es auch ziemlich. Ich stufe ihn deshalb eher als nützlichen Idioten ein. Sein Wunsch, nach Syrien zu kommen, ist jedoch echt. Hier ein typischer Verlierer der Gesellschaft, im islamistischen Kampf aber endlich ein Held – das ist es, was man ihm eingeredet hat und was er nur zu gern glaubt. Kenner der Szene sagen uns seit Langem, dass es diesen Typen kaum um Religion geht, jedenfalls nicht in Europa, sondern um ein Ventil, durch das sich die Wut der Verlierer auf die Gesellschaft entlädt. Deshalb bricht die terroristische Gewalt in Frankreich auch viel härter aus als in Deutschland, weil die Verhältnisse in den trostlosen französischen Vorstädten so viel schlimmer sind als bei uns.«

»Was sollen Leute wie Zahid oder Mesut in Syrien? Kanonenfutter sein, oder was?«, warf Karsten Linnemann dazwischen.

»Ja, davon kann man ausgehen. Menschen wie dieser Mesut sind Opfer, zuerst der Gesellschaft und dann der Dschihadisten. Aber, damit kein Missverständnis aufkommt: Sie sind extrem gefährliche Opfer! Ähnlich einem Drogenabhängigen, der zuerst Opfer der Dealer ist, aber dann im Rausch von Chrystal Meth zu einem Gewalttäter werden kann, den man in seinem Wahn nicht mit Verständnis und Gutzureden stoppen kann.«

»Was heißt denn das?«, platzte Anna Tomczyk dazwischen. »Sind wir also mal wieder so etwas wie die Straßenreinigung, die den Mist, den die Gesellschaft auf dem Asphalt zurücklässt, wegschaufeln darf?«

Schweigen machte sich im Raum breit. Die meisten dachten wohl ähnlich, hätten sich aber nicht getraut, es auszusprechen.

Alle waren froh, als Wende fragte: »Und was ist mit dem anderen, diesem Tarik al-Malek?«

»Der ist uns bisher noch unbekannt«, nahm Drake den Faden wieder auf. »So wie er in dem Video spricht, scheint er keinen Migrationshintergrund zu haben. Ich denke, Ihre Spezialisten in Berlin, Kollegin Wolski, werden das bestätigen. Allerdings, ob er den Text, den er vorliest, selbst verfasst hat oder ein ganz anderer, zum Beispiel einer der beiden Vermummten in dem Video, das müsste noch geklärt werden. Hängt davon ab, ob wir Tarik diese Intelligenzleistung zutrauen.«

»Er liest erst später von dem Zettel ab, wenn es um die konkreten Forderungen geht«, warf Wende ein. »Zuerst redet er frei. Das irritiert mich schon die ganze Zeit. Was halten Ihre Leute in Berlin davon? Ist es ihnen auch aufgefallen, Kollegin Wolski? Haben Sie eine Erklärung dafür?«

»Nein, dafür nicht«, antwortete die BKA-Beamtin etwas verlegen.

»Aber unsere Verhandlungsspezialisten haben dazu eine Idee«, warf überraschend Wolf Haarkötter ein. »Wir glauben, dass das ein Zeichen dafür ist, dass hinter der Entführung ein anderer steht, der eigentliche Drahtzieher nämlich. Von diesem Kopf stammt die Liste der Forderungen, die Tarik vorlesen musste.«

»Schön, aber bleiben wir doch bitte mal bei diesem Tarik. Wer verbirgt sich dahinter?«, hakte Wende wieder nach. »Was wissen Sie über ihn? Mesut konnte ja schon identifiziert werden.«

»Nein, tut mir leid«, antwortete Drake. »Dieser Tarik ist bislang erkennungsdienstlich nicht erfasst.«

»Und das ist alles, was wir wissen?« Wende gab sich enttäuscht.

»Nun, es gibt zumindest noch einen weiteren Namen, der uns aber noch mehr Kopfzerbrechen macht.« Drake ging auf Wendes provokative Frage nicht ein. »Nasir ad-Din. In ihm vermuten wir den führenden Kopf, auf den Haarkötter angespielt hat. Nur konnten wir ihn bisher nicht identifizieren. Wie ein Phantom taucht er immer wieder bei den Ermittlungen auf, aber ohne dass wir ihm eine reale Person zuordnen könnten.«

»Wie bitte? Was ist das denn für ein Mist!« Marlene Wolski schaute Drake ziemlich verkniffen an »Wollen Sie damit sagen, dass Sie es nicht schaffen, herauszufinden, wer hinter diesem Kampfnamen steckt?«

»Nun, das ist manchmal nicht so einfach, wie man denkt. Dieser Nasir konnte noch nicht als Gefährder eingestuft werden. Wir wissen einfach nicht genug von ihm. Er scheint allerdings ein ziemlich intelligenter Kopf zu sein, der sich sehr geschickt im Hintergrund hält.«

Aus der Ecke, in der die beiden anderen BKA-Beamten saßen, kam irgendetwas wie »Scheiß Provinzler«, was zu missbilligendem Raunen führte.

»Kann Nasir ad-Din einer der Vermummten in dem Video sein?«, bohrte Wolski weiter nach.

Drake zuckte mit den Schultern: »Darüber haben wir keine Informationen. Auch nicht über den vierten. Aber möglich könnte es natürlich sein.«

»Na, wie auch immer. Dann müssen wir uns damit im Moment wohl zufrieden geben. Was ist mit dem WDR? Wieso ist das Video überhaupt zuerst da angekommen? Herr Schwameyer, haben Sie da nachgehakt?«

»Ja, der Kollege Linnemann hat sich darum gekümmert. Aber Karsten, sag doch selbst.«

»Die Speicherkarte wurde in einem anonymen Briefumschlag von einem Jungen aus der Nachbarschaft abgegeben. Ein junger Mann hatte ihn vor dem WDR-Studio angesprochen und ihm fünf Euro gegeben, wenn er den Brief drinnen abgäbe. Ein argloser Redakteur bekam ihn dann völlig unvorbereitet auf den Tisch und schob die SD-Karte neugierig in seinen Rechner. Ihr könnt euch vorstellen, was von dem Moment an da los war. Panik und helle Aufregung in Studio. Es steht zu hoffen, dass nicht allzu viele Personen von der Sache Wind bekommen haben. Aber egal, die Zuständigen beim WDR in Bielefeld haben dann das Material sofort uns übergeben.«

»Warum denn so umständlich? Warum eine Speicherkarte beim WDR abgeben? Die IS-Leute posten doch sonst auch jeden Mist bei YouTube und Co.«

»Hat uns auch gewundert. Aber die wissen natürlich, dass wir das Internet überwachen. Wahrscheinlicher aber ist es, dass sie den Ball flach halten wollen und den Film nicht gleich in die ganze Welt hinausposaunen. Könnte sein, dass sie sich so einen Vorteil für ihre Forderungen erhoffen. Aber das gehört wohl zu den Ungereimtheiten, die den Experten in Berlin auch aufgefallen sind.«

»Okay«, fasste Marlene Wolski zusammen. »Da uns dieser Zahid, alias Mesut Öztürk, und der andere«, sie schaute in ihre Aufzeichnungen, »Tarik al-Malek ihr Gesicht gezeigt haben, wissen wir, wo wir anzusetzen haben. Erstens: Wir werden Zahids Eltern aufsuchen. Zeigt ihnen das Bild von Tarik, ob sie den Kumpel ihres Sohnes eventuell erkennen. Zweitens müssen wir uns in der Moschee umsehen. Auch denen soll ein Bild von diesem Tarik gezeigt werden, und versucht dort auch, etwas über Nasir herauszufinden und den vierten Mann. Die sind vielleicht irgendwann mal in der Moschee aufgetaucht. Aber was auch immer Sie in diesem Fall unternehmen: Denken Sie an Ihren Eigenschutz. Nur in Zweier-Teams die Befragungen durchführen und am besten immer weitere Streifenbeamte mitnehmen. Alles klar?«

Zustimmendes Gemurmel überall. »Alles klar.«

»Dann los!«

Kapitel 21

Bereits auf dem Weg nach Herford, rief Pit Schwameyer bei Frank Sommer an. »Hallo Frank, ich bin's Pit.«

Frank nahm zwar das Gespräch an, brachte aber kaum einen Ton heraus.

»Oh, Entschuldigung, habe ich dich geweckt?«

»Ja, hast du, aber es geht schon. Ich war so groggy, dass …« Er brach den Satz ab.

»Okay, verstehe. Nur schnell der Stand der Dinge. Ich bin mit Anna unterwegs zu dieser Moschee in Herford.« Er berichtete, was bislang geschehen war. »Der eine Entführer ist identifiziert. Hinter Zahid bin-Salam verbirgt sich ein gewisser Mesut Öztürk, die geben sich ja alle immer neue Namen. Wir hoffen, vom Imam zu erfahren, wer dieser Zahid ist. Aber wir sollten versuchen, von mehreren Seiten daranzugehen. Und was mir nicht aus dem Kopf geht«, schloss er, »ist die Frage, warum eigentlich Angelika das Entführungsopfer ist. Dafür muss es einen vernünftigen Grund geben.«

»Polizistenfrau – kann das schon reichen?« Trotz seiner Erschöpfung, war Frank jetzt aufmerksam..

»Nein, Polizistenfrauen gibt es viele. Wenn Angelika ausgesucht wurde, dann muss da noch mehr sein. Die Eltern dieses Mesut oder Zahid, leben in Werther. Besteht da eine Verbindung? Angelika unterrichtet doch dort. Vielleicht ein früherer Schüler, bevor er zu den Pflegeeltern kam? Was meinst du? Könntest du dich eventuell darum kümmern? Ich weiß, ich sollte dich das nicht fragen, aber untätig rumsitzen wirst du auch nicht wollen.«

Nein, das wollte Frank nicht, auf keinen Fall. Endlich etwas, was er aktiv tun konnte! »Ich kümmer mich drum. Noch heute Abend. Das krieg ich raus. Fährt auch jemand zu den Eltern in Werther?«

»Marina und Karsten machen das, während wir den Imam befragen. Er erwartet uns bereits.«

»Okay, schick mir Fotos von Zahid und Marvin aufs Handy. Ich meld mich wieder, wenn ich was rausbekommen habe.« Pit beendete das Gespräch.

»War das klug, Frank einzuschalten?« Anna schaute skeptisch, nachdem Pit aufgelegt hatte. »Vielleicht hätten wir ihn besser in Ruhe gelassen.«

Trotz der Übereinkunft, Sommer aus den Ermittlungen herauszuhalten, glaubte Pit aber, das seinem alten Weggefährten und Freund schuldig zu sein, ihn auf dem Laufenden zu halten und ihn gegebenenfalls sogar selbst etwas tun zu lassen.

»Ja, vielleicht«, bestätigte er deshalb. »Aber du kennst ihn doch. Er wird von sich aus niemals Ruhe geben. Es ist zu seinem Besten.«

Eine Viertelstunde später erreichten sie die Moschee. Auf der Straße wartete bereits ein Streifenwagen der Herforder Polizei. Die beiden Kollegen blieben aber auf Schwameyers Wunsch im Auto sitzen, während er mit Anna auf den Eingang des unscheinbaren Gebäudes zuging. Lediglich ein kleines Türmchen, als Minarett erkennbar, wies darauf hin, worum es sich bei diesem Haus handelte. Sie wurden an der Tür bereits von dem Imam erwartet.

»Meine Dame, mein Herr, womit kann ich Ihnen dienen? Es scheint ja sehr wichtig zu sein.«

»Guten Abend.« Pit und Anna wiesen sich aus. »Ich bin Hauptkommissar Pit Schwameyer, und das ist meine Kollegin Oberkommissarin Anna Tomczyk. Und Sie sind der Imam dieser Moschee?«

»Ja, Dursun Ateş.«

»Herr Ateş, wir sind von der Bielefelder Polizei, genauer gesagt von der Mordkommission.«

»Mordkommission?« Der Imam erschrak erkennbar bei diesem Hinweis. »Was ist passiert? Ist jemand? – O nein, bitte nicht!«

»Nein, nein! Entschuldigung. Wir wollen Sie nicht ängstigen. Keine Todesnachricht, aber es ist dennoch etwas sehr Ernstes geschehen. Dürfen wir hereinkommen?«

Sie wurden in einen kleinen Raum neben dem großen Gebetsraum geführt, in den sie im Vorbeigehen einen kurzen Blick durch die Glastür werfen konnten. Ein großer, leerer und vollständig mit Teppichen ausgelegter Raum. Der Tür gegenüber war an der Wand eine Stelle markiert, die Gebetsrichtung nach Mekka, und rechts daneben eine Treppe oder eine Art Kanzel.

In dem kleinen Raum, in dem sie Platz nahmen, gab es nur einen Tisch mit mehreren Stühlen. Vermutlich diente er der Gemeinde als Besprechungsraum. Ateş forderte sie auf, Platz zu nehmen, und setzte sich selbst den Beamten gegenüber.

»Es ist etwas Ernstes geschehen, sagten Sie?«

Pit ging nicht auf die besorgte Frage des Imams ein. Er wollte nicht zu viel preisgeben. »Herr Ateş, kennen Sie diese Personen?« Langsam und bedächtig legte er die Fotos von Zahid und Tarik auf den Tisch und schob sie zu Ateş hinüber. Aufmerksam beobachteten er und Anna ihr Gegenüber. Gab es irgendeine Regung im Gesicht des Imams? Ein Anzeichen dafür, dass er die beiden kannte, vielleicht sogar ein Zeichen des Erschreckens?

Ateş nahm die Bilder ein wenig zurückhaltend in die Hand, als ob er etwas Unangenehmes erwartete, schaute sie aber genau an. Schließlich antwortete er: »Ja ich habe die beiden jungen Männer schon einmal gesehen. Sie haben hier immer mal wieder gebetet.«

»Sie kennen sie also? Auch ihre Namen?«

»Das sind Mesut und Marvin. Aber wie waren doch noch ihre Nachnamen?« Ateş dachte offensichtlich nach. »Mesut

Öztürk. Das ist der hier.« Er zeigte auf Zahids Bild. »Mesut kam vor zwei oder drei Jahren zum ersten Mal hierher. Er lebte bei einem Onkel. Seine Eltern wohnen aber nicht in Herford. Irgendwo in oder bei Bielefeld. So genau weiß ich das nicht. Ich glaube, Mesut ist damals nur wegen seinem Onkel Yusuf Öztürk zum Freitagsgebet gekommen, und das auch ziemlich selten. Yusuf hatte sich mir mal anvertraut, dass er, genau wie die Eltern, ziemliche Schwierigkeiten mit Mesut hatte. Aber dann, das war Anfang des Jahres glaube ich, kam er plötzlich öfter, eigentlich sogar jeden Freitag. Irgendwie war ihm die Religion wichtig geworden. Weshalb, hat er mir aber nicht gesagt.«

»Und ist das immer noch so? Kommt Mesut nach wie vor jeden Freitag hierher?«

»In letzter Zeit hat er ein paarmal gefehlt. Vielleicht ist es ihm schon wieder langweilig geworden.«

»Dann zu dem anderen. Marvin, sagten Sie, heißt er. Der Nachname fällt Ihnen aber nicht ein?«

Ateş überlegte noch einmal. »Nein. Dieser Marvin kam auch viel seltener, aber wenn, dann immer mit Mesut, soweit ich das überblicken kann. Die beiden schienen eng befreundet zu sein. Kumpel, wie man das wohl nennt. Aber er war kein Türke. Marvin war ganz bestimmt Deutscher.«

»Könnte irgendjemand anderes aus Ihrer Gemeinde ihn näher kennen?«

»Ich kann mich mal umhören, wenn das für Sie wichtig ist. Aber sagen Sie mir doch jetzt endlich, was eigentlich passiert ist!«

Anna und Pit sahen sich eine Weile an. Wie viel durften sie hier preisgeben? »Es tut uns leid«, antwortete Schwameyer schließlich. »Genaueres dürfen wir Ihnen leider nicht sagen. Aber den beiden wird eine sehr ernste Straftat vorgeworfen. Und um Schlimmeres zu verhindern, müssen wir sie tatsächlich ziemlich schnell finden. Haben Sie eventuell eine Ahnung, wo sie sein könnten?«

»Sie meinen jetzt im Moment?«

»Ja, oder wenigstens, eine Vermutung, so vage sie auch sein mag.«

»Nein, tut mir leid. Das weiß ich wirklich nicht. Wie gesagt, in der letzten Zeit waren sie auch seltener hier. Aber ich könnte Ihnen natürlich sagen, wo Mesuts Onkel wohnt. Der kann Ihnen möglicherweise weiterhelfen. Und im Übrigen sollte er auch wissen, dass sein Neffe und Pflegesohn von der Polizei gesucht wird.«

Mit der Adresse von Yusuf Öztürk in der Tasche machten sich die Bielefelder Polizisten wieder auf den Weg. Die Magdeburger Straße, hatte Ateş noch gesagt, sei eine Hochhaussiedlung in der Nordstadt und ein sogenannter sozialer Brennpunkt. Die Öztürks hätten deshalb schon seit geraumer Zeit wegziehen wollen, was bisher aber noch nicht geklappt habe. Pit bat die Herforder Kollegen, die noch in ihrem Wagen warteten, sie dorthin zu leiten.

Anna hatte sie wegen der inzwischen späten Stunde telefonisch angemeldet, was Yusuf Öztürk aber in große Aufregung versetzt hatte. Kein Wunder, hatte sie gedacht, schließlich ging es hier wieder einmal um das Sorgenkind der Familie. Als sie dann jedoch in der Wohnung standen, merkte sie, dass es weniger Sorge als vielmehr Wut und Ärger waren, die ihnen entgegenschlugen, und zwar über Mesut, von dem sie ziemlich lange nichts mehr gehört hatten.

»Was hat er nun schon wieder ausgefressen?« Das war die erste Frage des Onkels. Pit und Anna entschieden, bei der Strategie zu bleiben, die sie dem Imam gegenüber angewandt hatten. Nur warnten sie hier eindringlicher, dass der Neffe in Gefahr stand, ein schreckliches Verbrechen zu begehen. Was es zu verhindern galt.

Yusuf Öztürk bestätigte umgehend, nachdem die Polizisten ihm das Bild von Tarik gezeigt hatten, dass es sich dabei um

Mesuts Kumpel Marvin handelte. Den Nachnamen kannte auch er nicht. Sie waren völlig umsonst hierhergekommen. Wieder in ihrem Auto erfuhren sie, dass Marina und Karsten noch weniger Glück gehabt hatten. Mesuts Eltern waren verreist, die Nachbarin, die während ihrer Abwesenheit in der Wohnung nach dem Rechten sehen sollte, wusste nur, dass sie nach Frankfurt gefahren waren. Sie mussten versuchen, eine Handy-Nummer vom Vater oder von der Mutter zu ermitteln. Sie beschlossen deshalb, ins Präsidium zu fahren. Auch um gleich vor Ort zu sein, falls sich irgendetwas Wichtiges täte. Nach Hause würde heute Abend niemand gehen.

Vorher rief Pit Schwameyer den Imam Dursun Ateş an, um ihn nun doch über die Gefahrenlage zu informieren, sie mussten ja irgendwie vorankommen. Sie fragten ihn noch einmal nach Tarik, und ob er nicht auch irgendetwas über den mysteriösen Nasir ad-Din herausfinden könnte, der immer wieder wie ein Phantom auftauchte, aber nicht richtig sichtbar wurde. Vielleicht war er ja irgendwann einmal in der Moschee gesehen worden. Ateş hatte versprochen, sich entsprechende Gedanken zu machen. Nun, da er wusste, was auf dem Spiel stand und dass sie es mit dschihadistischem Terror zu tun hatten, war er nicht nur besorgt, sondern auch ausgesprochen kooperativ gewesen. »Diese Menschen beschädigen das Ansehen des Islam«, hatte er gesagt, »mehr noch, das Ansehen jeder Religion und natürlich das Ansehen meiner Gemeinde und Moschee. Was sie getan haben, ist unentschuldbar und eine Schande für den Islam.« Und am Ende hatte er hinzugefügt: »Sie können sich auf mich verlassen.«

Während Pit und Anna am Abend nach Herford gefahren waren, hatte Frank Sommer überlegt, wie er am schnellsten an die notwendigen Informationen zu Mesut Öztürk und dessen Verbindung zu Angelika kommen könnte. Er besprach sich mit den anderen.

»Ich weiß nicht so recht, was das bringen soll«, wandte Thierry ein. »Hilft uns das, Angelika schneller zu finden?«

»Was weiß ich? Aber immer noch besser, als hier rumzusitzen. Also: Kann die Entführung etwas mit ihrer Lehrerinnentätigkeit zu tun haben? Ein, was weiß ich, Racheakt für schlechte Noten?«

»Dafür dieser ganze verdammte Entführungsaufwand?«

»Hat es alles schon gegeben. Irgendeine, wie soll ich sagen, Amoklaufvariante? Wer könnte so was wissen? Die Kollegen vielleicht oder jemand von der Schulleitung. Ich versuch mal, Angelikas Chef anzurufen.«

So ausführlich wie nötig und so knapp wie möglich erläuterte Sommer die Lage, als er den Schulleiter am Telefon hatte. Robert Jungmann war erkennbar erschüttert, versprach aber, sofort zu helfen. Er wollte auch einige Kollegen befragen. Dafür brauchte er jedoch den genauen Namen und ein Bild. Sommer solle ihm alles aufs Handy schicken, und Jungmann versprach, sich sofort zu melden, sollte er etwas herausfinden.

»Nein, so viel Zeit haben wir nicht«, entgegnete Frank. »Können wir das nicht anders machen? Wir treffen uns alle in der Schule. Bis wir da sind, versuchen Sie die betroffenen Kollegen zu erreichen. Das ist auf jeden Fall besser, als diese Fragen nur am Telefon zu besprechen.«

Jungmann konnte nicht anders, als zuzustimmen, und so trafen sie sich zwanzig Minuten später in Werther vor der Gesamtschule. Thierry war auf Franks Wunsch hin mitgekommen.

Zunächst suchte Angelikas Chef nach Mesuts Namen in der Datenbank des Schulrechners. Schon nach kurzer Zeit wurde er fündig. Mesut Öztürk war tatsächlich Angelikas Schüler gewesen und zwar sowohl in Religion als auch in Deutsch. Seine Noten waren aber durchweg schlecht, nicht nur im Deutschen, sondern in fast allen anderen Fächern. Er hatte auch zwei Verweise erhalten, und es hatte schließlich ein Gespräch mit den

Eltern gegeben. Kurz danach war Mesut dann von der Schule abgemeldet worden.

»Worum ging es bei dem Gespräch?«, wollte Sommer wissen.

»Das ist hier nicht genau vermerkt, nur dass es um die Leistungen, aber mehr noch um Mesuts Disziplin ging. Es gab wiederholt Eintragungen ins Klassenbuch, nicht nur von Ihrer Frau, sondern von verschiedenen Kollegen.«

In diesem Moment kam ein weiterer Lehrer dazu. »Das ist Herr Winkelmeier«, stellte Jungmann ihn vor. »Er war seinerzeit Mesuts Klassenlehrer. – Jörg, kannst du dich an Mesut Öztürk erinnern? Warum ist der damals von der Schule abgegangen?«

In seinem Gedächtnis suchend, ließ sich der Angesprochene zunächst das Foto zeigen und dann die Eintragungen in Mesuts Akte.

»Ja, da klingelt noch was bei mir. Ist natürlich schon eine Weile her.« Wie um sein Nachdenken zu unterstützen, legte er seinen linken Zeigefinger an Mund und Nase. »Dieser Schüler hatte tatsächlich erhebliche Probleme. Ich glaube der Hauptgrund für das Gespräch mit den Eltern war, dass er sich zu einer Tätlichkeit gegenüber Angelika hatte hinreißen lassen, oder beinahe zumindest. Wir haben dann mit ihm und seinen Eltern gesprochen. Ihre Frau, Herr Sommer, war natürlich dabei und die Schulpsychologin. Aber es zeigte sich, dass auch die Eltern keinerlei Einfluss mehr auf ihn hatten. Sie wirkten vollkommen hilflos. Kurz danach haben sie ihn von der Schule abgemeldet. Ich meine, die Eltern hätten angedeutet, ihn nach Herford zu Verwandten zu geben. Was ich als Unsinn empfand, wovon sie sich aber einiges erhofften.«

Frank schwieg betroffen. Sollte wirklich ein derart banaler Zwischenfall seine Angelika derart in Gefahr gebracht haben? Es war unglaublich, welchen Gefahren Lehrer ausgesetzt sein konnten.

Thierry ergriff die Initiative. Er nahm ihm sein Handy ab, wischte das Foto von Tarik al-Malek auf das Display und hielt es Jörg Winkelmeier hin. »Kennen Sie diesen jungen Mann?«

Ein kurzer Blick genügte: »Ja, das ist Marvin, Marvin Berger. Er war mit Mesut befreundet.«

Thierry nickte Frank mit einem triumphierenden Lächeln zu, während Jungmann sich schon dem Computer zuwandte. »Ich suche Ihnen die Adresse raus, unter der er bei uns gemeldet war.«

Kapitel 22

Die Entführer hatten verlangt, ihr Video in den Tagesthemen zu senden. Aber das war auf Anweisung aus Berlin nicht geschehen. Seit die Nachrichtensendung zu Ende war, saß Marlene mit ihren Mitarbeitern im Konferenzraum, gespannt darauf wartend, dass sich die Entführer meldeten. Wie würden sie darauf reagieren, dass ihre Forderung unerfüllt geblieben war? Alle hofften, dass sie nach heftigen Beschimpfungen einen neuen Zeitplan vorlegen würden. Der Verhandlungsspezialist Oliver Fischer stand dafür bereit. Er war darauf trainiert, in dem, was Entführer sagten und wie sie es sagten, zwischen den Zeilen zu lesen und daraus Schlüsse über die Situation zu ziehen. Angst jedoch breitete sich aus, dass ein Video von der Hinrichtung Angelikas eintreffen könnte. Das wäre der Super-Gau.

Um 22:43 Uhr klingelte das Telefon im Konferenzraum. Fischer nahm das Gespräch an, der Ton wurde laut gestellt, alle im Raum konnten mithören.

»Codewort: 29. Juni 2014. Allahu akbar! Was bildet ihr euch ein, ihr Ungläubigen! Ihr gehört zum Haus des Krieges. Allah ist groß! Wir werden euch vernichten. Wir hatten eine Vereinbarung, die ihr nicht eingehalten habt. Was glaubt ihr, was jetzt kommt? Wir haben Angelika Sommer in unserer Gewalt und, Inschallah, sie wird sterben, wenn noch einmal irgendetwas schiefläuft. Habt ihr das verstanden? Sie wird sterben! Wiederholt es wörtlich: Angelika Sommer wird sterben, wenn wir weiter auf Zeit spielen. Wiederholt das. Wir hören.«

Oliver Fischer sah sich im Raum um. Wolski nickte. Dann antwortete er: »Selbstverständlich. Wie Sie wünschen. Angelika Sommer wird sterben, wenn wir weiter auf Zeit spielen. Ich nehme aber an, dass Sie uns noch mehr mitzuteilen haben.«

»Darauf können Sie an. Und hören Sie genau zu. Ich sag's nur einmal: In der Tagesschau morgen früh um neun Uhr ist das Video zu sehen. Das ist Ihre einzige, Ihre letzte Chance. Wenn das wieder nicht klappt, melden wir uns nicht noch einmal, sondern Sie sehen die Hinrichtung dieser Polizistenhexe im Internet. So ist das, wenn man sich mit uns anlegt.«

»Habe ich notiert. Ach übrigens, wie darf ich Sie anreden? Es spricht sich besser, wenn man einen Namen hat. Ich bin Oliver Fischer und ich bin hier ihr Gesprächspartner.«

»Sie wollen wissen, wie ich heiße? Aber das haben wir doch im Video schon gesagt. Ich bin Tarik al-Malek. Und ich bin hier Ihr Gesprächspartner.«

»Okay, Tarik …«

»Tarik al-Malek!«

»In Ordnung, Tarik al-Malek. Das Video soll morgen früh gesendet werden. Aber da sind noch zwei Dinge, auf denen ich bestehen muss. Erstens: Ich brauche eine Telefonnummer von Ihnen, für den Fall, dass irgendetwas …«

»Es gibt keinen solchen Fall. Um neun ist das Video im Fernsehen. Wir bestimmen hier, was gemacht wird, und nicht irgendein Kafir.«

»Herr al-Malek. Sie wollen Ihren Bruder, Abdul abu-Barzin, befreien und mit ihm nach Syrien, und wir wollen Frau Sommer zurück. Das ist doch eine ganz einfache Sache. Ihre Forderungen werden auf keinem Fall erfüllt, wenn Angelika Sommer stirbt. Das ist Ihnen doch klar. Und deshalb: Wir brauchen ein untrügliches Lebenszeichen von der Frau unseres Kollegen. Fragen Sie sie doch bitte, wann sie und ihr Mann geheiratet haben und wo die kirchliche Trauung stattgefunden hat. Von der richtigen Antwort hängt alles ab. Das werden Sie sicher verstehen.«

»Verdammt, was soll das nun wieder? Natürlich lebt die Sommer noch. Sie sollten mir vertrauen.«

»Herr al-Malek, Sie wollen mit uns ein Geschäft machen. Und bei jedem Geschäft gibt es Regeln und Bedingungen. Sie haben uns Ihre genannt, und jetzt teilen wir Ihnen unsere mit.

Und die Hauptbedingung ist, dass Angelika Sommer lebt. Anders geht das nun mal nicht.«

»Wir machen keine Geschäfte mit Ungläubigen! Aber ich sage Ihnen, dass sie lebt.«

»Ohne das Lebenszeichen kein Deal.«

»Sie hören von uns.«

»Stopp, eine Ihrer ersten Forderungen war, dass Sie um zwölf Uhr von Paderborn losfliegen wollten. Das wird nun wohl etwas knapp. Wie sehen Sie das?«

»Ich sagte schon: Sie hören von uns. Wir schicken eine E-Mail. Über die entsprechende Adresse können Sie uns dann Ihrerseits auch erreichen.«

Damit legte Tarik auf.

Die Ermittler schauten sich ein wenig ratlos an. »Konnte er geortet werden?«, wollte Mayerhofer vom BKA wissen. »Nein, war zu kurz, und nach dem Gespräch wurde es sofort ausgeschaltet. Im Übrigen natürlich ein Prepaidhandy.«

Auf jeden Fall, da waren sie sich einig, hatten sie Zeit gewonnen bis neun Uhr. Solange würde die Geisel am Leben bleiben, es sei denn sie wäre bereits tot. Aber daran wollte niemand denken. Wenn sie Angelika bis dahin allerdings nicht befreit hätten, könnte es schwierig werden. Wie also sollten sie vorgehen?

»Kann mal jemand Kaffee holen und was zu essen«, mahnte Marlene Wolski an. »Mir hängt der Magen schon bis in die Kniekehlen.«

»Ich schau mal, was ich auftreiben kann«, ging Karsten Linnemann auf die BKA-Ermittlerin ein.

»Nichts da. Sie bleiben hier. Das kann ein Streifenbeamter machen. Sie und die anderen müssen uns erzählen, was bei den Gesprächen herausgekommen ist, die Sie geführt haben. Mit Mesuts Eltern, seinem Onkel und diesem Imam.«

Linnemann blieb überrascht an seinem Platz. Offenbar war er soeben seinen Posten als Kaffeeholer vom Dienst losgeworden. Er sah es mit Wohlwollen.

»Herr Linnemann, würden Sie bitte berichten«, forderte Wolski ihn freundlich auf. Aber Karsten kam nicht mehr dazu. Stattdessen wurde die Kriminalrätin von einer uniformierten Kollegin aus dem Zimmer gerufen, weil jemand sie unbedingt sprechen wolle.

Mehr ärgerlich als neugierig verließ Marlene Wolski den Konferenzraum. Für irgendwelche Sonderwünsche hatte sie nun wirklich keine Zeit. Schließlich waren sie alle ziemlich abgespannt, und sie hätte nach der schnellen Unterredung mit dem Ermittlungsteam jedem, auch sich selbst, eine kleine Ruhepause gegönnt. Keiner konnte die ganze Nacht ohne Schlaf, aber dafür mit großem Druck durcharbeiten, ohne Fehler zu machen. Und die durften sie sich in ihrem Fall nicht leisten.

Auf dem Flur war niemand zu sehen. Wolskis Laune verbesserte das nicht. Erlaubte sich da irgendjemand einen Scherz mit ihr? »Ich glaub's ja nicht«, murmelte sie vor sich hin.

»Frau Wolski.« Eine Stimme aus dem Dunkeln des Ganges drang zu ihr. »Frau Wolski, bitte kommen Sie mit in diese Teeküche hier.«

»Was soll der Unsinn? Wer sind Sie überhaupt? Hören Sie, ich habe im Augenblick wirklich anderes zu tun, als hier mit wem auch immer Verstecken zu spielen.«

»Ich weiß, Frau Wolski. Sie tragen in einem scheußlichen Entführungsfall mit Beteiligung von dschihadistischen Salafisten eine schwere Verantwortung. Ihnen ist klar, dass Sie kaum eine Chance haben, die Frau des Leiters der hiesigen Mordkommission zu retten. Auf die Forderungen der Entführer dürfen Sie nicht eingehen und eine Ahnung, wo Angelika Sommer festgehalten wird, haben Sie auch nicht.«

Marlene Wolski blieb der Mund offen stehen. »Wie kommen Sie darauf? Woher …?«

»Nachdem wir nun geklärt haben, dass ich vollständig darüber im Bilde bin, was hier heute los ist, können wir vielleicht zur Sache kommen. Sie werden ohnehin so schnell wie möglich zurück ins Konferenzzimmer wollen. Mir ist das nur recht, denn Aufsehen und neugierige Fragen sind das Letzte, was ich provozieren möchte.«

»Dann kommen Sie zur Sache und nennen mir fürs Erste Ihren Namen und Ihre Funktion.«

»Okay. Nennen Sie mich Anton Meier, und ich arbeite für ein anderes staatliches Amt, dem das Wohlergehen unseres Landes mindestens ebenso am Herzen liegt wie Ihnen.«

»Scheiße! Ein Mann vom Verfassungsschutz. Herr Meier, na klar! Das hat mir gerade noch gefehlt. Sagen Sie bloß nicht, dass Ihr Haufen die Finger in diesem Mist hat.« Wolski wandte sich mit empörender Geste von ihrem Gegenüber ab. »Aber hätt ich mir ja denken können«, fuhr sie unbeirrt fort. »Immer schön im Hintergrund bleiben, immer überall die Pfoten drin, und wenn am Ende was schiefläuft, schnell die Akten schreddern, damit's keiner merkt. Das war doch über Jahre auch Ihr Motto in der elenden NSU-Affäre. V-Leute, wohin man blickt, und wenn's hart auf hart kommt, kann man mit all den schönen Erkenntnissen überhaupt nichts anfangen. Der Tschäpe-Prozess in München wird genau deswegen am Ende wohl scheitern. So wie ihr auch das NPD-Verbot vermasselt habt.«

Unvermittelt hielt Wolski inne. Wie ein Blitz durchfuhr sie ein schrecklicher Gedanke und ließ sie erschaudern. »Nein, sagen Sie, dass das nicht wahr ist! Sie haben einen V-Mann bei den Salafisten in Herford. Und Sie wollen, dass wir den aus allem raushalten, was auch immer passieren mag. Hab ich recht?«

»Nun, so könnte man es sagen, ja.«

»Aber Sie wollen mir natürlich nicht verraten, wer das ist. Nicht mal, wie dicht er an dem Entführungsgeschehen dran ist.«

Der Verfassungsschützer zuckte mit den Schultern und hob abwehrend die Hände. »Was soll ich sagen. Sie haben's erfasst.«

»Wissen Sie was, Herr Meier? Sie können mich mal.«

»Nun seien Sie doch etwas kooperativer. Sie wissen ja, wie nutzlos das ist. Sie werden von Ihren Vorgesetzten eine dienstliche Anweisung erhalten, und am Ende läuft alles ganz wunderbar rund und geschmiert. Dieses ganze Theater sollten wir uns sparen. Meinen Sie nicht? Deshalb gebe ich Ihnen jetzt dieses Handy. Ein ganz einfaches Teil. Man kann nur eine Nummer damit anrufen, meine. Und genau das werden Sie tun, um mich regelmäßig auf dem Laufenden zu halten, vor allem wenn es Festnahmen geben sollte. Sie werden sich denken können, was passiert, wenn unser Informant dabei sein sollte.« Widerstrebend nahm sie das Handy entgegen.

»Ganz im Vertrauen: Unser Vertrauensmann bei diesen Dschihadisten ist viel zu wertvoll, als dass wir ihn in Gefahr bringen lassen würden. Er soll weiterhin genau die tiefen Einblicke in die Herforder Szene liefern, die er bisher schon geliefert hat. Oder was glauben Sie, warum Ihre Kollegen vom LKA Düsseldorf Abusar Galajew alias Abdul abu-Barzin bei der Ausreise am Flughafen festnehmen konnten. Was denken Sie eigentlich, wie schwierig es ist, einen V-Mann bei den Moslem-Kriegern einzuschleusen.«

»Ein Treffer bei hundert Versuchen? Bei den Nazis soll es ja viel einfacher sein.«

»Sie sind gut informiert«, gluckste Meier. »Dann werden Sie verstehen, dass wir unseren Mann in Herford nicht durch falsch verstandenen Ehrgeiz verbrennen lassen.«

»Es ist nicht Ehrgeiz. Es ist Gerechtigkeitsempfinden. Ich bin Polizistin und als solche habe ich Straftäter unschädlich zu machen und aus dem Verkehr zu ziehen. Und ich sage Ihnen eins: Wenn Ihr Mann sich an einer Straftat beteiligt hat, dann werde ich ihn persönlich zur Rechenschaft ziehen …«

»Ach, Gottchen, nee, Sie sind ja noch naiver als ich dachte. Schluss jetzt! Sie werden tun, was von Ihnen erwartet wird, und nun dürfen Sie wieder reingehen. Selbstverständlich werden

Sie nichts über unsere kleine Unterredung erzählen. Das ist wohl klar. Und falls es Ihnen nicht gelingt, die Sommer zu finden, dann denken Sie dran, dass es besser ist, eine einzelne Person zu verlieren, als den großen Kampf gegen den Terrorismus. Denn genau darum geht es doch. Oder wollen Sie, dass hier bei uns das Gleiche geschieht wie in Frankreich?«

»Verdammt, Ihnen geht der Arsch echt auf Grundeis!« Die BKA-Beamtin war fassungslos. »Sie haben eine Scheißangst, dass wir Ihren Mann einkassieren und dass er irgendwas ausplaudern könnte. Vor allem, wie er zu den Salafisten gekommen ist. Und dann sind Sie mit dran, weil Sie einen Mann decken, der eventuell tief in Straftaten verwickelt ist, und schwupps ist es vorbei mit Ihrer gemütlichen Ruhe im Hintergrund. Dann wird gegen Sie ermittelt. Und da bei Ihrem Verein sowieso keiner weiß, was der andere macht, wird es ganz persönlich gegen Sie gehen. Ich nehme doch an, dass Sie der Führungsbeamte des besagten Informanten sind. Hab ich recht, Herr Meier?«

Anton Meier sah Marlene Wolski entgeistert an. Bekam aber nichts heraus als: »Schönen Abend noch, Frau Kriminalrätin.« Dann verschwand er.

Sichtlich aufgebracht kam Marlene Wolski zurück in den Konferenzraum: »Kolleginnen und Kollegen«, begann sie unverblümt. »Wir haben ein Problem. Es gibt einen V-Mann des Verfassungsschutzes bei den Dschihadisten in Herford. Ein gewisser Anton Meier«, Wolski malte Gänsefüßchen in die Luft, »hat mir das soeben mitgeteilt. Dieser Informant darf, ich zitiere, unter keinen Umständen gefährdet werden. Deshalb hab ich hier so ein nettes kleines Handy, mit dem ich Meier jederzeit über den Stand der Ermittlungen informieren soll. Besonders, wenn es Festnahmen gibt. Die Schlapphüte haben wohl eine Riesenangst davor, dass der V-Mann verbrennt. Ist wohl einer, der gute Arbeit leistet. Aber noch mehr

Angst haben sie davor, dass ihre Verwicklung in die Sache rauskommt und sich der Staatsanwalt dafür interessieren könnte.« Sie atmete einmal tief durch.

»Ich weiß, dass ich mich gerade sehr weit aus dem Fenster lehne, weil ich Sie sofort über diese Entwicklung informiere. Eventuell rede ich mich sogar um Kopf und Kragen. Denn natürlich soll ich über Meiers Besuch schweigen, aber das ist mir egal. Ich finde das Gebaren des Verfassungsschutzes, mit Verlaub gesagt, zum Kotzen. Deshalb werde ich die Zusammenarbeit mit dieser Zwielichtbehörde auf das unbedingt Notwendige beschränken. Für uns geht es um die Rettung von Angelika Sommer und sonst um gar nichts.«

»Verdammte Scheiße: Wie krank ist das denn!« In Pit Schwameyer brach sich sein Temperament Bahn. »Ich kann gar nicht so viel fressen, wie ich kotzen muss. Sehe ich das richtig? Für Anton Meier ist der Schutz des Informanten wichtiger als die Rettung Angelikas?«

»Das sehen Sie richtig, Herr Kollege. Das hat er mir nahezu wörtlich so gesagt.«

Allgemeine Fassungslosigkeit machte sich in der Runde breit. Wende war, im Gegensatz zu Schwameyer, der rot vor Wut im Gesicht war, kreidebleich geworden. »In welchen Sumpf von Intrigen sind wir geraten? Was ist aus unserem Land geworden, wenn die Schattenkrieger der Schlapphutfraktion sich dermaßen über alles hinwegsetzen können, was uns heilig ist und worauf wir in unserem Diensteid verpflichtet sind? Wozu sind wir denn Polizisten, wenn wir die Bürger und Bürgerinnen nicht mehr schützen dürfen, damit sie in Ruhe und Frieden leben können. Wer ist überhaupt dieser V-Mann? Hat Meier dazu was gesagt?«

»Das glauben Sie doch wohl selber nicht.« Pits Ärger ließ ein klein wenig nach. »Ich würde aber darauf wetten, dass es einer von den beiden Unbekannten auf dem Video ist.«

»Nein, das kann nicht sein«, schaltete sich Distel vom BKA

ein. »Das würde gegen alle Vorschriften verstoßen. Dann wäre der Informant aktiv an einem Verbrechen beteiligt. Unmöglich.«

»Ja, und? Warum ist das auszuschließen?« Zum ersten Mal mischte sich Marina Burmann ein. »Vielleicht wissen oder ahnen die Verfassungsschützer schon, wie tief ihr Mann bei dieser Sache in der Sch…, also mit drinhängt. So wie dieser Meier sich ins Zeug legt, würd mich das nicht wundern. Dem brennt der Kittel!«

»Jetzt macht aber mal halblang.« Mayerhofer sprang wie sein Kollege Distel dem Verfassungsschutz bei. »Ihr wisst doch, dass es in manchen Bereichen ohne V-Leute überhaupt nicht geht. Fragt mal die Beamten aus der Drogenfahndung. Und bei den Terroristen ist das nicht anders. Ist nicht gerade erst auf dem Düsseldorfer Flughafen ein gefährlicher Dschihadist vor seiner Rückkehr nach Syrien geschnappt worden? Dieser Fahndungserfolg war doch bestimmt nur mit einem Spitzel möglich.«

»Stimmt, Meier hat so was angedeutet«, bestätigte Wolski. »Aber irgendwo gibt es eine Grenze. Und diese Grenze ist in unserem Fall überschritten. Deshalb klare Ansage von mir: Die Rettung von Angelika Sommer steht an erster Stelle. Wenn das zur Enttarnung des V-Mannes führt, können wir das nicht ändern. Wenn sich aber herausstellt, dass der Informant nicht so tief mit drinsteckt wie befürchtet und ganz im Hintergrund agiert, dann brauchen wir uns um ihn nicht zu kümmern. Und jetzt lasst uns weiter …«

Die BKA-Beamtin wurde vom schrillen Klingeln des Telefons unterbrochen. Oliver Fischer, der Verhandlungsspezialist, nahm das Gespräch an.

»Hier ist wieder Tarik. Sie wollten ein Lebenszeichen. Hochzeitstag 15. September 1988, und geheiratet haben sie in der Marienkirche Herford-Stiftberg.«

»Okay, ich hab das notiert. Stimmt mit unseren Informationen überein.«

»Nicht vergessen: Neun Uhr! Sonst machen wir ernst.«

Kapitel 23

Von Freitag auf Samstag hatte Frank Sommer eine weitere schlechte Nacht hinter sich. Erst in den frühen Morgenstunden war er in einen flachen, kaum erholsamen Schlaf gefallen. Die Sorge um Angelika nahm schier unermessliche Ausmaße an. Und das Schlimmste daran war die Frage: In welchem Zustand befindet sie sich jetzt? Was genau machen die mit ihr? Wie verzweifelt ist sie? Wird sie verhöhnt, vergewaltigt, gefoltert? Lassen die Terroristen ihre Wut und ihren Hass an ihr aus? Immer wieder gingen seine Gedanken in diese Richtung. Immer wieder verhinderten sie das Wegdämmern in einen von Erschöpfung geprägten, wenigstens oberflächlichen Schlaf. Es war kurz nach sechs am Samstagmorgen, als er nach kaum drei Stunden aufstand und sich lange unter die Dusche stellte. Sein erster Blick hatte aber dem Handy gegolten. War ein Anruf eingetroffen, den er vielleicht überhört hatte? Natürlich nicht. Nun hielt er eine Tasse Kaffee in der Hand, an der er lustlos nippte. Ich muss mich im Präsidium melden, dachte er mehrmals, aber er war wie gelähmt nach der nahezu schlaflosen Nacht.

Er saß da und blickte starr aus dem Fenster auf die kleine Straße vor ihrem Haus. Die Idylle, in der sie hier im ländlichen Westen der Stadt lebten, umgeben von Wiesen und Äckern und mit Blick auf die grüne Hügelkette des Teutoburger Waldes, war nicht nur zerbrochen, sie hatte sich regelrecht pulverisiert. Wenn etwas zerbricht, kann man anhand der Scherben immer noch erkennen, was es einmal war, ja man kann sogar versuchen, die Scherben neu zusammenzufügen. Dann sieht man zwar nach wie vor die Bruchlinien, aber die Form als Ganzes ist wiederhergestellt. Wenn etwas zerpulvert oder zu Asche verbrennt, geht das nicht mehr. Dann bleibt nichts mehr als Staub, der keinerlei Rückschlüsse auf die ursprüngliche

Gestalt zulässt. Alle Erinnerungen an fröhliche Zeiten, an gemeinsame Erlebnisse waren dabei, von dem infernalischen Feuer dieses Entführungsalbtraumes zu Staub verbrannt zu werden. Hier und jetzt, am Küchentisch mit einer Tasse Kaffee sitzend, spürte Frank, wie seine innere Kraft endgültig in sich zusammenfiel.

Zunächst hatte Aktionismus sein Handeln bestimmt. Bis nach Köln war er gefahren, hatte sich vor dem Mafiaboss Galvarese erniedrigt, was sich dann als völlig überflüssig herausgestellt hatte. Immer wieder hatte er sich aufgerappelt. Angelika braucht mich, ich muss ihr helfen! Diese Gedanken waren sein Antrieb gewesen. Aber jetzt?

Er sah aus dem Fenster. Wie lange ist das her, dass dort draußen dieser kleine Ford Fiesta stand, zwei Tage, drei Tage? Er hatte das Zeitgefühl verloren. Der Kleinwagen war ihm mehrfach aufgefallen, und er wusste immer noch nicht, ob sein Auftauchen ein Vorbote des Unheils war oder purer Zufall. Dann der blaue Kleintransporter. Wäre ich doch mit ihm zusammengestoßen, als ich an dem schrecklichen Abend nach Hause gekommen bin, dachte er.

Verdammt, Gott, wieso hast du sie entkommen lassen? Ich war doch so nah dran! Und jetzt? Was ist mit deiner schützenden Hand?

Unvermittelt fiel ihm ein Bibelwort ein, das er noch vor Kurzem gehört hatte, als er mit anderen Bläsern seines Posaunenchores auf dem neunzigsten Geburtstag eines Gemeindemitgliedes gespielt hatte. Ein Psalm war es wohl gewesen, den der Pastor als Grundlage seiner kleinen Andacht gewählt hatte: »Von allen Seiten umgibst du mich und hältst deine Hand über mir.« So ein Schwachsinn! Auf einem Geburtstag kann man leicht davon sprechen. Aber jetzt? Wo, Gott, ist denn deine Hand? Herr, mach, was du willst, mach mit mir, was du willst. Aber lass Angelika zurückkommen!

Frank hatte keine Vorstellung davon, wie lange er so am Küchentisch gesessen hatte. Der Blick ging starr zum Fenster, aber drang nicht hindurch. Er blieb irgendwo zwischen drinnen und draußen in einer sich immer dunkler färbenden Welt hängen.

Jetzt spürte er eine Hand auf seiner Schulter, einen Arm um seine Schulter. Wie aus einer Trance heraus führte ihn diese Hand zurück in die Gegenwart. Es war die Hand seines Sohnes, die sich mitfühlend auf ihn gelegt hatte. Frank blickte auf und sah Fabian an. Es tat unendlich gut, das vertraute Gesicht, warm und mitfühlend, vor sich zu sehen. Und dann weinten sie solidarische Tränen verzweifelt trauriger Angst.

Schließlich bemerkten sie, dass auch Jennifer und Thierry Bernard in die Küche gekommen waren. Frank löste sich von seinem Sohn und blickte sich um. »O, Entschuldigung, seid ihr schon lange da?«

»Wir wollten euch nicht stören«, antwortete Thierry, während Jennifer zu Fabian ging und ihn nun ihrerseits liebevoll tröstend umarmte.

»Nein, nein, schon gut. Setzt euch und nehmt euch einen Kaffee. Im Schrank gibt es sicher auch noch Brot und im Kühlschrank …« Statt den Satz zu beenden, zeigte Sommer nur in die entsprechende Richtung.

»Kein Problem, wir kommen klar«, erwiderte Thierry. »Gibt es irgendetwas Neues?«

»Nein.« Traurig und erschöpft schüttelte Frank den Kopf. »Ich hab seit gestern Abend nichts mehr gehört. Ich wollte eben, bevor ihr kamt, anrufen, aber ich hab es nicht geschafft. Ich hab überhaupt keine Kraft mehr. Thierry, könntest du vielleicht mit Pit sprechen?«

»Selbstverständlich. Ich übernehm das. Und du bleibst einfach hier zusammen mit deinen Kindern. Die Familie wird dir Rückhalt geben, und bei Pit und deinen Kollegen ist das Ganze in den allerbesten Händen. Du hast eine gute Truppe um dich herum. Übrigens auch diese BKA-Polizistin scheint mir einen vernünftigen Eindruck zu machen.« Dann nahm Thierry das Telefon zur Hand, um Pits Nummer zu wählen. »Mal sehen, ob sich was getan hat.«

Kapitel 24

Noch bevor Frank Sommer sich an diesem Samstagmorgen nach kurzer Nacht an das Küchenfenster gesetzt hatte, war ein Team des SEK in den sehr frühen Morgenstunden nach Herford gefahren und hatte die Wohnung von Marvin Bergers Eltern gestürmt, dem letzten bekannten Aufenthaltsort des Entführers, der ihnen als Tarik al-Malek bekannt war. Schwameyer hatte von Anfang an gewarnt, dass bei der Aktion nichts herauskommen würde. Wende, Wolski und Haarkötter als Chef des SEK wollten sich jedoch auf keinen Fall Untätigkeit nachsagen lassen. Schließlich sei jede Chance zu nutzen, und sei sie noch so klein.

Das Kommando traf das Ehepaar Berger und Marvins Schwester im Schlaf an. Sie fielen aus allen Wolken, als sie erfuhren, worum es ging. Nach einem ersten Aufbäumen ließen sie nahezu apathisch die Durchsuchung ihrer Wohnung über sich ergehen. »Wo ist Ihr Sohn? Wo ist Marvin?«, wollten die Polizisten immer wieder wissen. Aber weder die Eltern noch die Schwester konnten darauf antworten. Es war schon viele Monate her, dass sie ihn zuletzt gesehen hatten. Er wohne mit einem gewissen Mesut zusammen, das wüssten sie, aber wo, davon hätten sie keine Ahnung.

Da die Beamten diesen Beteuerungen nicht wirklich glaubten, wiederholten sie die Fragen mit immer größerer Intensität. Gleichzeitig durchwühlten sie jeden Winkel der Wohnung nach Hinweisen auf den Verbleib von Marvin. Alle Schränke wurden aufgerissen, Kleidung herausgezerrt, Geschirr herausgeholt, Vorräte befingert. Nach einer Stunde zogen sie ohne den kleinsten Erfolg wieder ab und hinterließen ein Schlachtfeld, was vor allem Frau Berger in bodenlose Verzweiflung versetzte. Der Einsatzleiter versuchte immerhin, wenigstens so etwas Ähnliches wie eine Entschuldigung zu formulieren. Herr

Berger glaubte sich zu erinnern, dass er »nichts für ungut, wir tun auch nur unsere Pflicht« genuschelt habe. »Ihr habt sie doch nicht alle«, hatte er geantwortet.

Die Ermittlungsgruppe in Bielefeld hörte von dem kaum zufriedenstellenden Ergebnis der Wohnungsdurchsuchung in Herford, als sie sich um sechs Uhr nach einer für die meisten zu kurzen Erholungspause wieder im Konferenzzimmer einfanden. Kaffee und Aspirin waren beliebter als die belegten Brötchen, die Wende hatte kommen lassen. Dennoch griffen sie nach einer Weile zu. Wie es nun weitergehen musste, darüber kamen sie schnell überein. Sehr viele Optionen hatten sie nicht.

Tomczyk und Schwameyer fuhren, so waren sie mit Wolski übereingekommen, noch einmal nach Herford, um dort erneut mit dem Imam der Moschee zu sprechen. Auch weitere Mitglieder der muslimischen Gemeinde sollten befragt werden. Ziel war, herauszufinden, ob irgendjemand sagen könne, wer Nasir ad-Din oder der noch vollkommen unbekannte Vierte war. Nachdem sie sich telefonisch bei Dursun Ateş angemeldet hatten, erwartete dieser sie bereits zusammen mit zwei weiteren Vertretern der Gemeinde. Tatsächlich waren die drei sehr kooperativ.

»Herr Schwameyer«, begann der Imam, »glauben Sie mir, dass alles, was wir inzwischen gehört haben, uns zutiefst schockiert. Es entspricht nicht den Lehren des Korans, was die Dschihadisten tun. Aber wir können nicht leugnen, dass diese terroristische Gewalt in gewisser Weise mit dem Islam zu tun hat.«

»Dursun, so darfst du das nicht sagen.« Osman Yilmaz, einer der Gemeindevertreter, war anderer Ansicht. »Das wirft doch ein völlig falsches Bild auf unsere Religion. Wir verabscheuen die Gewalt.«

»Ja, natürlich. Aber es nützt nichts, das immer nur zu wiederholen und zu glauben, damit sei es aus der Welt. Fakt ist nun mal, dass diese Verbrecher sich auf den Islam berufen. Aber du hast natürlich recht. Dem Wesen des Islam entspricht das Morden dieser Banden nicht, in keinem Punkt. Im Gegenteil, sie missverstehen unsere Religion. Der Islam soll barmherzig sein. Das ist meine feste Überzeugung, und deshalb müssen wir Muslime endlich damit anfangen, uns mit dem Gewaltpotential unserer Religion zu befassen, beziehungsweise einiger seiner Anhänger. Wenn nicht wir, wer sonst! Herr Schwameyer, ich weiß nicht, inwieweit Sie mit Ihrem christlichen Glauben vertraut sind …«

»Ich bin Atheist!«

»Hmm, wie auch immer. Was ich sagen will: Das Christentum der Antike war eine vollkommen friedliche Religion. Kein Christ, das war allgemeine Überzeugung, konnte Richter oder Soldat sein. Und dann begann eine eineinhalb Tausend Jahre währende Entwicklung, in der das Führen eines Krieges für legitim gehalten wurde. Die Lehre vom sogenannten gerechten Krieg kam auf. Noch vor hundert Jahren haben die Kirchen im Ersten Weltkrieg Waffen gesegnet, und das auf jeder Seite der Gräben, die Schlachthäusern glichen. Erst danach trat eine Entwicklung ein, die langsam zu der klaren Friedensbotschaft der Gegenwart geführt hat. Genau diese Entwicklung zur unmissverständlichen Friedensbotschaft müssen auch wir als Muslime jetzt vollziehen. Der Name Islam enthält doch das arabische Wort für Frieden: Salam Es hat übrigens dieselbe Wurzel wie das hebräische Schalom. Der Terror im Namen unserer Religion zwingt uns dazu, neu zu denken. Wir dürfen die Augen nicht verschließen. Gebe Gott, dass es nicht wie bei den Kriegen des Zwanzigsten Jahrhunderts Hunderte von Millionen Tote braucht, um dorthin zu kommen.«

Schwameyer und seine Kollegin waren ziemlich überrascht über das, was sie von Ateş zu hören bekamen.

»Herr Ateş, das ist sicher sehr interessant«, unterbrach schließlich Tomczyk den theologischen Redeschwall, »aber im

Augenblick, also was soll ich sagen, im Augenblick interessiert uns das eher nicht so. Wir müssen die Frau unseres Kollegen finden, und dafür bleiben uns nur noch ganz wenige Stunden.«

»Genau«, führte Pit Schwameyer weiter. »Wir hatten Sie gestern Abend gebeten, sich Gedanken zu machen über einen gewissen Nasir ad-Din und einen vierten gänzlich Unbekannten. Die müssen öfters mit Mesut und Marvin zusammen gewesen sein. Ist Ihnen da vielleicht etwas eingefallen? Oder einem der anderen Herren?«

»Ich glaube, ein wenig könnte ich Ihnen da weiterhelfen«, brachte sich jetzt Fatih Aslan, der andere Gemeindevorsteher, ein. »Vor einigen Monaten, bevor Mesut, wie wir jetzt wissen, in die radikale Salafistenszene abgedriftet ist und immer seltener zum Gebet in unsere Moschee kam, meine ich, ihn gelegentlich mit einem deutschen Konvertiten gesehen zu haben.«

»Mit Marvin?«

»Nein, noch ein anderer. Der war auf eine gewisse Art seltsam. Irgendwie immer im Hintergrund und zugleich neugierig. Ich kann's nicht richtig sagen. Ist so ein Gefühl.«

»Haben Sie mal einen Namen gehört?«

»Das ist schon recht lange her. Ich glaube, es ist tatsächlich mal ein Name gefallen. Ein ziemlich ungewöhnlicher übrigens für einen Deutschen. Aber er fällt mir nicht ein, ich überlege schon eine Weile …«

»Nasir ad-Din? Könnte er so genannt worden sein?«

»Nasir?« Aslan dachte noch einmal nach. »Ja, könnte sein«, sagte er dann. »Doch, jetzt erinnere ich mich.«

»Fatih, würdest du ihn eventuell wiedererkennen, wenn es ein Bild von ihm gäbe?«, fragte Ateş.

»Da bin ich sicher. Gesichter vergesse ich nicht so schnell. Aber worauf willst du hinaus?«

»Mir ist spontan ein Gedanke gekommen. Vielleicht ist er irgendwann einmal hier bei uns zufällig fotografiert worden. Zum Beispiel im Frühjahr, als wir die Renovierung unseres Gebetsraumes mit einem Fest gefeiert haben. Da waren viele Leute da, und es wurden etliche Bilder gemacht. Könnte doch sein, dass er irgendwo zufällig mit drauf ist.«

»Keine schlechte Idee, Herr Ateş.« Für Schwameyer war das der erste sinnvolle Ansatz in dieser Sache. »Unsere Zeit drängt leider sehr. Wie schnell können Sie solche Bilder besorgen. Am besten sofort, unverzüglich.?«

»Am schnellsten über meine Frau. Sie hat mit Ihrem Handy eine Menge Fotos gemacht und auch gefilmt.« Ohne auf eine Antwort zu warten, griff Ateş nach seinem Smartphone und erklärte kurz die Lage. »Sie macht sich sofort auf den Weg. Die Bilder sind tatsächlich noch auf dem Handy. Zehn Minuten, dann sollte sie hier sein.«

»Und wie sieht es mit dem anderen Unbekannten aus?« Anna Tomczyk wollte die Zeit nutzen. »Gibt es noch irgendjemanden, mit dem Mesut und Marvin Kontakt hatten und der vielleicht ebenfalls dann nicht mehr so oft zum Freitagsgebet erschienen ist?«

»Ja, ich glaube, da ist noch einer«, konnte Yilmaz weiterhelfen. »War aber Türke, nicht Deutscher. Und auch nicht ursprünglich von unserer Moschee, sonst würden wir ihn kennen. Die, die häufiger hier sind, kennen sich untereinander natürlich. Ich werde schauen, ob ich ihn auf den Fotos entdecke.«

Zehn Minuten später stieß Nilgün Ateş, die Ehefrau des Imams, zu ihnen. Sofort als sie kam, schloss sie ihr Handy an den Rechner ihres Mannes an, damit sie die Aufnahmen auf dem größeren Monitor besser erkennen konnten. Wie gebannt saßen alle um den Bildschirm herum. Bilder eines fröhlichen Festes waren zu sehen. Aber das interessierte jetzt natürlich nicht.

»Da! Da ist er!«, schrie Fatih Aslan plötzlich. »Das ist der Mann, den ich meine. Das ist dieser, wie sagten Sie, Nasir ad-Din.«

Ateş hielt den Film sofort an, spulte vor und zurück und versuchte, ihn bis zu dem Zeitpunkt laufen zu lassen, an dem man das Gesicht des Gesuchten am besten erkennen konnte. Das war nicht leicht, denn es war eine schnelle Bewegung gewesen, mit der Nasir sich umdrehte und dabei für einen ganz kurzen Moment den Blick auf sein Gesicht freigab.

»Wir brauchen eine Kopie des Films«, bestimmte Pit, während er sich notierte, dass die Zeitleiste am unteren Bildrand sieben Minuten und vierundzwanzig Sekunden zeigte. So würden sie diese Szene schnell wiederfinden.

»Können Sie haben, sofort. Aber ich kann Ihnen auch ein Standbild ausdrucken beziehungsweise als E-Mail-Anhang schicken. Dann können Sie es sofort in die Fahndung geben.«

Schwameyer hob überrascht und anerkennend die Augenbrauen. »Sehr gut, Herr Ateş. Sie sind uns eine wirkliche Hilfe.« Dann stockte er einen Moment. »Das heißt, Sie sind eine große Hilfe für Frau Sommer. Ich hoffe, das bringt uns ihrer Befreiung einen Schritt näher.«

»Und was ist mit dem zweiten Unbekannten? Kann den jemand auf den Bildern erkennen? Der Türke, von dem Sie vorhin sagten, er sei öfters mit Mesut zusammen gewesen.« Schwameyer wollte auch dieses Problem schnell lösen, nachdem er Film und Standbild ins Präsidium geschickt hatte.

»Ich bin mir nicht sicher«, merkte Osman Yilmaz an. »Eben hab ich noch gedacht, da wär er. Aber man konnte ihn nur von hinten sehen, und dann war er auch schon wieder weg.«

»Können Sie uns die Stelle genauer zeigen?«

»Ich will's versuchen.«

Nach einer Weile hatte er die entsprechende Szene gefunden. Tatsächlich war damit nicht besonders viel anzufangen. Zu sehen war ein junger Mann, auf den die Kamera schräg von hinten schaute.

»Hat irgendjemand eine Ahnung, wer das sein könnte?«, fragte Pit trotzdem in die Runde.

Nachdenklich blickte vor allem Nilgün Ateş auf den Monitor. Sie schien intensiv in ihren Erinnerungen zu suchen. Schließlich meldete sie sich vorsichtig zu Wort. »Da gab es mal einen, der mir vor längerer Zeit aufgefallen war, wegen ziemlich konservativer Ansichten. Er hatte sich missbilligend über mein Kopftuch geäußert. Es ließe viel zu viel von meinem Gesicht erkennen. Das hatte ihm nicht gefallen. Was hat er noch gesagt? Du beleidigst Allah, wenn du es so trägst. Ja, das waren seine Worte. Aber ob das der Mann hier auf dem Bild ist? Vielleicht, vielleicht auch nicht.«

»Können Sie sich an einen Namen erinnern?«

Wieder dachte Nilgün Ateş nach. Schließlich hellte sich ihr Gesicht auf. »Yusuf, glaube ich«, sagte sie. »Und im Nachnamen irgendwas mit *-gün*. Hatte mich an meinen Vornamen erinnert.«

»Na, das ist doch schon mal ein Anfang, danke. Kann sonst jemand mit dem Namen Yusuf Irgendwas-gün anfangen?«

»Yusuf Ergün. So einer war hier mal vor einiger Zeit.« Jetzt erinnerte sich auch der Imam.

»Danke! Meine Dame, meine Herren, vielen Dank. Ich hab das Gefühl, tatsächlich ein Stück weitergekommen zu sein. Mal sehen, ob die Kollegen in Bielefeld etwas damit anfangen können. Wir rücken dann wieder ab. Nochmals vielen Dank.« Pit Schwameyer war wirklich beeindruckt von der Unterstützung, die er hier erfahren hatte. Wenn er ehrlich zu sich war, dann hatte er damit nicht gerechnet.

Kapitel 25

Während Schwameyer und Tomczyk in Herford waren, saßen die in Bielefeld Verbliebenen, vor allem Marlene Wolski und Christoph Drake im Konferenzraum des Präsidiums und gingen die Fakten durch, die sie bis jetzt hatten. Sehr viel war es nicht, betonte die Berliner Kriminalrätin. Marvin und Mesut waren identifiziert worden. Aber die hatten sich ihnen im Video freiwillig auf dem Silbertablett serviert. Und von den zwei anderen gab es noch keine Spur, vor allem nicht von Angelika Sommers Aufenthaltsort.

»Wir kommen nicht weiter, und uns läuft die Zeit davon.« Karsten Linnemann sprach aus, was ohnehin klar war. »Wir haben nichts.«

»Na immerhin sind zwei dieser Typen identifiziert«, versuchte Wolski, ihm und wahrscheinlich sich selbst Mut zuzureden.

»Ja, ja«, antwortete Drake. »Aber das war's auch schon. Wir brauchen schnell irgendetwas Greifbares, sonst sehe ich schwarz. Pit könnte auch endlich Bescheid geben, ob sich was ergeben hat. Wie lange brauchen die eigentlich bei diesem Imam?«

Wolskis Handy meldete sich. Sie sah auf das Display. »Wenn man vom Deubel spricht«, kommentierte sie, als sie die SMS öffnete. »Hier ist etwas, was uns womöglich weiterbringt. Kollege Schwameyer teilt mit, er habe Bilder geschickt.« Sie klang aufgeregt. »Auf den Fotos sind, so schreibt er, einige Personen, die in der Moschee aufgefallen und des Öfteren mit Marvin und Mesut gesehen worden sind. Das sollen Nasir ad-Din und ein gewisser Yusuf Ergün sein. Er hat die Dateien als E-Mail-Anhang übrigens an Ihre Adresse weitergeleitet, Drake.«

»Na, dann. Wollen doch mal sehen.«

Aufmerksam von Wolski und den anderen beobachtet ging er an den im Raum stehenden Rechner und rief seinen E-Mail-

Account auf. Da dieser Computer ständig mit dem Beamer an der Decke verbunden war, erschienen dort jetzt die entsprechenden Bilder. Zunächst ein Film, der auf einer Feier in einer Moschee aufgenommen war. Darauf war allerdings nur wenig zu erkennen. Deshalb forderte Wolski ungeduldig, die Bilddateien zu öffnen.

»Da sind sie«, rief Drake aus, als die Fotos der beiden auf der Leinwand erschienen.

»Nun?«, fragte Wolski. »Ist irgendeiner Ihrer Kunden dabei? Klingelt da was bei Ihnen?«

»Yusuf Ergün, der ist uns bekannt. Er ist uns schon unangenehm aufgefallen. Aber der andere, Nasir ad-Din – nein, tut mir leid.«

»Wenigstens etwas. Yusuf Ergün, könnte er der führende Kopf hinter dem ganzen Mist sein? Wenn er Ihnen schon aufgefallen ist?«, hakte Distel, der BKA-Ermittler, nach.

»Möglich ist Vieles. Nur ist Yusuf bisher noch nicht als Rädelsführer bekannt geworden. Ich geb die Bilder ins System ein und sehe zu, ob unser Gesichtserkennungsprogramm uns weiterhilft. Ergüns Identifizierung können wir uns sparen, aber beim Foto des anderen dürfen wir gespannt sein, ob Kollege Computer etwas ausspuckt. Das kann aber ein bisschen dauern, schließlich sind sehr umfangreiche Bilddateien zu durchforsten.«

»Versuch es doch währenddessen auch direkt bei deinen menschlichen Kollegen.« Marina Burmann, die bis dahin geschwiegen hatte, wurde ungeduldig. »Das geht manchmal schneller.«

»Kann ich mir kaum vorstellen. Wir kennen unsere Pappenheimer.«

»Und bei den Kollegen vom Staatsschutz 2?« Wolski ließ nicht locker. In Drakes Gesicht erkannte sie allerdings Verwunderung. »Jetzt gucken Sie nicht so überrascht«, setzte sie nach. »Ich weiß, die kümmern sich um die Rechtsradikalen.

Aber bevor wir Däumchen drehen, und auf das Ergebnis der Computerabfrage warten …« Sie vollendete den Satz nicht.

Drake zuckte mit den Schultern, aber er wählte bereits die Nummer von Matthias Müller beim zweiten Staatsschutzkommissariat.

»Hallo Matthias«, begann er ohne Verzögerung. »Wir brauchen deine Hilfe. Ich schick dir ein Foto von einem gewissen Nasir ad-Din. Hat mit der Geiselnahme von Franks Frau zu tun … Wie bitte, ja ein Islamist. Ich weiß, das ist eigentlich nicht Euer Gebiet. Aber vielleicht ist er mal mit einem von euren Kunden zusammengerasselt. Deshalb schau dir das Gesicht bitte an. Die Abfrage im Computer läuft bereits, dauert aber noch. Falls du also …?« Drake beendete das Gespräch. »Meldet sich, wenn ihm etwas einfällt.«

Die nächsten Minuten vergingen quälend langsam. Auf der Leinwand erschien ein Bild nach dem anderen, das der Rechner verglich und sofort wieder verwarf. Das ging rasend schnell, doch es waren sehr viele Fotos.

Wolski wurde zunehmend unruhig. »Drake, was ist denn mit Ihrem Kollegen? Scheint den Typen nicht zu kennen, oder?«

»Bin mal gespannt, wer schneller ist«, warf Distel ein. »Ich wette, der Computer.«

Mayerhofer, Wolskis zweiter Kollege aus Berlin, schüttelte den Kopf und ging zur Tür, um sich Kaffee zu holen. »Wollt ihr auch einen?«, fragte er.

»Ich auf jeden Fall«, meldete sich Wolski. Die anderen nickten ebenfalls.

»Distel, komm mit. So viele Becher kann ich nicht allein tragen.«

Wolski rief mehr zum Zeitvertreib eine polizeiinterne Seite mit Informationen über die Herforder Islamistenszene auf. Sie merkte, dass Burmann und Linnemann ihr dabei über die Schulter schauten und wie Drake zum Fenster ging. Er schien aber nach draußen zu blicken, ohne wirklich etwas wahrzunehmen.

Dann klingelte Drakes Telefon. »Wie bitte? Ich werd verrückt. Das kann doch nicht wahr sein. Und du bist ganz sicher? Danke, du hast uns sehr geholfen.« Er legte auf und informierte sofort die anderen. »Ich kann's noch gar nicht fassen. Aber wir haben ihn identifiziert.« Zu Distel, der mit Mayerhofer gerade wieder hereinkam, sagte er mit leicht triumphierendem Unterton. »Ihre Wette haben Sie verloren. Der Kollege war schneller. Matthias Müller war sich ganz sicher. Nasir ad-Din ist identisch mit einem Maximilian Korff von Drostenberg. Ein seit geraumer Zeit bekannter Neonazi, der wie vom Erdboden verschwunden ist. Es gibt aber eine umfangreiche Akte zu ihm.«

In diesem Moment gab auch der Computer ein Signal. Er war zum selben Ergebnis gekommen.

»Ich mach mal die Akte dieses Herrn auf. Die sollten wir uns zusammen anschauen.« Eifrig tippte Drake auf der Tastatur herum. Bald konnten sie lesen, was dort vermerkt war. Den Beamten verschlug es den Atem. Korff war nachweislich in eine Reihe fremdenfeindlicher Straftaten verwickelt, zuletzt in einen Brandanschlag in Horn-Bad Meinberg. Es kam auch zu einem Prozess, der aber unerwartet glimpflich für ihn ausging. Korff habe nur die Idee zu dem Attentat gehabt, doch dann sei die Sache aus dem Ruder gelaufen. »Diese Anklage ist hinter ein anderes, gleichzeitig angestrengtes Verfahren zurückgestellt worden, eine Körperverletzung, für die er zu einer Bewährungsstrafe verurteilt worden war.«

»Wie bitte?«, fragte Wolski. »Das sieht mir aber mehr als seltsam aus. Da ist irgendwas faul dran. Und ich weiß auch genau, was.«

Distel und Mayerhofer zuckten mit den Schultern. Drake und Linnemann stimmten zu. Marina Burmann brachte es schließlich auf den Punkt. »Sie denken an den V-Mann, den der Verfassungsschutz in die Islamistenszene eingeschleust hat?«

»Woran denn sonst. Diese windige juristische Konstruktion hat doch einen deutlichen, wie soll ich sagen, Schlapphutbeigeschmack.« Genervt unterbrach sie sich. »Wie auch immer«, fuhr sie schließlich fort, »das müssen wir sofort Schwameyer mitteilen. Tomczyk und er sollen zu Korffs Elternhaus fahren. Die Adresse steht in den Unterlagen. Augustastraße, muss ganz in der Nähe der Herforder Polizei sein. Das ist bislang die heißeste Spur.«

Kapitel 26

Eine Viertelstunde nach Wolskis Anruf erreichten Pit und Anna die Augustastraße. Sie trauten ihren Augen nicht, als sie zu sehen bekamen, um was für eine Gegend es sich handelte. Prächtige Stadtvillen, die meisten von ihnen vor dem ersten Weltkrieg gebaut und alle in unmittelbarer Nähe zur Herforder Innenstadt, aber dennoch ruhig, ja fast abgeschieden gelegen. An einer großen Zahl der Häuser waren Plaketten angebracht, die sie als Baudenkmäler auswiesen. In ihrem Innern Anwaltskanzleien, Arzt- und Zahnarztpraxen, Steuerberatungs- und Maklerbüros. Dazwischen aber auch private Wohnhäuser, die vermutlich von altem Geld zeugten. Vor einem solchen Haus hielten Pit und Anna an, als ihr Navi verkündete, dass sie das Ziel erreicht hatten. Schlicht, aber in edler Optik stand auf einem Schild am Eingangstor zum Grundstück: Korff von Drostenberg.

»Hier sind wir richtig, Anna. Dann wollen wir den feinen Herrschaften in aller Frühe mal einen Überraschungsbesuch abstatten.«

Anna drückte auf den Klingelknopf neben dem Namensschild. Aber niemand meldete sich. Nach dem dritten Mal gaben sie auf. Da sie auch eine Telefonnummer aus Bielefeld erhalten hatten, versuchten sie es nun auf dem Festnetzanschluss der Korffs. Wieder ohne Erfolg. Pit blickte auf die Uhr. Kurz vor halb acht. Ob sie jetzt schon jemanden in der Nachbarschaft erwischten? Bei den Büros und Kanzleien brauchten sie es an einem Samstag gar nicht erst zu versuchen. Schließlich steuerten sie auf das direkt neben den Korffs liegende Wohnhaus zu. Dort wurde Ihnen nach kurzer Zeit verwundert geöffnet. Es erschien eine Frau im Alter von vielleicht sechzig Jahren.

»Guten Morgen«, begann Schwameyer unverzüglich. »Frau Schulte? So steht es jedenfalls auf dem Klingelschild.«

»Ja.«

»Entschuldigen Sie die Störung. Wir sind von der Polizei. Hauptkommissar Schwameyer und Oberkommissarin Tomczyk.« Beide zeigten unaufgefordert ihre Ausweise. »Wir möchten gern jemanden von der Familie Korff von Drostenberg sprechen. Es ist wirklich sehr wichtig, aber dort öffnet niemand. Wissen Sie Näheres?«

»Bei den Korffs? Nein, da ist im Augenblick niemand. Thomas und Sabine sind verreist. Eine Kreuzfahrt entlang der Westküste der USA und Kanadas. Das dauert auch noch, bis sie zurück sind. Aber kommen Sie doch herein. Drinnen spricht es sich besser und, wenn ich das so sagen darf, Sie sehen aus, als ob Sie einen guten Kaffee vertragen könnten.«

»Danke, ja, sehr gern«, antwortete Anna Tomczyk als Erste. »Sie haben recht, wir müssen furchtbar aussehen. Wir haben die Nacht durchgearbeitet.«

»Setzen Sie sich am besten ins Esszimmer. Ich komme gleich zu Ihnen.«

Noch während sie sich dorthin begaben, hörten die beiden Bielefelder Polizisten in der Küche nebenan eine Kaffeemaschine rattern, das bekannte Geräusch, wenn einer dieser Vollautomaten Kaffeebohnen mahlte. Nur wenig später kam die Hausherrin mit zwei Espressotassen zurück, während gleichzeitig ein noch etwas verschlafen wirkender, aber schon angezogener Mann erschien, vermutlich der Hausherr.

»Hans, das sind zwei Beamte der Polizei. Sie wollen zu den Korffs. Aber die sind ja nicht da.«

»Nee, auf Kreuzfahrt. Und wie können wir Ihnen helfen?«

Schwameyer schlürfte an seinem sehr heißen Kaffee. Dann antwortete er: »Haben Sie vielleicht irgendeine Ahnung, wie wir Ihre Nachbarn erreichen können? Uns interessiert vor allem der Verbleib des Sohnes Maximilian.«

»Ach, daher weht der Wind. Aber Max werden Sie hier sicher nicht finden. Der ist schon seit Jahren nicht mehr aufgetaucht, und Thomas und Sabine haben auch ihrerseits den Kontakt abgebrochen, seit er vollkommen in die Neonaziszene abgerutscht ist. Sie haben uns gelegentlich ihr Leid geklagt. Ganz schlimme Sache, wenn Sie mich fragen.«

»Sagen Sie«, hakte die Kommissarin nach, »als Nachbarn kümmert man sich ja gelegentlich um die Blumen, wenn jemand verreist ist. Tun Sie das vielleicht auch für die Korffs? Haben Sie womöglich einen Schlüssel?«

»Ups! Ich weiß nicht, ob das den beiden recht wäre, wenn wir einfach jemanden in ihre Wohnung ließen, auch wenn's die Polizei ist.«

»Frau Schulte, Herr Schulte, ich will ganz offen sein.« Schwameyer gab keine Ruhe. »Dies ist ein sehr ernster Notfall. Es geht um Leben und Tod. Und das ist keine Floskel. Wir dürfen Ihnen leider nicht mehr sagen, weil wir sonst die Operation gefährden. Aber wir müssen unbedingt wissen, wo sich Maximilian Korff aufhalten könnte. Und die Erfahrung zeigt, dass sich manchmal Hinweise in einem Haus finden lassen, auch wenn die Person dort schon lange nicht mehr lebt. Bitte geben Sie uns den Schlüssel.« Die Schultes blickten immer noch skeptisch.

»Oder wenigstens eine Telefonnummer der Korffs. Vielleicht sind sie auf dem Schiff zu erreichen. Wie spät mag es an der kanadischen Westküste jetzt wohl sein.«

»Ich hab Sabines Handynummer für Notfälle.«

»Jetzt ist ein Notfall!«

»In Vancouver ist es aktuell 22:56 Uhr, neun Stunden zurück.« Anna Tomczyk hatte auf dem Smartphone nachgeschaut.

»Gut, dann ruf ich da jetzt an«, entschied Ursula Schulte. Sie suchte die Nummer aus der Kontaktliste, wählte und stellte das Telefon auf laut. Nach einer Weile ertönte das Freizeichen. Die Spannung im Raum war greifbar. Es dauerte einen Moment, aber dann wurde tatsächlich abgenommen.

»Ulla, was ist los? Was ist passiert? Ist was mit dem Haus?«

»Hallo, Sabine. Entschuldige die späte Störung. Na ja, bei uns ist es ja schon fast acht Uhr am Morgen. Hier sind zwei Beamte der Polizei, die suchen Max.«

»Oh Gott! Bitte nicht. Was will uns der Junge noch alles zumuten? Die Polizei soll uns bitte mit seinen Eskapaden in Ruhe lassen.«

»Hallo, Frau Korff von Drostenberg. Hier ist Hauptkommissar Pit Schwameyer.« Er sprach betont deutlich. »Sie können mich hören?«

»Ja, laut und deutlich, bestätigte Sabine Korff.

»Es tut uns leid, Sie im Urlaub stören zu müssen«, fuhr der Kommissar fort. »Aber es ist wirklich ungemein dringend. Es geht um Leben und Tod einer Geisel. Und wir müssen Ihren Sohn finden.«

»Einer Geisel? Nein! Hat Max etwa …? Ich geb Ihnen meinen Mann. Thomas, übernimm du das, bitte.«

»Herr Schwameyer, hab ich den Namen richtig verstanden?«

»Ja, haben Sie. Können Sie uns irgendeinen Hinweis geben, wo sich Ihr Sohn eventuell aufhält?«

»Den haben wir doch schon wer weiß wie lange nicht mehr gesehen.«

»Das ist uns klar, aber vielleicht haben Sie dennoch eine Ahnung, wo wir anfangen könnten, ihn zu suchen. Hat er eigentlich noch Schlüssel zu Ihrem Haus?«

»Nein! Bestimmt nicht. Damit er mit seinen Nazi-Idioten hier noch irgendwann auftaucht? Wir haben alle Schlösser austauschen lassen. Ich fürchte, wir können Ihnen nicht helfen.«

Im Hintergrund war jetzt wieder die Stimme von Sabine Korff zu hören. Es war aber zu undeutlich. Man konnte es nicht verstehen.

»Hat Ihre Frau eine Idee?«

»Ja, Moment bitte. – Was meinst du? Bist du sicher? – Also Herr Kommissar, meine Frau meint, dass er vielleicht doch noch einen Schlüssel haben könnte. Aber nicht von unserem Haus, sondern von der Jagdhütte der Familie. Die benutzen wir eigentlich nur noch selten. Ja, das ist nicht auszuschließen.«

»Wo liegt die Hütte?«

»Im Wald zwischen Herford und Bad Salzuflen. Sie müssen kurz hinter der Autobahnauffahrt Herford-Ost nach rechts abbiegen und am Golfplatz vorbei. Dann geht irgendwann nach links ein Waldweg ab. Den müssen Sie nehmen.«

»Gibt es Bilder davon in Ihrem Haus? Und könnten wir die vielleicht haben, wenn Frau Schulte aufschließt?«

»Sie wollen in unser Haus? Das ist reichlich viel verlangt.«

»Das ist uns klar. Aber ich erwähnte doch schon, es geht um eine Geiselnahme. Und so leid es uns tut, Ihr Sohn scheint damit zu tun zu haben.«

»Nein, nicht das!« Im Hintergrund hörte man das Aufschluchzen der Mutter.

»Herr Korff von Drostenberg, lassen Sie uns in Ihr Haus gehen, bitte!«

»Also gut. Auf dem Kaminsims im Wohnzimmer steht ein älteres Foto der Hütte. Frau Schulte zeigt Ihnen das.«

»Danke, Herr Korff von Drostenberg. Wir gehen dann sofort rüber. Wollen Sie solange am Telefon bleiben?«

»Ja, unbedingt.«

Zehn Minuten später war alles erledigt, und die Polizisten waren auf dem Rückweg nach Bielefeld. Die neue Lage musste umgehend zusammen mit dem SEK ausgewertet werden. Es bestand aber sehr schnell Einigkeit darüber, dass eine solche einsam gelegene Hütte ein ideales Versteck für eine Geisel sein könnte. Das musste sofort überprüft werden. Im Übrigen: Etwas anderes hatten sie nicht.

Das SEK bereitete unverzüglich den Einsatz vor. Eine gewisse Vorlaufzeit würden sie natürlich benötigen. Nichts war schlimmer als eine dilettantische Planung und übereilte Durchführung. Aber die Einsatztruppe war schließlich für genau solche Fälle geschult und ausgebildet. Dennoch war das Risiko groß, so dass das Einsatzziel, die Geisel unversehrt zu befreien, nicht garantiert werden konnte.

Die entscheidende Frage stellte Marlene Wolski. »Kollege Haarkötter, wie lange brauchen Sie, bis der Zugriffsbefehl erteilt werden kann? Dass uns die Zeit im Nacken sitzt, brauche ich wohl kaum zu erwähnen. Es ist jetzt acht Uhr vierunddreißig. Um neun soll nach Forderung der Entführer das Video gesendet werden, was natürlich erneut nicht geschieht. Sie werden sich, wie gestern Abend, kurz danach melden. Hoffen wir, dass Angelika Sommer dann noch lebt.«

»Frau Wolski, ich verstehe das Problem. Aber in zehn bis zwanzig Minuten ist das nicht zu machen. Erst müssen wir die Lage aufklären: Wo liegt die Hütte genau? Wie sind die örtlichen Gegebenheiten? Kommen wir da überhaupt unbemerkt ran? Die Hütte liegt, wenn ich das Bild betrachte, das Schwameyer und Tomczyk mitgebracht haben, direkt im Wald. Das könnte für uns sprechen. Aber …«

»Ja, ich hab's verstanden. Sie haben natürlich vollkommen recht. Das heißt, wir bereiten uns auf einen sehr unfreundlichen Anruf vor, der uns in etwa einer halben Stunde erreichen wird. Und Sie, Haarkötter, tun, wofür Sie da sind, und das so schnell wie möglich und so gründlich wie nötig.«

»Selbstverständlich, Sie können sich auf uns verlassen. Die Einsatzleitung werden wir in die Nähe des Geschehens verlegen, und Sie sind per Direktleitung verbunden. Kümmern Sie sich aber zunächst um das zu erwartende schwierige Gespräch mit den Entführern. Oliver, da musst du noch mal richtig ran.«

»Alles klar, Chef.«

Kapitel 27

Außer Wolf Haarkötter, der sich um die Einsatzplanung seines SEK kümmerte, war die gesamte Ermittlungsgruppe im Konferenzraum versammelt. Vom Beamer an der Decke wurde über Livestream das Bild der Tagesschau an die Wand projiziert. Aber niemand schaute dorthin. Alle wussten ohnehin, dass dort nichts passieren würde. Das Video wurde nicht gesendet.

»Was wollen die Erpresser eigentlich wirklich erreichen?«, fragte Drake. »Ausreise für sich nach Syrien? Was für ein Blödsinn. Auch ohne Pass kann man über die grüne Grenze doch jederzeit in die Türkei kommen und dann ebenfalls ohne Probleme weiter. Wenn sie in den Krieg ziehen wollen, dann schaffen sie das auch, und wir haben keine Möglichkeit, sie daran zu hindern. Letztes Jahr haben das sogar zwei minderjährige türkische Mädchen geschafft, die sich im Internet immer wieder diese Halsabschneider-Videos angesehen und sich so radikalisiert haben. Also, was wollen diese Möchtegern-Dschihadisten?«

»Diesen Abdul Abu-Barzin alias Abusar Galajew freipressen. Das ist doch der einzige wirklich sinnvolle Grund«, meinte Wolski.

»Dafür spricht sehr viel. Natürlich. Vielleicht geht es ihnen aber auch um etwas ganz anderes.« Schwameyer sprach nachdenklich. »Da sind so viele Ungereimtheiten in diesem Fall. Manchmal denke ich, dass es ausschließlich darum geht, dass das Video gezeigt wird. Alles andere ist nur Beiwerk. Ausreise nach Syrien? Quatsch. Galajew freipressen? Vielleicht. Aber was wäre, wenn wir, also unsere Gesellschaft, die hier lebenden Menschen, das eigentliche Ziel wären? Nicht durch Terror in der Art wie in Paris, sondern subtiler. Das würde noch mehr Angst und Schrecken verbreiten. Die Botschaft wäre dann, wir können immer und überall zuschlagen. Wir greifen uns willkürlich jemanden aus der Bevölkerung. Auch zu Hause seid ihr nicht sicher. Wir klingeln einfach an eurer Haustür und schon schlagen wir zu. Das Video signalisiert: Schau, wen wir uns geholt haben, die Frau eines Polizisten. Beim nächsten Mal ist es vielleicht ein Bäcker. Oder du?«

»Nee, das macht doch keinen Sinn, oder? Was haben die denn davon?«

»Terror, nichts als nackter Terror oder übersetzt: Angst und Schrecken. Underdogs der Gesellschaft befinden sich auf einem vom Machtrausch getragenen Egotrip. Muss ein ziemlich aufgeilendes Gefühl sein, endlich wer zu sein. Wut und Frust entladen sich im Terror. Für deutsche Jugendliche gern im Bereich der rechten Szene, für muslimisch geprägte ebenso gern im militanten Dschihadismus. Ausnahmen bestätigen die Regel, siehe Marvin Berger. Und besonders viel Ahnung vom Islam muss man dafür auch nicht haben. Es reicht das berauschende Gefühl, endlich zu einer vermeintlichen Elite zu gehören, vor der die Welt zittert. Vor allem Mesut passt doch nahtlos in dies Bild.«

»Ja, da könnte etwas dran sein«, stimmt Wolski Schwameyer zu. »Aber können wir Öztürk und Berger eine solche planerische Leistung zutrauen, die ein hohes Maß an Intelligenz erfordert? Da habe ich Zweifel.«

»Und wenn unser Freund Korff von Drostenberg dahintersteckt?«

Bevor Marlene Wolski erneut antworten konnte, wurde sie von Oliver Fischer unterbrochen.

»Sie haben sich gemeldet«, rief er in den Raum. »Aber nur eine SMS mit einem Hinweis auf einen YouTube-Film. Ich schick ihn euch auf den Beamer.«

»Verdammt, wieso das denn? Die werden doch nicht … Nein! Scheiße!« Wolski blieben die Worte buchstäblich im Hals stecken, als sie und die anderen sahen, was sich jetzt auf der Leinwand tat.

Wie beim ersten Video, waren die vier Dschihadisten erneut um Angelika Sommer versammelt. Diesmal waren sogenannte Nashids zu hören, Kampflieder der Gotteskrieger aus Syrien. Dann begann wieder Tarik al-Malek zu reden. Die Nashids wurden leiser, und er hielt eine schwülstige Kampfesrede, gespickt mit Drohungen gegen die gesamte westliche Welt. Immer wieder erhob Tarik den Zeigefinger, das Zeichen der Salafisten, um seine Anklagen und Drohungen zu unterstreichen.

»Wir lassen nicht mit uns spielen. Wir sind die zukünftigen Herrscher der Welt und wir werden alle vernichten, die sich Allah in den Weg stellen. Allahu akbar! Ja, wir werden jedem von euch den Kopf abschneiden.«

Plötzlich holte Tarik – ein Aufschrei der versammelten Polizisten – eine Machete hinter dem Rücken hervor und schrie in die Kamera: »Für Allah!« Dann, in Großaufnahme, das niedersausende Schwert und – Schnitt – bildfüllend Tariks wutverzerrtes Gesicht, der schließlich wieder die Machete stolz in die Kamera hinein präsentierte. Etwas Rotes tropfte von der Klinge – Blut? Wieder ein Aufschrei des Entsetzens im Konferenzraum. War das Unaussprechliche wahr geworden? Waren sie soeben Zeuge der Ermordung von Angelika Sommer geworden?

Schwameyer starrte mit aufgerissenen Augen und offenem Mund auf die Leinwand. Wende schossen Tränen in die Augen. Burmann und Linnemann fielen sich voller Verzweiflung in die Arme. Marlene Wolski hielt sich die Hände vors Gesicht und schüttelte den Kopf. Das Video wurde schwarz und zeigte schließlich unter erneut lauter werdenden Nashids die bekannte Flagge des IS. Allahu-akbar-Rufe waren zu hören.

Doch dann, nach einer endlos erscheinenden Weile, war plötzlich Angelika Sommer wieder im Bild, mit etwas Rotem beschmiert – Blut? – aber offenbar unversehrt. Die Verwirrung im Konferenzsaal konnte nicht größer sein. Was war das? Was hatte das zu bedeuten? Wollten die Dschihadisten sie besonders quälen, indem sie noch einmal die lebende Angelika zeigten? Wurde gleich der abgetrennte Kopf als widerliche Trophäe hochgehalten? Aber stattdessen trat erneut Tarik ins Bild, und alles war wie am Anfang, Angelika Sommer in der Mitte und drum herum die vier Dschihadisten, die beiden Vermummten hinten, Tarik und Zahid links und rechts neben der Geisel.

Wieder begann Tarik zu deklamieren: »Allahu akbar! Noch einmal haben wir Angelika Sommer verschont. Ein weiteres Mal wird es nicht geben. Wir verlassen uns auch nicht mehr darauf, dass das Video in der Tagesschau ausgestrahlt wird. Ihr seid ja noch verkommener, als wir geglaubt haben. So wie ihr mit dem Leben dieser Frau spielt. Deshalb haben wir beide Filme, den ersten von gestern und diesen zweiten, ins Netz gestellt und bei YouTube veröffentlicht. Dort kann ihn nun die ganze Welt sehen, und genau das wird die Welt auch tun. Verlasst euch drauf, ihr Söhne Satans, die Anzahl der Klicks werden rascher in die Höhe schnellen, als ihr es euch in euren schlechten Träumen vorstellen könnt.« Er schüttelte drohend die Faust.

»Was wir stattdessen heute Nachmittag um sechzehn Uhr in der Tageschau sehen wollen, sind die Bilder von der Überführung Abdul Abu-Barzin aus dem Gefängnis zum Flughafen nach Düsseldorf, sowie sein Abflug. Und das alles live! Während er ein abseits stehendes Flugzeug betritt, wird er sich an der Flugzeugtür umdrehen und in die Kamera hinein die Tasche zeigen, in der sich zehn Millionen Euro befinden. Ja, jetzt sind es zehn, ihr habt richtig gehört. Dann wird er hineingehen, und schließlich werden die Zuschauer immer noch live sehen, wie das Flugzeug abhebt und sich auf den Weg zum Flughafen Iskenderun in der Türkei macht. Der Flug dauert vermutlich etwa vier Stunden. Ein Team des WDR wird die gesamte Zeit an Bord mitfliegen und die Ankunft live übertragen. Das dürfte dann so etwa um acht Uhr unserer Zeit sein, also zur besten Sendezeit. Von dort sind es nur noch wenige Kilometer bis Reyhanli an der Grenze zu Syrien. Auch dieser Weg wird vom WDR-Team begleitet, und schließlich wird der Übertritt nach Syrien live berichtet. Die Bilder werden um die Welt gehen. Ich wette, ein solches Abendprogramm hat das nach Sensationen lechzende Publikum noch nie gesehen. Die einstürzenden Türme in New York waren dagegen ein Kinderprogramm.«

Tarik unterbrach sich für einen Moment und hob die Machete drohend in die Luft. »Jetzt habt ihr genug zu tun, alles zu organisieren. Wenn wir dann heute Abend die Befreiung unseres Bruders live miterleben werden, könnt ihr die Sommer wiederhaben. Sie wird sich telefonisch bei euch melden. Wir lassen sie irgendwo raus und geben ihr ein Handy mit. Dann werden wir selbst uns aufmachen, über die geheimen Wege unserem Bruder Abdul Abu-Barzin nach Syrien zu folgen.«

Im Konferenzraum herrschte gespenstische Ruhe. Alle versuchten zu begreifen, was sich da eben vor ihren Augen abgespielt hatte. Wolski war die Erste, die ihre Sprache wiederfand.

»Kolleginnen und Kollegen! Angelika Sommer lebt! Das ist das Wichtigste. Alles andere ist ohnehin Bullshit. Irgendwelche Flüge zu irgendwelchen türkischen Provinzflughäfen wird es nicht geben. Aber was es geben wird, ist eine baldige Befreiungsaktion der Geisel. Wir setzen alles auf eine Karte, weil wir uns ganz sicher sind, dass die Frau unseres Kollegen in dieser Jagdhütte bei Herford festgehalten wird. Und noch etwas: Bei allem Unsinn, den diese Islamisten da von sich gegeben haben – wir haben Zeit gewonnen und zwar bis heute Nachmittag um vier. Das heißt noch«, sie sah auf die Uhr und schien kurz zu rechnen, »noch sechs Stunden und siebenunddreißig Minuten. Das ist nicht viel, aber mehr als wir erwarten konnten. Also Leute, nutzen wir die Zeit. An die Arbeit! Wir holen die Sommer da raus und wir schnappen uns die Terroristen! Ach ja, und veranlasst, dass das Video bei YouTube gelöscht wird, obwohl es vermutlich schon zigfach kopiert worden ist. Aber ich will diesen Mist nicht länger auf der Internetplattform sehen!«

Kapitel 28

Angelika Sommer saß zusammengekauert auf ihrer schäbigen Matratze. Sie stellte ihren ganzen, erbärmlichen Lebensraum dar. Ich bin innerlich wie abgeschaltet, dachte sie. Sie fühlte nichts mehr. Wie viele Tage saß sie nun schon in diesem Kellerloch? Sie vermochte es nicht zu sagen.

In regelmäßigen Abständen verlangte ihr Körper nach Nahrung, vor allem nach Wasser. Das war das Einzige, was sie an das Leben erinnerte. Aber sie scheute sich, zu trinken, um sich möglichst wenig der erniedrigenden Prozedur auszusetzen, ihre Peiniger um den Eimer zu bitten. Nach wie vor hatte besonders Schwachkopf Spaß daran, ihr dabei zuzusehen.

Richtig brutal eingeholt hatte sie die Wirklichkeit, als sie irgendwann nach oben geholt worden war. Hoffnung keimte auf. Werde ich jetzt freigelassen? Hat das Martyrium ein Ende? Sind die Forderungen erfüllt? Langsam, etwas wackelig, kletterte sie die kurze Treppe aus dem Keller nach oben und betrat den Wohnraum über ihr.

Schwarz! Schwarz, das war ihr erster Gedanke. Schwarz gekleidet, in weite Umhänge gehüllt, traten ihr die Entführer entgegen. Eine Wand des Raumes mit Tüchern verhängt, ebenfalls schwarz. Darauf arabische Schriftzeichen, die sie aus dem Fernsehen wiedererkannte. Das Zeichen des IS. Zwei weitere Männer, die sich vor der verhüllten Wand aufgebaut hatten, ebenfalls vollkommen in Schwarz. Zudem maskiert und mit einem Sturmgewehr, martialisch zur Schau gestellt. Vor ihnen ein Hocker, auf den sie sich setzen sollte, und eine Kamera auf einem Stativ. Das Blut sackte ihr in die Beine, die unter ihr nachgaben. Doch bevor sie fallen konnte, wurde sie brutal auf den Schemel gedrückt, das Gesicht zur Kamera. Jetzt ist alles aus, dachte sie. Diese Menschen kennen keine Gnade. Völlig apathisch ließ sie das, was kam, die theatralischen Reden und Drohgebärden, über sich ergehen. Dort auf dem Hocker sitzend, ihr Gesicht mit Gewalt zur Kamera gedreht, schloss sie mit ihrem Leben ab.

Aber dies war auch die Gelegenheit, bei der sich die Entführer zum ersten Mal ohne ihre Masken zeigten, und sie erkannte ihren ehemaligen Schüler Mesut Öztürk. Großspurig nannte er sich Zahid bin-Salam, Sohn des Friedens. Er widerte sie an.

Eine Zeit lang fühlte sie sich durch dieses Wissen weniger ausgeliefert. Später, als sie wieder im Keller war und Mesut das nächste Mal mit dem Essen kam, schleuderte sie ihm den Teller an den Kopf und mit der Gabel, die man ihr gegeben hatte, versuchte sie, auf ihn einzustechen. Aber Schwachkopf Mesut schlug sie grün und blau, bis der Chef dazwischenging. Der nannte sich Tarik Al-Malek. Das bedeutete Heerführer oder König und war genauso dümmlich wie der Name, den Mesut sich gegeben hatte. Wenigstens bremste Tarik den großspurigen Zahid gelegentlich aus. Aber genutzt hatte es nichts. Sie blieb in ihrem Loch. Und das Essen kam danach auf Papptellern, und sie musste mit den Fingern essen.

Dann allerdings kehrte Angelikas Überlebenswille zurück. Sie änderte die Taktik und fing an, mit den beiden, die jetzt endlich auch mit ihr sprachen, über ihre Ziele zu diskutieren. Muslime seien sie und als solche die wahren Herrscher der Welt, erzählten sie stolz. Da hatte Angelika sie genauer nach ihrer Religion gefragt, nach den fünf Säulen des Islam und wie sie es hielten mit den täglichen Gebeten. Wie erwartet stellte sie fest, dass sie als evangelische Religionslehrerin mehr vom Islam wusste, als diese Möchtegern-Muslime, die immer wieder einige auswendig gelernte Parolen und Koran-Suren wiederholten. Trotzdem gewann sie den Eindruck, dass sich zwischen ihnen ein merkwürdig gemeinschaftliches Empfinden ausbreitete. Sie erwischte sich selbst sogar dabei, wie sie Sympathie für ihre Entführer und deren Absichten empfand. Hier kommen wir nur gemeinsam raus oder gar nicht, hatte sie gedacht. Sie drei zusammen in einem Boot sozusagen. Das Stockholm-Syndrom ließ grüßen.

Einen Tag später aber war es mit diesem Gefühl wieder vorbei. Ein weiteres Video wurde gedreht, und das Ganze steigerte sich sogar noch. Erneut hatte der Chef sein Schwert in die Höhe gereckt und drohte damit in die Kamera. Dann aber ließ er es niedersausen. Sie hatte innerlich mit allem abgeschlossen. Frank war das letzte Wort, das sie sagte. Aber unvermittelt stoppte Tarik mitten in der Bewegung, beschmierte das Schwert mit irgendetwas Rotem und ließ die eklige Flüssigkeit auf sie niedertropfen. Das hatte sie aber schon nicht mehr recht wahrgenommen. Ihr Geist erwies ihr die Gnade, abzuschalten.

Sie wusste nicht, wie lange sie bewusstlos gewesen war. In ihrem Kellerverlies kam sie wieder zu sich. Seitdem lag sie wie erstarrt in der Ecke, die Beine an den Körper gezogen, den Kopf in ihre Hände vergraben.

Wäre es doch endlich vorbei, dachte sie. Egal wie, Hauptsache zu Ende. Eigentlich bin ich doch schon tot. Aber irgendwie auch wieder nicht. Ich sehe meine Arme und Beine. Eine Tote, die ihre toten Hände sieht. Tun sie noch, was ich von ihnen will? Der kleine Finger lässt sich bewegen, auch die anderen nach und nach.

Fasziniert und ungläubig überrascht schaute sie auf die Bewegungen. Schließlich fingen ihre Augen an – zum wievielten Mal eigentlich – durch das Verlies zu wandern, das wie immer mühsam von dem schwachen Lämpchen beleuchtet wurde. In einer Ecke blieb ihr Blick hängen. Ihre Sinne schwanden. Hilfe, ich drehe durch, dachte sie. Da war etwas. Etwas Dunkles, Unförmiges, ein Fleck, ausgefranst wie schwarzer Hautkrebs. Nein, nicht schwarz, eher dunkelrot. War der schon immer da? Der Fleck begann unter ihren Blicken zu verschwimmen. Er setzte sich in Bewegung. Warum tat er das? Langsam kroch er die Wand hinauf, vergrößerte sich noch und noch, bildete krakenartige Fangarme. Immer weiter schoben sie sich voran, langsam, aber mit steter Kraft. Zuerst nach links, dann nach rechts. Irgendwann auch über die Decke. Der ganze Raum wurde überzogen von einem schleimigen, dunklen Rot. Das Rot des Todes! Auch über den Boden kam es gekrochen.

Plötzlich wurde ihr die Richtung klar, das Ziel. Es wollte nach ihr greifen! Der rote Fleckenkrebs fingerte nach seinem Opfer. Wohin auch immer sie blickte, seine Krakenarme bemächtigten sich ihrer. Panik ließ sie nach Luft schnappen.

Sie schlug um sich, trat mit den Beinen gegen den Gegner. Warf den Kopf zur Seite, gegen die Wand, damit er nicht vom Todesrot erfasst wurde. Sie öffnete den Mund zum Schreien, aber es kam kein Ton heraus.

Zu ihrer Überraschung blickte sie in die Augen eines Mannes, in Mesuts Augen, die rot funkelnde Blitze aussandten. Es waren seine Krakenarme, die um sie herumfingerten. Sie waren überall. Sie pressten sie auf die Pritsche. Wieder versuchte sie zu schreien, aber es gelang nicht. Irgendetwas ekelhaft Wolliges wurde ihr in den Mund gedrückt. Jetzt ist es so weit, dachte sie. Jetzt sterbe ich. Jetzt ersticke ich.

Der Krake saugte sich an ihr fest, öffnete ihre Hose, riss ihr den Slip weg. Er fingerte die Beine hinauf, immer weiter, immer weiter. Schlingend suchten seine Fangarme ihren Weg, unaufhaltsam. Dann drang er in sie ein. Aber das spürte sie bereits kaum mehr.

Stattdessen verließ ihr Geist den Raum. Und je mehr sie sich von den Krakenarmen wegdachte, desto mehr verlor das Rot seine Bedrohlichkeit. Es veränderte sich, wich dem Rot eines im leichten Sommerwind wogenden Mohnfeldes. Darüber ein blauer Himmel, der sich immer mehr zusammenzog, regelrecht hineingezogen wurde er in einen einzigen Punkt, ließ sich aufsaugen, ergab sich, nahm Zuflucht in strahlender Helligkeit, gleißender als das Weiß der Sonne. Wärme ging aus von diesem Licht, und Ruhe, die von ihr Besitz ergriff und ihren Körper leicht werden ließ wie eine Feder, der schließlich eins wurde mit dem strahlenden Weiß am Horizont.

Ist das der Tod, fragte sie sich. Und dann war nur noch Frieden.

Kapitel 29

Auf einem Bauernhof etwa einen Kilometer von der Jagdhütte der Korffs entfernt und vor neugierigen Blicken geschützt, hatte das SEK Stellung bezogen. Gebannt schaute Wolf Haarkötter im Kommandowagen auf die dort installierten Bildschirme. Sie zeigten die Bilder der Helmkameras, die ihre Erkundungsspezialisten trugen. Fünf Beamte waren im Einsatz.

Vor etwa einer Stunde waren sie angekommen und hatten begonnen, das Gelände um das vermutete Versteck der Entführer zu erkunden. Vorsicht vor Schnelligkeit, das galt bislang noch. Sorgsam, aber in vollkommener Tarnung untersuchten sie das Waldstück. Trotz des lichten Hochwalds boten dornige Sträucher, junge Bäume und niedriges Gestrüpp Deckung, die sie auszunutzen wussten. Natürlich wäre das alles bei Dunkelheit viel einfacher gewesen. Aber so viel Zeit hatten sie nicht. Das letzte Ultimatum der Entführer lief um vier Uhr am Nachmittag aus. Bis dahin allerdings, so war sich die Einsatzleitung in Bielefeld sicher, würde nichts geschehen. Danach gäbe es keine Chance mehr. Da waren sich alle einig.

Oberkommissar Brünger näherte sich als Erster langsam, der natürlichen Deckung folgend dem Häuschen. Der Monitor im Kontrollwagen zeigte, wie er über den Waldboden robbte. Hinter einer Stechpalme blieb er liegen. Auf dem Monitor erkannten Haarkötter und seine Kollegen die Eingangstür. Allerdings beeinträchtigten die stacheligen Blätter des immergrünen Strauches noch die Sicht.

»Kannst du etwas mehr zur Seite robben?«, fragte Haarkötter über den Helmkopfhörer. »Die Sicht ist durch den Strauch noch zu sehr behindert. Aber denk dran: Vorsicht ist besser als Eile.«

Ohne zu antworten, schob Brünger sich langsam nach rechts.

»Jetzt! Jetzt ist es gut«, meldete Haarkötter. Zwischen dem Geäst hindurch konnte er nun die Tür frei erkennen. Sie war geschlossen, ebenso die Fensterläden. Es sah alles vollkommen verlassen aus.

»Wenn dies wirklich das gesuchte Versteck ist, dann verhalten sich diese Burschen sehr geschickt«, kommentierte Haarkötter die Szenerie auf dem Bildschirm. »Einem zufällig vorbeikommenden Wanderer würde nichts auffallen.«

»Und wenn da tatsächlich nichts ist, Chef?«, fragte der neben ihm stehende Beamte.

»Dann haben wir alles auf die einzige Karte gesetzt, die wir in der Hand halten. Eine zweite haben wir nicht.«

»Und die Sommer wird sterben.«

»Ja, sie wird sterben, da bin ich ganz sicher. Aber die Schweine, die dafür verantwortlich wären, werden keine ruhige Minute mehr haben, bis wir sie uns geschnappt haben.«

Alle im Überwachungswagen hatten die Eingangstür fest im Blick. Brünger machte seine Arbeit hervorragend. Er war der Beste, den sie für diese Aufgabe hatten. Völlig bewegungslos lag er im Gras zwischen dem stacheligen Strauch und einer jungen Buche, deren Blätter ebenfalls auf dem Monitor zu erkennen waren.

»Achtung«, meldete sich Grube, ein anderer Erkunder. »Habe am Waldrand einen SUV entdeckt. Herforder Kennzeichen.« Dann gab er die genaue Nummer durch, die sofort überprüft wurde. Der ältere Herr, dem sie zugeteilt worden war, hatte seine Fahrzeugschilder vor einigen Tagen als gestohlen gemeldet.

»Bleib in der Nähe. Ich schicke jemanden mit einem Peilsender.«

»Okay.«

Dann blickten wieder alle auf Brüngers Monitor. Nach einer halben Stunde geschah, worauf sie gehofft hatten. Die Tür wurde geöffnet, und ein junger Mann kam heraus, sein Gesicht war deutlich zu erkennen: Tarik Al-Malek!

»Lass ihn in Ruhe«, wies Haarkötter Brünger an, als Tarik sich vom Haus entfernte. »Schallück übernimmt das. Der kann ihn ebenfalls sehen. Wir wollen wissen, wohin er geht. Und wir werden ihn beschatten, egal, was er tut. Vielleicht bringt er uns ja zu weiteren Komplizen, vielleicht sogar zu Korff.«

»Chef«, Haarkötter erkannte Grubes Stimme, »Tarik ist jetzt bei dem getarnten Wagen. Wenn er damit wegfährt, der Sender ist unter dem Fahrzeug befestigt.«

»Alles klar, bleib da, bis er wegfährt. Dann übernehmen wir ihn von hier aus. Mal sehen, wohin der will.«

Brünger war inzwischen ganz bis zum Haus vorgedrungen. Zwei Dinge kamen ihm zugute. Zum einen reichten Bäume und Büsche hier bis fast an das Haus heran, zum anderen waren alle Fensterläden geschlossen. Aber vielleicht gab es auch eine schmale Ritze, durch die ein Beobachter nach draußen spähen konnte. Wahrscheinlich war das jedoch nicht. Jetzt kauerte er unter einem seitlichen Fenster und hielt eine Abhörvorrichtung an das Holz der Läden, um eventuelle Geräusche oder Stimmen von innen aufzufangen. Auch das konnten Haarkötter und seine Kollegen mithören. Aber alles war ruhig. Sollte dort drinnen doch niemand sein, dachte der SEK-Chef. Waren sie falsch? Dann allerdings, ganz gedämpft, der Schrei einer Frau oder gar eine Art Stöhnen, vielleicht vor Schmerz? Schließlich auch eine männliche Stimme, ebenfalls sehr gedämpft. Kaum zu erkennen.

Plötzlich schauten sich alle fragend an.

»Hat der gesagt: Jetzt bist du dran?« Haarkötter schaute sich um.

»Könnte sein. Hörte sich fast so an«, antwortete ein Beamter.

»Okay, Schallück und Meier, ihr seid am dichtesten bei der Hütte. Ihr geht jetzt rein. Brünger, du lauschst weiter und stehst zur Verfügung, falls drinnen irgendetwas passiert.«

Sofort setzte sich Schallück in Bewegung. Auf dem Monitor sah Haarkötter, wie er die letzten Meter über ein Stück freie

Wiese laufen musste, bis er das Haus erreicht hatte. Direkt unterhalb der zwei Fenster kauerte er sich sodann an die Wand. Wie Brünger auf der anderen Seite war er hier relativ sicher. Er konnte kaum entdeckt werden, es sei denn jemand öffnete das Fenster und schaute direkt auf ihn hinunter.

Auf der anderen Hausseite war Meier jetzt bei Brünger und bewegte sich wie Schallück tief geduckt Richtung Eingangstür auf der Stirnseite der Hütte. Die Beamten im Kontrollwagen beobachteten weiterhin gebannt das Geschehen und verfolgten, wie sich die beiden von zwei Seiten der Tür näherten. Dort hielten sie inne.

»Brünger, irgendetwas Neues zu hören? Die beiden anderen sind jetzt direkt vor der Tür. Können sie rein?« Haarkötter war trotz seiner langen Erfahrung etwas nervös.

»Keine neuen Geräusche.«

»Dann los. Schallück und Meier, geht rein.«

Leise wurde das Schloss geöffnet. Ein Sicherheitsschloss, aber für die Profis kein Problem. Die Tür war links angeschlagen und ging nach außen auf. Deshalb drückte Meier, die Klinke herunter, um die Tür vorsichtig zu öffnen. Für Schallück, der auf der anderen Seite auf dem Boden lag, wurde so der Blick nach innen frei. Sie rechneten damit, jederzeit entdeckt und beschossen zu werden. Eine Deckenlampe gab etwas Licht. Aber der Raum erschien leer. Vorsichtig richteten sich beide auf und gingen hinein. Irgendwo musste mindestens noch ein Entführer sein. Nur jetzt kein Geräusch machen. Die beiden SEK-Beamten schauten sich um, aber wenn hier jemand gewesen wäre, hätte der in jedem Fall bereits reagiert.

Schallück sah sie als Erster. Hinten links stand eine in den Fußboden eingelassene Klappe auf. Von dort kamen die Geräusche und die männliche Stimme, die sie schon gehört hatten.

»Jetzt bring ich dir mal was bei, du blöde Lehrer-Nutte. Na, ist das geil?«

»Ich komm zu euch«, meldete sich Brünger. Und kurz darauf war er hinter ihnen. Sie verständigten sich durch Zeichensprache. Schallück und Meier drangen in den Kellerraum vor, Brünger blieb oben, um den Eingang zu beobachten, falls dort überraschend ein weiterer Entführer auftauchen sollte.

Meier machte eine Blendgranate fertig. Ganz vorsichtig näherte er sich der Luke. Die Dielenbretter auf dem Boden knarrten gefährlich. Sofort blieben alle stehen und horchten nach unten. Nichts! Keine Reaktion. Der Entführer war offenbar zu beschäftigt.

Meier blickte die beiden anderen an, dann ließ er die Granate die Treppe hinunterrollen. Mit einem grellen Blitz explodierte sie. Jeder, der im Keller war, würde für eine kleine Weile blind sein. Auch das Opfer. Aber alles war besser als der Tod.

Ohne auch nur eine Sekunde zu zögern, stürmten die Männer vom SEK nach unten. Tatsächlich war nur ein Täter dort. Er hielt sich schreiend die Hände vors Gesicht. Sie warfen sich auf den Entführer, den sie mit heruntergelassenen Hosen erwischten. Tausendmal trainiert überwältigten sie ihn, warfen ihn zu Boden und fesselten ihn. Dann kümmerten sie sich um das Opfer. Angelika Sommer lag vollkommen apathisch auf einer dreckigen Schaumstoffunterlage. Sie rührte sich nicht. Zu ihrer Überraschung meinten Meier und Schallück aber auf ihrem Gesicht den Hauch eines Lächelns zu spüren, bevor ihre Mimik erstarrte.

Jetzt kam auch Brünger von draußen dazu. »Lebt sie?«

»Vielleicht. Wir müssen sie jedenfalls sofort nach draußen bringen. Und dann brauchen wir den Notarzt.«

Über eine gesicherte Internetleitung verfolgte das gesamte Ermittlungsteam in Bielefeld die Ereignisse in der Jagdhütte. Eine schier unerträgliche Spannung lag in der Luft. Sie waren zum Zuschauen verurteilt und konnten selbst nichts zum Gelingen der Aktion beitragen. Die ersten Rufe der Erleichterung kamen auf, als der Entführer, der sich als Mesut Öztürk alias Zahid bin-Salam entpuppte, überwältigt wurde. Aber was war mit Angelika? Lebte sie? Sie waren im Unklaren, sahen, wie Schallück sich über sie beugte und vorsichtig nach dem Puls fühlte und dann nach dem Notarzt rief. Eine gewisse Erleichterung, ein erstes Durchatmen wollte sich breitmachen.

Doch dann: drei schnelle Schüsse und unmittelbar darauf weitere zwei! Verwirrung, Ratlosigkeit, Entsetzen auf den Gesichtern der Polizisten, sowohl in Bielefeld als auch im Kommandowagen.

»Was ist da los?«, hörten die Bielefelder Haarkötter rufen. Und: »Alle sofort zur Hütte!«

Brüngers Kamera zeigte als Erste einen weiteren Täter, der jetzt in der Eingangstür zusammenbrach, sich aber vor das Haus schleppte. Der SEK-Beamte war offenbar auch getroffen worden, konnte aber zurückschießen. Meier und Schallück kamen aus dem Keller hoch, um ihrem Kameraden zu helfen. Angelika musste zurückbleiben. Mit einem schnellen Blick erkannten sie, dass Brünger am Bein getroffen worden war, seine Schutzweste aber einen vermutlich tödlichen Schuss abgefangen hatte. Deshalb war nun der Terrorist vor dem Haus ihr Ziel. Doch da waren schon von draußen energische Rufe zu hören.

»Hinlegen! Auf den Bauch, sofort!«

Mit Entsetzen im Gesicht erlebten Haarkötter und die Bielefelder mit, was geschah. Grube war als Erster am Haus gewesen und stellte den verletzten Dschihadisten. Doch der wollte offenbar nicht aufgeben, sondern wirbelte herum und zielte auf Grube. Aber der war schneller: Mit zwei gezielten Schüssen erschoss er den Terroristen. Dann war Ruhe, gespenstische Ruhe. An der Hütte genauso wie im Kommandowagen und in der Zentrale in Bielefeld.

»Und Angelika? Was ist mit ihr?« Haarkötter fand als Erster seine Worte wieder.

»Holen wir jetzt raus«, antwortete Meier. »Wo ist der Notarzt?«

»Ist jeden Moment bei euch.«

»Verdammt noch mal, woher ist dieser weitere Dschihadist gekommen, der Brünger angeschossen hat? Wieso hat den keiner bemerkt? Was ist das für eine verdammte Scheiße. Das darf doch einfach nicht passieren.« Diesmal war es Karsten Linnemann, der sich als Erster Luft machte, nachdem alle zunächst tief durchgeatmet hatten und sowohl Angelika Sommer als auch Sven Brünger ins Klinikum gebracht worden waren.

»Scheint dieser Yusuf Ergün zu sein«, meldete sich Haarkötter über die Internetleitung. »Das wird sicher bald bestätigt werden. Wichtig ist zunächst, dass die Operation an der Hütte zu Ende ist, und das mit insgesamt erfreulichem Ausgang. Die Geisel ist befreit. Ein Täter verhaftet, einer erschossen und ein dritter wird streng beobachtet, weil er uns eventuell zum Drahtzieher hinter dem ganzen Scheiß bringt.« Er musste sich räuspern. Dann fuhr er fort. »Beruhigend ist, dass Brünger nicht lebensgefährlich verletzt ist, obwohl er viel Blut verloren hat. Aber die Rettungskräfte waren schnell da. Am schlechtesten geht es Angelika Sommer. Soweit ich bisher gehört habe, ist sie in einem erbärmlichen Zustand. Der Notarzt klang sehr besorgt.«

»Und der Terrorist vor der Hütte, vermutlich Ergün, woher ist der gekommen? Wieso hat den niemand gesehen?«

»So richtig erklären können wir uns das im Moment noch nicht. Aber in der entscheidenden Minute waren wohl alle auf Angelikas Befreiung fixiert, auch die beiden Kollegen, die noch draußen im Wald lagen. Und irgendwie ist der Kerl von der anderen Hausseite gekommen.«

»Ja, gut, oder besser schlecht«, mischte sich jetzt Marlene Wolski ein. »Das werden wir alles noch klären. Und wo ist Tarik jetzt?«

»Sitzt in seinem Auto auf einem Parkplatz in der Nähe der Autobahnauffahrt Herford-Ost. Scheint zu warten, hoffentlich auf Korff. Dann schnappen wir uns beide zusammen.«

»Waidmannsheil«, schloss Wolski für die Situation unerwartet flapsig.

Kapitel 30

Im Haus der Sommers saßen kurz nach zwei alle im Wohnzimmer zusammen. Frank, Fabian und Jennifer, Thierry Bernard und die Polizeipsychologin Hanna Hülsmeier, die gegen Mitte Vormittag gekommen war. Es war eine unwirkliche, gespenstische Stimmung. Niemand der Anwesenden hatte aktuelle Informationen über den Stand der Dinge. Eine bedrückende Dunstglocke der Ratlosigkeit hing im Raum. Entsprechend stumm waren die Versammelten.

»Warum meldet sich denn niemand?« Fabian und Jennifer konnten die Spannung am wenigsten ertragen. »Pit hat doch versprochen, uns auf dem Laufenden zu halten. Warum tut er das nicht?«

Statt einer Antwort vergrub Frank das Gesicht in seine Hände. Thierry antwortete an seiner Stelle: »Das bedeutet, dass sie keine Zeit haben, Fabian. Sie werden alle Hände voll zu tun haben. Wahrscheinlich weil die Sache in die heiße Phase gekommen ist. Ich glaube, wir werden bald etwas hören.«

»Und wenn Mama dann tot ist?«

»Daran solltest du nicht denken. Die Kollegen deines Vaters wissen, was sie tun, und sie sind fähige Leute.«

»Und die Entführer sind beschissene Brutalos. Ohne Gewissen.« Fabians Stimme zitterte.

Niemand konnte darauf antworten. Alle wussten, dass er recht hatte. Jennifer nahm ihn in den Arm. Schließlich war es Hanna Hülsmeier, die aufstand, um in die Küche zu gehen. »Ich weiß nicht, wie es euch geht. Ich brauche etwas zu essen.«

»Ich komme mit«, stimmte ihr Thierry zu. »Da ist noch eine Menge Käse im Kühlschrank. Oder soll ich lieber Pizza bestellen. Habt ihr eine Nummer von irgendeinem Pizzadienst?«

»Ich kümmer mich drum«, sagte Jenni. »Ich kenn die Nummer auswendig. Für uns das Übliche und für dich, Frank?«

»Was weiß ich. Irgendwas. Salami.«

»Und für euch?« Fabian wandte sich an Thierry und Hanna.

»Quattro stagioni und …« Hanna wurde vom schrillen Klingeln des Telefons unterbrochen.

Reflexartig griff Frank nach dem Hörer. Dann erst sah er die Nummer: Marina Burmann. »Hallo Marina, was gibt's Neues? Was ist mit Angelika?«

»Frank, sie ist befreit und sie lebt!«

Sommer schossen die Tränen der Erleichterung ins Gesicht. Er konnte den Hörer nicht festhalten und sackte in seinem Sessel in sich zusammen. Hanna übernahm das Gespräch und stellte den Lautsprecher an, damit alle mithören konnten.

»Marina, hier ist Hanna. Frank kann nicht reden. Was ist geschehen?«

»Angelika lebt! Sie ist befreit worden. Es gab einen SEK-Einsatz, der gerade zu Ende gegangen ist.«

Und dann erzählte sie ausführlich, was sich ereignet hatte. Im Wohnzimmer der Sommers herrschte atemlose Spannung.

»Und wo ist Angelika jetzt?«, hakte Hanna nach.

»Sie ist ins Herforder Klinikum gebracht worden. Ist aber im Augenblick nicht ansprechbar. Bisher haben wir kaum Hinweise darauf, wie es ihr geht. Vor allem psychisch ist sie natürlich stark mitgenommen. Die Ärzte haben gesagt, dass sie zunächst unbedingt Ruhe braucht, und sie bekommt entsprechende Medikamente. Angelika schläft deshalb tief und fest.«

»Das ist gut«, bestätigte Hanna.

»Ja, wahrscheinlich. Aber jetzt muss ich Schluss machen. Wir haben hier nach wie vor alle Hände voll zu tun. Zwei der Terroristen sind noch auf freiem Fuß. Der eine wird beschattet, weil er uns hoffentlich zu dem anderen bringt. Im Augenblick sitzt er, wie ich gehört habe, in einem Auto auf einem Parkplatz wenige Kilometer von der Waldhütte entfernt. Als ob er auf irgendwen wartet. Vielleicht ja auf Korff.«

Kapitel 31

Maximilian Korff von Drostenberg hatte sich ein neues Fahrzeug besorgt, einen großen Ford-Kombi. Den SUV hatte er Tarik und Zahid überlassen. Wieder so eine Sicherheitsmaßnahme, falls der Geländewagen doch jemandem aufgefallen war. Zur Vorsicht fuhr er einen Umweg, um sich aus der Gegenrichtung der Jagdhütte zu nähern. Er wollte wissen, ob dort alles ruhig wäre. Erst dann würde er mit Tarik das weitere Vorgehen besprechen. Solche Spielchen, die sich immer wieder als sehr hilfreich erwiesen, hatte er von seinem Ausbilder beim Verfassungsschutz gelernt. Wenn die wüssten, welche Natter sie an ihrer Brust genährt hatten. Er musste hellauf lachen. Und ohnehin folgte er der Devise, nach der Vorsicht die Mutter der Porzellankiste ist. Tu nie das, was andere eventuell erwarten, und vertraue keinem, auch nicht den eigenen Komplizen, erst recht nicht diesen Moslem-Ärschen, das war Korffs unerschütterlicher Grundsatz.

Bisher war die gesamte Aktion jedoch zu Korffs vollster Zufriedenheit verlaufen. Die einfältigen, religiösen Fanatiker machten gute Arbeit, auch weil sie immer noch daran glaubten, dass sie tatsächlich nach Syrien kommen würden. Besonders stolz war er, dass er ihnen vormachen konnte, er sei tatsächlich einer von ihnen. Maximilian hatte bald gemerkt, dass seine Komplizen, wie von den Verfassungsschützern vorhergesagt, kaum mehr vom Islam wussten als er selbst nach seinem Crashkurs. Wie krank ist das alles, hatte er gedacht. Wie hervorragend aber eigneten sie sich andererseits als nützliche Idioten für seine Zwecke.

Ein entgegenkommendes Fahrzeug auf der engen Straße, von der der Waldweg zur Hütte abzweigte, zwang Korff mit seinen Gedanken zurück in die Wirklichkeit. Ein großer Mercedes mit Lipper Kennzeichen. Vermutlich keine Gefahr, sondern ein Golfspieler auf dem Weg vom nahen Golfplatz nach Hause. Den konnte er abhaken.

Wichtig war nur, dass heute Nachmittag endlich die Befreiung des bescheuerten Abdul Abu-Barzin im Fernsehen übertragen wurde. Bisher war es den Bullen gelungen, die gesamte Entführungsaktion irgendwie unter dem Deckel zu halten. Deshalb hatte er die Videos mit der Sommer bei YouTube ins Netz gestellt. Dort konnte es nicht verborgen bleiben, auch wenn die Polizei die Filme sicher so schnell wie möglich löschen lassen würde. Das wäre aber vergebliche Mühe, denn er hatte gleichzeitig die Dateien unter einem Fake-Account an Hunderte Facebook-Freunde aus alten Tagen geschickt. Seine rechtsextremen Kumpel würden derart wütend darüber sein, dass die islamische Brut eine deutsche Polizistenfrau entführt hatte, dass sie für die entsprechende Verbreitung sorgen würden.

Nur wenn die Öffentlichkeit von dieser Aktion erfuhr, würde endlich die Stimmung im Land zugunsten der rechten Szene umschlagen. Wenn klar würde, dass dschihadistische Terroristen mitten in Deutschland und dann auch mitten in der vermeintlich sicheren Provinz Anschläge verübten, dann würde sich Volkes Wut endlich zeigen und am Ende die elende plutokratische Demokratie hinwegfegen und das Land würde wieder zu nationaler Größe auferstehen.

Das wäre voll und ganz in Korffs Sinn. Damit wären, wie er es sah, siebzig Jahre Duckmäusertum zu Ende. Siebzig Jahre des unterwürfigen Kriechens vor Amis und Russen. Er sah es schon vor sich, wie das Volk ihm und seinen Gesinnungsgenossen zujubeln und dann auf die Straße gehen würde, nicht nur in Dresden, sondern überall im Land, sogar in linken Arschlochzentren wie Köln oder Bielefeld. Korff berauschte sich an sich selbst. Dann würden aufrechte deutsche Männer das Heft in die Hand nehmen und ein starkes Deutschland würde in Europa und weltweit wieder den Ton angeben. Und er wäre einer dieser Männer, das sah Korff klar vor sich.

Mehrere Schüsse knallten durch den Wald. Verdammt, was war da los? Jäger? Jetzt mitten im Sommer und am helllichten Tag? Eher unwahrscheinlich. Korff war kurz vor seinem Ziel angekommen. Doch die Schüsse ließen ihn sofort stoppen. Da war doch wohl nicht irgendwas aus dem Ruder gelaufen? Sollten die Bullen die Hütte entdeckt haben? Er ließ die Seitenfenster herunter, um besser hören zu können. Angespannt lauschte er in den Wald hinein. Dann noch einmal zwei Schüsse. Und Schreie, die er aber nicht verstehen konnte. Korff kochte vor Wut. Da läuft was schief. Verdammter Mist! Schließlich hörte er Sirenen und durch die Blätter konnte er vage Blaulicht erkennen. Seine Befürchtungen nahmen Gestalt an. Er griff zum Telefon und rief Tariks Nummer an. Der meldete sich nach kurzem Klingeln.

»Hey, Tarik. Was ist da los? Wo steckst du?«

»Wie, was ist da los? Ich warte hier auf dich, wie verabredet.«

»Verdammt hast du noch gar nichts mitbekommen? Bist du taub oder was? Die Schüsse musst du doch gehört haben.«

»Welche Schüsse? Wieso? Haben die Bullen etwa …?«

»Ja, scheint so.«

In diesem Moment ging es Korff auf, dass es dumm war, Tarik anzurufen. Sollten die Bullen ihn doch hochnehmen, das war ihm ganz und gar egal. Ein islamischer Dreckskerl weniger. Deshalb sagte er: »Okay, bleib, wo du bist. Ich komm vorbei.« Das hatte er allerdings niemals vor. Er würde sich jetzt aus dem Staub machen, und dabei sollte ihm sein Kontaktmann beim Verfassungsschutz helfen. Jetzt wär ein guter Zeitpunkt, mit deren Hilfe unterzutauchen. Wenn Tarik blöd genug wäre, sich schnappen zu lassen, dann war das sein Problem. Oder – Moment mal. Konnte Tarik ihm eventuell gefährlich werden? Was, wenn er im Verhör anfing zu singen. Dann geriete er selbst in Gefahr. Das durfte nicht geschehen.

Maximilian Korff überlegte eine Weile, wie er auf die neue Situation reagieren sollte. Das Ziel der Entführung war verloren. Zumindest würde es keine schönen Bilder vom Flug in die Türkei geben. Aber genug Aufsehen hatte die Aktion sicher auch so gemacht. Oder könnte man da noch eins draufsetzen? Irgendeinen »netten« terroristischen Anschlag vielleicht, bei dem er Tarik gleich mit loswürde? Aber dafür musste er ihn erwischen, bevor es die Bullen taten.

Auf seinem Smartphone öffnete er ein Kartenprogramm mit Satellitenfunktion, um herauszufinden, wie er schnell und zugleich unauffällig zum Treffpunkt mit Tarik kommen könnte. Korff war beinahe sicher, dass die Bullen schon dort sein würden. Deshalb würde er sehr vorsichtig sein und erst einmal die Lage sondieren, bevor er sich Tariks Wagen näherte. Sprechen wollte er mit seinem Komplizen aber nicht. Nein, das war vorbei. Er war jetzt wieder Einzelkämpfer. Stattdessen überprüfte er die Kalaschnikow im Kofferraum und machte sie schussbereit. Dann fuhr er los. Der Blick auf die Satellitenkarte zeigte ihm, dass es im Grunde nur eine Möglichkeit gäbe, die allerdings ein wenig Zeit brauchte.

Fünfzehn Minuten später war er am Ziel. Den SUV sah er sofort, aber auch gegenüber auf dem Hof einer Autowerkstatt zwei Fahrzeuge, in denen jeweils drei Männer saßen. Verdammt, wie doof ist dieser Möchtegern-Dschihadist eigentlich, dass er das nicht bemerkt, dachte Korff. Das sind doch Bullen! So unauffällig wie möglich fuhr er weiter und bog nach links in eine kleine Seitenstraße ein, drehte und kam vorsichtig zurück. Es gelang ihm, einen Platz zu finden, von dem aus er Sicht auf den Parkplatz hatte, die Bullen ihn aber nicht sofort bemerken konnten. Er sah mit Genugtuung, dass die sich offensichtlich nur für Tarik interessierten.

Die Kalaschnikow war als Schnellfeuer- und Sturmgewehr nach wie vor eins der besten der Welt. Aber eine Präzisionswaffe für die Hand eines Scharfschützen war sie natürlich nicht. Trotzdem hatte er vorsorglich daran gedacht, sich auch ein Zielfernrohr zu besorgen. Man weiß ja nie, hatte er sich gesagt, als der Serbe aus dem Rotlichtmilieu, der ihm das Gewehr verkauft hatte, auch nach einer Zielvorrichtung gefragt hatte. Und jetzt wusste Korff, wofür er die Ausrüstung gebrauchen würde.

Hier allerdings konnte er nicht unbeobachtet in Stellung gehen, um Tarik gezielt in seinen Moslem-Himmel zu befördern. Er würde stattdessen Gefahr laufen, selbst bei einem Schusswechsel ums Leben zu kommen. Und das war die Sache nicht wert. Gab es eine andere Möglichkeit? Aus dem Hinterhalt auflauern und in der Verwirrung schnell entkommen, das war an sich eine gute Strategie, aber nicht an diesem Ort. Anderswo war zudem vielleicht auch noch ein großer öffentlichkeitswirksamer Zirkus möglich.

So unauffällig, wie er gekommen war, gelang es ihm nun, wieder zu verschwinden. Sein Ziel war klar. Die Bullen würden mit Tarik ins Präsidium fahren, wohin auch sonst. Dort wollte er eher ankommen, um Tarik aufzulauern und zu erledigen. Deshalb zögerte er nicht lange und fuhr, gemächlich zwar, aber entschieden los.

Das Präsidium an der Hansastraße kannte er ziemlich gut, befand sich doch sein Elternhaus nur wenige Hundert Meter entfernt auf der anderen Seite der Werre. Das Problem war, dass er nicht wusste, wie viel Zeit er hatte. Eine solche Aktion war schwierig und hätte viel länger und gründlicher vorbereitet werden müssen. Die Bullen würden natürlich direkt zum Präsidium fahren, Korff wollte sich aber von der anderen Seite nähern, von der Augustastraße aus, an seinem Elternhaus vorbei und dann bis zur Herderbrücke, die von hinten direkt zum Polizeigebäude führte.

Tatsächlich kam Korff ausreichend früh an. Zeit genug, um den Plan, den er sich trotz der Kürze der Zeit ausgedacht hatte, in die Tat umsetzen zu können. Das Wichtigste war, vorher nicht aufzufallen, dann aus dem Hinterhalt schnell zuzuschlagen und so schnell wie möglich zu entkommen. Aber wie kriege ich das Gewehr unbemerkt aus dem Auto? Eine große Plastiktüte vielleicht oder ein alter Jutesack. Gab es so etwas im Haus seiner Eltern? Konnte er da kurz anhalten? Einen Schlüssel hatte er natürlich nicht. Aber er hatte auch schon früher gewusst, wie er unbemerkt von hinten auf das Grundstück und ins Haus gelangen konnte.

Er sah auf die Uhr, fünfzehn Minuten, seit er losgefahren war. Wie lange dauert so eine Verhaftungsaktion? Er wusste es nicht. Aber egal, die Zeit musste er sich nehmen. Er fuhr in die Augustastraße, drang in das Haus ein, griff sich einfach nur einen kleinen Teppich aus dem Hausflur und wickelte das Sturmgewehr darin ein. Super, die Waffe war überhaupt nicht zu erkennen, und einen Teppich unter dem Arm zu tragen, war kaum auffällig. Dann parkte er sein Auto am Ende der Straße, direkt bei der Brücke, und ging die letzten Meter zu Fuß.

Kapitel 32

Das SEK hatte seine Aktion beendet. Für Haarkötter und seine Truppe gab es in der Nähe der Hütte nichts mehr zu tun. Es blieben lediglich einige Streifenbeamte zurück, um den Tatort zu sichern, bis die Spurensicherung käme und die Bielefelder Ermittlungsgruppe den Tathergang aufarbeitete.

Dennoch war der gesamte Einsatz noch nicht abgeschlossen. Wie sie von den Kollegen wussten, die Marvin alias Tarik beschatteten, saß dieser immer noch in seinem Auto auf dem Parkplatz am Tierfriedhof. Er schien nach wie vor auf jemanden zu warten. Unauffällige, zivile SEK-Beamte, die den Dschihadisten jederzeit festnehmen könnten, hatten ihn im Visier. Und für alle Fälle war da ja noch der Peilsender am Auto. Einen dunkelgrauen Ford Mondeo Kombi, der langsamer als nötig an ihnen vorbeifuhr, registrierten sie zwar, schenkten ihm aber keine weitere Aufmerksamkeit, da er unmittelbar darauf in eine Seitenstraße einbog. Schien den Weg gesucht zu haben. Niemand fand das einer eingehenderen Prüfung wert.

Wolski in Bielefeld und Haarkötter vor Ort entschieden schließlich, noch eine Zeit zu warten. Sie hofften immer noch, dass Korff von Drostenberg bei Marvin auftauchte. Eine Stunde wollten sie das Spielchen noch mitmachen. Ihre Zielperson konnte ihnen ohnehin nicht entkommen. Sie wussten, wo sie war und was sie tat.

Schließlich machte Marvin Berger Anstalten, loszufahren. Sofort kam Haarkötters Kommando. Die Verhaftungsaktion verlief routiniert und reibungslos. Marvin wurde überrumpelt. Eine Möglichkeit der Gegenwehr war ihm nicht geblieben. Ohne dass er seine Waffe greifen konnte, wurde er aus dem Auto gezerrt. Scheiße, dachte er, als er von den maskierten Polizeibeamten mit hartem Griff zu Boden gedrückt wurde, hätte ich die Makarow bloß nicht ins Handschuhfach getan. Bloß weil ich Angst hatte, man könnte sie irgendwie sehen.

Mit Kabelbindern gefesselt landete er schließlich auf dem Rücksitz eines zivilen Fahrzeuges zwischen zwei sehr entschlossenen SEK-Beamten. Im Konvoi mit mehreren Fahrzeugen fuhren sie unter Blaulicht in Richtung der Herforder Polizeidienststelle.

»Wir haben ihn«, meldete Haarkötter die Festnahme unmittelbar nach Bielefeld. »Wir haben Marvin Berger einkassiert und sind auf dem Weg in die Hansastraße. Dort kommt er erst mal in Gewahrsam, und ihr könnt entscheiden, was geschehen soll. Wollt ihr ihn nach Bielefeld holen oder kommt ihr nach Herford?«

»Wissen wir noch nicht«, antwortete Wolski. »Das muss ich erst mit den Kollegen hier vor Ort abstimmen. Zahid ist doch auch bei Ihnen in Herford, oder?«

»Ja, sicher. Und für unseren Kameraden hier haben wir auch noch ein freies Plätzchen in Herford. Soll er hierbleiben, bis Sie sich entschieden haben. Kein Problem.« Haarkötter schien angesichts der letztlich gelungenen Aktion ganz aufgeräumt zu sein.

»Jetzt haben wir also drei der Dschihad-Gangster«, fasste die BKA-Beamtin zusammen. »Einer tot und zwei in Gewahrsam. Aber Korff läuft immer noch frei herum. Und der ist uns besonders wichtig. Sind Sie sicher, dass er nicht doch noch gekommen wäre oder, entschuldigen Sie, vielleicht schon in der Nähe war?«

»Wollen Sie etwa damit sagen …?« Der SEK-Chef wirkte etwas angestochen, beruhigte sich aber sofort wieder. »Ausschließen kann man niemals etwas. Aber wir haben Marvin vom Beginn der Beschattung an im Wald bei der Hütte bis zur Festnahme, also insgesamt fast zwei Stunden beobachtet. Die ganze Zeit war er auf dem Parkplatz bei dem Tierfriedhof. Korff war nicht zu sehen, und als die Zielperson schließlich Anstalten machte, wegzufahren, haben wir zugegriffen, haben zugreifen müssen aus unserer Sicht.«

»Okay, Kollege Haarkötter, melden Sie sich wieder, wenn Sie im Herforder Präsidium angekommen sind.«

Um kurz vor drei am Nachmittag kamen die Fahrzeuge des SEK am Polizeigebäude an. Da der Hof von der Seite angefahren werden musste, bogen sie zunächst in eine kleine Nebenstraße ein. Kurz vor der dortigen Fußgängerbrücke über die Werre gelangten sie so zum Hintereingang, wo sie den festgenommenen Marvin Berger direkt in den Gewahrsam bringen konnten.

Die Türen öffneten sich. Ein SEK-Beamter, Oberkommissar Lutz Gärtner, stieg aus dem Fond eines der Autos und sah sich routinemäßig um. Er prüfte die Umgebung, konnte aber nichts Verdächtiges erkennen. Jetzt beugte er sich zurück ins Auto und holte Marvin Berger heraus. Gebückt, mit auf dem Rücken gefesselten Händen und mit dem Kopf zuerst erschien dieser in der Tür und zwängte sich mit Unterstützung des Polizisten heraus.

Eine Salve aus einem Schnellfeuergewehr bellte durch den Hof. Marvin Berger brach zusammen. Der SEK-Beamte wurde am Kopf getroffen. Die Salve erfasste das ganze Auto, auch das zweite daneben, durchschlug Rückfenster, Kofferraum und Türen. Weitere Personen sackten zusammen. Verwirrung, aufgeregte Blicke, Schreie der Verletzten, Polizisten, die in Deckung gingen und ihre Dienstwaffen zogen, Kommandos, die keine Klarheit schufen.

Woher kamen die Schüsse? Aus dem Gebüsch, das das Gelände zur Werre und zum Weg dort abgrenzte? Keiner schoss zurück. Wohin auch? Es gab kein Ziel. Aber es gab Passanten, die zur Herderbrücke wollten oder von dort kamen. Einer begann zu rennen, schien etwas wegzuwerfen. War das der Schütze? Die ersten Polizisten setzten ihm nach, verfolgten ihn auf die Fußgängerbrücke, sahen, wie er auf der anderen Seite in ein Auto sprang, großer Kombi, Ford Mondeo, dunkelgrau.

»Kennzeichen, schnell, schreib auf!«, schrie einer der Beamten seinem nachfolgenden Kollegen zu. Eine Herforder Nummer und die beiden Kennbuchstaben konnten sie erkennen.

»Das reicht für die Fahndung.«

Weitere Kollegen kamen hinzu.

»Streifenwagen in die Augustastraße. Aus zwei Richtungen: über Goeben- und Berliner Straße zum Wilhelmsplatz. Und Ringfahndung! Aus der Innenstadt darf keiner mehr unkontrolliert herauskommen.«

TEIL 4
DER V-MANN

Kapitel 33

Nach dem erfolgreichen Abschluss der Befreiungsaktion und trotz der furchtbaren Ereignisse an der Polizeidienststelle in Herford legte sich in der Bielefelder Ermittlungszentrale langsam die Hektik. Aber nun kam eine neue Aufgabe hinzu: Die Öffentlichkeit musste informiert werden. Ein terroristischer Anschlag direkt vor einem Polizeigebäude war nicht geheim zu halten. Die Medien würden sich mit breiter Wucht darauf stürzen. Und in der Tat gab es die ersten »breaking news«, noch während man im Präsidium versuchte, sich selbst Klarheit über die Sachlage zu verschaffen. Norbert Klausner, der neue Polizeisprecher hatte alle Hände voll zu tun. Vor allem sollte sich auf keinen Fall Panik in der Bevölkerung verbreiten, darüber war man sich in der Politik wie in der Polizeiführung einig. Der Täter hatte zwar entkommen können, aber man war davon überzeugt, die Lage im Griff zu haben.

Es war ganz offensichtlich ein gezielter Anschlag auf einen Mittäter gewesen. Zudem war die Tatwaffe sichergestellt worden. Allen wurde sehr schnell klar, dass es sich bei dem Schützen nur um Maximilian Korff von Drostenberg handeln könnte. Wer sonst käme dafür infrage? Sie waren überzeugt, am Gewehr, das er weggeworfen hatte, seine Spuren sichern und ihm so seine Täterschaft eindeutig nachweisen zu können. Aber das half ihnen im Moment wenig. Die Polizei musste eingestehen, dass sie überrumpelt worden war. Mit einer solchen Aktion hatte niemand gerechnet, und nun mussten sich die Sicherheitskräfte unangenehmen Fragen stellen.

Der Täter war der Polizei entkommen, die hatte so schnell nicht reagieren können. Aber vermutlich hatten sie ihn nur um wenig verpasst. Für einen Flüchtenden mit Ortskenntnis war die Lage des Polizeipräsidiums am Werreufer und zudem direkt an der Fußgängerbrücke beinahe ein Geschenk. Zu Fuß konnte er, als er im Wagen saß, nicht mehr verfolgt werden, und mit dem Streifenwagen kam man wegen des Umweges, der gefahren werden musste, einfach nicht schnell genug dorthin. Eine Chance, den Täter unmittelbar nach der Tat zu stellen, hatten sie deshalb nie gehabt. So stellten die Medien es glücklicherweise auch dar.

Ein wichtiger Fahndungserfolg war dann aber, dass man sehr bald nach dem Attentat das Fluchtfahrzeug in einer Parkbucht am Bahnhof sicherstellen konnte. Natürlich hatte Korff das Auto schnell loswerden wollen. Er konnte sich schließlich denken, dass Typ und Kennzeichen nicht unbemerkt geblieben waren. Kam ihm etwa, als er vor dem Bahnhof vorbeifuhr, spontan der Einfall, seine Flucht mit der Bahn fortzusetzen? Und wenn ja, wohin war er gefahren? Ein Blick in den Fahrplan zeigte, dass zur fraglichen Zeit zwei Züge abgefahren waren, einer nach Bielefeld und ein zweiter nach Minden. Würden die im Bahnhof installierten Überwachungskameras ihnen weiterhelfen? Die Aufzeichnungen wurden umgehend angefordert und von den Herforder Kollegen noch vor Ort eingesehen, bevor sie nach Bielefeld überspielt wurden. Volltreffer! Es war zu sehen, wie Korff im Tunnel zu den Bahnsteigen in Richtung Gleis 4 ging. Von dort war um 15:27 Uhr der Zug nach Minden abgefahren. Ankunft um 15:59 Uhr. Also war es jetzt zu spät, Korff in der Nachbarstadt noch abzufangen.

»Was hat er vor? Was tut er jetzt?«, fragte sich Pit Schwameyer. Und er gab sich auch selbst gleich die Antwort: »Ich wette, der nimmt sehr bald Kontakt zu seinen Freunden beim Verfassungsschutz auf, damit die ihm …«

»Aber das kann er absolut vergessen!«, fiel ihm Wolski ins Wort. »Hier handelt es sich um eine besonders schwere Straftat. Kann mir nicht denken, dass die Schlapphüte so was decken. Da machen sie sich selbst strafbar.«

»Sicher, das ist so, und das wissen die Freunde von Horch-und-Guck-West auch«, bestätigte Schwameyer. »Aber könnte nicht einer von denen versucht sein, seine Rolle in diesem furchtbaren Fall vertuschen zu wollen? Stellt euch mal vor, was los sein wird, wenn herauskommt, dass ein V-Mann der Verfassungsschützer in der Entführung einer Polizistenfrau die Fäden gezogen, dann seinen Komplizen und einen SEK-Beamten erschossen und weitere zum Teil schwer verletzt hat. Die stehen doch seit der NSU-Affäre total unter Druck. Da werden einige ihren Schlapphut nehmen können, und die Frage nach Aufgaben, Befugnissen und Sinn des Amtes wird garantiert auch wieder aufs Tapet kommen.«

»Aber bei Geiselnahme und Mord? Kann man sich doch nicht vorstellen, oder?« Drake vom Staatsschutz schüttelte nachdrücklich den Kopf. »Ich kenne viele von denen. Die Zusammenarbeit ist zwar nie ganz unproblematisch, weil sie selbst fast nichts rauslassen, sie jedoch von uns alles bekommen, was wir wissen. Aber Deckung einer solch extremen Straftat? Nein, unmöglich.«

»Spielt im Augenblick überhaupt keine Rolle.« Marlene Wolski wollte keine fruchtlose Diskussion aufkommen lassen. »Für uns gibt es nur eins: Korff muss gefunden werden und zwar so schnell wie möglich. Der öffentliche Druck ist enorm, das brauche ich Ihnen doch nicht erst zu erläutern, und der politische wird deshalb noch schlimmer sein. In dieser Situation werden alle Politiker ihren Senf dazugeben, egal, aus welchem Lager sie kommen. Also: Was wird Korff tun? Untertauchen natürlich und verschwinden, so schnell wie möglich, ob nun mit oder ohne seine Geheimdienstfreunde. Und genau das müssen wir verhindern. Wohin oder an wen also wird er sich wenden?«

»Wie schon gesagt: An die Verfassungsschützer. Oder an seine ehemaligen Kameraden aus der rechten Szene. Sonst hat er doch keine Freunde. Das heißt: Alle früheren Freunde aufsuchen und nachgucken, ob irgendwer Korff Unterschlupf gewährt oder von ihm kontaktiert wurde.« Schwameyer wollte keine Zeit verlieren.

»So ist es«, pflichtete Wolski ihm bei. »Aber nicht nur freundlich anklopfen, sondern gleich mit dem großen Besteck. Drake, Ihre Leute vom Staatsschutz 2 sollen eine Liste zusammenstellen. Eine Gruppe geht auch zu seiner alten Wohnung in Detmold. Vielleicht versucht er, da irgendwie Luft zu holen und sich für sein endgültiges Untertauchen vorzubereiten.«

»Aber die Wohnung hat er nicht mehr«, wandte Drake ein. »Ich denke, dass er eine neue vom Amt erhalten hat. Das müssen die uns jetzt sagen. Kollegin Wolski, Sie sollten das ganz offiziell veranlassen.«

»Das werde ich, darauf können Sie sich verlassen.«

Kapitel 34

Maximilian Korff von Drostenberg gelang es, sich am Samstagabend irgendwie nach Bad Salzuflen in seine derzeitige Wohnung durchzuschlagen. Allzulange konnte er dort natürlich nicht bleiben, denn sie würden ihn aufspüren. Aber er brauchte Kleidung und Geld für seine weitere Flucht. Auch stand dort immer noch sein schicker BMW, auffällig zwar, aber auch schnell und der Polizei vermutlich noch nicht bekannt.

In einer großen Reisetasche brachte er alles unter, was er für die nächste Zeit brauchte. Zusätzlich verstaute er noch ein Zelt im Kofferraum seines Wagens. Man weiß ja nie, dachte er. Das Wichtigste waren aber neben einigen Prepaidkarten für sein Handy, von denen er immer ein paar auf Vorrat hatte, die nicht unerheblichen Bargeldmittel, die er von seinem Agentenlohn für den Notfall gehortet hatte. Jetzt war ein solcher Notfall, und er lobte sich selbst für seine kluge Voraussicht.

Er glaubte zwar, allein einen sicheren Unterschlupf finden zu können, dafür hatte er genügend Freunde, nicht nur in Deutschland, sondern auch im Ausland, in Holland und Belgien, in England und sogar in den USA. Das rechtsradikale Netzwerk war gut gestrickt. Aber schneller und einfacher würde es sicher über seinen Agentenführer gehen, der sich Jan Groß nannte. Außerdem wollte er ihn und den gesamten Verfassungsschutz nicht einfach so davonkommen lassen. Sie sollten noch einmal bluten. Das Safe-House in Belgien, von dem Jan mal gesprochen hatte, dort wollte er unterschlüpfen, um dann Kontakt zu den Kameraden in Brüssel aufzunehmen.

Schnell hatte er alles in seinem BMW verstaut und nahm schließlich noch eine wichtige Veränderung vor. Zum Glück hatte Jan ihm seinerzeit auch ein zweites Paar Nummernschilder übergeben, natürlich mit den dazugehörigen »echten« Papieren, ausgestellt auf einen neuen Namen: Manuel Brauer. Zusammen mit einem entsprechenden Personalausweis sollte ihm das im Falle von Gefahr helfen, sich ins Safe-House abzusetzen. Dann fuhr er los, hinaus aus der Stadt. Erst jetzt rief er Jan Groß auf dem speziellen Handy an.

»Jan hier.«

»Bouillon!« Korff nannte das Codewort, das sie für den Notfall vereinbart hatten.

»Sie Idiot! Haben Sie den Verstand verloren?«, platzte Jan heraus. »Glauben Sie etwa, dass ich Ihnen jetzt noch helfe? Was denken Sie denn, was hier los ist, nach dem Riesenterror, den Sie veranstaltet haben. Und jetzt wollen Sie in unser nettes Ferienhäuschen in den Ardennen? Vergessen Sie's!«

»Jan, oder wie auch immer Sie heißen. Ihre Skrupel sind mir scheißegal. Sie werden mir helfen, jetzt und sofort. Oder glauben Sie etwa, dass ich Sie ungeschoren davonkommen lasse, wenn Sie sich stur stellen.«

»Ha, das ich nicht lache. Mein richtiger Name und der des Anwerbers, wie nannte er sich doch noch gleich, richtig Klein, Walter Klein – Jan Groß und Walter Klein, wir haben uns halb totgelacht über diese Namenskombination ... Also, Sie haben keine Ahnung, mit wem Sie es wirklich zu tun gehabt haben. Das ist schließlich der Sinn solcher Verdunklungsaktionen, dass man in brenzligen Situationen nicht angepinkelt wird. Also, machen Sie sich, wohin auch immer, aus dem Staub, aber lassen Sie mich in Ruhe.«

»Jan, halten Sie mich für so dämlich? Natürlich kenne ich Ihren richtigen Namen nicht. Den konnte ich tatsächlich nicht rauskriegen. Aber ich habe bei Ihnen gelernt, wie man unauffällig bleibt. Und deshalb ist es mir gelungen, ein paar wunderschöne Fotos von Ihnen zu machen. Und die werde ich ohne zu zögern der Presse zuspielen. Untertitel, der Mann hinter der Entführung. Glauben Sie mir, das wird Sie hinwegfegen.«

Korff machte eine Pause, um die Wirkung seiner Worte zu kontrollieren. Es gab aber keine Reaktion bei Jan. War das ein gutes oder ein schlechtes Zeichen?

»Und jetzt die Connection, um nach Belgien zu kommen, wenn ich bitten darf«, fuhr Max deshalb fort. »Welches Codewort benötige ich in diesem Bouillon an der belgisch-französischen Grenze?«

Auf der anderen Seite der Leitung war es immer noch vollkommen ruhig. Aber die Verbindung stand noch, was Korff mit einem Blick auf das Display seines billigen Agentenhandys feststellte. »Nun kommen Sie schon Jan. So schwer ist es doch nicht. Nur ein kleiner Tipp.«

Wieder eine Zeit lang nichts, dann begann Jan zögerlich zu reden. »Sie haben Sie nicht mehr alle. Das dortige Codewort heißt Kongo. – Sie wissen doch, welch heroischen Kampf die Belgier damals dort gegen die aufständischen Bimbos gekämpft haben. Na egal, war lange vor Ihrer Zeit. Nun zum Safe-House: Es steht in der Rue de La Ramonette, ganz am Ende. Sie können es gar nicht verfehlen. Hausnummer elf. Aber dahin müssen Sie sich allein durchschlagen. Wir werden Ihnen auf der Flucht nicht helfen.«

»Und die Schlüssel für das Haus?«

»Brauchen Sie nicht. Ein dortiger Kontaktmann nimmt Sie vor Ort in Empfang. Nur das Codewort sagen, und alles läuft wie geschmiert.«

»Na dann, Sieg Heil. Und kommen Sie ja nicht auf die Idee, mich verarschen zu wollen. Immer schön an die Fotos, die Presse und die Karriere denken.«

»Moment, noch was! Da können Sie erst Montag hin. Muss schließlich alles organisiert werden. Bis dahin müssen Sie sich selbst irgendwo ein Versteck suchen.«

»Sie können mich mal! Und recht vielen Dank für Ihre überaus freundliche Hilfe.« Beißender Spott lag in Korffs Stimme.

Kapitel 35

Frank Sommer saß an Angelikas Krankenbett. Allein, ohne seine Kinder. Zu viele Menschen seien nicht gut für sie, hatten die Ärzte gesagt.

Krank und mitgenommen sah sie aus, mit grauen, eingefallenen Wangen. Ihre Erschöpfung war unermesslich. Das Wichtigste sei, so hieß es, dass sie zunächst viel schlief. Aber die furchtbaren Erfahrungen verfolgten sie in Albträumen, weshalb sie immer wieder schreiend aufwachte. Damit sich wenigstens ihr Körper erholen konnte, bekam sie Schlaf- und Beruhigungsmittel und sie wurde über einen Tropf mit Flüssigkeit versorgt.

Sobald sie dazu in der Lage war, sollte sie dringend eine intensive psychologische Therapie beginnen. Ein solches Trauma steckte niemand einfach so weg. Hanna Hülsmeier hatte Frank Sommer das schon deutlich gemacht und sich angeboten, entsprechende Hilfe zu leisten. Aber sie hatte ihn auch gewarnt. Angelika würde nie wieder dieselbe sein wie vor der Entführung. Es gebe Methoden und Möglichkeiten, ihr bei der Rückkehr ins Leben zu helfen, aber die unendlich schwere Aufgabe, das Erfahrene in ihr Gefühlsleben zu integrieren, würde sie als Mensch verändern. Außerdem würde sie in höherem Maße als psychisch Gesunde darauf zu achten haben, was ihr guttue und was nicht. Darauf müsse sich auch Frank als ihr Ehemann einstellen und einen Sensor dafür entwickeln.

All diese Gedanken gingen Frank am Krankenbett seiner Frau durch den Kopf. Ihre Augen waren geschlossen. Sie schlief, und er wollte sie auf keinen Fall stören.

»Angelika«, sagte er deshalb leise mehr zu sich selbst, als zu ihr, »ich liebe dich. Ich liebe dich mehr als alles andere auf der Welt. Ich weiß nicht, was ich ohne dich machen soll. Ich möchte, dass alles wieder so wird, wie es vorher war. Aber ich habe

Angst, dass das nicht möglich ist. Wirst du es schaffen, einen Weg zurück ins Leben zu finden? Werde ich es schaffen, dir dabei zu helfen und dich nicht ungewollt daran hindern? Ich weiß es nicht. Aber eins weiß ich: Ich werde für dich da sein. Darauf kannst du dich verlassen. Und doch wirst du den Weg selbst finden und gehen müssen. Das jedenfalls hat Hanna mir gesagt. Und ich werde alles tun, dich dabei unterstützen. Auch wenn ich nicht weiß wie.«

Als Tränen über sein Gesicht liefen, musste er sich unterbrechen. Ganz leise versuchte er zu schluchzen, aber das war noch schwieriger, als leise zu sprechen.

»Herr, mein Gott, was soll ich tun? Was sollen wir machen? Ich weiß es nicht. Ich habe keine Ahnung, wie es weitergehen soll. Hilf uns, Herr. Lass Menschen für uns da sein, die uns tatsächlich beistehen. Gib, dass sie und ich das Richtige tun.«

Er stand auf und ging ins Badezimmer des Krankenhauszimmers und holte ein Papierhandtuch, mit dem er sich die Tränen aus dem Gesicht wischte. Als er zurückkam, sah er, dass auch Angelikas Augen feucht geworden waren. Leises Wimmern war zu hören. Hatte sie gar nicht geschlafen? Hatte sie gehört, was er gesagt hatte? Unsicher näherte er sich seiner Frau. Dann streichelte er ihr zärtlich über die Wange und ergriff mit der anderen Hand ihre Rechte.

»Bist du wach, Angelika?«

Als Antwort nickte sie leicht, und noch mehr Tränen liefen über ihre Wangen. Gleichzeitig spürte Frank einen leichten Druck durch Angelikas Hand. Er zog den Stuhl näher heran und setzte sich so, dass er seinen Kopf an ihren legen konnte. Mit der linken Hand berührte sie sein Gesicht, vorsichtig und kaum spürbar.

»Danke, dass du da bist«, sagte sie leise. Dann schlief sie wieder ein.

Kapitel 36

Es würde eine der größten Razzien werden, die Ostwestfalen je erlebt hatte, eigentlich sogar eine der größten bundesweit, denn sie richtete sich gegen Neonazis in ganz Deutschland. Korff hatte in der Tat sehr weitreichende Verbindungen in der Szene, bis nach Thüringen und Sachsen, zeitweilig wohl sogar zu Uwe Mundlos, einem der NSU-Attentäter. Die Staatsschützer wiesen die Bielefelder Ermittler ausdrücklich auf die Reichweite von Korffs Kontakten hin.

Es war einmal mehr Pit Schwameyer, der das, was alle dachten, in kräftige Worte fasste: »Verdammter Mist, was hat diese Dämelköppe vom Verfassungsschutz nur dazu bewogen, ausgerechnet einen solchen Typen anzuwerben? Sind die völlig durchgedreht? Die haben doch nicht mehr alle Tassen im Schrank!« Vor lauter Wut knallte er seinen Kugelschreiber so heftig auf die Tischplatte vor sich, dass dieser wie ein Geschoss wegsprang und einen Kollegen um Haaresbreite verfehlte.

»Mann! Pit, krieg dich wieder ein«, entrüstete der sich.

Auch Drake war entsetzt über das Vorgehen des Amtes. Als Staatsschützer kannte er die Geheimdienstler am besten. Gelegentlich traf man sich sogar auf Weihnachtsfeiern. »Niemals hätte ich es für möglich gehalten, dass es ihnen gelingen könnte, einen Deutschen in die Szene einzuschleusen.«

»Aber es ist ihnen gelungen!«

»Ja, und genau deshalb glaube ich, dass die Typen, mit denen wir es bei der Entführung zu tun hatten, eher kleine unbedeutende Lichter waren. Vielleicht haben die Hauptakteure des Salafismus in Herford über das Quartett, das uns so viel Ärger gemacht hat, nur gelacht. Es könnte sogar sein, dass Korff in den engsten Zirkel der Dschihadisten gar nicht vorgedrungen ist. Aber ihm war das vermutlich vollkommen egal. Er hat schließlich ganz eigene Ziele verfolgt, nämlich Aufruhr in der

Öffentlichkeit zu erzeugen sowie Angst und Verunsicherung, was ihm offensichtlich auch gelungen ist. Ich hab da mal bei Facebook und Twitter reingeschaut.«

»Und das alles mit der elenden Hilfe unserer eigenen Leute. Ich könn… Ach, denkt euch selbst, was ich könnte.«

»Kollegen, beruhigen Sie sich doch.« Marlene Wolski versuchte, die Wogen zu glätten. »Wir werden noch viel Zeit haben, die Vorgänge aufzuarbeiten. Aber viel wichtiger ist, dass wir Korff immer noch nicht haben. Ehrlich gesagt, glaube ich nicht, dass er sich bei seinen alten Freunden blicken lässt. Er muss doch damit rechnen, dass wir dort zuerst nachsehen werden. Aber wenn wir Korff nicht bald finden – also, was soll ich sagen – die Presse wird das nicht einfach so hinnehmen. Da rollt was auf uns zu, das können Sie mir glauben. Kollegen, es gilt auch unseren Kopf zu retten, und ich bin nicht bereit, meinen für den Verfassungsschutz hinzuhalten. Also, wo ist dieser Mistkerl?«

Pit Schwameyer konnte sich immer noch nicht recht beruhigen. »Was denken diese Honks vom Verfassungsschutz eigentlich, wer sie sind? Der liebe Gott? Stehen die über den Gesetzen? Stochern rum, provozieren, schleusen V-Leute ein und produzieren Straftaten, die es ohne sie gar nicht gegeben hätte. Wer schützt uns vor dem Verfassungsschutz? So was braucht kein Mensch. Wir haben doch selbst unseren Staatsschutz. Wofür brauchen wir noch diese Schlapphut-Combo?«

Anna fuhr noch stärkere Munition auf: »Polizeilicher Staatsschutz mit geheimdienstlichen Methoden ausgestattet – das hatten wir doch schon mal. Nannte sich Gestapo und hat sich nicht bewährt!«

»Oder Stasi«, fügte Drake hinzu.

Schwameyer ging nicht weiter auf diese Vergleiche ein und wandte sich wieder an Marlene Wolski. »Kollegin, jetzt sind Sie dran. Machen Sie den V-Schützern mal richtig Dampf unter dem Hintern. Spielen Sie Ihre BKA-Autorität aus, am besten im Verbund mit dem Generalbundesanwalt.«

»Ja, Schwameyer. Machen wir. Genauso! Karlsruhe muss informiert werden. Aber bis da was kommt, das dauert ziemlich lange. Zu lange, wenn Sie mich fragen. Mayerhofer, Sie kümmern sich um Karlsruhe. Und ich versuche jemanden von der Dienststelle des Amtes hier in Bielefeld zu bekommen. Der kleine Dienstweg sozusagen. Drake, Sie haben doch sicher genügend Kontakte, oder, noch besser, Sie machen das selbst. Sie kennen die hiesigen Mitarbeiter doch, oder?«

»Wir tauschen uns regelmäßig aus.«

Während Drake im Nebenzimmer telefonierte, herrschte im Konferenzraum eine nervöse Gespanntheit. Auch Pit polterte nicht mehr, sondern trank mehrere Espressi nacheinander, bis Anna Tomczyk ihm die vierte Tasse kurzerhand aus der Hand nahm, was Schwameyer unwillig, aber letztlich widerspruchslos geschehen ließ. So etwas durfte sich nur Anna erlauben. Aber auch für alle anderen wurde die Wartezeit zur Qual. Plötzlich fragte Wende in die Runde: »Weiß eigentlich jemand, wie es Frank Sommer und vor allem dessen Frau geht?«

Es war Marina, die antwortete. Sie schloss mit der Feststellung, dass Angelika dringend professionelle, psychologische Hilfe benötigte, um überhaupt eine Chance zu haben, in ein halbwegs normales Leben zurückzufinden.

Ohne etwas zu sagen, nickte Wende nur vorsichtig mit dem Kopf, wobei er die Lippen heftig aufeinanderpresste. Sein Schweigen zeigte den Anwesenden, dass er sich große Sorgen machte. »Wissen Sie, wovor ich genauso viel Angst habe?«, sagte er schließlich zögernd. »Dass auch unser Kollege Sommer dies alles nicht einfach so wegsteckt. Alle gucken zunächst auf seine Frau, natürlich. Aber Frank …«, zum ersten Mal nannte der Kriminaldirekter seinen wichtigsten Mitarbeiter beim Vornamen, wenn auch in dessen Abwesenheit. »Was ich sagen will, auch für Frank sind die letzten Tage ein einziger Albtraum gewesen. Erst die Unsicherheit: Wo ist Angelika? Dann die

Erkenntnis: Sie wurde entführt. Ich glaube wir können es uns kaum richtig vorstellen, was es bedeuten muss, die eigene Frau in den Händen dieser Dschihadisten zu sehen und dann auch noch auf einem ihrer berüchtigten Mordvideos. Zum Glück hat er das zweite Video nicht mehr gesehen. – Hat er doch nicht, oder?«

Er blickte fragend in die Runde. Als Pit und einige andere mit dem Kopf schüttelten, sprach er weiter. »Gut! Das hätte ihn endgültig umgehauen. Aber noch etwas. Ich weiß, dass das in dieser Runde ziemlich ungewöhnlich ist, und ich selbst bin schließlich auch nicht der Frömmste. Aber wenn Sie können, dann beten Sie für Sommer und seine Frau. Auf jeden Fall aber zeigen Sie ihnen Ihre Solidarität, am besten schriftlich per E-Mail oder auf einem anderen Wege. Anrufe sind da im Augenblick nicht so geeignet.«

Zustimmendes, zum Teil auch überraschtes Gemurmel war zu hören. Schwameyer war es, der ihrer aller Gedanken in Worte fasste: »Chef, Sie können sich auf uns verlassen.«

Danach sagte niemand mehr etwas. Offenbar dachten alle tatsächlich an die Sommers.

Mitten in diese Situation hinein wurde die Tür aufgerissen und Drake kam zurück. »Leute, ihr könnt euch nicht vorstellen, wie sehr den Verfassungsschützern der Kittel brennt. So kleinlaut, ja geradezu ängstlich, habe ich die noch nie erlebt. Denen geht – entschuldigt den Ausdruck– der Arsch auf Grundeis. Nach der NSU-Affäre haben sie in der Öffentlichkeit sowieso die schlechtesten Karten. Und nun das: Einer ihrer V-Leute als Drahtzieher einer islamistischen Terroraktion. Und dazu noch ein Neo-Nazi, den sie zwar im Griff zu haben glaubten, der ihnen aber völlig aus dem Ruder gelaufen ist. Wenn das rauskommt – das gibt einen Sturm, ach, was sage ich, einen Hurrikan, der den gesamten Verfassungsschutz endgültig wegpustet.«

»Und wo hat Korff nun zuletzt gewohnt?«, fragte Wolski. »Da sollten wir schnellsten hin, wenn es nicht sowieso schon zu spät ist. Ich an seiner Stelle, wär da höchstens aufgetaucht, um wichtige Dinge zu holen, alles, was ich für die Flucht brauchte, Geld zum Beispiel.«

»In Bad Salzuflen.«

»Ich schicke sofort das SEK dorthin.«

Kapitel 37

Max Korff näherte sich seinem Ziel in den belgischen Ardennen. Zwei Nächte hatte er auf einem Campinglatz in der holländischen Veluwe zwischen Apeldoorn und Arnheim verbracht, wie ein ganz normaler Tourist. Gut, dass er das Zelt dabeihatte.

Am Samstag hatte er so schnell wie möglich aus Deutschland herausgewollt, und da lag Holland am nächsten. Er hasste es, dort für zwei Nächte einen Zwischenstopp einlegen zu müssen, aber es blieb ihm nichts anderes übrig, da er erst dann in das Safe-House gehen konnte. Er glaubte, Jan Groß in jedem Fall genügend eingeschüchtert zu haben, und war daher sicher, dass der Unterschlupf für ihn bereitstehen würde.

Er hatte den Sonntag genutzt, um zu versuchen, mit seinen belgischen Kameraden Kontakt aufzunehmen, was aber noch nicht richtig geglückt war. Korff konnte zwar mit jemandem am Telefon reden, der sprach aber hauptsächlich Flämisch und nur wenig Englisch. Im Übrigen herrschte tiefes Misstrauen, und der Flame wollte offensichtlich Zeit gewinnen. Er würde mit seinem Gruppenführer sprechen und dann zurückrufen, weshalb er Max' vorsorglich unterdrückte Handynummer haben musste. Unwillig gab er sie ihm. Eine andere Wahl hatte er nicht. Ohne die Hilfe der belgischen Kameraden ging gar nichts. Aber bislang war der Rückruf ausgeblieben.

Am Montag endlich konnte er nach Belgien weiterfahren. Noch nie zuvor war Korff in der Gegend direkt an der Grenze zu Frankreich gewesen. Nur noch wenige Kilometer waren es auf der Nationalstraße 89, als er am frühen Nachmittag das Autobahnende erreichte. Alles, was er über Bouillon und das benachbarte französische Sedan wusste, gehörte aus seiner Sicht zu den heroischsten Seiten der deutsch-französischen Geschichte. Korff kam ins Schwärmen, wenn er daran dachte.

Absolut malerisch lag der Ort vor ihm. Die Häuser schmiegten sich an das Ufer des stark mäandernden Flüsschens Semois, das sich viele schleifenreiche Kilometer später in Frankreich mit der Maas vereinigte. Von der Maas bis an die Memel, so wird es irgendwann wieder sein, dachte er triumphierend. Über allem, imposant auf einer steilen Anhöhe in einer engen Schleife des Flusses gelegen, erhob sich eine Festung, die alte Burg Gottfrieds von Bouillon, die das ganze Tal beherrschte. Von hier aus war er nach Palästina aufgebrochen, um die Muslime im Heiligen Land das Fürchten zu lehren.

Korff war tief beeindruckt und hätte sich vermutlich unter anderen Umständen sofort auf Erkundungstour durch das geschichtsträchtige Städtchen gemacht. Aber das musste warten. Er war schließlich nicht zum Vergnügen hier.

Das Navi führte ihn zunächst über eine alte Brücke, aber dann nicht in die Altstadt, sondern nach links, wo er bald sein Ziel in der Rue de La Ramonette erreicht hatte. Ihn erwartete ein idyllisch im Wald gelegenes Ferienhaus, das letzte in der kleinen Stichstraße. Merkwürdig dachte er, ein Safe-House am Ende einer Sackgasse? Ziemlich einsam gelegen, das war sicher gut. So war es vor neugierigen Blicken geschützt. Aber in Bezug auf die Fluchtmöglichkeit eher suboptimal.

Korff näherte sich vorsichtig. Alles war ruhig. Langsam fuhr er zunächst an dem Holzhäuschen vorbei und entdeckte bei der Gelegenheit, dass es dahinter doch so etwas wie einen Fluchtweg gab, in Form eines Feldweges, der nach wenigen Metern in eine andere asphaltierte Straße mündete.

Er drehte und kam zum Haus zurück. Das Grundstück, das sorgfältig freigeschlagen worden war, besaß eine geschotterte Einfahrt. Auch der Wald drum herum war sehr licht, so dass man sicher frühzeitig erkennen konnte, dass sich jemand näherte. Der Schotterweg führte um das Haus herum, und dort fand sich ein Parkplatz, der unter einem Carport sogar für mehrere Fahrzeuge Platz bot. Beruhigt stellte er fest, dass er an beiden Enden offen war. Auch der Schotterweg führte sinnvollerweise an dem Haus vorbei wieder nach vorn. Auch hier war an eine mögliche Flucht gedacht.

Um kein großes Aufsehen zu erregen, stellte er den Motor ab, stieg aus und schloss leise die Tür. Dann ging er zu dem Hintereingang, der sich seitlich im Carport befand. Vorsichtig berührte er die Klinke, die sich leicht und ohne Quietschen herunterdrücken ließ. Ein zufriedenes Lächeln trat auf Korffs Gesicht. Alles lief wunderbar nach Plan. Dennoch blieb er misstrauisch. Konnte das alles so problemlos weitergehen? Er fühlte nach seiner Makarow, was ihm Sicherheit vermittelte.

In den Flur fiel durch die geöffnete Haustür hinter ihm etwas Licht. »Kongo!« Laut und deutlich nannte er das Codewort. Er wiederholte es, da alles ruhig blieb. »Hallo, ist da jemand?«, fügte er schließlich hinzu. Maximilian horchte in das Haus hinein, erhielt aber immer noch keine Antwort. Weiter hinten war eine Zimmertür leicht geöffnet. Was war hier los? Eine Falle? Jetzt hieß es vorsichtig zu sein.

»Hallo. Je m'appelle Maximilian Korff. Ich soll hier einen Schlüssel für dieses Haus erhalten, une clé pour cette maison.«

»Bonjour, Max. Moi, c'est Robert. Je suis dans la cuisine, deuxième porte à droite. Venez, je fais du café. Et oui, j'ai aussi votre clé.«

»Pardon. Sie sind in der Küche, richtig? Dans la cuisine?«

»Oui. Deuxième, äh, wie sagt man, zweite Tür rechts.«

Korffs Misstrauen blieb, es nahm sogar noch weiter zu. Diese Stimme, kam sie ihm nicht irgendwie bekannt vor? Nein, er kannte keinen Robert, und schon gar keinen, der Französisch mit ihm sprechen würde. Das musste der Kontaktmann sein, den Jan Groß angekündigt hatte. Aber warum kam er nicht heraus? Hier stimmte doch etwas nicht! Schnell griff er nach der Pistole in seinem Hosenbund, lud durch und entsicherte.

Als er die Tür hinter sich geschlossen hatte, merkte er, wie dunkel es im Flur war. Der einzige Lichtschein kam von vorn rechts – die Küchentür. Von dort hörte er auch Geräusche, die nach Geschirrklappern klangen. Da stellt jemand Tassen auf den Tisch, dachte er etwas beruhigt. Hatte dieser Robert nicht irgendetwas von Kaffee gesagt? Behutsam schob er die Tür mit der Makarow auf.

Die typische Küche eines Ferienhauses, zweckmäßig, funktional, alles da, was man brauchte. Aber leer! Niemand war hier, der ihn erwartete.

»Robert?« – Keine Antwort.

Dann spürte er nur noch einen heftigen Schlag auf den Kopf und ihm wurde schwarz vor Augen.

Durch heftiges Rumpeln und mit brummendem Schädel wachte Korff von Drostenberg wieder auf. Er konnte aber nichts erkennen. Um ihn herum war alles schwarz. Und eng. Seine Beine konnte er nicht ausstrecken und seine Arme waren ebenfalls sehr schmerzhaft unter ihm verschränkt. Gefesselt war er aber offenbar nicht. Lag er im Kofferraum eines PKW? Mühsam versuchte er, die letzten Augenblicke vor seinem K.o. zu rekonstruieren. Wieso war er niedergeschlagen worden und vor allem von wem? Die Stimme, die ihm bekannt vorgekommen war, hatte die eine Bedeutung? Ja sicher, musste sie. Aber wem gehörte sie? Durch erneutes Rumpeln wurde er gegen die Klappe geworfen. Ziemlich schlechte Wegstrecke offenbar. Die Stimme, wenn er nur wüsste, woher er sie kannte.

Dann fiel es ihm wie Schuppen von den Augen. Jan Groß! Es ist seine Stimme. Wegen des ungewohnten Französisch war er nicht sofort drauf gekommen. Panik kam in ihm auf. Konnte er durch diesen kleinen Fehler nun in große Gefahr kommen? Wenn es Jan war und wenn er nun vorn im Auto saß und fuhr, was würde er von ihm wollen? Ihn einschüchtern? Einen neuen Deal? Oder … Verdammt, er würde doch nicht?

»Jan! Jan Groß! Sitzen Sie da vorn am Steuer? Halten Sie sofort an und lassen mich hier raus.«

»Korff, Klappe halten. Wir sind gleich da. Nur noch ein paar Windungen auf diesem bekloppten französischen Waldweg.«

Das Auto hielt an, und Korff hörte, wie die Fahrertür geöffnet wurde. Kalter Schweiß brach ihm aus. Dann wurde die Kofferraumklappe geöffnet, und gegen das Licht blinzelnd konnte er Jan Groß erkennen, der eine Pistole auf ihn richtete, Korffs eigene Makarow.

»Los! Raus da!«, herrschte Groß ihn an und wich einen Schritt zurück, um nicht von seinem Opfer überrascht zu werden. »Da entlang. Den schmalen Pfad.«

Widerwillig setzte sich Korff durch den Wald in Bewegung, doch schon nach wenigen Metern ging es nicht mehr weiter, und ein steiler, felsiger Abhang gab den Blick auf einen vielleicht zehn Meter unter ihm dahinfließenden Fluss frei, der sich durch ein romantisches Tal schlängelte. Neben dem Fluss gab es eine schmale Straße und eine Bahnlinie.

Korff blickte nach unten. Es beruhigte ihn ein wenig, dass die Abbruchkante doch weniger hoch war, als er im ersten Moment gedacht hatte. Nach knapp zwei Metern gab es einen Felsvorsprung. Danach fielen die Felsen noch einmal drei bis vier Meter ab, bevor sie in einen Geröllhang übergingen, der bis zur Bahnlinie führte. Korff vermutete, dass diese Abbruchkante erst beim Verlegen der Schienen entstanden war.

»Was soll das werden, Groß? Was haben Sie vor? Wo sind wir hier überhaupt?«

»Genießen Sie den Anblick, Korff. Es wird das Letzte sein, was Sie sehen. Der Fluss dort ist die Maas. Und wir befinden uns wenige Kilometer flussabwärts von Sedan und Charleville-Mézières. Klickert da was bei Ihnen? Übrigens, Korff, mal ganz ehrlich, gibt es für einen deutschen Kämpfer einen besseren Ort, den Heldentot für Volk und Vaterland zu sterben, als genau hier an den Ufern der Maas, da wo die ruhmreichsten Kapitel der deutschen Geschichte geschrieben worden sind? Das hat doch was, oder?«

»Sie wollen mich *hier* loswerden.« Korff versuchte, seine Emotionen unter Kontrolle zu bekommen, sich nichts anmerken zu lassen, cool zu bleiben und so vielleicht seine letzte Möglichkeit zu wahren, hier doch noch mit heiler Haut herauszukommen. Hatte er irgendeine Chance? Groß war kleiner und schmächtiger als er selbst. Aber er stand zu weit zurück für einen direkten Angriff auf ihn und natürlich: Er hatte die Pistole. Oder konnte er auf den obersten Felsen springen? Vielleicht. Oder verhandeln?

»Groß, passen Sie auf, so naiv können Sie nicht sein, dass Sie glauben, ich hätte mir keine Rückversicherung einfallen lassen. Sie glauben, Sie wären Ihre Probleme los, wenn Sie mich los wären. Aber Sie irren sich. Alle Fotos und Papiere, durch die Sie belastet werden, habe ich bei einem Rechtsanwalt deponiert. Sollte mir etwas zustoßen, wird er damit unverzüglich ...«

»Korff, machen Sie sich nicht lächerlich. Glauben Sie etwa, wir wären so dämlich? Dieser Rechtsanwalt, von dem Sie sprechen, das ist doch Gernot Wolters aus Detmold, hab ich recht?«

Korff blieb der Mund offen stehen. Woher wusste Jan Groß das jetzt schon wieder.

»Ich glaub, ich muss Sie jetzt sehr enttäuschen. Gernot ist genau wie ich selbst schon seit vielen Jahren Mitglied in der Bewegung.«

»Beim Verfassungsschutz?«

»Bei diesen Schnarchnasen? Korff jetzt beleidigen Sie mich aber wirklich. Der Verfassungsschutz, das ist Brotberuf, Tarnung. Nur Firlefanz, wenn ich das mal so sagen darf. Die glauben, uns von der nationalen Bewegung durch irgendwelche V-Leute unter Kontrolle zu bekommen und merken gar nicht, wie wir das aus den eigenen Reihen heraus torpedieren. In Wirklichkeit ist es ja genau umgekehrt. Wir haben unsere Leute überall im Staatsapparat. Polizisten in allen Dienstgraden, Verfassungsschützer, Verwaltungsbeamte – wie heißt das immer so schön: Wir sind in der Mitte der Gesellschaft angekommen. Okay, in Westfalen sind wir noch nicht so gut aufgestellt wie zum Beispiel in Sachsen.«

Groß unterdrückte ein höhnisches Lachen. »Also Korff, es ist sinnlos, auf Rettung zu warten. Hier geht es um mehr als meinen Kopf beim Verfassungsschutz, hier geht es um Deutschland und um unsere Revolution, der Sie doch auch angehören wollten. Obwohl – Sie haben geglaubt, jemand zu sein, der die Räder dreht, dabei waren Sie die ganze Zeit selbst nichts anderes als ein Rädchen, das gedreht wurde. Aber Anerkennung, so schlecht haben Sie Ihre Sache gar nicht gemacht. Der tollste Coup war übrigens der Feuerüberfall auf den Polizeikonvoi in Herford. Das hat noch mal so richtig reingehauen. Großes Kino!«

Korff war wie vor den Kopf gestoßen. »Und jetzt, Chef?«, versuchte er sich bei Groß wieder ins Gespräch zu bringen. »Neue Aufgaben für mich? Jetzt, wo ich mich doch bewährt habe?«

»Oh, das tut mir leid. Nein, wir haben keine weitere Verwendung für Sie. Dummerweise sind zu Hause Gerüchte aufgetaucht, dass ein V-Mann, der früher mal in der rechten Szene gewesen sein soll, Drahtzieher der Entführung gewesen ist. Damit sind Sie untragbar geworden für die Bewegung und ein Sicherheitsrisiko. Das Einzige, was Sie noch für die nationale Revolution tun können, ist Ihr unverzügliches Ableben. Ich werde dann dafür sorgen, dass man Sie bald findet, und damit den Medien den Schurken in der Entführungssache präsentieren. Dann können wir, dank Ihres selbstlosen Dahinscheidens in Ruhe weiter an der großen Sache arbeiten. Wir sehen uns in Walhalla, Maximilian Korff von Drostenberg.«

Das letzte hatte Max schon nicht mehr richtig gehört. Mitten in den Satz hinein drückte Groß ab, und Korff fiel rückwärts den steinigen Abhang hinunter. Auf dem obersten Felsen blieb er liegen. Sein letzter Blick ging nach oben in den Himmel über den Ardennen. Aber dort erblickte er nicht die Walküren, die ihn nach Walhalla brachten, sondern Groß' hämisch grinsendes Gesicht, als er Korff mit zwei weiteren Schüssen endgültig erledigte.

Kapitel 38

Nach der landesweiten, aber leider ergebnislosen Razzia auf der Suche nach Maximilian Korff von Drostenberg war für Dienstagvormittag eine Pressekonferenz angesetzt worden. Schon eine halbe Stunde vorher herrschte dichtes Gedränge im großen Sitzungsaal an der Kurt-Schumacher-Straße. Mehrere Kamerateams waren anwesend. Der WDR natürlich und das ZDF, aber auch Sat1, RTL, N24 und andere Privatsender, sogar einige ausländische Stationen. Schon draußen vor dem Gebäude war ihre Anwesenheit in Form mehrerer Übertragungswagen deutlich erkennbar. Jeder wollte dabei sein.

Der Pressesprecher begrüßte die anwesenden Medienvertreter und übergab dann sofort an die Polizeipräsidentin Kirsten Dierberg, die als Chefin der gesamten Behörde bei einem so wichtigen Fall unbedingt selbst anwesend sein wollte. Sie bat mit sichtlicher Anspannung im Gesicht, zunächst um eine Schweigeminute für den ums Leben gekommenen Polizisten. Einer Bitte, der die Journalisten nur zögernd nachkamen, zu sehr waren sie an den Neuigkeiten interessiert. Aber was blieb ihnen übrig, alle auf dem Podium sitzenden Ermittler hatten sich demonstrativ erhoben.

Erst dann setzte die Polizeichefin die Konferenz fort, indem sie trotz des tragischen Verlustes eines Beamten den Ermittlern und Einsatzkräften überschwänglich für ihre insgesamt sehr gute Aktion dankte. Das Ziel, die unversehrte Befreiung von Frau Sommer, sei vollkommen gelungen. Der Zwischenfall an der Polizeidienststelle in Herford sei natürlich mehr als bedauerlich, aber keinesfalls vorhersehbar gewesen. Den am Einsatz beteiligten Beamten sei daher aus ihrer Sicht nicht der geringste Vorwurf zu machen.

Dann erst forderte sie Marlene Wolski und Pit Schwameyer auf, die genauen Ereignisse zu schildern, wobei diese sich an den Text der Pressemitteilung hielten. Natürlich dauerte es nicht lange, bis im Saal Unruhe aufkam, weil man sich mehr erhofft hatte als das, was alle schon aus dem offiziellen Text wussten.

»Jonas Bartelmeier für die Neue Westfälische, Bielefeld«, meldete sich ein örtlicher Journalist als Erster zu Wort. »Frau Wolski, von den vier Tätern haben nur zwei überlebt. Maximilian Korff von Drostenberg und Mesut Öztürk. Yusuf Ergün ist bei der Befreiung der Geisel erschossen worden und Marvin Berger später im Innenhof der Polizei in Herford von dem eigenen Komplizen Korff von Drostenberg. Ist das richtig?«

»Das ist korrekt, ja.«

»Haben Sie schon Erkenntnisse, warum Korff das getan hat?«

»Nein.«

»Könnte es sein, dass Korff seinen Komplizen loswerden wollte, weil er zu viel über die wahren Hintergründe wusste und ihn eventuell verraten würde?«

»Wie gesagt: Wir wissen es nicht.«

»Gottfried Schander für das Westfalen-Blatt, Bielefeld: War Korff von Drostenberg der eigentliche Drahtzieher und wieso konnte er entkommen? Können Sie Angaben darüber machen, wo dieser vierte Täter sich derzeit befindet? Steht eine Festnahme bevor?«

»Ja, wir vermuten in Korff den eigentlichen Drahtzieher der Terrorzelle. Und nein, leider haben wir zurzeit keine Kenntnis über den Verbleib dieses Terroristen. Es wird mit Hochdruck nach ihm gefahndet.«

»Frau Wolski, ich habe mich«, übernahm Bartelmeier wieder, »wie übrigens auch einige andere Kollegen, im Vorfeld etwas schlaugemacht in Bezug auf diesen Korff. Möchten Sie vielleicht noch mehr über diesen Herrn aus gutem Haus sagen?«

»Ich weiß nicht, worauf Sie hinauswollen.«

»Nicht? Dann will ich Ihnen mal ein wenig auf die Sprünge helfen.«

Inzwischen waren alle Kameras auf den Fragesteller gerichtet. Hier bahnte sich etwas Bedeutendes an. Die sich entwickelnde Unruhe auf dem Podium bestätigte es.

»Frau Wolski, ich habe bereits nach einem kurzen Blick in das Archiv unserer Zeitung herausgefunden, dass Korff kein unbeschriebenes Blatt gewesen ist, bevor er jetzt so extrem auffällig wurde. Er ist Anfang des letzten Jahres in einen Brandanschlag auf eine Flüchtlingsunterkunft in Horn-Bad Meinberg verwickelt gewesen. Damals wurde er zwar angeklagt, aber die Staatsanwaltschaft argumentierte, er sei nur eine Art Mitläufer gewesen. Verurteilt wurde er schließlich wegen etwas ganz anderem, einer Schlägerei, und zwar zu einer Bewährungsstrafe. Aber das ist noch nicht alles.« Im Saal war es mucksmäuschenstill. »Damals war er noch kein Islamist, sondern gehörte der rechtsradikalen Szene an. Können Sie sich dazu äußern?«

Auf dem Podium wurde es noch unruhiger. Nervös schaute Wolski zu Schwameyer und Wende. Auch wenn sie mit dieser Frage gerechnet hatten, sie war ihnen unangenehm. Doch dieser Sachverhalt hatte natürlich nicht verborgen bleiben können. Sie hatten vorher lange darüber diskutiert, ob sie ihn offensiv selbst vorbringen sollten. Wegen der Verwicklung des Verfassungsschutzes in die Angelegenheit war aber schließlich die Weisung erteilt worden, es nicht zu tun, obwohl Wolski und vor allem Schwameyer das überhaupt nicht recht gewesen war. Aber nun mussten sie antworten. Joachim Wende, als Kriminaldirektor, nach der Präsidentin der Ranghöchste am Tisch, übernahm schließlich die Verantwortung.

»Ja, Sie haben recht. Ihre Recherchen sind zutreffend. Maximilian Korff von Drostenberg ist ein rechtskräftig verurteilter Neo-Nazi. Die Kollegen vom Staatsschutz 2 hatten ihn auch schon davor über viele Jahre im Visier. Sie können sich denken, wie überrascht auch wir waren, als dieser Name plötzlich im Zusammenhang mit Dschihadisten auftauchte. Wie es dazu gekommen ist, wird zurzeit noch untersucht.«

»Entschuldigung, aber dazu müssen Sie schon etwas mehr sagen«, meldete sich nun wieder Gottfried Schander. »Wie Sie selbst anmerken, ist die entscheidende Frage doch: Wie kommt ein rechter Terrorist zu den Dschihadisten? Was will er da? Will er womöglich durch die Geiselnahme Staat und Gesellschaft in Panik versetzen, damit seine rechtsradikalen Gesinnungsgenossen noch mehr Zulauf bekommen? Sollte die Entführung den Parteien und Gruppen am äußersten rechten politischen Rand nützen? Ist das sein Ziel, eine Art rechter Revolution?«

»Herr Drake, können Sie dazu etwas sagen?«, gab Wende die Stafette weiter. »Herr Drake ist Leiter des Staatsschutzes 1, der sich mit dem Islamismus beschäftigt.«

»Möglich ist vieles. Aber wir haben im Augenblick einfach nicht genügend Fakten, und an Spekulationen möchte ich mich nicht beteiligen.«

»Dann spekuliere ich mal für Sie. Was wäre denn, wenn Korff von Ihnen oder vom Verfassungsschutz als V-Mann angeworben worden wäre? Wenn ich es recht in Erinnerung habe, waren damals in Detmold alle Beobachter überrascht wegen des sehr milden Urteils, und es gab bereits seinerzeit die Vermutung, es könne einen Deal zwischen Korff und der Staatsanwaltschaft gegeben haben.«

»Wie Sie richtig sagen: Spekulationen. Im Übrigen, einen Deutschen in die Dschihadistenszene einzuschleusen, ist nahezu unmöglich. Das ist eine ziemlich geschlossene Gesellschaft.«

»Die große Zahl deutscher Konvertiten, die zum Teil schon lange in Syrien beim sogenannten Islamischen Staat sind, könnte aber eine andere Sprache sprechen. Ich denke, es kommt nur darauf an, die Sache richtig anzufangen. Was sagen Sie dazu?«

»Nichts!«

»Aber Sie ermitteln in diese Richtung?«

»Wir schließen keine Richtung aus. Wir wollen schließlich die Wahrheit herausfinden.«

»Halten Sie es für ausgeschlossen, dass Ihre Wahrheitssuche zu folgendem Ergebnis führen könnte: Korff war ein V-Mann, der Ihnen oder dem Verfassungsschutz fürchterlich aus dem Ruder gelaufen ist.«

»Kein weiterer Kommentar. Die Pressekonferenz ist hiermit beendet.« Die Polizeipräsidentin zog die Reißleine.

Sichtlich aufgebracht ging Pit Schwameyer nach der Pressekonferenz in sein Zimmer, in dem Anna Tomczyk schon auf ihn wartete.

»Na, wie ist es gelaufen? Siehst ja ziemlich angekratzt aus.«

»Darauf kannst du an! Einige Journalisten haben gezielt nach einer möglichen V-Mann-Tätigkeit von Korff gefragt. Wende und Drake haben sich enorm gewunden, aber alles in den Bereich der Spekulation geschoben. Das alles ekelt mich an. Ich hab das Gefühl, dass Frank und Angelika durch das Verheimlichen dieser Sache ein zweites Mal zum Opfer werden. Am liebsten würde ich sofort bei diesen beiden Zeitungsreportern anrufen und ihnen die Wahrheit stecken.«

»Pit, bist du verrückt geworden? Lass das! Du riskierst deinen Job!«

»Na, ja, ist doch wahr: Diese Gurkentruppe beim Verfassungsschutz will ihren Arsch retten. Verdunkelung und Vertuschung einer Straftat nennt man so etwas. Und genau dafür müsste man sie drankriegen.«

»Pit, noch mal: Tu nichts Unüberlegtes!«

In diesem Moment wurde die Tür geöffnet. Marina und Karsten kamen herein. »Wir haben es schon gehört. War wohl ziemlich brenzlig die Pressekonferenz, oder?«

»Ja, ziemlich«, antwortete Anna. »Und Pit ist vollkommen aus dem Häuschen. Er würde am liebsten …«

»Am liebsten würde ich der Presse die V-Mann-Sache stecken. Ich bin es so leid, dass das, worum es wirklich geht, nicht ans Tageslicht kommen soll. Nach allem, was wir wissen, müssen wir davon ausgehen, dass es diese Entführung gar nicht gegeben hätte, wenn Korff nicht als V-Mann angeheuert worden wäre. So was muss doch an die Öffentlichkeit.«

»Pit, sei bloß vorsichtig.« Marina Burmann war ebenfalls sehr in Sorge. Sie kannte Pit und seinen Gerechtigkeitssinn gepaart mit einem aufbrausenden Temperament nur zu gut. »Du weißt doch, was mit Whistleblowern passiert! Das werden sich die Leute, die du bloßstellst, ganz bestimmt nicht gefallen lassen. Sie werden sich rächen und sie haben dabei die Trümpfe in der Hand.«

»Ja, weiß ich. Aber Scheiße ist es doch!« Pit machte eine Pause und sah dabei aus dem Fenster. Er dachte offenbar nach. Gespannt sahen ihm die anderen dabei zu.

Nach einer Weile drehte er sich wieder um, sah seinen Kollegen offen ins Gesicht und sagte: »Ehrlich?«

Alle drei nickten.

»Okay. Ehrlich. Ich weiß nicht, ob ich einer Truppe angehören möchte, in der solche Vertuschungsaktionen gedeckt werden. Das ist für mich falsch verstandene Solidarität. Die Gerechtigkeit steht doch über der Korpstreue. Und Angelika und Frank ist Unrecht getan worden und wird nun ein zweites Mal Unrecht getan.«

Kapitel 39

Frank Sommer brachte seinen französischen Kollegen Thierry Bernard zum Bahnhof nach Bielefeld. Er musste dringend zurück nach La Rochelle. Sein Chef hatte Verständnis gehabt, dass er wegen der Entführung seinen Urlaub um ein paar Tage verlängert hatte. Aber jetzt wurde Bernard zu Hause gebraucht. Mehrfach hatte er sich deswegen bei Frank entschuldigt, aber eine andere Wahl blieb ihm nicht. Sie vereinbarten jedoch, sich bald wiederzusehen.

»Warum kommt ihr nicht einfach zu uns, wenn ihr euch etwas erholt habt, und macht in La Flotte Urlaub. Dann können wir alle Gespräche nachholen, für die es jetzt noch zu früh ist, und ich zeige euch ein paar Ecken, die ihr bestimmt noch nicht gesehen habt. Wolltet ihr nicht ohnehin dieses Jahr wieder auf der Île de Ré Urlaub machen?« Es war Thierry wichtig, Frank und Angelika in das Ferienhaus der Familie einzuladen. Dann würden sie auch seine Frau und seine Kinder kennlernen.

»Ja, das wollten wir, aber ich habe die Reise schon storniert. Erst muss es Angelika wieder besser gehen. Die Therapie wird ihr viel abverlangen. Am liebsten möchte sie das Ganze vergessen und nie wieder daran erinnert werden. Aber wenn ich Hanna richtig verstanden habe, wäre das der falsche Weg. Das Trauma würde verfestigt, statt verarbeitet.«

»Und wie sieht es bei dir aus?«

Frank wandte den Blick ab und sah den Schienen nach. In seinem Gesicht konnte Thierry Sorge und Zweifel erkennen.

»Wenn es Angelika erst besser geht …«

»Frank, das war nicht die Frage. Nicht wie es Angelika geht. Wie geht es *dir*?«

Jetzt sah er Thierry direkt an, in seinem Gesichtsausdruck lag nach wie vor Wehmut. »Ehrlich gesagt«, antwortete er schließlich. »Hanna meint, dass ich genauso Hilfe brauche wie

Angelika, ich sei auf meine eigene Weise ebenfalls traumatisiert.« Er unterbrach sich erneut, um einigen Reisenden mit großen Koffern Platz zu machen. Dann sah er die Sorgenfalten in Thierrys Gesicht und redete weiter.

»Es ist nicht leicht, das zuzugeben, Thierry, aber die Bilder, als ich in den Konferenzraum kam und vollkommen unvorbereitet Angelika in dem Video zwischen den Dschihadisten sitzen sah … Etwas Schlimmeres habe ich noch nie gesehen, ich werde das nicht los. Ihr Blick … Er ist immer da und verfolgt mich, vor allem nachts.« Er musste erneut abbrechen, diesmal weil ihm Tränen in die Augen schossen. Thierry legte freundschaftlich seine Hand auf seinen Arm.

»Kommt einfach zu uns, wenn es euch möglich ist. September, Oktober, egal. Auch zur fortgeschrittenen Jahreszeit ist es noch recht schön bei uns, und die Brücke zur Insel kostet nur noch halb so viel wie im Sommer.«

Franks Miene hellte sich wieder auf. Der Gedanke an »ihre« Insel im Atlantik hatte etwas Hoffnungsstiftendes. »Ich werd's mit Angelika besprechen, aber Île de Ré geht eigentlich immer. Sie ist so vernarrt in die Insel. Ganz zu schweigen von La Rochelle. Für uns eine der schönsten Städte in Frankreich.«

»Was die Lage am Atlantik angeht, auf jeden Fall«, pflichtete Thierry ihm bei.

Dann kam der ICE nach Köln. Und wie immer auf einem Bahnsteig, verlief der letzte Moment des Abschiedes unspektakulär. Thierry schob sein Gepäck ins Innere des Zuges und stieg ein. Ein letzter Gruß durch die sich schließende Tür, dann ging es los Richtung Heimat.

Frank blieb allein auf dem Bahnsteig zurück, allein mit sich, allein mit dem, was er und Angelika durchgemacht hatten, allein mit seinen Sorgen. Wie sollte es nach alldem weitergehen? Er hatte keine Ahnung. So wie früher würde es nie mehr sein, das stand fest. Aber wie dann? Was würde sich ändern, was würde bleiben? Er hatte nicht die leiseste Vorstellung davon. Im Augenblick war sein und Angelikas Leben wie auf null gestellt. Ihr Leben in der Stunde null. Er musste lächeln, aber das Lächeln gefror sogleich wieder.

Von der Stunde null sprach man immer erst im Nachhinein, wenn sich schon wieder Neues entwickelt hatte. Aber so weit waren sie noch gar nicht. Momentan machte er sich eher Sorgen, ob es überhaupt irgendwie weiterging. Was, wenn sie beide der Belastung nicht standhalten könnten, wenn vor allem Angelika an dem Erlebten zerbräche? Würde dann auch ihre Beziehung zerbrechen? Er mochte gar nicht daran denken. Dann würde er die Frau, die er über alles liebte, jetzt mehr denn je, an deren Seite er so lange gelebt hatte, doch noch verlieren. Der Gedanke ließ ihn erschaudern.

Noch ist es nicht so weit, rief er sich zur Raison. So weit wird es nicht kommen – darf es nicht kommen! Wir kriegen das hin.

Fast schon auf dem Bahnhofsvorplatz wurde Frank aus seinen Gedanken gerissen. Mehr zufällig als beabsichtigt blickte er am Zeitungskiosk auf die Schlagzeilen der aktuellen Tageszeitungen. In dicken schwarzen Lettern stand dort als Headline:

ENTFÜHRER WAR V-MANN
DES VERFASSUNGSSCHUTZES

Wie bitte? Frank Sommer war wie vor den Kopf gestoßen. Er griff sich sofort beide regionalen Zeitungen, obwohl die zu Hause auch auf dem Küchentisch lagen. Aber er konnte nicht warten, bis er dort war.

In den überörtlichen Zeitungen stand noch nichts. Das würde sich mit Sicherheit bald ändern, denn das, was er jetzt las, war eine ungeheuerliche Sensation. Seine Angelika Opfer eines V-Mannes, quasi jemand aus den eigenen Reihen! Viele Fragen blieben noch unbeantwortet, aber er konnte sich selbst einen Reim darauf machen. Wieso war ihm diese Seite des schrecklichen Geschehens bisher verborgen geblieben? Pit und die anderen, hatten ihm das vermutlich nicht zumuten wollen. Schließlich war alles, was er in der letzten Zeit erlebt hatte, ohnehin schwer genug zu ertragen gewesen. Er würde sich sofort mit Schwameyer in Verbindung setzen. Das durfte doch alles gar nicht wahr sein. Ja spinnen die denn alle? Im Nu hatte er Pit am Telefon.

»Pit, was ist das für ein Mist? Ein V-Mann hinter dieser verdammten Entführung? Stimmt das etwa?«

»Ja, es stimmt. Leider. Der Hauptdrahtzieher, ein gewisser Maximilian Korff von Drostenberg, ist V-Mann des Verfassungsschutzes gewesen. Die haben da eine riesige Scheiße veranstaltet, und jetzt ist Holland in Not. Aber alles Weitere am besten nicht am Telefon. Komm einfach ins Präsidium.«

Zurück im Auto, konnte Sommer, bevor er schließlich losfuhr, nur mit unglaublicher Wut auf das Lenkrad eindreschen, bis ihm seine Hände wehtaten. Eine Viertelstunde später kam er im Polizeigebäude an und ging sofort in Pits Zimmer. Dort fand er jedoch niemanden vor. Auch Anna, mit der sich Schwameyer den Raum teilte, war nicht da, ebenso wenig Burmann und Linnemann. Also ging er in sein eigenes Reich und las noch einmal die Presseberichte in aller Ruhe durch, auch die Kommentare. Die Journalisten konnten sich gar nicht genug wundern, nein eigentlich aufregen über den V-Mann-Einsatz. Wie Sommer feststellte, waren es in beiden Zeitungen die Chefredakteure selbst, die die Leitartikel verfasst hatten. Demnach maßen sie den Vorgängen höchste Bedeutung zu. Und bedeutend, ja haarsträubend waren sie tatsächlich, fand Sommer. Aber was noch mehr als das Ereignis selbst angeprangert wurde, war die Tatsache, dass die Polizei bei der Pressekonferenz vor einigen Tagen genau diese Beteiligung eines V-Mannes als Spekulation abgetan hatte.

Und jetzt wurde Frank erst recht hellhörig. Woher hatten die Zeitungen auf einmal diese Information? Hatte da etwa irgendjemand aus dem Kreis der Ermittler geplaudert? Wenn das herauskäme, dann hätte der- oder diejenige nichts zu lachen, das war klar. Aber wer könnte es gewesen sein? Wem wäre so etwas zuzutrauen? Wer würde um der Wahrheit willen eventuell sogar seinen Job aufs Spiel setzen? Oder war es vielleicht gar keiner aus seinem Team, sondern irgendjemand der vielen anderen Beteiligten, unter Umständen sogar einer der BKA-Ermittler?

Mitten in seine Gedanken hinein hörte Frank draußen auf dem Flur bekannte Stimmen laut, ja wirr durcheinanderredend. Er ging zur Tür und sah seine eigenen Leute gestikulierend an ihm vorbei direkt in Schwameyers Zimmer gehen. Ihn selbst hatten sie vollkommen übersehen. Also folgte er ihnen ohne einen weiteren Kommentar, bis sie ihn schließlich bemerkten.

»Oh, Frank. Du bist schon da?«, begrüße Pit ihn. »Komm rein, es gibt was zu berichten.«

Drinnen wollten alle vier gleichzeitig reden, und er musste sie zur Ordnung rufen. Dann erfuhr er, was die Aufregung zu bedeuten hatte. Natürlich war es um die Zeitungsberichte gegangen. Ihr Chef Wende hatte getobt wie selten zuvor, genauso Marlene Wolski. Es war die Rede von Verrat, von unglaublicher Entgleisung und dass das nicht ungestraft bleiben würde. Eine Untersuchung durch die Interne wurde angekündigt und harte Maßnahmen gegen den angedroht, der das zu verantworten hatte. So etwas dürfe man sich nicht gefallen lassen. Es ginge auf gar keinen Fall, dass eine klare Weisung dermaßen missachtet würde.

»Nach einiger Zeit beruhigten sich die Gemüter wieder etwas«, fasste Pit die Besprechung zusammen. »Und dann mischten sich andere Töne in das, was gesprochen wurde. Beinahe so etwas wie Verständnis für den Whistleblower kam auf. Vor allem Wolski bemerkte, es hätte ohnehin keiner verstanden, dass man die Sache mit dem V-Mann unter der Decke halten wollte. Schließlich hätte die Öffentlichkeit doch ein Recht darauf zu erfahren, was in diesem Land vor sich geht. Aber Weisung bliebe Weisung.«

»Also, was mich betrifft, ich habe Hochachtung vor so viel Mut«, reagierte Linnemann auf die Situation. »Aber es könnte denjenigen seine Karriere bei der Polizei kosten. Und was macht ein ehemaliger Polizist, der nichts anderes gelernt hat? Sicherheitsdienst, Privatermittler? Das ist doch so was von keine Alternative.«

Alle im Raum sahen sich betreten an.

Schließlich war es Frank Sommer, der die entscheidende Frage stellte: »Und, nun mal Hand aufs Herz, wer war's?«

Eine Antwort auf diese Frage bekam er nicht. Stattdessen noch intensiveres Schweigen.

»Leute, ehrlich, wenn's einer von uns war, dann muss ich das erfahren. Und ihr wisst, dass ihr mir vertrauen könnt.«

»Chef, bist du wieder im Dienst?«, wollte Anna wissen.

»Nein, natürlich nicht. Bin erst mal für zwei Wochen krankgeschrieben. Aber das tut doch nichts zur Sache. Was wisst ihr?«

»Nun, es gibt einen Verdacht. Aber, Chef, wenn's einer von uns war, dann darfst du dich damit im Augenblick nicht belasten.«

»Also war es einer in diesem Raum.«

»Kein Kommentar.«

»Das ist doch Mist, Anna! Wenn's einer von euch war, dann stehen wir das gemeinsam durch. Wir sind ein Team! Habt ihr das vergessen? Eigentlich dachte ich sogar, wir wären darüber hinaus auch Freunde. Im Übrigen, das solltet ihr wissen: Wer auch immer hier geplaudert hat, er hat mein vollstes Verständnis. Ich werde ihn nicht hängen lassen und soweit es geht unterstützen. Was glaubt ihr denn?«

»Chef, das weiß niemand besser als ich«, ging Pit auf Franks Worte ein. »Es ist noch nicht so lange her, dass ich deine Solidarität und Freundschaft nicht nur gebraucht, sondern auch gespürt habe. Aber bitte, lass uns noch etwas Zeit. Die Sache ist schließlich kein Pappenstiel. Und wenn du offiziell Kenntnis hast von dem Informanten, dann bleibt dir ja gar nichts anderes übrig, als Wende in Kenntnis zu setzen, sonst geht's auch gegen dich. Du musst doch erst einmal wieder ins Gleichgewicht kommen, ganz zu schweigen von Angelika. Also belass es dabei.«

»Verdammt, Pit, das halte ich nicht aus! Also, war's einer von euch? Das wenigstens werdet ihr doch sagen können.«

Erneut war betretenes Schweigen die Antwort. Dann nickte Anna zaghaft mit dem Kopf: »Ja, irgendwie schon. Aber nicht einer allein.«

»Wie, was soll das heißen? Nicht einer allein? Habt ihr das alle zusammen ausgeheckt? Wird demnächst die ganze Mordkommission aufgelöst, und ich steh ohne einen einzigen Mitarbeiter da?«

»Nein, so nicht. Aber wir haben intensiv darüber gesprochen, dass man die Presse informieren müsste. Wir haben vereinbart, dass jeder für sich überlegen soll, ob er das verantworten kann und will, und dann sollte derjenige, ohne weiter mit den anderen darüber zu sprechen, tun, was er für nötig hält.«

»Na, offenbar hat das tatsächlich einer von euch für nötig befunden. Und ihr wart alle vier bei dieser Besprechung dabei, die wo auch immer stattgefunden hat?«

»Im Sedan.«

»Was meinst du damit?«

»Na, das Sedan in Werther, das Hotel, wo Thierry gewohnt hat.«

»War der etwa auch dabei, bei eurem konspirativen Treffen?«

»Ja, sicher.«

»Hat der etwa?«

Die Antwort war Schweigen.

Kapitel 40

Die Nachmittagssonne ließ das grüne Wasser des Atlantiks fast flirrend glitzern. Es war dieser Moment, den Angelika und Frank herbeigesehnt hatten. Soeben hatten sie den höchsten Punkt der Brücke zur Île de Ré erreicht und nun lag sie vor ihnen, ihre Insel, wie sie gern sagten.

Sie waren nach längerer Überlegung doch wieder mit dem Auto gefahren, obwohl sie wegen der zurückliegenden Ereignisse auch an eine Zugfahrt gedacht hatten. Aber sie wollten ihre Fahrräder mitnehmen und auch auf der Insel und bei Fahrten nach La Rochelle und ins Hinterland unabhängig sein. Martine, Thierrys Frau, hatte ihnen zwar ihren kleinen Peugeot angeboten, aber sie wollten keine Umstände machen.

Mit einer Zwischenübernachtung in Fontainebleau, nur wenige Kilometer südlich von Paris, war die Fahrt kaum anstrengend. Der wunderschöne Spaziergang im Park des berühmten Schlosses, von dem aus Napoleon nach Elba geschickt worden war, sowie ein schönes Abendessen in einem Straßenrestaurant der malerischen kleinen Stadt, würden ihnen noch lange in Erinnerung bleiben.

Und nun, auf der Brücke, vierzig oder fünfzig Meter über dem Wasser, lag ihnen die Insel ihrer Träume im wahrsten Sinne des Wortes zu Füßen: Ré la blanche, die weiße Insel. Weiß die Häuser, weiß die wenigen Wolken am Himmel und weiß die Schaumkronen auf den Wellen in der Bucht von La Rochelle. Und gleißend hell auch die Sonne, die die Strände links und rechts der spitz zulaufenden Landzunge von Sablanceaux in faszinierendes Gegenlicht tauchten. Um festzustellen, wie oft sie schon bei der Anfahrt diesen Anblick genossen hatten, hätten sie zumindest einen Moment nachdenken müssen: zwölf, dreizehn Mal waren es wohl gewesen.

Thierry hatte recht gehabt, auch im September konnte man

hier am Atlantik noch mit schönen Tagen rechnen. Aber im Grunde war das egal. Abstand gewinnen, sich erholen, regenerieren, auf andere Gedanken kommen – das war es, was sie wollten, als sie sich entschlossen hatten, Thierrys Einladung zu folgen. Die Monate seit der Entführung waren sehr intensiv gewesen, vor allem durch die Therapien, die beide zur Bewältigung ihres Traumas gehabt hatten. Aber jetzt sahen sie sich auf gutem Weg. Und bevor sie wieder versuchen konnten, in ihr normales, auch berufliches Leben zurückzukehren, wollten sie hier auf ihrer absoluten Lieblingsinsel drei Wochen ausspannen, Rad fahren, baden vielleicht, wenn das Wasser noch warm genug war, gut essen, am Steilufer sitzend auf das Meer hinausschauen und mit Thierry die im Juni begonnene Freundschaft pflegen, die nun sicher auch Martine einbeziehen würde, so viel war ihnen bereits nach dem ersten Telefongespräch mit ihr klargeworden.

Mit den Fahrrädern auf dem Kupplungsträger fuhren sie auf der vertrauten Straße gleich hinter der Brücke zunächst durch das Örtchen Rivedoux. Hier war in den letzten Jahren viel verändert und verbessert worden, worunter jedoch der Charme des ehemaligen Fischerdörfchens gelitten hatte. Auch die Austernbänke vor dem nördlichen Strand waren deutlich weniger geworden. In einer der beliebtesten Ferienregionen der Franzosen war offenbar mit dem Tourismus mehr Geld zu verdienen als mit der beschwerlichen Austernzucht.

Angelika und Frank nahmen die Straße auf der Nordseite der Insel. Hier prägten die Reihen der Metallgestelle mit den Austernsäcken darauf bei Ebbe allerdings immer noch das Bild der Insel. Nach nur wenigen Kilometern hatten sie ihr Ziel fast erreicht. Sie passierten die letzten Häuser des Ortes und sahen bereits die Klosterruinen von Les Châteliers. Gleich dahinter, schon zu La Flotte gehörend, lag die kleine Siedlung mit Ferienhäuschen, in der auch Thierrys Haus zu finden war.

Ausgehend von ihrer bisherigen Stammunterkunft im Zentrum von La Flotte, hatten sie diese Ecke der Insel auf ihren zahlreichen Radtouren schon gut kennengelernt. Oft hatten sie auf einer Bank oberhalb der Steilküste gesessen und den Blick schweifen lassen über die Wasserfläche bis hinüber zur Festlandküste der Vendée.

Zu ihrer großen Freude, befand sich Thierrys Häuschen in der ersten Reihe mit freiem Blick auf das Wasser. Es war zwar klein und auch schon etwas älter, aber es war dennoch ein Traum von einem Haus mit einer fast unglaublichen Lage.

Seit Jahren hatten sie sich angewöhnt, an ihrem ersten Abend La Flotte zu besuchen. Deshalb nahmen sie ihre Räder und fuhren los. Sie würden vielleicht einen Rotwein trinken im Bistrot am kleinen Hafen oder im »La Fiancée du Pirate«, zumindest aber auf einer Bank am Hafenbecken sitzen und den Abend ihrer Ankunft genießen. Vorbei an der Plage de l'Arnerault und am »La Richelieu«, dem besten Hotel am Platz, sahen sie schon bald den kleinen Leuchtturm auf der Mole, der die Einfahrt zum Hafen markierte. Wegen der Ebbe war das Wasser inzwischen vollständig abgelaufen, was den Anblick ein wenig trübte, aber, wenn sie ehrlich waren, nur ein ganz klein wenig.

Am Hafen war es erstaunlich leer. Wohl eine Folge der Jahreszeit. Aber zumindest die Piratenbraut hatte draußen dicht am Haus noch Tische und Stühle aufgestellt, und sie konnten sich mit einem Glas Wein und mit Blick auf die Boote im Hafen niederlassen. Schon bald kam ein junger Kellner an ihren Tisch.

»Bonsoir, Monsieur dame.«

»Deux verres de rouge, s'il vous plaît.«

»Bordeaux ou Beaujolais?«

»Bordeaux, s'il vous plaît.«

»Bien sûr.«

Wenige Augenblicke später brachte er den Wein und dazu ein Schälchen mit Erdnüssen.

»Du glaubst gar nicht, wie froh ich bin, dass wir wieder hier sind und dass wir nach allem, was wir erlebt haben, wieder am Hafen ein Glas Wein trinken und das beruhigende Schlagen der Leinen an die Masten der Segelschiffe hören.« Frank prostete seiner Frau zu. »Ich liebe dich«, ergänzte er, und Angelika schossen Tränen in die Augen.

»Ich hätte es vor zwei Monaten nicht für möglich gehalten«, sagte sie nach einer Weile. »Aber jetzt sitzen wir hier und dürfen jede Sekunde genießen. Hanna Hülsmeier hat ganz schön viel Arbeit gehabt mit mir, und wird sie vermutlich noch haben. Doch jetzt kann alles besser werden.«

Angelika bedachte Frank mit einem Blick, den er nicht ohne Weiteres einordnen konnte. Er sah die erlittenen Qualen und Ängste darin. Aber da war noch mehr, und das beunruhigte ihn. Lag vielleicht Skepsis darin, ob wirklich alles so leicht war, oder war es eine noch nicht ausgesprochene Erwartung an sich selbst, vielleicht sogar an ihn? »Lass uns jetzt den Augenblick genießen«, sagte er deshalb. »Trotz allem, was hinter uns liegt und was vielleicht noch kommt.«

»Ja, lass es uns genießen, hier, heute Abend mit unserem Wein am Hafen und die ganzen drei Wochen, die noch kommen.« Sie beugte sich vor und nahm einen Schluck von ihrem Roten. Dann blickte sie wieder auf die Boote vor ihnen, aber Frank registrierte sehr genau ihren sorgenvollen Blick. Er wurde umgehend in seiner Skepsis bestätigt. Einem sorgenfreien Urlaub stand noch etwas im Wege.

»Frank, ich weiß, dass das, was ich jetzt sage, für dich ganz schrecklich ist, weil es dein Leben vollständig ändern wird. Aber einen richtigen Zeitpunkt gibt es nicht dafür, und ich will es nicht die ganze Zeit mit mir herumschleppen. Ich muss es einfach sagen.«

Er wollte etwas Beschwichtigendes einwenden, aber sie kam ihm zuvor. »Nein, bitte lass mich erst ausreden. Ich habe mit Hanna sehr lange und intensiv darüber gesprochen, ob ich dir das zumuten kann und darf. Aber sie hat mich bestärkt, es in jedem Fall zu versuchen, weil es für mich fast schon überlebensnotwendig ist.« Angelika hielt einen Augenblick inne und holte tief Luft.

Frank sagte nichts. Er hatte Angst vor dem, was nun kommen könnte.

»Frank, es tut mir leid, aber ich möchte, dass du bei der Polizei aufhörst oder zumindest bei der Mordkommission. Ich könnte es nicht ertragen, immer weiter in Angst und Schrecken zu leben, ob das, was ich erlebt habe, noch einmal passieren könnte. Bitte quittier deinen Dienst und lass uns zusammen überlegen, was du anderes tun könntest. Du kannst dir Zeit lassen dabei, aber bitte tu es. Mir zuliebe!«

Für Frank war die gesamte angenehme Stimmung des Abends verflogen. Sie hatte sich vollständig in dem mehr und mehr auffrischenden Wind aufgelöst, weggeweht um die Hafenecke herum, hinaus aufs Meer. Lange, sehr lange saß er stumm da. Schließlich sprach Angelika ihn erneut an.

»Frank, hast du gehört, was ich gesagt habe?«

Er blickte sie an, Tränen in den Augen. »Ja, habe ich, aber ich weiß nicht, ob ich das kann.«

Nachwort und Danksagung

Mein neuer Kriminalroman ist inspiriert von tatsächlichen, gesellschaftlichen und regionalen Gegebenheiten. Bewusst habe ich mich eines aktuellen und brisanten Themas angenommen und dies hineingestellt in die örtlichen Verhältnisse. Aus diesem Grund ist es besonders wichtig, ausdrücklich darauf hinzuweisen, dass die Handlung des Romans von vorn bis hinten frei erfunden ist. Das Gleiche gilt für alle handelnden Personen. Sowohl die Figuren als auch deren Namen sind reine Fiktion. Eine Ähnlichkeit mit tatsächlich lebenden oder verstorbenen Personen wäre daher also rein zufällig.

Bei den geschilderten Örtlichkeiten, sowohl in Ostwestfalen/Lippe als auch in Köln, Belgien und auf der Île de Ré, habe ich mich bemüht, die tatsächlichen Verhältnisse so genau wie möglich und auch aufgrund eigener Anschauung zu berücksichtigen. Allerdings habe ich mir an Stellen, an denen es mir um der Dramaturgie willen notwendig erschien, auch einige Freiheiten erlaubt. Vor allen Dingen gibt es im Wald zwischen Bad Salzuflen und Herford die von mir beschriebene Jagdhütte natürlich nicht.

Ein regional ausgerichteter Krimi und ein hochbrisantes gesellschaftliches sowie politisches Thema – passt das zusammen? Ich bin überzeugt davon, dass dies keinen Gegensatz darstellt, und zwar vor allem deshalb nicht, weil die Realität in unserem Land solche Gegensätze nicht kennt. »Stadt« und »Land«, »Metropole« und »Provinz« sind gleichermaßen betroffen von den Umwälzungen und Gefährdungen der Gegenwart.

- Da ist ein Amokläufer in München, der den norwegischen Massenmörder Breivik nachahmen will.
- Da sind mehrere islamistisch motivierte Anschläge verteilt über das ganze Land.

- Da ist die große Zahl von Flüchtlingen, die bei uns Schutz suchen und überall im Land Unterkunft finden.
- Und da sind die immer bedrohlicher werdenden rechtsradikalen Tendenzen, die sich auch und gerade in der sprunghaft erhöhten Zahl von Terroranschlägen auf Flüchtlingsunterkünfte bemerkbar machen.

Mehr und mehr wird uns bewusst, dass die Krisen dieser Welt nicht »irgendwo da draußen« stattfinden, sondern direkt vor unserer Haustür, ja inzwischen mehr und mehr in unserem »Haus« selbst, dem europäischen wie dem deutschen, und das bis hinein in dessen letzte »Zimmer« in der Provinz.

Die verschiedenen staatlichen Organe versuchen, der Situation Herr zu werden. Die Behörden, die Polizei und der polizeiliche Staats- sowie der Verfassungsschutz.

Dass all diese Ereignisse auch vor Ostwestfalen und Lippe, dem wichtigsten Schauplatz meines Buches, nicht haltmachen, kann jeder erkennen, der Presse und Medien zu diesem Thema verfolgt.

Für diesen Roman bedurfte es natürlich intensiver Recherchen. Besonders hilfreich waren mir dabei zwei Personen, die mir vertiefende Einblicke in die Problematik verschafft haben. Zum einen der Erste Kriminalhauptkommissar a.D. Ulrich Buchalla, bis zum Beginn dieses Jahres Leiter des Ersten Staatsschutzkommissariats in Bielefeld und damit zuständig für islamistische Bedrohungen, zum andern Katrin Schmitt, Rechtsanwältin für Strafrecht aus Halle/Westfalen, die mir besonders die Problematik der V-Leute vor Augen geführt hat.

Dazu kam die Lektüre entsprechender Bücher. Hier erwähne ich besonders:

- Zur Thematik von V-Leuten in der islamistischen Szene sowie zum dschihadistischen Terror allgemein:

Irfan Peci, Johannes Gunst und Oliver Schröm:
Der Dschihadist – Terror made in Germany – Bericht aus einer dunklen Welt, München 2015

- Zur Frage der persönlichen und gesellschaftlichen Voraussetzungen für die Verbreitung des Salafismus unter Jugendlichen:
  Lamya Kaddor: Zum Töten bereit – Warum deutsche Jugendliche in den Dschihad ziehen, München/Berlin 2015
- Zur Frage einer islamisch-theologischen Antwort auf die Herausforderungen durch religiös motivierte Gewalt:
  Mouhanad Khorchide: Gott glaubt an den Menschen – Mit dem Islam zu einem neuen Humanismus, Freiburg 2015

Darüber hinaus habe ich in frei verfügbaren Quellen im Internet recherchiert, insbesondere Presseberichte zur Islamistenszene sowie zur Neonaziszene in Ostwestfalen.

Deshalb glaube ich, ist mein Buch dicht an der Realität, ohne diese eins zu eins abzubilden.

Ausdrücklich danken möchte ich, außer den schon erwähnten Personen, meiner Lektorin Dr. Anette Kleszcz-Wagner. Sie war eine kompetente Gesprächspartnerin. Die Tätigkeit eines Autors ist eine oft sehr einsame. Deshalb ist es umso wichtiger, Menschen zu haben, die mit einem zusammen auf der ernsthaften Suche nach dem besten Ergebnis sind.

Zum zweiten danke ich Ulf Soldan aus Werther, der wie schon beim letzten Buch als Erster das gesamte Werk gelesen hat und mir wertvolle Tipps und Hinweise geliefert hat.

Nicht zuletzt und ganz besonders danke ich meiner Frau Irmela, die mich immer Mut machend unterstützt hat, auch wenn ich wieder und wieder im Arbeitszimmer verschwunden war, um erst nach Stunden wieder aufzutauchen. Mit ihr teile ich auch die Liebe zur französischen Atlantikinsel Île de Ré, die wir, ähnlich wie meine Protagonisten Frank und Angelika Sommer, seit nunmehr zwanzig Jahren immer wieder besuchen.

Rolf Düfelmeyer
im Herbst 2016

Kriminalroman aus Minden

Meike Messal, Nachtfahrt ins Grauen
Minden Krimi
232 Seiten, Paperback
ISBN 978-3-95475-123-5 / 12,95

Im Wald bei Häverstädt wird eine grauenhaft zugerichtete Leiche gefunden. Das Opfer war an einen Baum gebunden und dann mehrmals mit einem Auto angefahren worden. Nach der Obduktion stellt sich heraus, dass es die junge Rechtsanwältin Pia Baumgarten war. Kurz darauf wird eine weitere junge Frau auf dieselbe Art umgebracht. Geht in Minden ein Psychopath um?
Die Mindener Kommissarin Marlene Borchert und ihr Team erhalten Unterstützung von einer Gruppe Bielefelder Kollegen unter der Führung von Benno Erdmann. Gemeinsam arbeiten sie mit Hochdruck an der Aufklärung der Morde. Marlene und Benno waren einmal ein Paar, aber das stört ihre Ermittlungen nicht, bis Marlene den Mörder im Alleingang stellt und von ihrer eigenen Vergangenheit eingeholt wird ...

17285